세상이 변해도
배움의 즐거움은
변함없도록

시대는 빠르게 변해도
배움의 즐거움은
변함없어야 하기에

어제의 비상은
남다른 교재부터
결이 다른 콘텐츠
전에 없던 교육 플랫폼까지

변함없는 혁신으로
교육 문화 환경의 새로운 전형을
실현해왔습니다.

비상은 오늘, 다시 한번
새로운 교육 문화 환경을 실현하기 위한
또 하나의 혁신을 시작합니다.

오늘의 내가 어제의 나를 초월하고
오늘의 교육이 어제의 교육을 초월하여
배움의 즐거움을 지속하는 혁신,

바로, 메타인지 기반 완전 학습을.

상상을 실현하는 교육 문화 기업 비상

메타인지 기반 완전 학습
초월을 뜻하는 meta와 생각을 뜻하는 인지가 결합한 메타인지는
자신이 알고 모르는 것을 스스로 구분하고 학습계획을 세우도록 하는
궁극의 학습 능력입니다. 비상의 메타인지 기반 완전 학습 시스템은
잠들어 있는 메타인지를 깨워 공부를 100% 내 것으로 만들도록 합니다.

한 권 으 로 끝 내 기

한끝

통합편

중등 국어 1-1

중학교 국어 공부 무엇이 다를까요?

글이 길어요!

해결 난이도 ★

중학교 국어 교과서에 실린 글이나 시의 길이가 길어요.

공략 Tip ① 길이가 길어진 글이나 시의 내용을 파악하기 위해서는 글이나 시를 꼼꼼히 여러 번 읽고, 내용의 흐름과 중요 내용을 스스로 파악하는 것이 중요해요.

단어가 어려워요!

해결 난이도 ★★

중학교 국어 교과서에는 뜻이 어려운 단어나 구절이 많이 나와요. 그래서 글이나 시가 더 어렵게 느껴져요.

공략 Tip ② 글을 읽다가 무슨 뜻인지 모르는 단어가 보이면 먼저 앞뒤 내용을 통해 어떤 뜻인지 단어의 의미를 생각해 보고, 사전을 활용해서 정확한 의미를 알아봐요. 그러고 나서 그 단어가 들어 있는 문장의 의미도 다시 파악해 봐요. 한자어의 경우, 각 한자의 의미를 알면 좀 더 쉽게 단어의 뜻을 알 수 있어요.

서술해야 해요!

해결 난이도 ★★★

중학교 시험에는 객관식 문제 외에도 '서술형 문제'가 많이 나와요.

공략 Tip ③ '서술형 문제'는 학생이 자신이 알고 있는 내용을 제시된 조건에 맞게 단어나 문장으로 쓰는 문제예요. 서술형 문제를 풀기 위해서는 열심히 공부해서 내용을 아는 것도 중요하지만 공부한 내용을 문제에서 요구하는 방향에 맞춰 논리적이고 완전한 문장으로 작성하는 연습이 필요해요.

공부할 내용이 많아요!

해결 난이도 ★★★

공부할 과목이 많고, 국어 시간에 배우는 내용이 너무 많아요.

공략 Tip ④ 수업 내용을 집중해서 듣고 수업 시간에 선생님이 강조하는 내용에 밑줄이나 별표를 쳐요. 이렇게 내용을 정리해 두면 나중에 복습을 할 때 중요한 내용을 기억하는 데 도움이 돼요. 학교 시험은 교과서와 선생님의 수업 내용에서 출제된다는 것을 명심해요.

평가가 너무 다양해요!

해결 난이도 ★★★★★

시험지에 적힌 문제를 푸는 평가 말고도 중학교에서는 '수행 평가'라는 것을 봐서 여러 가지 방법으로 평가한대요.

공략 Tip ⑤ 수행 평가는 '수업 활동에 어떻게 참여하는가', '수업 과정을 통해서 얼마나 성장하는가'를 평가하는 것이에요. 국어 시간에는 발표나 토론을 하거나, 글을 쓰거나, 연극이나 영화를 직접 하는 활동 등 다양한 활동을 하고 이를 평가하게 돼요. 반 친구들과 함께 모둠을 만들어 하는 활동도 많죠. 그러니 활동을 준비하고 실행하는 데 적극적으로 참여하는 태도, 다른 사람과 원활하게 의사소통하는 태도를 가져 봐요.

도전! 중학교 국어 공부

◆ 수업에 집중하여 필기하고 선생님이 강조하는 부분을 중심으로 공부해 보자.

◆ 공부를 하면서 스스로 생각을 정리해서 핵심이 되는 키워드를 찾고 이를 하나의 문장으로 정리하는 연습을 해 보자.

◆ 국어 과목을 바탕으로 다양한 활동을 할 수 있음을 알고, 즐거운 마음으로 수업에 참여해 보자.

이 책의
구성과 특징

필수 갈래 개념과 함께, 2015 개정 교육과정의 학습 목표 내용을 모두 담았습니다.

교과서를 분석하여 1학년 학습 목표를 성취하는 데 가장 적절한 지문을 선별하였습니다.

학습 목표와 학습 활동을 충실히 반영한 객관식 문제, 서술형 문제를 출제하였습니다.

학습한 개념을 문제에 적용해 보고, 중요 지문에서 다시 확인하는 체계적인 구성을 갖추었습니다.

1 차근차근 개념 이해

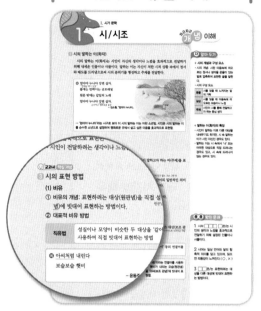

● 국어 교과서의 학습 목표와 관련된 개념과 함께 핵심 갈래 개념을 제시하고, 중학교 1학년 수준에서 필수적으로 익혀야 하는 내용을 설명하였습니다.

2 바로바로 개념 적용

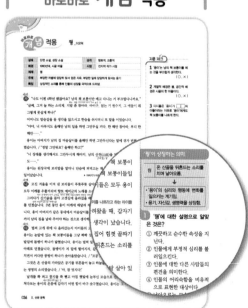

● 개념에 대한 이해를 돕기 위해 실제 교과서 지문에 개념을 적용하여 설명하고, 이를 문제로 제시하였습니다.

③ 토닥토닥 **실력** 쌓기

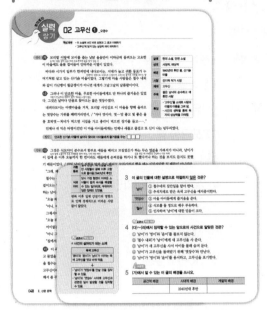

- 학습 목표를 성취하기에 적절한 지문을 선택하여 지문에서 꼭 알아야 하는 내용을 교과서 핵심 개념 문제로 출제하였습니다. 또한, 중학교 서술형 문제에 적응할 수 있도록 서술형 문제를 출제하였습니다.

★ **창의·융합** 탐구

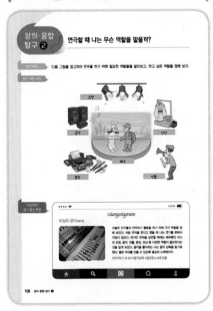

- 2015 개정 교육과정에서 강조한 창의·융합 활동을 제시하였습니다.

기초튼튼 **학습 활동** 문제

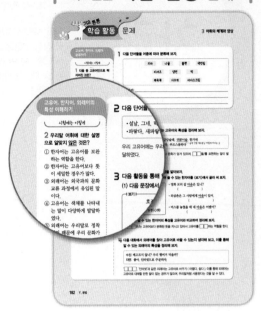

- 국어 교과서에 나오는 학습 활동 문제로 문법 개념을 확인할 수 있도록 하였습니다.

쏙쏙 **문법** 정리

- 핵심 문법 개념을 한눈에 볼 수 있게 정리하였습니다.

- '부록'으로 제시한 '교과서에는 어떤 작품이 실렸나'에서 각 교과서에 실린 제재를 확인할 수 있습니다.
- '정답과 해설'에 있는 '정답만 한눈에 보기'에서 문제의 답을 빠르게 확인할 수 있습니다.

이 책의 차례

I 시가 문학

1 시/시조

1 시의 말하는 이(화자)

시의 말하는 이(화자)는 시인이 자신의 생각이나 느낌을 효과적으로 전달하기 위해 내세운 인물이나 사물이다. 말하는 이는 자신이 처한 시적 상황 속에서 정서와 태도를 드러냄으로써 시의 분위기를 형성하고 주제를 전달한다.

> 예 엄마야 누나야 강변 살자.
> ─ 말하는 이 = 소년
> 뜰에는 반짝이는 금모래빛
>
> 뒷문 밖에는 갈잎의 노래
>
> 엄마야 누나야 강변 살자.
> ─ 순수하고 평화로운 공간
> – 김소월, 「엄마야 누나야」

→ '엄마야 누나야'라는 시구로 보아 이 시의 말하는 이는 어린 소년임. 시인은 시의 말하는 이를 순수한 소년으로 설정하여 평화로운 곳에서 살고 싶은 마음을 효과적으로 표현함.

2 시어

(1) 시어의 개념

시어는 시 속에서 사용되는 언어로, 시인이 자신이 말하고자 하는 바(주제)를 표현하기 위해 다듬은 언어이다.

(2) 시어의 특징
- 짧은 시 속에 시인이 전달하려는 내용을 표현해야 하므로 단어의 일반적인 의미 ─ 말이나 글이 어떤 뜻을 속에 담고 있는. 또는 그런 것 (사전적 의미) 외에 시인이 만들어 낸 함축적인 의미가 드러난다.
- 짧고 압축적으로 표현된 시어를 읽을 때 리듬감이 느껴진다.
- 시인이 전달하려는 생각이나 느낌을 감각적, 구체적으로 표현한다.

교과서 핵심 개념
3 시의 표현 방법

(1) 비유
① 비유의 개념: 표현하려는 대상(원관념)을 직접 설명하지 않고 다른 대상(보조 관념)에 빗대어 표현하는 방법이다.
─ 원관념의 뜻이나 분위기가 잘 드러나도록 도와주는 대상
② 대표적 비유 방법

직유법	성질이나 모양이 비슷한 두 대상을 '같이', '처럼', '듯이' 등의 연결어를 사용하여 직접 빗대어 표현하는 방법

> 예 아씨처럼 내린다
> 보슬보슬 햇비
> – 윤동주, 「햇비」

→ '처럼'이라는 연결어를 사용하여 햇비가 내리는 모습(원관념)을 '아씨(보조 관념)'에 빗대어 표현함.

◆ 시의 개념과 구성 요소
- 시의 개념: 시란 마음속에 떠오르는 정서나 생각을 운율이 있는 말로 압축하여 표현한 글을 말한다.
- 시의 구성 요소

운율	시를 읽을 때 느껴지는 말의 가락
심상	시를 읽을 때 마음속에 떠오르는 모습이나 느낌
주제	시인이 시를 통해 전달하고자 하는 중심 생각

◆ 말하는 이(화자)의 특징
- 시인이 말하는 이로 다른 대상을 내세우기도 하지만, 시 속 말하는 이가 시인 자신인 경우도 있다.
- 말하는 이는 시 속에서 '나' 또는 어떠한 대상으로 직접 드러나는 경우도 있고, 시 속에 드러나지 않는 경우도 있다.

꼼꼼 확인 문제

1 시의 □□□ □은/는 시인의 생각과 느낌을 효과적으로 전달하기 위해 설정된 인물이나 사물이다.

2 시어는 일상 언어와 달리 함축적 의미를 담고 있으며, 읽으면 리듬감이 느껴진다. (○ , ×)

3 □□은/는 표현하려는 대상을 다른 대상에 빗대어 표현하는 방법이다.

은유법	표현하려는 대상을 연결어 없이 비슷한 특성이 있는 다른 대상에 빗대어 '무엇은 무엇이다.'의 형태로 표현하는 방법

더 알아 두기

◆ 그 밖의 비유 방법

활유법	무생물을 살아 있는 것처럼 표현하는 방법 예 긴 날개를 펼친 산
풍유법	속담이나 격언 등을 활용하여 표현하는 방법 예 모든 일이 첫술에 배부를 수 없다.
대유법	어떤 대상의 일부분이나 특성을 통해 전체를 나타내는 방법 예 사람은 빵만으로는 살 수 없다. _{음식, 먹을 것}

예 길은 / 포도 덩굴.

몇백 년을 자라서 / 땅덩이를 다 덮었다.

– 김종상, 「길」

→ 길이 여러 군데로 나 있는 모습을 포도 덩굴이 여러 갈래로 뻗어 있는 모습에 비유함.

의인법	사람이 아닌 대상에 인격을 부여하여 사람인 것처럼 표현하는 방법

예 돌담에 속삭이는 햇발같이

풀 아래 웃음 짓는 샘물같이

내 마음 고요히 고운 봄 길 위에

오늘 하루 하늘을 우러르고 싶다.

– 김영랑, 「돌담에 속삭이는 햇발」

→ 사람이 아닌 햇발과 샘물이 속삭이고 웃음 짓는다며 사람이 행동하는 것처럼 표현함.

③ 비유의 효과: 표현하려는 대상을 생동감 있게 표현할 수 있으며, 인상 깊고 참신한 느낌을 줄 수 있다. 또한, 작품의 분위기를 형성하는 데에도 영향을 미치며, 시인이 말하고자 하는 바를 구체적으로 드러내는 데 도움을 준다.

◆ 상징의 특징
· 시에서 표현하려는 대상(원관념)이 생략되고 이를 빗댄 대상(보조 관념)만 겉으로 드러난다.
· 표현하려는 대상(원관념)과 이를 빗댄 대상(보조 관념)이 유사성을 지니지 않아도 두 대상을 연결 지을 수 있다.

(2) 상징
① 상징의 개념: 눈으로 볼 수 없는 추상적인 개념을 구체적인 대상으로 표현하는 방법이다.
② 상징의 종류

관습적 상징	개인적 상징(문학적 상징)
문화적 전통이나 사회 관습 속에서 계속 되풀이하여 쓰였기 때문에 그 뜻이 굳어져 널리 알려진 상징	시인이나 작가 개인이 작품 속에서 독창적으로 창조해 낸 상징

예 소나무: 지조, 절개

→ 우리나라에서 '소나무'는 예로부터 '지조'나 '절개'의 의미로 많이 쓰임.

예 저것은 벽 / 어쩔 수 없는 벽이라고
우리가 느낄 때
그때 / 담쟁이는 말없이 그 벽을 오른다.

– 도종환, 「담쟁이」

→ 시인은 벽을 타고 오르는 '담쟁이'를 통해 어려움을 이겨 내는 의지, 미래와 희망을 향한 열망 등을 상징적으로 표현함.

꼼꼼 확인 문제

4 원관념을 연결어 없이 보조 관념에 빗대어 '무엇은 무엇이다.'의 형태로 표현하는 방법을 (직유법, 은유법, 의인법)이라 한다.

5 '샘물이 혼자서 웃으며 간다.'에는 (직유법, 은유법, 의인법)이 사용되었다.

6 □□은/는 추상적인 개념을 구체적인 대상으로 나타내는 표현 방법이다.

③ 상징의 효과: 대상이 지닌 본래 뜻에 새로운 의미를 부여할 수 있으며, 시 속에서 의미를 다양하고 풍부하게 표현할 수 있다. 또한, 대상에 대한 시인의 태도를 드러내어 주제를 형상화하는 데 기여한다.

4 운율

(1) 운율의 개념
시를 읽을 때 느껴지는 말의 가락으로, 시의 음악성을 드러낸다.

(2) 운율 형성 방법

같거나 유사한 소리, 단어, 구절 등의 반복	예 물새는 / 물새라서 바닷가 바위 틈에 / 알을 낳는다. 보얗게 하얀 / 물새알. 산새는 / 산새라서 잎 수풀 둥지 안에 / 알을 낳는다. 알락알락 얼룩진 / 산새알.　　　　　– 박목월, 「물새알 산새알」 → '물새', '산새'라는 시어를 반복하여 운율을 형성함. → '~는 ~라서'라는 문장 구조를 반복하여 운율을 형성함.
같은 문장 구조의 반복	
끊어 읽는 단위(음보)의 반복	예 말하기∨좋다 하고∨남의 말을∨하지 마라. 　3글자　　4글자　　　4글자　　　4글자 남의 말∨내가 하면∨남도 내 말∨할 것이니 　3글자　　4글자　　　4글자　　　4글자 → 한 행을 끊어 읽는 단위가 네 마디(4음보)로 반복되어 운율을 형성함. → 행마다 3글자 또는 4글자의 글자 수를 반복하여 운율을 형성함.
글자 수의 반복	
음성 상징어 (의성어, 의태어)의 사용	예 연분홍 송이송이 못내 반가와 나비는 너훌너훌 춤을 춥니다.　　　　　– 김억, 「연분홍」 → '송이송이', '너훌너훌'이라는 음성 상징어를 사용하여 운율을 형성함.

5 심상

(1) 심상의 개념
시를 읽을 때 머릿속에 떠오르는 모양, 빛깔, 소리, 냄새, 맛, 감촉 등의 느낌을 의미한다.

(2) 심상의 종류

시각적 심상	눈으로 빛깔, 모양, 명암 등을 느끼는 듯한 심상 예 꽃들이 하얗게 날아오른다.
청각적 심상	귀로 소리를 느끼는 듯한 심상 예 은은하게 퍼지는 새벽 종소리
후각적 심상	코로 냄새를 느끼는 듯한 심상 예 풋풋한 오이 냄새가 나는 것 같기도 하고
미각적 심상	혀로 맛을 느끼는 듯한 심상 예 메마른 입술에 쓰디쓰다.
촉각적 심상	피부로 촉감을 느끼는 듯한 심상 예 밥티처럼 따스한 별들
공감각적 심상	한 감각을 다른 감각으로 옮겨 둘 이상의 감각이 한데 어우러진 심상 예 우리들의 입 속에서는 푸른 휘파람 소리가 나거든요. → '휘파람 소리'라는 청각적 이미지를 '푸르다'는 시각적 이미지로 전이시켜 표현함.

더 알아 두기

◆ 운율의 종류

내재율	겉으로 드러나지 않는 율격으로, 일정한 규칙 없이 시의 내면에 흐르는 운율. 주로 자유시에 드러남.
외형률	겉으로 드러나는 율격으로, 음보나 글자 수 등의 규칙적 반복을 통해 생기는 운율. 주로 정형시에 드러남.

꼼꼼 확인 문제

7 시에서 운율은 시어나 문장 구조, 글자 수의 □□을/를 통해 형성되기도 한다.

8 '돌담에 속삭이는 햇발같이 / 풀 아래 웃음 짓는 샘물같이'는 각 행을 끊어 읽는 단위가 (2, 3, 4)마디로 반복되어 리듬감이 느껴진다.

9 '알락알락 얼룩진 / 산새알'에서는 얼룩무늬를 띤 산새알의 모습이 눈에 보이는 듯한 □□적 심상을 느낄 수 있다.

6 시조

(1) 시조의 개념

고려 말에 발달하여 현재까지 창작되고 있는 우리 고유의 정형시이다.

일정한 형식과 규칙에 맞추어 지은 시

(2) 시조의 형식

- 초장, 중장, 종장의 3장으로 이루어진다.
- 각 장은 2개의 구로 구성된다(3장 6구).
- 일반적으로 각 장을 네 마디로 끊어 읽는다(4음보).
- 세 글자와 네 글자 또는 네 글자와 네 글자로 글자 수를 배열하되, 한두 글자 정도는 더하거나 빼는 것을 허용하기도 한다(3·4조(4·4조)).
- 종장의 첫 음보는 세 글자로 글자 수가 고정된다.

> ┌─────구─────┐ ┌─────구─────┐
> [초장] 이 몸이∨죽고 죽어∨일백 번∨고쳐 죽어
>
> [중장] 백골이∨진토되어∨넋이라도∨있고 없고
>   3글자   4글자   4글자   4글자
>
> [종장] 임 향한∨일편단심이야∨가실 줄이∨있으랴.
>   → 종장의 첫 음보는 3글자로 고정됨.
>
>   - 정몽주

(3) 시조의 종류

시대에 따라	고시조	시조가 발생한 때로부터 갑오개혁(개화기) 이전까지 창작된 시조
	현대 시조	갑오개혁(개화기) 이후부터 오늘날까지 창작되고 있는 시조
길이에 따라	단시조	한 수로 하나의 작품을 이룬 시조
	연시조	두 개 이상의 평시조가 한 편의 작품으로 엮여 있는 시조
형식에 따라	평시조	3장 6구의 기본 형식을 갖춘 시조
	엇시조	초장, 중장 가운데 어느 한 장이 평시조보다 1음보 정도 더 길어진 시조
	사설시조	초장, 중장이 제한 없이 길며, 종장도 첫 음보를 제외하고 길어진 시조

교과서 핵심 개념

7 시를 감상하는 방법

- 시의 말하는 이(화자)의 처지를 이해하고 이를 통해 전체 시를 감상한다.
- 시에 쓰인 비유, 상징 등 다양한 표현 방법을 알고, 이러한 표현 방법이 시의 주제와 분위기를 형성하는 데 어떠한 영향을 주는지 이해하며 감상한다.
- 시에 나타난 시인의 생각과 태도를 자신의 삶과 연관지어 생각해 보고, 자신의 삶을 성찰하며 감상한다.

더 알아 두기

◆ 현대시와 시조의 명칭 비교

	현대시	시조
시를 이루는 한 줄의 명칭	행	장
여러 행 또는 장이 모여 이루어진 덩어리의 명칭	연	수

꼼꼼 확인 문제

10 일반적으로 시조는 3장 6구의 형태를 지니며, 종장의 첫 음보는 3글자로 고정된다.

(○ , ×)

11 시조는 일반적으로 한 장을 네 마디로 끊어 읽으며, 끊어 읽는 단위의 반복으로 □□을/를 형성한다.

12 시를 감상할 때에는 시에 나타난 시인의 생각을 이해하고, 이를 자신의 삶과 연관지어 자신의 삶을 성찰해 본다. (○ , ×)

바로바로 개념 적용

봄은 고양이로다 _이장희

갈래	현대시, 자유시, 서정시	성격	감각적, 비유적, 묘사적
운율	내재율	제재	봄, 고양이
주제	고양이의 모습에서 연상되는 봄의 느낌과 생명력		
특징	• 1연과 2연, 3연과 4연에 각각 유사한 문장 구조를 반복하여 운율을 형성함. • 고양이의 모습을 봄의 이미지에 대입하여 봄의 속성을 감각적이고 참신하게 표현함.		

❶ 꽃가루와 같이 부드러운 고양이의 털에

고운 봄의 향기가 어리우도다.

▶ '고양이의 털'에 어린 '봄의 향기'

❷ 금방울과 같이 호동그란 고양이의 눈에
<small>크게 뜬 눈이 동그란</small>
미친 봄의 불길이 흐르도다.

▶ '고양이의 눈'에 흐르는 '봄의 불길(생명력)'

❸ 고요히 다물은 고양이의 입술에

포근한 봄의 졸음이 떠돌아라.

▶ '고양이의 입술'에 떠도는 '봄의 졸음(포근함)'

❹ 날카롭게 쭉 뻗은 고양이의 수염에

푸른 봄의 생기가 뛰놀아라.

▶ '고양이의 수염'에 뛰노는 '봄의 생기'

지문 체크 ✓

1 이 시의 말하는 이(화자)는 겉으로 드러나 있지 않다.

(○ , ×)

2 이 시의 제목인 '봄은 고양이로다'에는 은유법이 사용되었다.

(○ , ×)

3 '금방울과 같이 호동그란', '미친 봄의 불길', '푸른 봄의 생기' 등의 시구에는 □□적 심상이 드러난다.

이 시에 사용된 비유 표현

은유법	시의 제목에서 '봄'을 '고양이'에 빗댐으로써 생명력이 가득하고 포근한 봄의 분위기를 감각적으로 표현함.
직유법	• '고양이의 털'을 '꽃가루'에 빗댐으로써 부드러운 고양이의 털을 생생하게 느끼게 함. • '고양이의 눈'을 '금방울'에 빗댐으로써 크고 동그란 고양이의 눈을 생생하게 떠올리게 함.

1 이 시의 비유 표현을 다음과 같이 정리할 때, ㄱ과 ㄴ에 들어갈 내용으로 알맞은 것은?

	ㄱ	ㄴ
①	꽃가루	부드럽다.
②	꽃가루	향기롭다.
③	금방울	뜨겁다.
④	금방울	크고 동그랗다.
⑤	봄의 생기	생동감이 있다.

묏버들 가려 꺾어~ _홍랑

갈래	평시조, 단시조	성격	감상적, 애상적, 여성적
운율	외형률(4음보)	제재	묏버들
주제	임에 대한 사랑과 그리움		
특징	• 자연물(묏버들)을 통해 말하는 이의 바람을 효과적으로 전달함. • 섬세하고 여성적인 어조를 사용하여 애절한 분위기를 드러냄.		

㉠묏버들 가려 꺾어 보내노라 임의 손에

자시는 창밖에 심어 두고 보소서
　주무시는

밤비에 새잎 나거든 나인가도 여기소서　　　▶ 임에 대한 애절한 사랑과 그리움

지문 체크 ✓

4 이 작품의 갈래는 우리 고유의 정형시인 □□이다.

5 이 시의 말하는 이(화자)는 임에게 잘해 주지 못했던 과거를 후회하고 있다. （ ○ , × ）

6 이 시는 각 장을 3마디로 끊어 읽을 수 있다. （ ○ , × ）

'묏버들'이 상징하는 의미

말하는 이의 상황	임과 이별함.
말하는 이의 행동	'묏버들'을 꺾어 보내며 자신처럼 여겨 달라고 함.
↓	
묏버들	• 임과 함께하고 싶은 말하는 이의 분신 • 임에게 보내는 순수한 사랑의 증표 • 말하는 이의 마음을 임에게 전하는 매개체

2 ㉠에 대한 설명으로 알맞지 않은 것은?

① 말하는 이를 대신하는 존재이다.

② 임을 잃은 말하는 이를 위로하는 대상이다.

③ 임을 향한 말하는 이의 바람을 담은 소재이다.

④ 말하는 이의 마음을 임에게 전달하는 매개체이다.

⑤ 임에 대한 말하는 이의 깊은 사랑을 상징하는 소재이다.

01 유성 _오세영

핵심 콕콕 • 밤하늘의 별과 유성의 모습을 표현하기 위해 사용한 비유 표현 파악하기
• 이 시에서 활용한 비유 표현의 효과 이해하기

밤하늘은

별들의 운동장 「1」 부질없이 짧은 거리를 오락가락 거닌다.
「2」 마음에 걸리는 것이 있어 머뭇머뭇한다.
㉠오늘따라 별들 부산하게 바자닌다.

운동회를 벌였나

아득히 들리는 함성,
┌─ 또렷하게 보이거나 들리지 아니하고 희미하고 흐릿하게
㉡먼 곳에서 아슴푸레 빈 우레 소리 들리더니

빗나간 야구공 하나

쨍그랑

유리창을 깨고

또르르 지구로 떨어져 구른다.

갈래	현대시, 자유시, 서정시
성격	비유적, 감각적
운율	내재율
제재	밤하늘의 별과 유성
주제	밤하늘의 아름다움과 유성의 생동감
특징	• 은유법과 의인법을 활용하여 대상을 생생하게 표현함. • 시각적, 청각적 심상을 활용하여 대상의 모습을 감각적으로 표현함.

콕콕 정리

◆ 이 시의 말하는 이(화자)가 바라보는 대상

말하는 이	반짝거리는 별들로 가득 찬 밤하늘의 모습을 바라봄.

😊 **교과서** [핵심 개념]

◆ 이 시에 사용된 비유 표현과 효과

	밤하늘은 별들의 운동장
은유법	별들이 반짝거리는 '밤하늘'을 '운동장'에 비유하여 생동감 있게 표현함.
	빗나간 야구공 하나
	별들 사이로 떨어지는 '유성'을 '빗나간 야구공'에 비유하여 역동적으로 표현함.
의인법	오늘따라 별들 부산하게 바자닌다. 운동회를 벌였나 아득히 들리는 함성.
	별들이 반짝이는 모습을 사람이 움직이는 것처럼 표현하여 참신함과 생동감을 줌.

◆ 이 시에 사용된 심상과 효과

시각적 심상	청각적 심상
오늘따라 별들 부산하게 바자닌다.	• 아득히 들리는 함성. • 먼 곳에서 아슴푸레 빈 우레 소리 들리더니

↓

시각적, 청각적 심상을 사용하여 별들이 가득한 밤하늘의 모습과 별들 사이로 떨어지는 유성의 모습을 감각적으로 표현함.

😊 **교과서** [핵심 개념]

1 이 시에 대한 감상으로 적절한 것은?

① 비슷한 문장 구조를 반복하여 운율을 형성하였구나.
② 감탄사를 활용하여 말하는 이의 정서를 강조하였구나.
③ 시간적 배경을 밤으로 설정하여 어두운 이미지를 드러내었구나.
④ 어린 소녀를 말하는 이로 내세워 순수한 분위기를 조성하였구나.
⑤ 다양한 비유 표현을 활용하여 대상을 참신하고 생동감 있게 나타내었구나.

😊 **교과서** [핵심 개념]

2 이 시에서 '밤하늘'을 빗대고 있는 대상으로 알맞은 것은?

① 운동장　　　　② 운동회　　　　③ 야구공
④ 유리창　　　　⑤ 빈 우레 소리

😊 **교과서** [핵심 개념]

3 ㉠과 동일한 표현 방법이 쓰인 것은?

① 내 마음은 호수요.
② 요람에서 무덤까지
③ 딱정벌레 날개처럼 하얀 새살
④ 섬세한 손길을 흔들며 / 하롱하롱 꽃잎이 지는 어느 날
⑤ 산에는 꽃 피네 / 꽃이 피네 / 갈 봄 여름 없이 / 꽃이 피네.

4 ㉡에 대한 설명으로 알맞은 것은?

① 시각적 심상을 사용하여 밤하늘의 모습을 참신하게 표현하였다.
② 시각적 심상을 사용하여 별들이 반짝이는 모습을 생생하게 표현하였다.
③ 촉각적 심상을 사용하여 유성이 사라지는 모습을 신비롭게 표현하였다.
④ 청각적 심상을 사용하여 유성이 나타나는 순간을 감각적으로 표현하였다.
⑤ 청각적 이미지인 천둥소리를 유성으로 시각화하여 독창적으로 표현하였다.

✏️ 서술형

文장을 구성하고 있는 각각의 마디. 띄어쓰기의 단위가 됨.
예 우리는∨중학생이∨되었다.(3어절)

5 다음 설명에 해당하는 시어를 찾아 3어절로 쓰시오.

> • 밤하늘에서 갑자기 떨어지는 '유성'의 모습을 표현함.
> • 예정된 궤도에서 벗어난 움직임을 보인다는 점에서 '유성'과 공통적임.

02 포근한 봄 _오규원

핵심 콕콕 • '봄눈'을 빗댄 대상 파악하기
• 비유 표현을 사용하여 시인이 드러내고자 하는 바 이해하기

❶ 눈이 내린다
봄이라서
㉠봄빛처럼 포근한 눈

❷ 담장 위에 쌓이는 봄눈
나무 위에 쌓이는 봄눈
마당 위에 쌓이는 봄눈

❸ 그리고
마루에서 졸다가 깬
눈을 하고 앉은
새끼 고양이의 눈 속에도
내리는 봄눈

❹ 감았다 떴다 하는
새끼 고양이의 눈처럼
보드라운
봄
봄 하늘
봄 하늘의 봄눈

갈래	현대시, 자유시, 서정시
성격	서정적, 감각적
운율	내재율
제재	봄눈
주제	봄에 내린 눈의 포근한 느낌
특징	• 봄눈이 포근하고 부드럽게 내리는 풍경을 효과적으로 묘사함. • 직유법, 반복법 등을 사용하여 봄눈의 정취를 감각적으로 표현함. • 동일한 시어 및 문장 구조를 반복하여 운율을 형성하고 의미를 강조함.

콕콕 정리

◆ 이 시의 구성

1연	봄빛처럼 포근하게 내리는 봄눈
2연	담장, 나무, 마당 위에 쌓이는 봄눈
3연	마루에서 졸다 깬 새끼 고양이의 눈에 비친 봄눈
4연	새끼 고양이의 눈처럼 보드라운 봄 하늘의 봄눈

◆ 이 시의 운율 형성 요소

동일한 시어의 반복	'봄눈'
동일한 문장 구조의 반복	'~위에 쌓이는 봄눈'

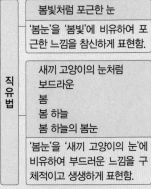

교과서 핵심 개념

◆ 이 시에 사용된 비유 표현과 효과

	봄빛처럼 포근한 눈
직유법	'봄눈'을 '봄빛'에 비유하여 포근한 느낌을 참신하게 표현함.
	새끼 고양이의 눈처럼 보드라운 봄 봄 하늘 봄 하늘의 봄눈
	'봄눈'을 '새끼 고양이의 눈'에 비유하여 부드러운 느낌을 구체적이고 생생하게 표현함.

직유법을 활용하여 포근하고 부드러운 '봄눈'의 느낌을 생생하고 참신하게 표현하였다.

---

1 이 시에 대한 감상으로 적절한 것은?

① 새끼 고양이의 활발한 움직임에서 봄의 생기가 느껴졌어.

② 말하는 이의 시선을 따라가니 '봄눈'이 내리는 다양한 풍경이 그려졌어.

③ 추운 겨울이 가고 따뜻한 봄이 오기를 기다리는 말하는 이의 바람이 느껴졌어.

④ '봄눈'의 부드러운 속성을 통해 '새끼 고양이의 눈'이 주는 포근함을 잘 나타내었어.

⑤ 시각적, 촉각적, 후각적 심상을 사용하여 '봄눈'이 주는 느낌을 감각적으로 표현하였어.

2 이 시에서 운율을 형성한 방법으로 알맞은 것은?

① 동일한 문장 구조를 반복하였다.

② 첫 연을 마지막 연에 동일하게 배치하였다.

③ 각 연의 끝에 동일한 후렴구를 배치하였다.

④ 의성어를 사용하여 유사한 모음을 반복하였다.

⑤ 행마다 끊어 읽는 마디를 동일하게 반복하였다.

교과서 핵심 개념

3 시인이 비유 표현을 활용하여 말하고자 한 바로 가장 적절한 것은?

① 포근하고 부드러운 봄눈의 정취

② 마당 곳곳에서 볼 수 있는 봄의 생명력

③ 봄눈처럼 포근한 사람이 되고 싶은 소망

④ 계절의 변화에서 느껴지는 자연의 아름다움

⑤ 새끼 고양이의 모습을 통해 느끼는 인간과 자연의 교감

교과서 핵심 개념

4 ㉠과 같은 표현 방법이 쓰인 시구로 알맞은 것은?

① 나는 나룻배 / 당신은 행인

② 풀은 눕고 / 드디어 울었다.

③ 배추에게도 마음이 있나 보다

④ 가르마 같은 논길을 따라 / 꿈속을 가듯 걸어만 간다

⑤ 구름은 / 보랏빛 색지 위에 / 마구 칠한 한 다발 장미

서술형

5 '봄눈'을 빗대어 표현하고 있는 대상을 모두 찾아 쓰시오.

03 나무들의 목욕 _정현정

핵심 콕콕 • 봄 산의 풍경을 표현하기 위해 사용한 비유 표현 파악하기
• 비유 표현을 통해 말하는 이가 전하고자 하는 바 파악하기

❶ ㉠나무들이

샤워하고 있다

❷ 저것 봐

저것 봐

❸ ┌ 진달래는 분홍 거품이

     조팝나무는 하얀 거품이

[A]

     영산홍은 빨강 거품이

    └ 보글보글 일고 있잖아

❹ 깨끗이 씻은 자리

씨앗 마중하려고

부지런히 목욕 중이야

❺ 온 산이 공중목욕탕처럼

색색의 거품으로 부글거리고 있어.

갈래	현대시, 자유시, 서정시
성격	서정적, 회화적
운율	내재율
제재	꽃을 피우는 나무들
주제	색색의 꽃이 핀 봄 산의 풍경과 나무들이 꽃을 피우는 일의 소중함
특징	• 다양한 비유를 활용하여 봄 산의 풍경을 생동감 있게 표현함. • 독자에게 말을 건네는 듯한 친근한 말투를 사용함.

콕콕 정리

◆ 이 시의 구성

1연	꽃을 피우는 나무들
2연	꽃 핀 나무들을 보라고 가리키는 말하는 이
3연	나무들에 색색의 꽃이 핀 모습
4연	나무들이 꽃을 피우는 까닭
5연	꽃을 피우는 나무들로 가득한 산의 모습

😊 교과서 핵심 개념

◆ 이 시에 사용된 비유 표현과 효과

의인법	나무들이 샤워하고 있다
	깨끗이 씻은 자리 씨앗 마중하려고 부지런히 목욕 중이야
	나무들이 꽃을 피우는 모습을 샤워(목욕)한다고 표현하여 참신한 느낌을 줌.
은유법	진달래는 분홍 거품이 조팝나무는 하얀 거품이 영산홍은 빨강 거품이
	나무들에 색색의 꽃이 핀 모습을 '거품'에 비유하여 봄 산의 풍경을 생동감 있게 표현함.
직유법	온 산이 공중목욕탕처럼 색색의 거품으로 부글거리고 있어.
	꽃을 피우는 나무들로 가득한 산의 모습을 색색의 거품이 부글거리는 공중목욕탕에 비유하여 봄 산의 모습을 생생하게 떠올리게 함.

😊 교과서 핵심 개념

◆ 이 시의 말하는 이가 전하려는 바

4연의 '씨앗 마중하려고 / 부지런히 목욕 중이야'에서 나무들이 꽃을 피우는 것은 새로운 생명(씨앗)을 맞이하기 위한 일이며 이러한 일이 소중하다는 생각을 드러내고 있다.

😊 교과서 핵심 개념

1 이 시에서 말하고자 하는 바로 알맞은 것은?

① 꽃이 피고 지는 것에서 거스를 수 없는 자연의 법칙을 깨달았다.

② 나무와 산을 바라보면서 자연과 인간이 하나가 되는 기쁨을 느꼈다.

③ 부지런히 꽃을 피우는 나무들의 모습에서 게으른 태도를 반성하였다.

④ 나무들이 꽃을 피우는 것은 새 생명을 맞이하기 위한 소중한 일임을 깨달았다.

⑤ 다양한 꽃들이 함께 피는 모습에서 조화롭게 어울려 살아가는 삶의 중요성을 느꼈다.

말하는 이의 말투, 시의 분위기, 말하는 이의 정서 및 태도와 관련이 있음.

2 이 시에 나타난 말하는 이의 어조로 적절한 것은?

① 말을 건네는 듯한 어조를 사용하여 친근감을 주고 있다.

② 담담한 어조를 사용하여 대상을 객관적으로 바라보고 있다.

③ 묵직하고 힘찬 남성적 어조를 사용하여 의지를 드러내고 있다.

④ 기도하는 듯한 어조를 사용하여 경건한 분위기를 조성하고 있다.

⑤ 냉소적인 어조를 사용하여 대상의 변화를 비판적으로 관찰하고 있다.
쌀쌀한 태도로 업신여기어 비웃는

😊 교과서 핵심 개념

3 ㉠에 쓰인 표현 방법에 대한 설명으로 가장 적절한 것은?

① 무생물을 생물처럼 표현하여 생동감을 주고 있다.

② 표현하려는 대상을 실제보다 크게 부풀려 표현하고 있다.

③ 사람이 아닌 대상에 인격을 부여하여 사람처럼 표현하고 있다.

④ 원래 말하려는 바와 반대로 표현하여 독자의 관심을 집중시키고 있다.

⑤ 쉽게 판단할 수 있는 내용을 의문문으로 표현하여 의미를 강조하고 있다.

😊 교과서 핵심 개념

4 〈보기〉를 [A]와 같이 바꾸어 표현했을 때의 효과로 적절한 것은?

┤보기├
진달래는 분홍 꽃이 / 조팝나무는 하얀 꽃이
영산홍은 빨강 꽃이 / 피고 있잖아

① 표현하고자 하는 대상이 사실적으로 묘사된다.

② 시인이 말하고자 하는 바가 분명하게 드러난다.

③ 표현하고자 하는 대상이 생동감 있게 느껴진다.

④ 유사한 문장 구조를 반복하여 운율감이 느껴진다.

⑤ 대상을 있는 그대로 표현하여 참신함이 떨어진다.

✏️ 서술형

5 다양한 꽃이 활짝 핀 산의 모습을 빗대어 표현한 시어를 찾아 쓰고, 그 시어에 사용된 비유 표현의 종류도 함께 쓰시오.

04 우리가 눈발이라면 _안도현

핵심 콕콕 • 상징적 의미가 대비되는 시어의 의미 파악하기
• 상징적 시어를 통해 드러난 시인의 바람 파악하기

우리가 눈발이라면

허공에서 쭈빗쭈빗 흩날리는
_{망설이며 자꾸 머뭇머뭇하는 모양}
㉠진눈깨비는 되지 말자

세상이 바람 불고 춥고 어둡다 해도

사람이 사는 마을

가장 낮은 곳으로

따뜻한 ㉡함박눈이 되어 내리자

우리가 눈발이라면

ⓐ잠 못 든 이의 창문가에서는

편지가 되고

그이의 깊고 붉은 상처 위에 돋는

새살이 되자

갈래	현대시, 자유시, 서정시
성격	상징적, 의지적
운율	내재율
제재	함박눈
주제	이웃과 더불어 따뜻한 삶을 살고 싶은 소망
특징	• 긍정적 시어와 부정적 시어가 대조를 이루어 주제를 효과적으로 드러냄. • 청유형 문장을 사용하여 말하는 이의 의지를 강조하고 독자의 공감을 불러일으킴.

콕콕 정리

◆ 이 시의 구성

1~3행	'진눈깨비'가 되지 말자는 당부
4~7행	가장 낮은 곳에 '함박눈'이 되어 내리자는 당부
8~12행	'잠 못 든 이'의 '편지'와 '새살'이 되자는 당부

😊 교과서 핵심 개념

◆ 주요 시어의 상징적 의미

진눈깨비	허공에서 쭈빗쭈빗 흩날림. → 어려운 이웃을 외면하거나 더욱 힘들게 만드는 존재
함박눈	사람이 사는 마을 가장 낮은 곳까지 내려와 따뜻함을 전함. → 힘들고 어려운 이웃에게 위로와 희망을 주는 존재

😊 교과서 핵심 개념

◆ 상징적 의미가 대비되는 시어

부정적 의미의 시어	긍정적 의미의 시어
• 진눈깨비 • 바람 • 깊고 붉은 상처	• 함박눈 • 편지 • 새살
무관심, 외면, 고통, 슬픔	위로, 격려, 희망

상징하는 의미가 대비되는 시어를 사용하여 어려운 이웃과 더불어 살고자 하는 시인의 바람을 효과적으로 형상화하였다.

😊 교과서 핵심 개념

◆ 이 시에 나타난 말하는 이의 바람

'세상이 바람 불고 춥고 어둡다 해도'	삭막하고 고달픈 현실

↓

'함박눈', '편지', '새살'이 되자고 함.	어려운 이웃에게 위로와 희망이 되는 존재로 살아가자는 바람

1 이 시에 대한 설명으로 알맞은 것은?

① 말하는 이는 '눈'을 매개로 과거를 회상하고 있다.
② 명사로 끝나는 시행을 반복하여 운율을 형성하고 있다.
③ 말하는 이가 실제 겪은 일을 바탕으로 시상을 전개하고 있다.
④ 청유형 문장을 사용하여 독자의 공감과 동참을 유도하고 있다.
⑤ 문장의 어순을 바꾸어 표현하여 대상의 특성을 강조하고 있다.

😊 교과서 핵심 개념

2 이 시의 말하는 이가 전하고자 하는 삶의 교훈으로 적절한 것은?

① 어려운 이웃을 외면하지 말고 돌볼 줄 알아야 한다.
② 현실에 안주하지 말고 항상 도전하는 자세를 지녀야 한다.
③ 자신을 먼저 내세우기보다는 매사 겸손하게 행동해야 한다.
④ 타인과 갈등하지 않기 위해 적절히 타협할 줄도 알아야 한다.
⑤ 인정이 사라진 현실을 원망하지 말고 스스로 일어설 줄 알아야 한다.

😊 교과서 핵심 개념

3 ㉠과 ㉡이 상징하는 바를 바르게 연결한 것은?

	㉠	㉡
①	자연에 해로운 존재	자연에 이로운 존재
②	삶의 만족감을 주는 존재	삶을 어렵게 하는 존재
③	사람들을 슬프게 하는 존재	사람들을 멀리하는 존재
④	어려운 사람에게 무관심한 존재	어려운 사람에게 희망을 주는 존재
⑤	말하는 이가 함께 하고자 하는 존재	말하는 이가 멀리하고자 하는 존재

😊 교과서 핵심 개념

4 ⓐ가 의미하는 대상으로 적절한 것은?

① 현실의 어려움으로 고통받는 사람
② 다른 사람을 배려하지 못하는 사람
③ 자신의 이기적인 태도를 반성하는 사람
④ 여유 없이 바쁘고 분주하게 살아가는 사람
⑤ 세상의 모순을 바꾸기 위해 노력하는 사람

✏️ 서술형

5 이 시에서 '함박눈'과 의미가 유사한 시어를 모두 찾아 쓰시오.

05 고래를 위하여 _정호승

핵심 콕콕 • 시어의 상징적 의미와 상징의 표현 효과 파악하기
• 상징을 활용하여 시인이 말하고자 하는 바 파악하기

1 ⊙푸른 바다에 고래가 없으면
푸른 바다가 아니지
마음속에 푸른 바다의
고래 한 마리 키우지 않으면
청년이 아니지

2 푸른 바다가 고래를 위하여
푸르다는 걸 아직 모르는 사람은
아직 사랑을 모르지

3 고래도 가끔 수평선 위로 치솟아 올라
ⓒ별을 바라본다
나도 가끔 내 마음속의 고래를 위하여
밤하늘 별들을 바라본다

갈래	현대시, 자유시, 서정시
성격	서정적, 상징적
운율	내재율
제재	고래
주제	청소년들에게 사랑하면서 꿈을 이루기를 당부함.
특징	• 상징 표현을 활용하여 시어를 다양한 의미로 이해할 수 있음. • 유사한 문장 구조를 반복하여 운율을 형성함.

콕콕 정리

◆ 이 시의 구성

1연	'푸른 바다'와 '고래'와 '청년'을 이야기함.
2연	'푸른 바다'와 '고래'와 '사랑'을 이야기함.
3연	내 마음속의 '고래'와 '별'을 이야기함.

◆ 이 시의 운율 형성 요소

유사한 문장 구조의 반복	'~면 ~아니지'
동일한 시어의 반복	'푸른 바다', '고래'

교과서 핵심 개념
◆ 시어의 상징적 의미와 효과

푸른 바다	꿈을 키우고 목표를 세워야 하는 젊은 시절(청소년기의 삶)
고래	꿈과 목표를 추구하는 존재이며, 바다를 가치 있게 만드는 존재
별	꿈과 목표, 희망과 이상

↓

상징적 시어를 활용하여 이상을 추구하며 사랑하는 마음을 지니고 살아가라는 시인의 당부를 인상적으로 표현함.

상징적 시어를 통해 시인의 생각을 간접적으로 전달함으로써 독자의 상상력을 자극하고 작품의 의미를 풍부하게 전한다.

---

1 이 시에 대한 설명으로 적절한 것은?

① 대비되는 시어를 사용하여 시의 주제를 강조하고 있다.
② 1연과 2연을 대칭 구조로 배열하여 안정감을 형성하고 있다.
③ 색채 대비를 통해 표현하고자 하는 대상을 인상적으로 그리고 있다.
④ 다양한 의미로 해석될 수 있는 시어를 활용하여 주제를 전달하고 있다.
⑤ 예로부터 전해 오는 전설을 빌려 이야기를 들려주듯 시상을 전개하고 있다.

교과서 핵심 개념
2 이 시에서 '고래'가 상징하는 의미로 적절한 것은?

① 넓은 마음을 지닌 존재
② 삶의 경험이 풍부한 존재
③ 꿈과 목표를 추구하는 존재
④ 바다와 자연을 사랑하는 존재
⑤ 다른 사람의 소망을 응원하는 존재

교과서 핵심 개념
3 ㉠과 〈보기〉의 표현을 비교한 내용으로 적절한 것은?

┤보기├
우리의 삶에 꿈이 없으면
진정한 삶이 아니지.

① ㉠과 달리 〈보기〉는 독자의 다양한 해석이 가능하다.
② ㉠과 달리 〈보기〉는 말하고자 하는 바가 간접적으로 전달된다.
③ 〈보기〉와 달리 ㉠은 말하고자 하는 바를 풍부하게 전달할 수 있다.
④ 〈보기〉와 달리 ㉠은 구체적 사물을 추상적 개념을 통해 전달하고 있다.
⑤ ㉠과 〈보기〉는 모두 사전적 의미대로 해석해야 뜻이 정확하게 전달된다.

교과서 핵심 개념
4 ㉡을 통해 시인이 드러내고자 한 주제로 알맞은 것은?

① 청소년들이 자신의 개성을 찾기를 소망한다.
② 청소년들이 이상을 지향하며 살아가기를 바란다.
③ 청소년들이 실패에도 실망하지 않기를 기원한다.
④ 청소년들이 양심적인 어른으로 자라기를 바란다.
⑤ 청소년들이 순수함과 어린아이다움을 잃지 않기를 희망한다.

 서술형

5 꿈을 키워야 하는 젊은 시절을 상징하는 시어를 찾아 쓰시오.

06 새로운 길 _윤동주

핵심 콕콕 • 시어의 상징적 의미와 상징의 표현 효과 파악하기
• 말하는 이가 처한 상황과 태도 파악하기

❶ 내를 건너서 숲으로
고개를 넘어서 마을로

❷ ㉠어제도 가고 오늘도 갈
㉡나의 길 새로운 길

❸ ㉢민들레가 피고 까치가 날고
아가씨가 지나고 바람이 일고

❹ ㉣나의 길은 언제나 새로운 길
㉤오늘도…… 내일도……

❺ 내를 건너서 숲으로
고개를 넘어서 마을로

갈래	현대시, 자유시, 서정시
성격	고백적, 의지적, 상징적
운율	내재율
제재	나의 길
주제	언제나 새로운 마음으로 삶을 살아가고자 하는 의지
특징	• 시의 첫 연과 마지막 연이 같은 수미 상관의 구조를 이룸. • 같은 소리와 비슷한 문장 구조를 반복하여 운율을 형성함.

● 정답과 해설 08쪽

콕콕 정리

◆ 이 시의 구성

1연	길을 걸어 숲과 마을로 향하는 '나'
2연	언제나 걸어가는 새로운 길
3연	길에서 만나는 다양한 존재들
4연	앞으로도 새로운 마음으로 길을 걸어가겠다는 다짐
5연	길을 걸어 숲과 마을로 향하는 '나'

교과서 핵심 개념

◆ 이 시에 나타난 말하는 이의 상황과 태도

말하는 이의 상황	말하는 이의 태도
• 숲과 마을을 향해 걸어가고 있음. • 길을 걸어가며 다양한 존재를 만남.	• 늘 새로운 마음으로 끊임없이 길을 걸어가겠다고 다짐함. • 미래 지향적이고 의지적인 태도를 보임.

교과서 핵심 개념

◆ 시어의 상징적 의미와 효과

길	삶, 인생
내, 고개	고난, 어려움
숲, 마을	말하는 이가 바라는 희망, 평화
민들레, 까치, 아가씨, 바람	길에서 만나는 다양한 존재로, 삶에 대한 희망을 주는 존재

↓

• '인생'이라는 추상적 개념을 '길'이라는 구체적 사물로 나타내어 머릿속에서 쉽게 떠올릴 수 있게 함.
• 시의 주제를 강조함.

교과서 핵심 개념

1 이 시의 말하는 이에 대한 설명으로 알맞은 것은?

① 부정적인 시대 현실에 분노하고 있다.
② 사랑하는 사람과 이별하여 절망하고 있다.
③ 자신의 과거를 돌아보며 잘못을 반성하고 있다.
④ 새로운 것만 추구하는 행동을 부끄러워하고 있다.
⑤ 어려움을 극복하며 미래를 향해 끊임없이 나아가고 있다.

2 이 시에 사용된 표현 방법으로 알맞지 않은 것은?

① 유사한 문장 구조를 반복하고 있다.
② 길에서 만나는 다양한 존재를 나열하고 있다.
③ 사람이 아닌 대상을 사람인 것처럼 표현하고 있다.
④ 비슷한 구조를 지닌 시구를 나란히 위치시키고 있다.
⑤ 추상적인 개념을 구체적인 대상으로 나타내고 있다.

3 이 시의 운율 형성 요소로 알맞은 것은?

① 4음보의 율격을 유지하였다.
② 말의 순서를 바꾸어 변화를 주었다.
③ 시의 처음과 끝을 동일하게 구성하였다.
④ 같은 시어를 모든 연에서 규칙적으로 반복하였다.
⑤ 연이 거듭될수록 시행의 길이를 점차 길게 배열하였다.

교과서 핵심 개념

4 ㉠~㉤에 대한 설명으로 알맞지 않은 것은?

① ㉠: 계속 길을 걸어가겠다는 말하는 이의 의지가 나타난다.
② ㉡: 말하는 이가 지금까지 살아왔고 앞으로도 살아갈 인생을 의미한다.
③ ㉢: 말하는 이에게 희망을 주는 다양한 존재가 나타난다.
④ ㉣: 늘 새로운 마음으로 살아가겠다는 말하는 이의 마음이 나타난다.
⑤ ㉤: 말줄임표를 통해 예측하기 어려운 미래에 대한 두려움이 간접적으로 드러난다.

서술형

5 이 시의 1연을 다음과 같이 해석할 때, ㄱ과 ㄴ에 들어갈 시어를 각각 쓰시오.

> 이 시에서 '내', '숲', '고개', '마을'은 모두 말하는 이가 걸어가는 '길'에서 만나는 것들이다. 시의 맥락으로 보아, [ㄱ]은/는 인생에서 만나는 고난을 의미하고, [ㄴ]은/는 말하는 이가 지향하는 희망과 평화를 의미한다고 할 수 있다.

07 오우가(五友歌) _윤선도

핵심 콕콕 • 자연물의 속성과 상징적 의미 파악하기
• 대비되는 속성을 지닌 자연물 파악하기

내 벗이 몇이나 하니 수석과 송죽이라.
　　　　　　물과 바위　　소나무와 대나무
동산에 ⓐ달 오르니 그 더욱 반갑구나.

두어라 이 다섯밖에 또 더하여 무엇하리.　　　　〈제1수〉

구름 빛이 좋다 하나 검기를 자주 한다.
　　　깨끗하다
바람 소리 맑다 하나 그칠 적이 많구나.

좋고도 그칠 때 없기는 물뿐인가 하노라.　　　　〈제2수〉

꽃은 무슨 일로 피면서 쉬이 지고

풀은 어이하여 푸른 듯 누러느냐.

아마도 변치 않는 것 ㉠바위뿐인가 하노라.　　　　〈제3수〉

더우면 꽃 피고 추우면 잎 지거늘

㉡솔아 너는 어찌 눈서리를 모르느냐.

구천에 뿌리 곧은 줄을 그로 하여 아노라.　　　　〈제4수〉
땅속 깊은 밑바닥

작은 것이 높이 떠서 만물을 다 비추니

밤중의 광명이 너만 한 이 또 있느냐.

보고도 말 아니하니 내 벗인가 하노라.　　　　〈제6수〉

갈래	고시조, 연시조
성격	예찬적, 자연 친화적
운율	외형률(4음보)
제재	물, 바위, 소나무, 대나무, 달
주제	다섯 벗(물, 바위, 소나무, 대나무, 달)에 대한 예찬
특징	• 우리말의 아름다움을 잘 살려 표현함. • 문답법, 대구법 등 다양한 표현 방법을 활용하여 대상을 인상 깊게 그려 냄. • 자연물을 의인화하고 그 속성을 유교적 이념에 연결하여 예찬함.

콕콕 정리

😊 교과서 핵심 개념
◆ 자연물의 속성과 상징적 의미

물	• 깨끗함(청렴함). • 그치지 않음(영원성).
바위	변하지 않음(불변성).
소나무	꿋꿋함(지조와 절개).
달	• 온 세상을 다 비춤(포용성). • 보고도 말이 없음(과묵함).

😊 교과서 핵심 개념
◆ 자연물이 지닌 대비되는 속성

물		구름, 바람
바위	↔	꽃, 풀
소나무		꽃, 잎
변하지 않음.		쉽게 변함.

◆ 이 시조의 운율 형성 요소

일정한 글자 수의 반복	세 글자와 네 글자의 배열을 반복함. 예 동산에 달 오르니 　　　3　　4 그 더욱 반갑구나. 　3　　4
끊어 읽는 단위(음보)의 반복	4음보의 외형률을 지킴. 예 내 벗이∨몇이나 하니∨수석과∨송죽 이라.

◆ 이 시조에 사용된 표현 방법

의인법	'물, 바위, 소나무, 대나무, 달' 등의 자연물을 사람처럼 표현함.
문답법	'내 벗이 몇이나 하니 수석과 송죽이라.'와 같이 스스로 묻고 답함.
대구법	'구름 빛이 좋다 하나 검기를 자주 한다. / 바람 소리 맑다 하나 그칠 적이 많구나.'와 같이 유사한 구조의 시구를 짝 지어 표현함.
설의법	'솔아 너는 어찌 눈서리를 모르느냐.'와 같이 의문문 형식으로 표현함.

1 이 시조에 대한 설명으로 알맞지 <u>않은</u> 것은?

① 자연물을 의인화하여 친근하게 표현하고 있다.

② 문답법을 활용하여 대상을 인상 깊게 소개하고 있다.

③ 대상의 속성을 유교적 이념과 연결하여 형상화하고 있다.

④ 설의법과 대구법을 통해 전하고자 하는 의미를 강조하고 있다.

⑤ 다양한 심상을 활용하여 대상의 속성을 감각적으로 표현하고 있다.

😊 교과서 핵심 개념
2 〈제2수〉를 다음과 같이 정리할 때, 빈칸에 들어갈 말로 알맞은 것은?

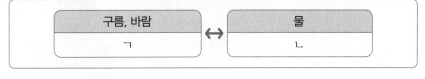

	ㄱ	ㄴ
①	맑다.	그칠 때가 많다.
②	탁하다.	맑다.
③	깨끗하다.	검다.
④	쉽게 변한다.	영원하다.
⑤	쉽게 변하지 않는다.	자주 변한다.

😊 교과서 핵심 개념
3 ㉠과 ㉡의 공통점으로 가장 적절한 것은?

① 쉽게 볼 수 없는 낯선 존재이다.

② 오랜 시간에 걸쳐 조금씩 변화하는 존재이다.

③ 다른 사람을 시기하지 않는 넓은 마음을 지닌 존재이다.

④ 주변의 변화나 시련에도 변함없는 모습을 보이는 존재이다.

⑤ 남을 배려하지 않고, 자기중심적인 태도를 보이는 존재이다.

4 이 시조와 〈보기〉의 공통점으로 적절한 것은?

┌ 보기 ┐

국화야 너는 어이 삼월동풍(三月東風) 다 지내고
　　　　　　　　　　　　　　따뜻한 시절

낙목한천(落木寒天)에 너 홀로 피었느냐.
　나뭇잎이 떨어진 추운 계절

아마도 오상고절(傲霜孤節)은 너뿐인가 하노라.　　　　– 이정보
　　심한 서릿발 속에서도 굴하지 아니하고 외로이 지키는 절개

① 자연물을 예찬하는 태도가 드러나 있다.

② 자연물을 통해 반성하는 태도가 드러나 있다.

③ 계절에 따른 말하는 이의 정서 변화가 나타나 있다.

④ 자연의 아름다움과 그에 따른 감흥을 노래하고 있다.

⑤ 자연이 인간에게 주는 혜택에 대한 고마움을 표현하고 있다.

 서술형

5 제6수를 참고하여 ⓐ가 상징하는 삶의 태도 두 가지를 쓰시오.

함께 문학 기행을 떠나 볼까?

탐구 목표

주변에 있는 문학관을 찾아가 보고 문학적 감수성을 키워 보자.

탐구 과정 소개

> 우리 주변에 문학관이 이렇게 많은지 몰랐어. 평소 좋아하던 작가의 문학관을 찾아가 보면 색다른 여행이 되겠는 걸?

김유정 문학촌(춘천)

황순원 문학촌(양평)

이효석 문학관(평창)

한국현대
문학관(서울)

박경리 문학 공원(원주)

이육사
문학관(안동)

정지용 문학관(옥천)

채만식 문학관(군산)

동리목월 문학관(경주)

태백산맥
문학관(보성)

청마 문학관(통영)

◆ 문학 기행 계획 세우기

① 자신의 동네에 있는 문학관이나 평소 좋아하는 작가 또는 학교에서 배운 작품을 쓴 작가의 문학관 찾아보기

② 문학관 홈페이지, 문학관에 다녀온 사람들의 후기 찾아보기

③ 문학관에 직접 방문하여 인증 사진 찍기

**비상이의
탐구 활동 체험**

●●●○ 📶　　　　　　　　　　　100% 🔋

visangstagram

비상이 @Visang

친구들과 함께 서울 부암동에 있는 '윤동주 문학관'에 다녀왔다. 교과서나 문제집에서만 보던 시를 문학관 벽에서 보니 새로운 느낌이 들었다. 근처에 사는 친구들은 한번 들러 보길.

#윤동주문학관 #새로운길 #아름다운시

II 산문 문학

1 소설

1 소설 구성의 요소

소설 속 이야기는 일정한 흐름에 따라 전개되며, '인물, 사건, 배경' 세 가지 요소가 이러한 이야기를 구성한다.

인물	작품 속에 등장하는 사람. 작품에서 갈등을 만들고 해결하면서 이야기를 전개하는 주체임.
사건	작품 속에서 인물들이 겪는 일이나 벌이는 행동. 사건을 통해 이야기가 전개됨.
배경	인물들이 행동하고 사건이 일어나는 시간이나 장소. 인물의 행동을 사실적으로 느끼게 하며, 인물의 심리를 암시하거나 작품의 분위기를 만듦.

교과서 핵심 개념

2 소설의 갈등

(1) 갈등의 개념

인물의 마음속 생각이 대립되거나, 인물들 간의 의견이나 관계가 대립되어 서로 복잡하게 얽혀 있는 상태를 말한다.

(2) 갈등의 역할

• 갈등이 전개되고 해결되는 과정에서 작품의 주제가 나타난다.
• 사건을 전개하고 이야기에 긴장감을 주어 독자의 흥미를 불러일으킨다.
• 갈등 상황에서 보이는 반응을 통해 인물의 가치관과 성격이 명확히 드러난다.
  인간이 자기를 포함한 세계나 그 속의 사상(事象)에 대하여 가지는 평가의 근본적 태도

(3) 갈등의 종류

내적 갈등	한 인물의 마음속에서 둘 이상의 상반된 심리가 대립하는 갈등		
	예 내일 볼 시험을 준비해야 하는 '나' ↔ 텔레비전 프로그램을 시청하고 싶은 '나'		
외적 갈등	인물과 그를 둘러싼 외부 세계(인물, 사회, 자연, 운명 등) 사이에서 일어나는 갈등		
	예 내일 시험을 보니 공부를 해야 하지 않겠냐는 아빠 ↔ 텔레비전 프로그램을 보고 나서 시험공부를 하겠다는 아이		
	인물과 인물의 갈등	인물과 인물 간의 가치관이나 성격의 차이 때문에 일어나는 갈등	
	인물과 사회의 갈등	인물이 자신이 속한 사회의 관습 및 윤리, 제도와의 충돌로 인해 겪는 갈등	
	인물과 자연/운명의 갈등	인물이 자연적 현상이나 자신이 타고난 운명과 대립하여 겪는 갈등	

더 알아 두기

◆ 소설의 개념과 특성

• 소설의 개념: 소설은 현실에 있음 직한 일을 작가가 상상하여 꾸며 쓴 이야기이다.
• 소설의 특성

허구성	작가가 상상하여 꾸며 낸 이야기임.
서사성	일정한 흐름에 따라 이야기가 전개됨.
모방성	현실 세계를 본뜨거나 반영하여 표현함.
산문성	줄글의 형식으로 표현함.
진실성	허구의 이야기이지만 삶의 진솔함을 담음.
예술성	구성, 표현 등을 통해 예술적 아름다움을 표현함.

◆ 소설의 3요소

주제	작품을 통해 작가가 나타내고자 하는 중심 생각
구성	이야기의 내용을 짜임새 있게 배열하는 것
문체	작품에 드러나는 작가의 독특한 글투나 표현 방식

꼼꼼 확인 문제

1 소설 구성의 요소 중에서 인물들이 일으키는 일이나 갈등을 ☐☐(이)라고 한다.

2 소설에서 갈등은 사건을 전개하고 이야기에 긴장감을 조성하여 독자의 흥미를 불러일으킨다. (○ , ×)

3 한 인물의 마음속에 대립되는 심리나 욕망으로 인해 나타나는 심리적 갈등을 ☐☐ 갈등이라고 한다.

◆ 소설에 드러나는 갈등 양상
더 알아 두기

예 "너는 안 먹고 살래? 아무리 아파트기로서니 사람이 할 일은 하고 살아야재. 그래, 아파트 살면 장을 다 사 먹어야 한단 말이여?"

"아유, 그만두세요. 어머닌 옛날 방식만 고집하시니."

엄마는 돌아서서 안방 쪽으로 갔다. 할머니는 속이 상한지 한참이나 그대로 서 있었다. 나는 조심스럽게 할머니를 불러 보았다.

"……할머니이."

할머니는 그제야 내 얼굴을 보더니 혼잣말같이 중얼거렸다.

"시상이 아무리 달라졌다 혀도 달라지지 않는 것도 있는 법이여. 그렇재, 암."

그러고는 박아 놓은 못에 메주를 걸었다.

– 오승희, 「할머니를 따라간 메주」

장을 담가 먹어야 한다는 옛 가치관을 가진 '할머니'
↕
'할머니'의 가치관을 이해할 수 없는 '엄마'

→ 가치관의 차이 때문에 발생한 '할머니'와 '엄마'의 외적 갈등

◆ 소설에 드러나는 갈등 양상
대부분의 소설에서는 인물의 내적 갈등, 인물과 인물의 외적 갈등, 인물과 사회의 외적 갈등 등 여러 가지 갈등이 복잡하게 얽혀 나타난다.

교과서 핵심 개념

❸ 갈등 양상에 따른 소설의 구성 단계

소설에서는 갈등이 발생하여 전개되고 해결되는 과정에 따라 이야기가 전개된다. 일반적으로 소설의 구성 단계는 갈등의 진행에 따라 '발단 – 전개 – 위기 – 절정 – 결말'의 5단계로 나뉜다.

발단
등장인물과 배경이 소개되고, 사건의 실마리가 드러남.

전개
사건이 발전되며, 갈등이 시작됨.

위기
갈등이 깊어지며, 긴장감과 위기감이 조성됨.

절정
갈등이 최고조에 이르고, 사건 해결의 실마리가 보임.

결말
갈등이 해결되고, 사건이 마무리됨.

예

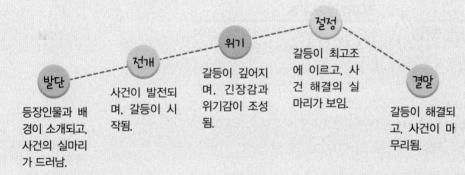

'나'와 한 동네에 사는 '점순'이 이유 없이 '나'의 수탉과 자신의 힘센 수탉에게 닭싸움을 붙이며 '나'를 괴롭힘.	**발단**: '나'와 '점순'이라는 인물이 소개되고, 닭싸움이라는 사건의 실마리가 드러남.
'나'가 나흘 전에 '점순'이 주는 감자를 먹지 않겠다고 거절하자 '나'를 좋아하는 '점순'은 기분이 상함.	**전개**: '나'와 '점순'이 갈등하게 된 사건이 제시됨.
'점순'이 자꾸 닭싸움을 붙이자 '나'는 닭싸움을 이겨 보려 노력하지만 실패함.	**위기**: '점순'이 닭싸움을 붙여 '나'와의 갈등이 깊어짐.
'점순'이 '나'의 닭을 또 괴롭히자 '나'는 화를 참지 못하고 '점순'네 닭을 때려죽임.	**절정**: '나'의 분노가 절정에 다다라 '점순'네 닭을 죽임.
'점순'은 '나'가 자기네 닭을 죽인 것을 용서해 주기로 하고, '나'와 '점순'은 동백꽃 속으로 파묻히며 화해함.	**결말**: '점순'이 '나'의 행동을 이르지 않겠다고 하고 '점순'과 '나'가 화해함.

– 김유정, 「동백꽃」

꼼꼼 확인 문제

4 소설의 구성 단계는 소설 속 인물들이 벌이는 갈등의 전개 과정과 관련이 없다. (○ , ×)

5 소설의 구성 단계 중에서 갈등이 최고조에 이르고, 사건이 해결될 실마리가 보이는 단계는 (전개, 위기, 절정)이다.

6 소설의 구성 단계 중에서 갈등이 해결되고 사건이 마무리되는 단계는 ☐☐이다.

1 소설

더 알아 두기

4 소설의 시점

(1) 시점의 개념

서술자가 인물이나 사건을 바라보는 위치나 관점, 또는 서술자가 이야기를 서술해 나가는 방식을 의미한다.

(2) 시점의 종류

• 1인칭 시점: 소설 속에 등장하는 '나'가 서술자인 경우가 해당된다.
• 3인칭 시점: 서술자가 소설 속에 등장하지 않는 경우가 해당된다.

1인칭 주인공 시점
소설 속 주인공인 '나'가 자신의 이야기를 직접 서술함.

주인공인 '나'의 일을 말해 줄게.

'나'가 관찰한 주인공의 일을 말해 줄게.

1인칭 관찰자 시점
소설 속 인물인 '나'가 주인공의 행동과 사건을 관찰하여 서술함.

3인칭 관찰자 시점
소설 밖 서술자가 객관적인 태도로 인물의 행동이나 사건을 관찰하여 서술함.

그들에 대해 객관적으로 말해 줄게.

그들에 대해 모든 것을 알고 있으니 말해 줄게.

전지적 작가 시점
소설 밖 서술자가 모든 것을 아는 입장에서 인물과 사건에 대해 서술함.

◆ **소설의 서술자**

서술자 ─ 소설 속에서 독자에게 이야기를 하며 사건에 대해 말하는 인물

소설의 서술자는 소설 속에 등장하기도 하고 등장하지 않기도 함. 작가가 이야기를 효과적으로 전달하기 위해 설정한 인물이므로 서술자와 작가는 같지 않다.

😊교과서 **핵심 개념**

5 소설의 소재

(1) 소재의 개념

소설 속에서 작가가 의도적으로 사용하는 재료로, 작가가 말하고자 하는 의미를 효과적으로 드러내기 위해 선택하는 일이나 물건을 말한다.

> 예 소녀는 소년이 개울둑에 앉아 있는 걸 아는지 모르는지 그냥 날쌔게 물만 움켜 낸다. 그러나 번번이 허탕이다. 그대로 재미있는 양, 자꾸 물만 움킨다. 어제처럼 개울을 건너는 사람이 있어야 길을 비킬 모양이다.
> 그러다가 소녀가 물속에서 무엇을 하나 집어낸다. 하얀 조약돌이었다. 그러고는 벌떡 일어나 팔짝팔짝 징검다리를 뛰어 건너간다.
> 다 건너가더니만 홱 이리로 돌아서며,
> "이 바보."
> 조약돌이 날아왔다.
> 소년은 저도 모르게 벌떡 일어섰다.
> ─ 황순원, 「소나기」

→ 소녀가 소년에게 던진 '조약돌'은 소년에 대한 소녀의 관심을 상징하는 소재임.

꼼꼼 **확인 문제**

7 소설 밖에서 서술자가 등장인물의 행동뿐 아니라 심리까지 묘사하는 소설의 시점은 3인칭 관찰자 시점이다. (○ , ×)

8 소설 속 인물인 '나'가 주인공의 행동을 관찰하고 사건을 이야기하는 시점은 (1인칭 주인공 시점, 1인칭 관찰자 시점)이다.

9 작가는 특정한 소재에 어떠한 의미를 담아 자신이 말하고자 하는 바를 표현하기도 한다. (○ , ×)

(2) 소재의 기능
- 인물 간의 갈등을 일으키거나 해결한다.
- 인물의 심리나 처지를 상징적으로 드러낸다.
- 작품의 배경이 되는 시대의 사회상을 드러낸다.
- 앞으로 일어날 사건을 암시하거나 사건과 사건을 연결해 준다.
- 작가가 작품을 통해 궁극적으로 말하고자 하는 주제를 표현한다.

더 알아 두기

◆ **소설의 배경**

개념	사건이 발생하거나 인물이 행동하는 시간적·공간적, 시대적·사회적 환경
기능	• 사건이나 인물의 행동을 사실적으로 보이게 함. • 배경 자체가 상징적인 의미를 지니기도 하며 소설의 전반적인 분위기를 조성함. • 인물의 심리를 드러내거나 앞으로 전개될 사건의 방향을 암시함.

⑥ 고전 소설

(1) 고전 소설의 개념
19세기 이전에 창작된 소설로, 현대 소설과 구분하여 부르는 말이다.

(2) 고전 소설의 특징

┌─ 어느 한 사람의 일생에 관한 내용을 적은 기록

		예「심청전」
일대기적 구성	인물이 태어나서부터의 이야기를 시간의 흐름에 따라 전개함.	'심청'은 앞을 못 보는 '심 봉사'와 어진 '곽씨 부인' 사이에서 태어남.
우연적 사건	이야기의 앞뒤 사건이 어떠한 이유 없이 우연히 맞아떨어지는 방식으로 전개됨.	어느 날 개천에 빠진 '심 봉사'를 마침 그곳을 지나가던 화주승이 구해 주고, '심 봉사'에게 공양미 삼백 석을 바치면 눈을 뜰 수 있다고 말함.
평면적, 전형적 인물	이야기의 처음부터 끝까지 성격이 변하지 않는(평면적) 인물, 한 계층을 대표하는(전형적) 인물이 주로 등장함.	효심이 지극한 '심청'은 아버지의 눈을 뜨게 하기 위해 공양미 삼백 석을 받기로 하고 인당수에 제물로 가게 됨.
비현실적 사건	현실에서 일어나기 어려운 사건들이 전개됨.	인당수에 빠진 '심청'은 용궁으로 가서 극진한 대접을 받고는 연꽃을 타고 바다 위로 올라옴.
행복한 결말	주인공이 원하는 것을 얻거나, 착한 사람은 복을 받고 나쁜 사람은 벌을 받는다는 주제를 드러냄.	왕후가 된 '심청'은 맹인 잔치를 열어 아버지를 찾고, 딸을 만난 '심 봉사'는 눈을 뜨게 됨.

교과서 핵심 개념

⑦ 소설을 감상하는 방법
- 인물이 어떠한 갈등을 겪고 있는지, 그 갈등이 어떻게 전개되고 해결되는지 파악한다.
- 소설 속 사회·문화·역사적 상황을 이해하고, 이에 대응하는 인물의 모습을 파악한다.
- 소설 속 사건과 갈등을 통해 성장하는 인물의 모습을 평가해 보면서 자신의 삶을 되돌아본다.

꼼꼼 확인 문제

10 작가는 소설 속에서 소재를 사용하여 앞으로 일어날 일을 독자에게 암시하기도 한다.

(○ , ×)

11 고전 소설에서는 이야기의 앞뒤가 필연적으로 맞아떨어지는 사건이 주로 일어난다.

(○ , ×)

12 소설을 감상할 때에는 인물이 겪는 갈등의 전개 과정을 파악하고 이를 통해 작가가 말하고자 하는 바를 생각해 본다.

(○ , ×)

꿩 _이오덕

갈래	단편 소설, 성장 소설	성격	향토적, 교훈적
배경	1960년대, 시골 마을	시점	전지적 작가 시점
제재	꿩		
주제	부당한 차별에 당당히 맞서서 얻은 자유, 부당한 일에 당당하게 맞서는 용기		
특징	상징적인 소재를 통해 인물의 성장을 극적으로 드러냄.		

발단

가 "나도 이젠 4학년 됐잖아요? 남의 책 보퉁이만 메고 다니는 거 부끄럽다니까요."
책보. 책을 보자기에 싸서 꾸려 놓은 것

"글쎄, 그거 늘 하는 소리제. 지발 좀 참아라. 아이구, 없는 기 원수지. 그 애들이 왜

그렇게 못살게 하나!"

어머니도 밥숟갈을 들 생각을 않으시고 한숨을 쉬시더니 또 말을 이었습니다.

"야야, 너 아부지도 올해만 남의 일을 하면 그만두실 끼다. 한 해만 참아라. 부디 한

해만……."

용이는 아버지가 남의 집 머슴살이를 올해만 하면 그만두신다는 말에 귀가 번쩍 열

렸습니다. / "정말 그만둬요? 올해만 하고?"

"너 장래를 생각해서도 그만두시게 해야지. 남의 산전(山田)을 얻어서 죽을 먹더래
산에 있는 밭

도……."

용이는 된장국에 보리밥을 말더니 단숨에 퍼먹고는 책 보퉁이를 허리에 둘러매고

일어났습니다. ▶ 아버지가 머슴살이를 그만두신다는 말에 학교에 가는 '용이'

전개

나 모진 겨울을 이겨 낸 보리들이 푸릇푸릇 살아난 밭둑길을 걸어가면서 아이들은

모두 어깨를 우쭐거리며 향토 예비군의 노래를 소리쳐 불렀습니다.
적의 공격에서 자기 고장을 지키기 위해 1968년부터 편성한 비정규군

그러다가 산기슭을 돌아 고갯길에 올라섰을 때 그들은 모두 용이 발밑에 책 보퉁이
산의 비탈이 끝나는 아랫부분

를 던졌습니다. 3년 동안 용이 어깨에 매달려 재를 넘어가고 넘어오던 책 보퉁이들입

니다. 용이 아버지가 같은 동네에서 머슴살이를 하고 있기 때문에 아이들은 모두 용이

까지 남의 짐을 날라 주어야 하는 것으로 생각하고 있는 것입니다.

▶ '용이'에게 책 보퉁이를 나르라고 하는 아이들

위기

다 벌써 고개 위에 다 올라갔는지 아이들의 고함이 산 위에서 들려왔을 때, 갑자기

용이는 눈앞에 있는 책 보퉁이들을 그냥 콱콱 짓밟아 버리고 싶은 생각이 났습니다.

발밑에 돌멩이 하나가 밟혔습니다. 용이는 벌떡 일어나 그 돌멩이를 집어 힘껏 골짜기

아래로 던졌습니다. 돌멩이가 저 밑에 떨어지자, 갑자기 온 산골을 뒤흔드는 소리를

치면서 커다란 뭉텅이 하나가 솟아올랐습니다. / "꼬공 꼬공, 푸드득!"

그것은 온 산골의 가라앉은 공기를 뒤흔들어 놓고 하늘을 날아오르는, 정말 살아 있

는 생명의 소리였습니다. / '야, 참 멋지다!'

날개를 쫙 펴고 꽁지를 쭉 뻗고 아침 햇빛에 눈부신 모습으로 산을 넘어가는 꿩을
새의 꽁무니에 붙은 깃

쳐다보는 용이의 온몸에 갑자기 어떤 힘이 마구 솟구쳤습니다. 용이는 그 자리에서 한

지문 체크 ✓

1 '용이'는 남의 책 보퉁이를 메는 것을 부끄럽게 생각한다.
(○ , ×)

2 계절적 배경은 봄, 공간적 배경은 시골의 한 마을이다.
(○ , ×)

3 아이들은 '용이'가 ▢▢의 아들이라는 이유로 '용이'에게도 책 보퉁이를 나르게 한다.

'꿩'이 상징하는 의미

꿩	온 산골을 뒤흔드는 소리를 치며 날아오름.

↓

- '용이'의 심리와 행동에 변화를 일으키는 계기임.
- 용기, 자신감, 생명력을 상징함.

1 '꿩'에 대한 설명으로 알맞은 것은?

① 깨끗하고 순수한 속성을 지닌다.
② 인물에게 부정적 심리를 불러일으킨다.
③ 인물에 대한 다른 사람들의 편견을 의미한다.
④ 인물의 어리숙함을 비유적으로 표현한 대상이다.
⑤ 날아오르는 모습에서 생명력과 용기를 느끼게 한다.

번 홀쩍 뛰어올라 보았습니다. 하늘에라도 날아오를 듯합니다. 용이는 발에 채는 책 보통이 하나를 집어 들었습니다. 그리고 그것을 하늘 위로 던졌습니다.

▶ 날아오르는 꿩을 보고 용기를 얻은 '용이'

라 횡! 공중에서 몇 바퀴 돌던 책 보통이가 퍽 소리를 내면서 골짜기에 떨어졌을 때, 용이는 두 번째 책 보통이를 집어 던졌습니다.

또 하나, 또 하나……

마지막에 던진 작대기는 건너편 벼랑의 소나무 가지를 철썩 치도록 멀리 떨어졌습니다. / "됐다!"

용이는 이제 하늘이 탁 트이고 가슴이 시원해져서, 저 건너 산을 보고 "하하하." 웃었습니다. / 떠가는 구름을 따라 마구 날아갈 것 같았습니다.

'내가 정말 못난이였구나! 이제 다시는 그런 짓 안 한다!'

용이는 제 책 보통이만 허리에 둘러맸습니다. 그러고는 고개를 향해 날 듯이 뛰어 올라갔습니다.

▶ 아이들의 책 보통이를 모두 던져 버린 '용이'

절정
마 "너희들 책보 말이제? 저 밑에 두꺼비 바위 아래 던져 놨어."

"뭐? 이 자식이!" / "이 자식 돌았나?" / "빨리 못 가져오겠나?"

그러나 용이는 여전히 조용한 소리로 말했습니다.

"나, 이젠 못난 아이 아니야!" / "어, 이 자식이?"

"요런, 머슴의 자식이." / "나쁜 자식! 맛 좀 볼래?"

아이들의 발과 주먹이 용이를 덮쳐 왔을 때, 용이는 번개같이 거기를 빠져나와 몇 걸음 발을 옮기더니, 발밑에 있는 돌을 두 손으로 한 개씩 거머쥐고는 거기 있는 커다란 바윗돌 위에 껑충 뛰어올랐습니다. / 그 몸놀림이 어찌나 재빠른지, 아이들이 모두 놀랐습니다. 지금까지의 용이와는 아주 다른, 딴 아이였습니다.

"자, 덤빌람 덤벼! 누구든지 오는 녀석은 가만두지 않을 끼다!"

아이들이 입을 벌리고 어쩔 줄 모르고 서 있을 때, 뒤에서 한 아이가,

"난, 내 책보 가지러 갈란다." / 하고 달려갔습니다.
▶ 아이들에게 당당히 맞서는 '용이'

결말
바 아이들이 모두 '와아!' 하고, 아까 올라온 길을 내려가는 뒷모양을 보면서 용이는 또 한 번 가슴을 확 펴고 '하하하.' 웃었습니다.

'나 인제 못난 아이 아니야!'

그러고는 다시 혼잣말로 중얼거렸습니다.

"내일 아침에는 순이를 데리고 오자. 순이를 놀리는 녀석은 어떤 녀석이고 용서 안 할 끼다."

용이는 돌아서서, 햇빛이 눈부신 내리받이 길을 바라보았습니다. 이제는 단숨에 학
〈비탈진 곳의 내려가는 방향〉
교까지 뛰어갈 듯합니다. 하늘에는 하얀 구름 한 송이가 날고 있었습니다. 용이는 홀쩍 한번 뛰더니 마구 두 팔을 내저으면서 내리달렸습니다. 그것은 마치 한 마리의 꿩이 소리치면서 하늘을 날아오르는 모습과도 같았습니다.
▶ 자신감을 되찾고 당당해진 '용이'

지문 체크 ✓

4 '용이'는 다른 아이들의 책 보통이를 골짜기로 던져 버렸다.
(○ , ×)

5 용기를 얻어 자신감 넘치는 '용이'의 모습을 □이/가 날아 오르는 모습에 비유하였다.

'용이'와 아이들의 갈등 양상

아이들	• 머슴의 자식인 '용이'가 책 보통이를 메는 것을 당연하다고 여김. • 책 보통이를 가져오라고 '용이'를 다그침.

↕ 외적 갈등

'용이'	• 아이들의 책 보통이를 골짜기 아래로 던짐. • 아이들의 부당한 요구를 거부함.

↓ 해결

'용이'가 아이들에게 당당히 맞서자 아이들이 자신의 책 보통이를 찾으러 감.

2 이 글에 드러난 갈등 양상에 대한 설명으로 알맞은 것은?

① 공간의 이동에 따라 아이들의 내적 갈등이 전개된다.

② '용이'의 편견 때문에 '용이'와 아이들의 갈등이 고조된다.

③ 새로운 인물의 등장으로 '용이'와 아이들의 갈등이 해결된다.

④ '용이'의 태도 변화를 계기로 '용이'와 아이들의 갈등이 해결된다.

⑤ 아이들이 '용이'를 오해해서 '용이'와 아이들의 갈등이 시작된다.

01 하늘은 맑건만 ①_현덕

핵심 콕콕 • '문기'가 겪는 갈등의 원인과 갈등의 진행 과정 파악하기
• 갈등 해결 과정을 통해 작가가 전달하고자 하는 주제 이해하기

발단 **가** 며칠 전 일이다. 문기는 저녁에 쓸 고기 한 근을 사 오라고 숙모에게 <u>지전</u>
지폐
한 장을 받았다. 언제나 그맘때면 사람이 붐비는 삼거리 <u>고깃간</u>이다. 한참을
예전에, 쇠고기나 돼지고기 따위의 고기를 끊어 팔던 가게
기다려서 문기 차례가 왔다. 문기는 지전을 내밀었다. 뚱뚱보 고깃간 주인은

그 돈을 받아 <u>둥구미</u>에 넣고 천천히 고기를 베어 저울에 단 후 종이에 말아
짚으로 둥글고 울이 깊게 걸어 만든 그릇
내밀었다. 그리고 그 거스름돈으로 지전 아홉 장과 그 위에 은전 몇 닢을 얹

어 내주는 것이 아닌가.

　문기는 어리둥절하였다. 처음 그 돈을 숙모에게 받을 때와 고깃간 주인에

게 내밀 때까지도 일 원짜리로만 알았던 것이다. 문기는 돈과 주인을 의심스

레 쳐다보았다. / 허나 그는 다음 사람의 고기를 베느라 분주하다.

　문기는 주빗주빗하는 사이 사람에게 밀려 뒷줄로 나오고 말았다. 그러나
쑥스럽게 망설이며 자꾸 머뭇머뭇하는
다시 생각하면 정말 숙모가 일 원짜리를 준 것인지 아닌지 모르겠다. 아니라면 도리어 큰일이 아닌가. 하여튼

먼저 숙모에게 알아볼 일이었다. / 문기는 집을 향해 돌아가면서도 <u>연해</u> 고개를 기웃거리며 그 일을 생각하였
끊이지 않고 계속
다. 내가 잘못 본 것인가 고깃간 주인이 잘못 본 것인가 하고.

발단 '문기'가 심부름을 갔다 '고깃간 주인'에게 ☐☐☐☐을 더 받음.

전개1 **나** "고길 사러 갔는데 말야, 난 일 원짜리로 알구 냈는데 십 원으로 거슬러 주니 말야."

"정말야? 어디 봐." / 문기는 손바닥을 펴 돈과 또 고기를 보였다.

수만이는 잠시 눈을 끔벅끔벅 무슨 궁리를 하는 듯 문기 얼굴을 보고 섰더니,

"너 이렇게 해 봐라." / "어떻게 말야?"

"먼저 잔돈만 너희 작은어머니에게 주거든." / "그러고 어떡해?"

"그리고 아무 말 없거든 내게로 나와. 헐 일이 있으니." / "무슨 헐 일?"

"글쎄, 그러구만 나와. 다 ⓐ좋은 일이 있으니."

마침내 문기는 수만이가 이르는 대로 잔돈만 양복 주머니에서 꺼내 놓았다. 숙모는 그 돈을 받아 두 번 자세

히 세어 보고 주머니에 넣고는 아무 말 없이 돌아서 고기를 씻는다.

다 수만이가 있다던 좋은 일이란 다른 것이 아니었다. 거리에서 보고 지내던 온갖 가지고 싶고 해 보고 싶은

가지가지를 한번 모조리 돈으로 바꾸어 보자는 것이다. 그러나 문기는,

"돈을 쓰면 어떻게 되니?" / "염려 없어. 나 하는 대로만 해."

하고 머뭇거리는 문기 어깨에 팔을 걸고 수만이는 우쭐거리며 걸음을 옮긴다.

[A] 하긴 문기 역시 돈으로 바꾸고 싶은 것이 없지 않은 터, 그리고 수만이가 시키는 대로 하기만 하면 남이
하래서 하는 것이니까 어떻게 자기 책임은 없는 듯싶었다. 그리고 수만이는 수만이대로, 돈은 문기가 만든
돈, 나중에 무슨 일이 난다 하여도 자기 책임은 없으니까 또 안심이었다. 이래서 두 소년은 마침내 손이 맞
고 말았다.

갈래	현대 소설, 단편 소설, 성장 소설
성격	사실적, 교훈적
배경	1930년대, 어느 도시
시점	전지적 작가 시점
제재	잘못 받은 거스름돈
주제	정직한 삶의 중요성
특징	• 인물의 갈등과 심리 변화가 섬세하게 드러남. • 갈등 해결 과정을 통해 소년이 성장하는 과정이 드러남.

콕콕 정리

◆ 거스름돈을 더 받은 일이 사건 전개에 미치는 영향

거스름돈을 더 받은 일
'문기'는 거스름돈을 잘못 받았다고 사실대로 이야기하지 않고 '수만'과 그 돈을 쓰기로 함.

↓

• 앞으로 발생할 사건의 실마리 역할을 할 것을 알 수 있음.
• '문기'가 앞으로 겪게 될 갈등의 원인이 될 것을 짐작할 수 있음.

◆ 시대적 배경을 드러내는 소재

지전, 은전, 일 원, 십 원	1930년대에 사용되던 화폐
고깃간, 둥구미	현재 사용하지 않는 용어

◆ '문기'와 '수만'의 성격

'문기'	'수만'
• 망설이다가 거스름돈을 잘못 받았다고 말하지 못함. • 잘못 받은 거스름돈을 쓰자는 '수만'의 말에 머뭇거리면서도 '수만'이 시키는 대로 함.	• '숙모'를 시험하는 행동을 하도록 '문기'를 부추김. • 잘못 받은 돈을 함께 쓰자고 '문기'를 유혹함.

• 소심함. • 수동적임. • 우유부단함.	• 영악함. • 대담함. • 계산적임.

---

1 (가)에 대한 설명으로 적절한 것은?

① 대화를 통해 인물 간의 갈등이 시작되고 있다.
② 예상하지 못한 사건으로 인해 갈등이 심화되고 있다.
③ 새로운 인물의 등장으로 갈등 해결의 실마리가 나타나고 있다.
④ 과거 회상을 통해 앞으로 전개될 사건의 실마리가 제시되고 있다.
⑤ 어수룩한 소년의 시선으로 사건의 긴장감과 위기감을 드러내고 있다.

2 다음 중 이 글의 시대적 배경을 드러내는 소재가 아닌 것은?

① 지전   ② 고깃간   ③ 둥구미
④ 저울   ⑤ 일 원

3 (나)와 (다)에서 알 수 있는 '문기'와 '수만'의 성격을 바르게 연결한 것은?

	'문기'	'수만'
①	순수하고 적극적임.	차분하고 소심함.
②	책임감 있고 성실함.	냉철하고 이기적임.
③	소심하고 조심스러움.	책임감 있고 부지런함.
④	수동적이고 우유부단함.	대담하고 영악함.
⑤	마음이 여리고 부지런함.	적극적이고 영리함.

4 [A]에서 '문기'가 자기 책임이 없다고 생각하는 이유로 적절한 것은?

① '숙모'가 돈을 잘못 주었기 때문에
② '수만'이 가져온 돈을 쓰는 것이기 때문에
③ 자신의 행동이 잘못된 것인지 모르기 때문에
④ 자신은 '수만'이 시키는 대로 하는 것이기 때문에
⑤ 거스름돈을 잘못 준 '고깃간 주인'의 책임도 있기 때문에

✏️ 서술형

5 ㉠의 내용을 본문에서 찾아 〈조건〉에 맞게 쓰시오.

<u>조건</u>
• '~자.'라는 청유형으로 쓸 것
• 본문의 내용을 한 문장으로 쓸 것

01 하늘은 맑건만 ❷

라 그래도 으슥한 골목을 걸을 때에는 알 수 없는 두려움에 가슴이 두근거렸으나 밝은 큰 행길로 나오자 차차 다른 기쁨으로 변했다. 길 좌우편 환한 상점 유리창 안의 온갖 것이 모두 제 것인 양 손짓해 부르는 듯했다. 드디어 그들은 공을 샀다. <u>만년필</u>을 샀다. 쌍안경을 샀다. 만화책을 샀다. 그리고 활동사진 구경도 갔다. 다니
<small>글씨를 쓰는 펜의 하나. 펜대 속에 넣은 잉크가 펜촉으로 흘러나와 오래 쓸 수 있다.</small>　　　　　　　　　　　　　　　<small>영화(映畫)의 옛 용어</small>
며 이것저것 <u>군것질</u>도 했다. / 그리고 그 나머지 돈으로 또 한 가지 즐거운 계획이 있었다. 조그만 <u>환등</u> 기계 한
　　　　　　　　　　　　　　　　　　　<small>그림, 사진, 실물 등에 강한 불빛을 비추어 그 반사광을 렌즈에 의해 확대해서 영사하는 조명 기구</small>
틀을 사자는 것이다. 이것을 놀려 아이들에게 일 전씩 받고 구경을 시킨다. 그리고 여기서 나오는 것으로 두고
두고 용돈에 <u>주리지</u> 않도록 하자는 계획이다, 하고 오늘 저녁부터 그 첫 <u>착수</u>를 하자는 약조였다.
<small>원하는 것을 얻지 못하여 몹시 아쉬워하지</small>　　　　　　　　　　　　　<small>어떤 일에 손을 댐. 또는 어떤 일을 시작함.</small>

> **전개 1** '문기'는 '▢▢'과 함께 잘못 받은 거스름돈을 씀.

전개 2 마 문기는 고개를 숙이고 앉아 말이 없다. 삼촌은 숭늉을 마시고 상을 물렸다.

"네 입으로 수만이가 줬다니 네 말이 옳겠지. 설마 네가 날 속이기야 하겠니. 하지만 남이 준다고 아무것이고 덥적덥적 받는다는 것두 좀 생각해 볼 일이거든." / 삼촌은 다시 말을 계속한다.

"말 들으니 너 요샌 저녁두 가끔 나가 먹는다더구나. 그것두 수만이에게 얻어먹는 거냐?"

문기는 벌겋게 얼굴이 달아 수그리고 앉았다. 삼촌은 잠시 묵묵히 건너다만 보고 있더니 음성을 고쳐 엄한 어조로, / "어머님은 어려서 돌아가시구 아버지는 저 모양이시구, 앞으로 집안을 일으킬 사람은 너 하나야. 성실치 못한 아이들하고 <u>얼려</u> 다니다 혹 나쁜 데 빠지거나 하면 첫째, 네 꼴은 뭐구, 내 모양은 뭐냐. 난 너 하나는
<small>'어울리어'의 준말</small>
어디까지든지 공부도 시키구 사람을 만들어 주려구 애쓰는데 너두 그 뜻을 받아 주어야 사람이 아니냐."

그리고 삼촌은 어떻게 <u>뒤뚝</u> 맘 한번 잘못 가졌다가 영 신세를 망치고 마는 예를 이것저것 들어 말씀하고는
<small>큰 물체나 몸이 중심을 잃고 한쪽으로 기울어지는 모양</small>
이후론 절대 이런 것 받아들이지 말라는 단단한 다짐을 받은 후 문기를 내보냈다.

> **전개 2** '문기'는 공과 쌍안경을 '수만'이 주었다고 거짓말을 하고, '▢▢'은 '문기'의 행동을 훈계함.

전개 3 바 문기는 아랫방에 내려와 혼자 되자 삼촌 앞에서보다 갑절 얼굴이 달아올랐다. 지금까지 될 수 있는 대로 생각지 않으려고 힘을 써 오던 그편에 정면으로 제 몸을 세워 놓고 보지 않을 수 없었다. 그러자 자기라는 몸은 벌써 삼촌의 이른바 나쁜 데 빠지고 만 것이다. 그야 자기는 수만이가 시켜서 한 일이니까 잘못이 없다는 것이지만 <u>당초</u>에 그것은 제 <u>허물</u>을 남에게 밀려는 얄미운 구실이 아니고 뭐냐. 그리고 문기는 이미 삼촌을 속였다.
<small>일이 생기기 시작한 처음</small>　<small>잘못 저지른 실수</small>
또 써서는 아니 될 돈을 쓰고 말았다.

사 마침내 문기는 공과 쌍안경을 집어 들고 문밖으로 나갔다. 어둑어둑 저물어 가는 행길이다. 문기는 골목으로 들어섰다. 대낮에 많은 사람 가운데에서 거리낌 없이 가지고 놀던 그 공이 지금은 사람이 드문 골목 안에서도 남이 볼까 두려워졌다. 컴컴해질수록 더 허옇게 드러나 보이는 커다란 공을 처치하기에 곤란해 문기는 옆으로 꼈다 뒤로 돌렸다 하며 사람의 눈을 피한다. 쌍안경이 든 불룩한 주머니가 또 <u>성화</u>다. 골목 하나를 돌아서
<small>일 등이 뜻대로 되지 않아 답답하고 애가 탐. 또는 그런 증세</small>
나올 즈음, ㉠<u>문기는 모르고 흘리는 것인 양 슬며시 쌍안경을 꺼내 길바닥에 떨어뜨렸다.</u> 그리고 걸음을 빨리 건너편 골목으로 들어간다.

개천가 앞에 이르렀다. 거기서 문기는 커다란 공을 바지 앞에 품고 앉아서 길 가는 사람이 없기를 기다린다.

자전거가 가고 노인이 오고 동이 뜬 그 <u>중간</u>을 타서 ㉡<u>문기는 허옇게 흐르는 물 위로 공을 던져 버렸다.</u> 이어
<small>언제부터 언제까지의 동안</small>
양복 안주머니에 간직해 두었던 나머지 돈을 꺼내 들었다. 그것도 마저 던져 버리려다가 문득 들었던 손을 멈춘다. 그리고 잠시 둥실둥실 물을 따라 떠나가는 공을 통쾌한 듯 바라보다가는 돌아서 걸음을 옮긴다.

문기는 삼거리 고깃간을 향해 갔다. 그리고 ⓒ골목으로 돌아가 나머지 돈을 종이에 싸서 담 너머로 그 집 안 마당을 향해 던졌다. / 그제야 문기는 무거운 짐을 풀어 놓은 듯 어깨가 거뜬했다. 아까 물 위로 둥실둥실 떠가던 그 공, 지금은 벌써 십 리고 이십 리고 멀리 떠갔을 듯싶은 그 공과 함께 문기는 자기의 허물도 멀리 사라져 깨끗이 벗어난 듯 속이 후련했다. 그리고, / "다시는, 다시는……." / 하고 문기는 두 번 다시 그런 허물을 범하지 않겠다고 백번 다지며 집을 향해 돌아간다.

콕콕 정리

◆ '삼촌'의 성격과 역할

- '문기'가 잘못 행동하지 않도록 훈계를 함.
- '문기'가 바르게 자라도록 애씀.

↓

엄격하고 '문기'를 아낌.

'삼촌'은 부모 역할을 대신하면서 '문기'가 바르게 자라도록 이끌어 주는 인물이다.

교과서 핵심 개념

◆ '문기'가 겪은 갈등의 진행 과정 ①

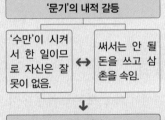

'문기'의 내적 갈등

| '수만'이 시켜서 한 일이므로 자신은 잘못이 없음. | ↔ | 써서는 안 될 돈을 쓰고 삼촌을 속임. |

↓

갈등 해결

공과 쌍안경을 버리고, 남은 돈을 고깃간 집 안마당에 던짐.

◆ '문기'의 심리 변화 ①

| 잘못 받은 거스름돈을 '수만'과 함께 씀. | 불안함, 기쁨 |

↓

| 삼촌에게 훈계를 들음. | 죄책감, 부끄러움 |

↓

| 공과 쌍안경을 버리고, 남은 돈을 돌려줌. | 후련함, 홀가분함 |

---

1 이 글에 드러난 '문기'의 심리 변화로 적절한 것은?

	(라)	(마), (바)	(사)
①	기쁨	죄책감	후련함
②	두려움	즐거움	부끄러움
③	미안함	부끄러움	즐거움
④	즐거움	섭섭함	미안함
⑤	부끄러움	불안감	홀가분함

교과서 핵심 개념

2 (마)~(바)에 드러난 갈등에 대한 설명으로 바른 것끼리 묶은 것은?

> ㄱ. '문기'와 '삼촌'의 외적 갈등이 두드러지게 나타난다.
> ㄴ. '문기'는 '삼촌'에게 훈계를 듣고 난 후 내적 갈등을 겪는다.
> ㄷ. '삼촌'이 겪는 갈등은 '문기'가 '삼촌'에게 용서를 구하면서 해결된다.
> ㄹ. '문기'가 갈등을 겪는 이유는 잘못 받은 거스름돈을 써 버렸기 때문이다.

① ㄱ, ㄴ ② ㄱ, ㄷ ③ ㄴ, ㄷ ④ ㄴ, ㄹ ⑤ ㄷ, ㄹ

3 (마)에서 알 수 있는 인물에 대한 설명으로 알맞지 않은 것은?

① '삼촌'은 '문기'에 대한 믿음을 보여 주고 있다.
② '삼촌'은 '문기'가 도둑질한 사실을 나무라고 있다.
③ '문기'는 가정 환경이 어려워 '삼촌' 집에서 살고 있다.
④ '문기'의 아버지는 가장의 역할을 제대로 하지 못하고 있다.
⑤ '삼촌'은 '문기'의 부모를 대신하여 '문기'가 바르게 자라도록 애쓰고 있다.

교과서 핵심 개념

4 ㉠~㉢의 공통점으로 알맞은 것은?

① 자신의 부를 자랑하는 행동
② 자신의 허물을 씻기 위한 행동
③ 양심의 가책을 느끼게 되는 행동
④ '수만'과의 우정을 표현하는 행동
⑤ 다른 사람에게 잘못을 떠넘기려는 행동

아 "정말 없어. 지금 고깃간 집 안마당으로 던져 주고 오는 길야. 공두 쌍안경두 버리구."

하고 문기는 증거를 보이느라고 이쪽저쪽 주머니를 털어 보이는 것이나 수만이는 흥 하고 코웃음을 친다.

"누군 너만 못 약을 줄 아니?" / 그리고 연신 빈정댄다.
_{자신에게만 이롭게 꾀를 부리는 성질이 있을}

"고깃간 집 마당으로 던졌다? 아주 핑계가 됐거든." / "거짓말 아니다. 참말야."

할 뿐 문기는 어떻게 변명할 줄을 몰라 쳐다보기만 하다가 고개를 떨어뜨리고 울상을 한다.

"오늘 작은아버지에게 막 꾸중 듣구. 그리고 나두 이젠 그런 건 안 헐 작정이다."

"그래도 나하고 약조헌 건 실행해야지. 싫으면 너는 빠져도 좋아. 그럼 돈만 이리 내."

하고 턱 밑에 손을 내민다. / "정말 없대두 그래."

수만이는 내밀었던 손으로 대뜸 멱살을 잡는다. / "이게 그래두 느물거려."
_{말이나 행동을 자꾸 능글맞게 해.}

이런 때 마침 기침을 하며 이웃집 사람이 골목으로 들어서자 수만이는 슬며시 물러선다. 그러나,

"낼은 안 만날 테냐, 어디 두고 보자." / 하고 피해 가는 문기 등을 향해 소리쳤다.

> **전개3** '문기'는 공과 쌍안경을 버리고 ☐을 고깃간 집에 돌려주었으나 이러한 '문기'의 말을 '수만'이 믿지 않음.

위기1 **자** 사실 그다음 시간 교실을 들어갔을 때 문기는 크게 놀랐다. 칠판 한가운데 '김문기는 ㉠○○○했다.'가 커다랗게 쓰여 있다. / 뒤미처 선생님이 들어왔다. 일은 간단히, 선생님이 한 번 쳐다보고 누구 장난이냐, 하고 쓱
_{그 뒤에 곧 잇따라}
쓱 지워 버리고는 고만이었지만 선생님이 들어오고 그것을 지우기까지의 그동안 문기는 실로 앞이 캄캄했다.

그러나 수만이는 그것으로 고만두지 않았다. 학교를 파해 거리로 나와서는 한층 심했다. 두어 간 문기를 앞
_{어떤 일을 마치거나 그만두고}
세워 놓고 따라오면서 연해 수만이는,

"앞에 가는 아이는 ㉡공공공했다지." / 그리고 점점 더해 나중엔 도적질을 거꾸로 붙여서,

"앞에 가는 아이는 질적도했다지." / 하고 거리거리 외며 따라오는 것이다.

차 문기 집 가까이 이르렀다. 수만이는 문기 앞으로 다가서며 작은 음성으로 조겼다.
_{일이나 말이 허술하게 되지 않도록 단단히 단속했다.}
"너, 지금으로 가지고 나오지 않으면 낼은 가만 안 둔다. 도적질했다 하구 똑바루 써 놀 테야."

문기는 여전히 못 들은 척 걸음만 옮긴다. 자기 집 마당엘 들어섰다. 숙모는 뒤꼍에서 화초 모종을 하는지 여
_{옮겨 심으려고 가꾼, 벼 이외의 온갖 어린 식물. 또는 그것을 옮겨 심음.}
기 심어라 저기 심어라 하고 아랫집 심부름을 하는 아이와 이야기하는 소리가 날 뿐 집 안엔 아무도 없다.

그리고 눈앞에 보이는 붙장 안 앞턱에 잔돈 얼마와 지전 몇 장이 놓여 있다. 그리고 문밖엔 지금 수만이가 돈
_{부엌 벽의 안쪽이나 바깥쪽에 붙여 만든 장}
을 가지고 나오기를 기다리고 섰다. 여기서 문기는 두 번째 허물을 범하고 말았다.

"진작 듣지." / 하고 빙그레 웃는 수만이 얼굴에다 뺨을 때리듯 돈을 던져 주고 문기는 달아났다.

> **위기1** '수만'의 협박에 시달리던 '문기'는 '☐☐'의 돈을 훔쳐 '수만'에게 줌.

위기2 **카** 날이 저물어서 문기는 풀이 죽어 집 마루에 걸터앉았다. 숙모가 방에서 나오다 보고,

"너, 학교에서 인제 오니?" / 그리고 이어, / "너 혹 붙장 안의 돈 봤니?"

하다가는 채 문기가 입을 열기 전에 숙모는,

"학교서 지금 오는 애가 알겠니. 참, 점순이 고년 앙큼헌 년이드라. 낮에 내가 뒤꼍에서 화초 모종을 내고 있는데 집을 간다고 나가더니 글쎄, 돈을 집어 갔구나."

문기는 잠잠히 듣기만 한다. 그러나 속으로는 갚으면 고만이지 소리를 또 한 번 외어 본다.

타 그날 밤이었다. 아랫방 들창 밑에 훌쩍훌쩍 우는 어린아이 울음소리가 났다. 아랫집 심부름하는 아이 점
_{벽의 위쪽에 자그맣게 만든 창}
순이 음성이었다. 숙모가 직접 그 집에 가서 무슨 말을 한 것은 아니로되 자연 그 말이 한 입 건너 두 입 건너 그
집에까지 들어갔고, 그리고 그 집주인 여자는 점순이를 때려 쫓아낸 것이다. 먼저는 동네 아이들이 모여 지껄지
껄하더니 차차 하나 가고 둘 가고 훌쩍훌쩍 우는 그 소리만 남는다. 방 안의 문기는 그 밤을 뜬눈으로 새웠다.

> **위기2** '문기'는 자기 때문에 누명을 쓰고 쫓겨난 '□□'의 울음소리를 들으며 괴로워함.

콕콕 정리

☺ **교과서 핵심 개념**

◆ '문기'가 겪은 갈등의 진행 과
정 ②

| '문기'와 '수만'의 외적 갈등 |

'문기'	↔	'수만'
남은 돈을 고 깃간에 돌려주고 양심을 속이는 일을 하지 않으려 함.		• 돈이 없다는 '문기'의 말을 믿지 않음. • 돈을 내놓으라고 '문기'를 협박함.

↓

갈등 해결
'문기'가 붙장 안에 있던 '숙모'의 돈을 훔쳐 '수만'에게 줌.

↓

| '문기'의 내적 갈등 |

'숙모'의 돈을 훔친 일로 양심의 가책을 느낌.	↔	훔친 돈은 갚으면 된다고 스스로를 변명함.

↓

내적 갈등의 심화
누명을 쓰고 쫓겨난 '점순'의 울음소리를 들음. → 미안함과 죄책감으로 잠을 이루지 못함.

◆ '문기'의 심리 변화 ②

'수만'에게 남은 돈을 내놓으라는 협박을 받음.	불안함

↓

'숙모'의 돈을 훔쳐 '수만'에게 주고, 이 일로 '점순'이 누명을 쓴 사실을 알게 됨.	죄책감

☺ **교과서 핵심 개념**

1 이 글에 드러난 갈등 양상에 대한 설명으로 알맞은 것끼리 묶은 것은?

> ㄱ. 인물과 인물의 외적 갈등이 드러나 있다.
> ㄴ. 사회적 편견에 맞서 저항하는 인물의 내적 갈등이 드러나 있다.
> ㄷ. 하나의 갈등이 해결되기 전에 다른 갈등이 나타나 사건이 얽히고 있다.
> ㄹ. 갈등을 해결하기 위한 인물의 행동이 또 다른 갈등을 불러일으키고 있다.

① ㄱ, ㄴ　　② ㄱ, ㄹ　　③ ㄴ, ㄷ　　④ ㄴ, ㄹ　　⑤ ㄷ, ㄹ

2 (아)~(타)에 대한 설명으로 알맞지 <u>않은</u> 것은?

① (아): '수만'은 '문기'가 돈을 혼자 쓰려고 거짓말을 한다고 생각한다.
② (자): '문기'는 자신의 잘못이 알려질까 봐 불안해한다.
③ (차): '문기'는 '수만'의 말을 못 들은 척하여 '수만'의 잘못도 있음을 상기시킨다.
④ (카): '문기'는 훔친 '숙모'의 돈은 갚으면 된다며 죄책감을 떨치려 한다.
⑤ (타): '점순'의 울음소리를 듣고 '문기'는 양심의 가책을 느낀다.

3 (자), (차)에 나타난 인물의 행동을 바르게 평가한 것은?

① '문기'가 유혹에 빠지도록 돈을 허술하게 관리한 '숙모'의 잘못도 커.
② 잘못을 덮기 위해 또 잘못을 저지르는 '문기'의 행동은 어리석다고 생각해.
③ '수만'이 '문기'의 약점을 잡아 원하는 바를 이루려는 것은 합리적인 행동이야.
④ '문기'가 약속을 지키지 않았으므로 '문기'를 협박하는 '수만'의 행동은 정당해.
⑤ '선생님'은 칠판에 쓰인 글씨를 장난으로 여기지 말고 '문기'에게 관심을 가졌어야 해.

✏ **서술형**

4 ㉠과 ㉡에 공통적으로 들어갈 말을 본문에서 찾아 쓰시오.

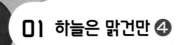

01 하늘은 맑건만 ④

절정 **파** 이튿날 아침이다. ㉠문기는 밥을 두어 술 뜨다가는 고만둔다. 그 돈을 갚기 위한 그것이 아니다. 도무지 입맛이 나지 않았다. / 학교엘 갔다. 첫 시간은 수신 시간, 그리고 <u>공교로이</u> 제목이 '정직'이다. 선생님은 뒷짐

_{일제 강점기 도덕 과목의 명칭}
_{생각지 않았거나 뜻하지 않았던 사실이나 사건과 우연히 마주치게 된 것이 기이하다고 할 만하게}

을 지고 교단 위를 왔다 갔다 하며 거짓이라는 것이 얼마나 악한 것이고 정직이 얼마나 귀하고 중한 것인가를 누누이 말씀한다. 그리고 안경 쓴 선생님의 그 눈이 번쩍하고 문기 얼굴에 머물렀다 가고 가고 한다.

그럴 때마다 ㉡<u>문기는 가슴이 뜨끔뜨끔해진다.</u> 문기는 자기 한 사람에게만 들리기 위한 정직이요, 수신 시간인 듯싶었다. 그만치 선생님은 제 속을 다 들여다보고 하는 말인 듯싶었다.

하 운동장에서도 문기는 풀이 없다. 사람 없는 교실 뒤 버드나무 옆 그런 데만 찾아다니며 고개를 숙이고 깊은 생각에 잠기거나 팔짱을 찌르고 왔다 갔다 하기도 한다. 그러다 ㉢<u>누가 등을 치면 소스라쳐 깜짝깜짝 놀란다.</u>

언제나 다름없이 하늘은 맑고 푸르건만 문기는 어쩐지 그 하늘조차 쳐다보기가 두려워졌다. ⓐ<u>자기는 감히 떳떳한 얼굴로 그 하늘을 쳐다볼 만한 사람이 못 된다</u> 싶었다.

거 오후 해 저물녘이다. 문기는 책보를 흔들흔들 고개를 숙이고 담임 선생님 집 앞을 왔다가는 <u>무춤하고</u> 섰

_{놀라거나 어색한 느낌이 들어 갑자기 하던 짓을 멈추고}

다가 그대로 지나가고 그대로 지나가고 한다. 세 번째는 드디어 그 집 문 안을 들어서서 선생님을 찾았다. / 선생님은 문기를 안방으로 맞아들였다. 학교에서 볼 때 엄하고 딱딱하던 선생님은 의외로 부드러이 웃는 낯으로 문기를 대한다. / 문기는 선생님 앞에 엎드려 모든 것을 자백할 결심이었다. 그런데 선생님의 부드러운 태도에 도리어 문기는 말문이 열리지 않았다. 다음은 건넌방에서 어린애가 울어 못 했다. 다음은 사모님이 들락날락하고 그리고 다음엔 손님이 왔다. 기어이 문기는 입을 열지 못한 채 물러 나오고 말았다.

너 먼저보다 갑절 무겁고 컴컴한 마음이었다. 도저히 문기의 약한 어깨로는 지탱하지 못할 무거운 눌림이다. ㉣<u>걸음은 집을 향해 가는 것이지만 반대로 마음은 멀어진다.</u> 장차 집엘 가서 대할 숙모가 두려웠고 삼촌이 두려웠고 더욱이 점순이가 두려웠다.

어느덧 걸음은 삼거리를 건너고 있었다. 문기 등 뒤에서 아주 멀리 뿡뿡하고 자동차 소리와 비켜라 하는 사람의 소리가 나는 듯하더니 갑자기 귀밑에서 크게 울린다. 언뜻 돌아다보니 바로 눈앞에 자동차 머리가 달려든다. 그리고 ㉤<u>문기는 으쓱하고 높은 데서 아래로 떨어져 가는 듯싶은 감과 함께 정신을 잃고 말았다.</u>

절정 죄책감에 괴로워하던 '문기'가 □□□□를 당함.

결말 **더** 두 번째 문기는 눈을 뜨자 희미하게 삼촌의 얼굴이 나타나며 그것이 차차 똑똑해지더니 삼촌은,

"너, 내가 누군 줄 알겠니?" / 하고 웃지도 않고 내려다본다.

문기는 이것도 꿈인가 하고 한번 웃어 주려면서 그대로 맑은 정신이 났다. 문기는 병원 침대 위에 누워 있었다. 어디 아픈 데는 없으면서도 몸을 움직일 수는 없다. 삼촌은 근심스러운 얼굴로 내려다본다.

"작은아버지." / 하고 문기는 입을 열었다. 그리고,

"저는 마땅히 받아야 할 벌을 받은 거예요."

하고 문기는 눈을 감으며 한 마디 한 마디 그러나 똑똑하게 처음서부터 끝까지 먼저 고깃간 주인이 일 원을 십 원으로 알고 거슬러 준 것, 그 돈을 써 버린 것, 그리고 또 붙장 안의 돈을 자기가 훔쳐 낸 것, 이렇게 하나하나 숨김없이 자백을 하자 이때까지 겹겹으로 몸을 싸고 있던 허물이 한 꺼풀 한 꺼풀 벗어지면서 따라 마음속의 어

둠도 차차 사라지며 맑아지는 것을, 문기는 확실히 깨달을 수 있었다. 마음이 맑아지며 따라 몸도 가뜬해진다.
몸과 마음이 가볍고 상쾌해진다.
내일도 해는 뜨고 하늘은 맑아지리라. 그리고 ⓑ문기는 그 하늘을 떳떳이 마음껏 쳐다볼 수 있을 것이다.

결말 병원에서 깨어난 '문기'가 '□□'에게 자신의 잘못을 고백함.

콕콕 정리

◆ '하늘'의 상징적 의미
- 죄책감에 시달리는 '문기'의 마음과 대조되는 대상
- '문기'가 회복하고 싶은 양심, 정직한 마음

😊 **교과서 핵심 개념**
◆ '문기'가 겪은 갈등의 진행 과정 ③

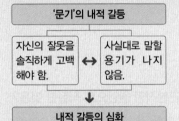

| **'문기'의 내적 갈등** |
| 자신의 잘못을 솔직하게 고백해야 함. ↔ 사실대로 말할 용기가 나지 않음. |

↓

| **내적 갈등의 심화** |
| 잘못을 고백하러 '선생님'을 찾아가지만 아무 말도 하지 못하고, 지탱하지 못할 눌림을 느낌. |

↓

| **갈등 해결** |
| '삼촌'에게 모든 잘못을 고백하고 양심을 회복함. |

◆ '문기'의 심리 변화 ③

'선생님'께 자신의 잘못을 고백하려다가 못함.	죄책감, 두려움

↓

'삼촌'에게 잘못을 고백함.	후련함, 홀가분함

😊 **교과서 핵심 개념**
◆ '문기'의 갈등 해결을 통해 드러나는 주제
'문기'가 갈등을 해결하는 과정을 통해 잘못을 솔직하게 고백하는 용기를 지녀야 한다는 것과 양심에 따르는 정직한 태도가 중요하다는 것을 전달하고 있다.

---

1 이 글에서 알 수 있는 내용이 <u>아닌</u> 것은?
① 수신 시간에 '문기'는 '선생님'이 자신의 잘못을 아는 것처럼 느꼈다.
② '문기'는 '선생님'께 자백하려고 했지만 용기가 없어 아무 말도 못 했다.
③ '문기'는 내적 갈등에 빠져 주변에서 벌어지는 상황을 인식하지 못했다.
④ '문기'는 자신이 교통사고를 당한 것이 죗값을 받은 것이라고 생각하였다.
⑤ '삼촌'이 '문기'의 허물을 알게 됨으로써 '문기'와 '삼촌'이 갈등을 겪게 되었다.

😊 **교과서 핵심 개념**
2 '문기'에게 해 줄 수 있는 조언으로 알맞은 것은?
① 매사에 자신감을 가지고 긍정적으로 살아야 후회하지 않아.
② 다른 사람이 자신의 잘못을 깨달을 수 있도록 도와주어야 해.
③ 고난이 닥쳐와도 힘을 내어 다시 한번 도전하는 태도가 필요해.
④ 잘못을 저질렀을 때 잘못을 솔직하게 털어놓는 것이 진정한 용기야.
⑤ 다른 사람들의 눈치를 보지 않고 자신이 하고 싶은 일을 하는 것이 중요해.

😊 **교과서 핵심 개념**
3 ㉠~㉤ 중, '문기'의 내적 갈등이 드러나지 <u>않는</u> 것은?
① ㉠　　② ㉡　　③ ㉢　　④ ㉣　　⑤ ㉤

😊 **교과서 핵심 개념**
4 ⓐ에서 ⓑ로 변화한 이유로 가장 적절한 것은?
① '삼촌'이 '문기'가 처한 어려움을 이해했기 때문에
② '문기'가 '수만'과 화해하여 우정을 회복했기 때문에
③ 잘못을 고백하고 양심의 가책에서 벗어났기 때문에
④ 몰랐던 자신의 잘못을 깨닫고 진심으로 반성했기 때문에
⑤ 더 이상은 '수만'에게 괴롭힘을 당하지 않아도 되기 때문에

✏️ **서술형**
5 다음 설명에 해당하는 소재를 (하)에서 찾아 쓰시오.

- 죄책감 때문에 어둡고 무거운 '문기'의 마음과 대조되는 대상
- 사람이 지켜야 할 양심, 정직을 의미하는 대상

1~4 다음 글을 읽고, 물음에 답하시오.

가 한참을 기다려서 문기 차례가 왔다. 문기는 지전을 내밀었다. 뚱뚱보 고깃간 주인은 그 돈을 받아 둥구미에 넣고 천천히 고기를 베어 저울에 단 후 종이에 말아 내밀었다. 그리고 그 거스름돈으로 지전 아홉 장과 그 위에 은전 몇 닢을 얹어 내주는 것이 아닌가. / 문기는 어리둥절하였다. 처음 그 돈을 숙모에게 받았을 때와 고깃간 주인에게 내밀 때까지도 일 원짜리로만 알았던 것이다.

나 문기는 아랫방에 내려와 혼자 되자 삼촌 앞에서보다 갑절 얼굴이 달아올랐다. 지금까지 될 수 있는 대로 생각지 않으려고 힘을 써 오던 그편에 정면으로 제 몸을 세워 놓고 보지 않을 수 없었다. 그러자 자기라는 몸은 벌써 삼촌의 이른바 나쁜 데 빠지고 만 것이다. 그야 자기는 수만이가 시켜서 한 일이니까 잘못이 없다는 것이지만 당초에 그것은 제 허물을 남에게 밀려는 얄미운 구실이 아니고 뭐냐. 그리고 문기는 이미 삼촌을 속였다. 또 써서는 아니 될 돈을 쓰고 말았다.

다 문기는 삼거리 고깃간을 향해 갔다. 그리고 골목으로 돌아가 나머지 돈을 종이에 싸서 담 너머로 그 집 안마당을 향해 던졌다. / 그제야 문기는 무거운 짐을 풀어 놓은 듯 어깨가 거뜬했다. 아까 물 위로 둥실둥실 떠가던 그 공, 지금은 벌써 십 리고 이십 리고 멀리 떠갔을 듯싶은 그 공과 함께 문기는 자기의 허물도 멀리 사라져 깨끗이 벗어난 듯 속이 후련했다.

라 학교를 파해 거리로 나와서는 한층 심했다. 두어 간 문기를 앞세워 놓고 따라오면서 연해 수만이는,

"앞에 가는 아이는 공공공했다지."

그리고 점점 더해 나중엔 도적질을 거꾸로 붙여서,

"앞에 가는 아이는 질적도했다지."

하고 거리거리 외며 따라오는 것이다. / 문기 집 가까이 이르렀다. 수만이는 문기 앞으로 다가서며 작은 음성으로 조졌다.

"너, 지금으로 가지고 나오지 않으면 낼은 가만 안 둔다. 도적질했다 하구 똑바루 써 놀 테야."

마 숙모는 뒤꼍에서 화초 모종을 하는지 여기 심어라 저기 심어라 하고 아랫집 심부름을 하는 아이와 이야기하는 소리가 날 뿐 집 안엔 아무도 없다.

그리고 눈앞에 보이는 붙장 안 앞턱에 잔돈 얼마와 지전 몇 장이 놓여 있다. 그리고 문밖엔 지금 수만이가 돈을 가지고 나오기를 기다리고 섰다. 여기서 문기는 ㉠두 번째 허물을 범하고 말았다.

"진작 듣지." / 하고 빙그레 웃는 수만이 얼굴에다 뺨을 때리듯 돈을 던져 주고 문기는 달아났다.

---

1 이 작품에 대한 설명으로 알맞지 <u>않은</u> 것은?

① 인물의 갈등을 통해 사건이 전개된다.
② 주인공의 심리 변화가 섬세하게 드러난다.
③ 작품 밖 서술자가 인물의 내면 심리를 서술한다.
④ 여러 가지 소재를 통해 암울한 시대적 분위기를 나타낸다.
⑤ 한 소년이 갈등을 겪으며 정신적으로 성숙해 가는 과정을 그린다.

2 '문기'가 갈등을 겪는 근본적인 원인으로 적절한 것은?

① '수만'의 협박에 굴복한 것
② '삼촌'에게 꾸지람을 들은 것
③ '숙모'의 심부름을 하게 된 것
④ 애써 산 물건들을 버리게 된 것
⑤ 고깃간에서 거스름돈을 더 받은 것

3 이 글을 이해한 내용으로 알맞지 <u>않은</u> 것은?

① '수만'은 '문기'를 협박해서 원하는 바를 이루었어.
② '문기'는 죄책감을 해결하기 위해 돈을 고깃간 집에 돌려주었어.
③ '수만'은 '문기'의 잘못을 지적하여 '문기'가 양심을 회복하도록 도왔어.
④ '문기'는 '삼촌'의 말을 듣고 인정하고 싶지 않던 자신의 잘못을 바로 보게 되었어.
⑤ '문기'는 '수만'과의 갈등을 해결하기 위해 한 행동 때문에 또 다른 내적 갈등을 겪을 것 같아.

✎ 서술형

4 ㉠의 의미를 '문기는'을 주어로 하는 완결된 문장으로 쓰시오.

5~8 다음 글을 읽고, 물음에 답하시오.

가 그날 밤이었다. 아랫방 들창 밑에 훌쩍훌쩍 우는 어린아이 울음소리가 났다. 아랫집 심부름하는 아이 점순이 음성이었다. 숙모가 직접 그 집에 가서 무슨 말을 한 것은 아니로되 자연 그 말이 한 입 건너 두 입 건너 그 집에까지 들어갔고, 그리고 그 집주인 여자는 점순이를 때려 쫓아낸 것이다. 먼저는 동네 아이들이 모여 지껄지껄하더니 차차 하나 가고 둘 가고 훌쩍훌쩍 우는 그 소리만 남는다. ㉠방 안의 문기는 그 밤을 뜬눈으로 새웠다.

나 언제나 다름없이 하늘은 맑고 푸르건만 문기는 어쩐지 그 하늘조차 쳐다보기가 두려워졌다. 자기는 감히 떳떳한 얼굴로 그 하늘을 쳐다볼 만한 사람이 못 된다 싶었다. / 언제나 다름없이 여러 아이들은 넓은 운동장에서 마음대로 뛰고 마음대로 지껄이고 마음대로 즐기건만 문기 한 사람만은 어둠과 같이 컴컴하고 무거운 마음에 잠겨 고개를 들지 못한다.

다 문기는 선생님 앞에 엎드려 모든 것을 자백할 결심이었다. 그런데 선생님의 부드러운 태도에 도리어 문기는 말문이 열리지 않았다. 다음은 건넌방에서 어린애가 울어 못 했다. 다음은 사모님이 들락날락하고 그리고 다음엔 손님이 왔다. 기어이 문기는 입을 열지 못한 채 물러 나오고 말았다.

라 걸음은 집을 향해 가는 것이지만 반대로 마음은 멀어진다. 장차 집엘 가서 대할 숙모가 두려웠고 삼촌이 두려웠고 더욱이 점순이가 두려웠다. / 어느덧 걸음은 삼거리를 건너고 있었다. 문기 등 뒤에서 아주 멀리 뿡뿡하고 자동차 소리와 비켜라 하는 사람의 소리가 나는 듯하더니 갑자기 귀밑에서 크게 울린다. 언뜻 돌아다보니 바로 눈앞에 자동차 머리가 달려든다. 그리고 문기는 으쓱하고 높은 데서 아래로 떨어져 가는 듯싶은 감과 함께 정신을 잃고 말았다.

마 "작은아버지." / 하고 문기는 입을 열었다. 그리고,
"저는 마땅히 받아야 할 벌을 받은 거예요."
하고 문기는 눈을 감으며 한 마디 한 마디 그러나 똑똑하게 처음서부터 끝까지 먼저 고깃간 주인이 일 원을 십 원으로 알고 거슬러 준 것, 그 돈을 써 버린 것, 그리고 또 붙장 안의 돈을 자기가 훔쳐 낸 것, 이렇게 하나하나 숨김없이 자백을 하자 이때까지 겹겹으로 몸을 싸고 있던 허물이 한 꺼풀 한 꺼풀 벗어지면서 따라 ㉡마음속의 어둠도 차차 사라지며 맑아지는 것을, 문기는 확실히 깨달을 수 있었다.

5 이 작품의 제목인 '하늘을 맑건만'에 담긴 의미로 알맞은 것은?
① 잘잘못을 분별할 수 없는 현실 상황
② 하늘이 보이는 곳에서 살고 싶은 바람
③ 잘못된 행동을 한 소년의 괴로움과 죄책감
④ 맑은 하늘을 보기 위한 자연 보호의 중요성
⑤ 소년이 밝고 순수하게 살기 바라는 삼촌의 소망

6 이 작품을 통해 작가가 말하고자 하는 바는?
① 진정한 친구의 가치
② 정직한 삶의 중요성
③ 뿌린 대로 거두는 삶의 이치
④ 고난을 극복하려는 의지의 중요성
⑤ 새로운 시작을 두려워하지 않는 도전 정신

7 (가)~(마)에 대한 설명으로 알맞지 않은 것은?
① (가): '점순'의 울음소리를 듣고 '문기'의 내적 갈등이 심화된다.
② (나): 하늘을 쳐다보지 못하는 행동에서 '문기'의 내적 갈등이 드러난다.
③ (다): '문기'와 '선생님'의 외적 갈등이 드러난다.
④ (라): '선생님'께 고백하지 못하면서 '문기'의 내적 갈등이 최고조에 달한다.
⑤ (마): '삼촌'에게 허물을 고백한 후 '문기'의 내적 갈등이 해결된다.

8 ㉠과 ㉡에 나타난 '문기'의 심리로 적절한 것은?

	㉠	㉡
①	슬픔	안도감
②	두려움	황당함
③	섭섭함	후련함
④	불안함	억울함
⑤	미안함	홀가분함

02 고무신 ❶ _오영수

핵심 콕콕　・이 소설에 쓰인 비유 표현과 그 효과 이해하기
・'고무신'에 담겨 있는 상징적 의미 파악하기

발단 **가** 보리밭 이랑에 모이를 줍는 낮닭 울음만이 이따금씩 들려오는 고요한
　　　　논이나 밭을 갈아 골을 타서 두두룩하게 흙을 쌓아 만든 곳
이 마을에도 올봄 접어들어 안타까운 이별이 있었다.

바다와 시가지 일부가 한꺼번에 내다보이는, 지대가 높고 귀환 동포가 누
　　　　　　　　　　　　　　　　　　　　　전쟁이나 징용으로 외국으로 나갔다가 고국으로 돌아온 사람을 부르는 말
더기처럼 살고 있는 산기슭 마을이었다. 그렇기에 마을 사람들은 철수 내외
와 같이 가난뱅이 월급쟁이가 아니면 대개가 그날그날의 날품팔이이다.

나 그러나 이 단조한 마을, 무료한 아이들에게도 단 하나의 즐거움이 있었
　　　사물이 단순하고 변화가 없어 새로운 느낌이 없는
다. 그것은 날마다 단골로 찾아오는 젊은 엿장수였다.

내려다보이는 아랫마을을 거쳐, 보리밭 사잇길로 이 마을을 향해 올라오
는 엿장수는 가위를 째깍거리면서, / "자아 엿이야, 엿—맛 좋고 빛 좋은 울
릉 호박엿—처녀가 먹으면 시집을 가고 총각이 먹으면 장가를 들고……."

언제나 귀 익은 타령이건만 이 마을 아이들에게는 언제나 새롭고 즐겁고 또 신이 나는 넋두리였다.

갈래	현대 소설, 단편 소설
성격	서정적, 애상적
배경	1940년대 후반 봄, 산기슭 마을
시점	전지적 작가 시점
제재	고무신
주제	젊은 남녀의 순수하고 애틋한 사랑
특징	・'고무신'을 소재로 사랑과 이별의 아픔을 그려 냄. ・사건의 생략을 통해 독자의 상상력을 자극함.

발단 단조한 산기슭 마을에 날마다 찾아와 아이들에게 즐거움을 주는 '□□□'

전개 **다** 그것은 식모아이 분수로서 함부로 애들을 때리고 꼬집었든가 하는 무슨 명분을 가려서가 아니라, 남이가
　　　　　남의 집에 고용되어 주로 부엌일을 맡아 하는, 나이 어린 여자　　　　　　　　　　　　　　일을 꾀할 때 내세우는 구실이나 이유 따위
이 집에 온 이후 오늘까지 한 번이라도 애들에게 손찌검을 하거나 또 했다거나 하는 것을 보지도 듣지도 못했
기 때문이었다. / 만일 남이가 저희들 말과 같이 때리고 꼬집기까지 했을 때는 이만저만한 일 때문이 아니리라.

"그래, 왜 아지마가 때리고 꼬집더냐?" / "……." / "응?" / "……." / 한 놈도 대답이 없다.

철수는 부엌에서 저녁 설거지를 하고 있는 남이를 불렀다. 남이 역시 대답이 없다. 대답은 없으나 마루께로
걸어오는 발소리는 들린다. 부엌에서 할 대답을 방문을 열고서야, / "예!"
하는 남이의 태도도 역시 여느 때와는 다르다. / 철수는 부드러운 목소리로,

"오늘 왜 윤이를 때리고 영이를 꼬집었냐?" / "……."

"아니, 때리고 꼬집은 것을 나무람이 아니라, 애들이 무슨 저지레를 했느냐 말이다."
　　　　　　　　　　　　　　　　　　　　　일이나 물건에 문제가 생기게 만들어 그르치는 일
그제서야 남이는 곁눈으로 영이와 윤이를 한 번 흘겨보고는,

"오늘 뒤 개울에 빨래를 간 새, 영이와 윤이가 제 고무신을 들어다 엿을 바꿔 먹었어요."

어이없는 소리다. 철수는, / "뭣이 어쩌고 어째?" / 하고는 밥술을 걸쳐 놓고 남이에게로 돌아앉으면서,

"아니 그래, 넌 빨래 갈 때 신을 벗고 갔더냐?" / "아니요." / "그럼?"

"집에서 신는 헌 신 말고요, 옥색 신을요." / 철수는 또 한 번 놀라지 않을 수 없었다.

라 이 옥색 고무신으로 말하면, 바로 작년 팔월 대목이었다. 철수가 남이더러 추석치레로 뭣을 해 주면 좋으냐
　　　　　　　　　　　　　　　　　　　　　　　　　　설이나 추석 따위의 명절을 앞두고 경기(景氣)가 가장 활발한 시기
고 물었을 때, 남이는 옥색 바탕에 흰 테두리 한 고무신이 소원이라고 했다. 옷은 작년에 지어 둔 것이 있다는 말
을 철수는 그의 아내에게서 들었기 때문에, 한껏 해야 크림이나 한 통 사 줄 생각으로 말한 것이 의외에도 옥색
고무신이라는 데는 철수도 당황하지 않을 수 없었다. 그러나 한번 해 준다고 한 이상 과하니 어쩌니 할 수도 없고
해서 좀 무리를 해서 일금 삼백육십 원을 주고 사 줬던 것이다. 남이는 무척 기뻐했고 그만큼 또 그 신을 아꼈다.
　　　　　전부의 돈

제가 쓰는 궤짝 속에 감춰 두고 특별한 출입—이를테면 명절날이나, 또는 심부름 갈 때나, 학교 운동회 때—이 아니면 좀체 신질 않았고, 또 한번 신기만 하면 기어코 비누로 씻고 닦고 했다. 그렇기에 신어서 닳기보다 닦아서 닳는 것이 더했으리라. 그렇듯 골똘히도 아끼는 신이었으니 남이인들 여간 속이 상했기에 때리고 꼬집었을까.

콕콕 정리

◆ '발단'의 서술상 특징

| '보리밭 이랑에 ~ 이별이 있었다.' | → | 앞으로 전개될 사건이 요약적으로 제시됨. |
| '올봄', '산기슭 마을', '귀환 동포' | → | 계절적·공간적·시대적 배경이 제시됨. |

◆ 이 글에서 알 수 있는 당시의 사회상 ①

| 귀환 동포 | 일제 강점기 때 고향을 떠났던 사람들이 광복 이후 고향으로 돌아옴.(1940년대 후반) |
| 식모 아이 | 당시 가정 형편이 어려운 소녀들이 쉽게 숙식을 해결할 수 있는 일자리로, 부유하지 않은 집에도 있었음. |

광복 이후 일제 강점기의 영향으로 인해 경제적으로 어려운 사람들이 많았다.

 교과서 핵심 개념

◆ 사건의 실마리가 되는 소재

| 옥색 고무신 |
| '영이'와 '윤이'가 '남이'가 아끼는 옥색 고무신을 엿과 바꿔 먹음. |

↓

· '남이'가 '엿장수'를 만날 것을 짐작할 수 있음.
· '남이'와 '엿장수' 사이에 고무신과 관련된 일이 발생할 것을 짐작할 수 있음.

---

1 이 글에 대한 설명으로 적절한 것은?

① 과거와 현재를 넘나들며 사건이 전개되고 있다.
② 앞으로 일어날 사건을 요약적으로 제시하고 있다.
③ 사투리와 비속어를 사용하여 현장감을 드러내고 있다.
④ 작품 속의 인물이 자신의 이야기를 직접 서술하고 있다.
⑤ 인물의 가난한 삶을 사실적으로 묘사하여 현실을 비판하고 있다.

2 이 글에서 알 수 있는 당시 사회상을 〈보기〉에서 골라 바르게 묶은 것은?

보기
ㄱ. 살기가 팍팍하지만 옷차림에 신경 쓰는 사람이 많았다.
ㄴ. 산업화로 인해 많은 사람들이 농촌에서 도시로 이동하였다.
ㄷ. 형편이 어려운 집안의 소녀들은 다른 집에서 일을 하며 살기도 했다.
ㄹ. 일제 강점기가 끝난 후, 고향을 떠났던 사람들이 다시 고향으로 돌아왔다.

① ㄱ, ㄴ   ② ㄱ, ㄷ   ③ ㄴ, ㄷ   ④ ㄴ, ㄹ   ⑤ ㄷ, ㄹ

3 이 글의 인물에 대한 설명으로 적절하지 않은 것은?

'남이'	① 철수네의 집안일을 맡아 한다.
	② 추석치레로 받은 옥색 고무신을 애지중지한다.
'엿장수'	③ 마을 아이들에게 즐거움을 준다.
'철수'	④ 식모를 둘 정도로 매우 부유하다.
	⑤ 인자하며 '남이'에 대한 믿음이 크다.

😊교과서 핵심 개념

4 (다)~(라)에서 짐작할 수 있는 앞으로의 사건으로 알맞은 것은?

① '남이'가 '영이'와 '윤이'를 돌보지 않는다.
② '철수 내외'가 '남이'에게 새 고무신을 사 준다.
③ '남이'가 새 고무신을 사서 아이들 몰래 숨겨 둔다.
④ '남이'가 고무신을 돌려받기 위해 '엿장수'와 만난다.
⑤ '남이'가 '영이'와 '윤이'를 용서하고, 고무신을 포기한다.

✏️ 서술형

5 (가)에서 알 수 있는 이 글의 배경을 쓰시오.

공간적 배경	시대적 배경	계절적 배경
	1940년대 후반	

마 엿장수가 엿판을 길목에 내리자 ㉠남이는 가시처럼 꼭 찌르는 소리로, / "보소!"

엿장수는 놀란 듯 힐끗 한 번 돌아보고는 담을 싼 아이들을 헤치고 남이에게로 오는데 남이는 입을 쌜쭉하면서 대뜸, / "내 신 내놓소!"

했다. 엿장수는 걸음을 멈추고 한참 동안 남이를 바라보다 말고 은근한 말투로,

"신은 웬 신요?" / 하고는 상대편의 의심을 받을 만큼 히죽이 웃어 보이자, 남이는 눈이 까칠해 가지고,

"잡아떼면 누가 속을 줄 아는가 베!" / 그러나 ㉡엿장수는 수양버들 봄바람 맞듯 연신 히죽거리며,

"뭘요? 그믐밤에 홍두깨도 분수가 있지." / 남이는 발끈하고, / "신 말이오!"
_{별안간 엉뚱한 말이나 행동을 함을 비유하여 이르는 말}

"신을요?" / "어제 우리 집 아이들을 꾀어 간 ⓐ옥색 고무신 말이오!"

엿장수는 머리를 벅벅 긁으며, / "꾀기는 누가……."

하고는 한 걸음 앞으로 다가서서 길 아래위를 살핀 다음 낮은 소리로,

"그 신이 당신 신이던교?" / "누구 신이든 내 봐요, 빨리!"

엿장수는 또 머리를 긁으면서, / "당신 신인 줄 알았으면야, 이놈이 미친놈이 아닌 담에야……."

하고 지나치게 고분거리는데 남이는 한결같이 앙살을 부린다. / "내 봐요, 빨리!"
_{엄살을 부리며 버티고 겨루는 짓}

바 엿장수는 손짓으로 어르듯 달래듯,

"가만있소. 도가에 가 보고 신이 있으면야 갖다 주고말고. 만일 신이 없으면 새 신이라도 사다 줄게요. 염려
_{동업자들이 모여서 계나 장사에 대한 의논을 하는 집, 여기서는 엿장수가 엿을 받아 오는 곳}
마소!"

하고는 남이의 발을 눈잼하는데, 이때 난데없이 ⓑ굵다란 벌 한 마리가 날아와 남이의 얼굴 주위를 잉잉 날아
_{눈 짐작}
돈다. 남이는 상을 찌푸리고 한 손을 내저어 벌을 쫓고, 목을 돌리고 하는데, 벌은 갑자기 남이 저고리 앞섶에

붙어 가슴패기로 기어오르고 있다.

이것을 조마조마 보고 있던 엿장수는, / "가, 가만……." / 하고는 한걸음에 뛰어들어, / "요놈의 벌이."

하고 손바닥으로 벌을 딱 덮어 눌렀다. / 옆에서 보기에도 민망스러운 순간이었다.

사 남이는 당황하면서도 귀 언저리를 붉히고 한 걸음 뒤로 물러서자 함께, 엿장수 손아귀에는 벌이 쥐어졌다. 쥐인 벌은 고스란히 있을 리가 없다. 한 번 잉 소리를 내고는 그만 손바닥을 쏘아 버렸다. 동시에 엿장수는,

"앗!"

하고, 쥐었던 손을 펴 불며 앙감질을 하는 꼴이 남이는 어떻게나 우스웠던지 그만 손등으로 입을 가리고 킥킥
_{한 발은 들고 한 발로만 뛰는 짓}
하고 웃어 버렸다. 엿장수는 반은 울상 반은 웃는 상 남이를 바라보는데, 남이의 송곳니가 무척 예뻐 보였다.

남이는 엿장수와 눈이 마주치자 무색해서 눈을 땅바닥으로 떨어뜨렸다. 살을 쏘아 버린 벌이 꽁무니에 흰 실
_{겸연쩍고 부끄러워서}
같은 것을 달고, 거추장스럽게 기어가고 있다. 남이의 시선을 따라온 엿장수 눈이 이것을 보자 그만 억센 발로,

"엥이, 엥이, 엥이." / 하고 망깨 다지듯 짓밟고 물질러 자취도 없이 해 버리자 남이는 또 웃음이 나올 것만
_{'문지르다'의 방언. 무엇을 서로 눌러 대고 이리저리 밀거나 비벼}
같아 문을 밀고 안으로 들어가 버렸다.

엿장수는 무슨 발작이나 막 하고 난 사람처럼 맥이 없었다. 어깨와 두 팔을 축 늘어뜨리고 남이가 들어간 문 쪽을 한참 동안 멍하니 바라보고 나서야 비로소 어슬렁어슬렁 엿판께로 돌아왔다.

아 다음 날도 좋은 날씨였다. ㉢먼 산은 선잠 깬 여인의 눈시울처럼 자꾸만 선이 희미해 오고 수양버들은 아지랑이가 간지러운 듯 한들거렸다. 보리싹은 제법 파릇하고 ㉣남향 담 밑에는 민들레가 놀란 듯 활짝 피었다.

[A] 오늘따라 엿장수는 일찍 왔다. 엿장수가 오는 시간을 누구보다 더 잘 알고 있는 이 마을 아이들에게는 작지 않은 사건이었다. 또 하나 의외의 일은 한 담배 참씩이면 다음 마을로 가 버리는 엿장수가 오늘은 제법 아이들과 시시덕거리고 놀기를 시작한 것이다. 그뿐만 아니라, 길목 타작마당에서 아이들과 뜀뛰기까지 하다가 점심때 가까이 해서야 다음 마을로 건너가는 것이었다.

일을 하다가 일정하게 잠시 쉬는 동안

콕콕 정리

◆ '남이'와 '엿장수'의 태도 및 심리 변화

'남이'	'엿장수'
'엿장수'에게 옥색 고무신을 달라며 화를 냄.	화를 내는 '남이'에게 지나치게 고분거림.

↓

'벌' 사건

↓

| '엿장수'를 보고 웃다가 눈이 마주치자 부끄러워함. | '남이'의 송곳니가 예쁘다고 생각함. |

↓

서로에게 미묘한 감정이 생김.

 교과서 핵심 개념

◆ 주요 소재의 기능

옥색 고무신	'남이'와 '엿장수'가 만나게 되는 매개체
벌	'남이'와 '엿장수'가 서로에게 호감을 갖게 해 주는 소재

 교과서 핵심 개념

◆ 비유적 표현과 효과

· '남이는 가시처럼 꼭 찌르는 소리로'
· '엿장수는 수양버들 봄바람 맞듯 연신 히죽거리며'

↓

· 인물의 심리를 구체적이고 생생하게 표현할 수 있음.
· 날씨 좋은 봄날의 풍경을 생동감 있게 표현할 수 있음.

↑

· '먼 산은 선잠 깬 여인의 눈시울처럼 자꾸만 선이 희미해 오고'
· '수양버들은 아지랑이가 간지러운 듯 한들거렸다.'
· '남향 담 밑에는 민들레가 놀란 듯 활짝 피었다.'

1 이 글의 인물에 대한 설명으로 알맞지 <u>않은</u> 것은?

① '엿장수'는 '남이'에게 호감이 있어 부드럽게 대한다.
② '남이'는 옥색 고무신을 찾기 위해 '엿장수'에게 항의한다.
③ '남이'는 자기 때문에 벌에 쏘인 '엿장수'를 안쓰러워한다.
④ '남이'는 자신을 바라보는 '엿장수'와 눈이 마주치자 부끄러워한다.
⑤ '엿장수'는 벌을 잡으려다 '남이'의 몸에 손이 닿아 민망스러워한다.

 교과서 핵심 개념

2 ㉠~㉢을 이해한 내용으로 알맞지 <u>않은</u> 것은?

① ㉠은 '남이'의 날카로운 목소리를 가시에 빗대어 표현하고 있어.
② ㉡은 '엿장수'의 웃는 모습을 봄바람을 맞는 수양버들에 빗대어 표현하고 있어.
③ ㉠과 ㉡은 인물의 심리를 생생하게 표현하고 있어.
④ ㉢과 ㉣은 날씨 좋은 봄날의 풍경을 생동감 있게 표현하고 있어.
⑤ ㉠~㉣은 모두 은유법을 사용하여 표현하고 있어.

 교과서 핵심 개념

3 ⓐ와 ⓑ에 대한 설명으로 가장 적절한 것은?

① ⓐ와 ⓑ 모두 인물의 운명을 암시한다.
② ⓐ와 ⓑ 모두 극적인 반전이 일어나는 데 중요한 역할을 한다.
③ ⓐ는 우울한 분위기를 형성하고, ⓑ는 생동감 있는 분위기를 형성한다.
④ ⓐ는 인물이 만나는 계기이고, ⓑ는 인물이 서로 관심을 가지는 계기이다.
⑤ ⓐ는 인물이 과거를 되돌아보게 하고, ⓑ는 인물이 미래를 상상하게 한다.

 서술형

4 '엿장수'가 [A]와 같이 행동하는 이유를 쓰시오.

자 날씨는 한결같이 좋았다. 산기슭 잔디 언덕에는 쑥 싹을 캐는 소녀들의 색 낡은 분홍 치마가 애틋하게 정다워 보이고 ㉠개울가에는 냉이랑 독새랑 여뀌랑 미나리랑 싹이 뾰족뾰족 돋아났다.

엿장수는 한결같이 왔고 와서는 갈 줄을 몰랐다. ㉡어떤 날은 벙글벙글 웃었고, 웃는 날은 애들에게 엿을 나눠 주었으나 벙어리처럼 덤덤히 앉았다가 가는 날은 엿 맛을 못 보았다. 그렇기에 아이들은 엿장수가 오면 엿판보다 먼저 엿장수 눈치부터 보는 버릇이 생겼다.

┌─ 물건의 겉면에 다른 물질을 흠뻑 칠하여 바름.　　　┌─ 사람이 만든 명주실로 짠 비단
요즘은 그 ㉢텁수룩한 머리에다 기름 칠갑을 해 가지고는 억지로 빗어 넘기고 또 옥색 인조견 조끼도 입었다. 낯익은 동네 아낙들이, / "엿장수 요새 장가갔는가 베?"

라고 할라치면 엿장수는 수줍게도 씩 웃으며 그 펑퍼짐한 얼굴을 모로 돌리곤 했다.

차 ㉣밤이면 개 짖는 소리가 요란했고, 그런 밤이면 마을 사람들은 안팎 문을 꼭꼭 걸어 닫았다.

㉤어떤 사람은 철수네 집 담 밑에서 도둑놈을 보았다고 했고 또 어떤 사람은 길목에서도 보았다고들 했다. 개울 빨래터에서도 보았고 동네 우물가에서도 보았다고들 했다. 그러나 막상 도둑을 맞은 사람은 한 사람도 없건만 마을에서는 도둑 소문이 자자한 채 달도 바뀌고 제비 올 무렵 어느 날 저녁녘에 우연히도 남이 아버지가 찾아왔다.

> **전개** 엿과 바꾼 옥색 ▢▢▢ 문제 때문에 '남이'를 만난 이후로 동네에 자주 나타나는 '엿장수'

위기 **카** 철수 내외가 남이 아버지를 맨 나중 만나기는 지금으로부터 삼 년 전 윤이가 나던 해였다. 그리고 삼 년이 지났다. 삼 년 동안 남이 아버지는 많이도 변했다. 머리는 검은 털보다는 흰 털이 훨씬 많았고, 그 길쑴한 얼굴은 유지를 비벼 놓은 것처럼 주름살이 잡혔다. 저녁을 먹고 나서 남이 아버지는,
　　　　└─ 시원스레 조금 긴 듯한
┌─ 기름종이
"내가 달리 온 것이 아닙데!"

하고는 담배를 잰다. 철수 내외는 암만해도 이 영감이 딸을 보러만 온 것이 아니라고 짐작은 하면서도,

"무슨 일인데요? 새삼스리?" / 그러나 남이 아버지는,

"안 그런기요? 내가 나이 칠십에 내일 죽을지 모레 죽을지……."

그러고는 담배를 쭉쭉 소리를 내어 빨고 나서,

"내가 오늘 온 것은 다름이 아니올시더. 저 남이 말임더, 저것을 내 산 동안에 짝을 맞차 놔야 안 되겠는교?"

하고는 또 담배를 빨기 시작한다. / 철수는, / "그야 짝을 맞출 때가 되면 그래야죠."

한즉, / "아니올시더. 지집애가 나이 열여덟이면 과년했거던요." / "……."

"우리 동네 말임더, 나이 올해 스무 살 먹은 얌전한 신랑이 있는데, 모자 단둘이고요, 뱃일이고 바닷일이고 입 댈 것 없지요." / 철수는 듣다못해, / "그래서 영감은 거기다 남이를 시집보내겠단 말씀이죠?" / "암요."
└─ 말이 필요할
그러자 철수 아내가, / "보이소, 나도 스물한 살 때 이 집에 시집을 왔는데, 뭣이 그리 급해서……. 더구나 남이는 나이만 열여덟이지 원래 좀된 편이라 숙성한 애들의 열대여섯밖에는 안 뵈는데……."

"아니올시더. 부모 갖고 살림 있으면야 한 해 두 해 늦어도 까딱없지요. 암, 까딱없고말고……."

"그렇잖아도 스무 살은 안 넘길 작정을 하고 또 그리 준비도 하고 있소."

스무 살이라는 말에 남이 아버지는 그만 질색을 하면서, / "언머어이, 무슨 말인교? 당찮심더!"

하고는 낯까지 붉히었다. 철수 아내가 또 무슨 말을 하려는 것을 철수는 손짓으로 막고,

"영감, 잘 알았소. 그만 건너가서 편히 쉬이소." / 하자 그제서야 남이 아버지는 안심이 되는 듯 일어서며,

"내일 아침에 일찍 가겠심더. 안 그런교? 기왕 남의 권식<small>한집에 사는 식구</small>될 바야 하루라도 일찍 보내는 기 좋지 않겠는교."

하고 또 뭐라고 중얼중얼하면서 건너갔다.

위기 | 자기 동네 청년에게 시집보내기 위해 '☐☐'를 데리러 온 '남이 아버지'

콕콕 정리

◆ '엿장수'의 행동과 심리

행동	심리
어떤 날은 웃고, 어떤 날은 덤덤히 앉았다가 감.	'남이'를 만나느냐 못 만나느냐에 따라 기분이 달라짐.
머리에 기름을 바르고 옥색 인조견 조끼도 입음.	'남이'에게 잘 보이고 싶어 함.

◆ 배경 묘사와 '엿장수'의 심리

- 봄이 한창이고 날씨가 한결같이 좋음.
- 산기슭 잔디 언덕과 개울가에 봄싹이 돋음.

↓

'엿장수'의 마음에도 사랑이 싹틈.

◆ 이 글에서 알 수 있는 당시의 사회상 ②

'남이'의 의사와 관계없이 아버지가 '남이'의 혼사를 결정함.

↓

봉건적이고 가부장적인 사회 분위기

◆ '남이'의 결혼에 대한 생각의 차이

'남이 아버지'	'철수 내외'
자신의 나이가 많으므로 더 늦기 전에 '남이'를 결혼시키고자 함.	'남이'가 아직 어리므로 결혼을 시킬 때가 아니라며 만류함.

1 (카)에서 알 수 있는 당시 사회의 모습으로 적절한 것은?

① 남녀 차별이 심한 사회
② 이념의 갈등이 팽배한 사회
③ 능력에 따라 인정받는 사회
④ 봉건적이고 가부장적인 사회
⑤ 꿈보다는 돈을 중시하는 사회

2 (카)에 나타난 인물들의 생각 차이를 다음과 같이 나타낼 때, [A]에 들어갈 내용으로 알맞은 것은?

'철수 내외'		'남이 아버지'
'남이'는 아직 어리고 결혼할 때가 아님.	↔	[A]

① 자신의 나이가 많으므로 '남이'의 결혼을 늦출 수 없음.
② 예전에 '남이'와 결혼을 약속한 신랑에게 시집보낼 때가 되었음.
③ '남이'가 더 이상 철수네 집에 있기 싫어하므로 결혼시키려고 함.
④ '남이' 어머니가 딸을 그리워하므로 이제는 집으로 데려가려고 함.
⑤ 집안 형편이 좋아졌으므로 고향 집으로 데려가 좋은 배필을 구해 주려 함.

3 ㉠~㉤에 대한 설명으로 적절하지 <u>않은</u> 것은?

① ㉠: 봄날의 풍경을 묘사함으로써 '엿장수'의 마음을 간접적으로 보여 준다.
② ㉡: '남이'를 만난 날과 만나지 못한 날의 '엿장수'의 심리 변화가 나타난다.
③ ㉢: '남이'에게 잘 보이기 위한 '엿장수'의 노력이다.
④ ㉣: '엿장수'와 '남이'의 사랑에 고난이 찾아올 것임을 암시한다.
⑤ ㉤: '엿장수'가 '남이'가 자주 다니는 장소에 드나들었음을 알 수 있다.

서술형

4 (차)에서 다음에 해당하는 문장을 찾아 7어절로 쓰시오.

새로운 인물이 등장하여 앞으로 전개될 사건이 새로운 국면에 접어들 것을 예고한다.

절정 **타** 남이는 여느 때와 조금도 다름없이 부엌에서 아침 채비를 하고 있다. 다만 다른 것은 눈시울이 약간 부은

것뿐이다. / 이날 철수 내외는 둘 다 결근을 했다. 철수 아내는 그동안 장만해 두었던 남이의 옷감을 꺼냈다.
_{다른 보통의}
그리 좋은 것은 아니나 그래도 저고릿감이 네 벌, 치맛감이 세 벌, 그 밖에 자기가 시집올 때 해 온 무색옷 중에

서 시속에 맞지 않고, 색이 너무 <u>난한</u> 것을 추려 몇 벌, 또 속옷 이것저것 해서 한 보퉁이는 <u>좋이</u> 되었다. 아침
_{빛깔이나 글씨, 무늬 따위가 깔끔하지 아니하고 무질서하여 어지럽고 어수선한}　　　　　　　　　　　　　　　　　　　_{거리, 수량, 시간 따위가 어느 한도에 미칠 만하게}
을 치르고 나서 철수 내외는 남이를 불러 갈 채비를 하라고 이르고, 그의 아내는 밀쳐 둔 보퉁이를 헤치고 이것

은 뭣이고, 이것은 언제 입는 옷이고 또 이것은 다시 고쳐 하고 하면서 일일이 일러 주는데, 남이는 듣는 둥 마

는 둥 하고, / ㉠"아직 설거지도 안 했는데……." / 하고 일어선다.

　"내가 할 테니 그만두고, 어서 머리 빗어라. 그리고 옷은 이걸 입고, 버선은 요전번에 신던 것 신고……."

　그러나 남이는, / ㉡"물도 안 길었어요." / 하고 또 밖으로 나가려고 한다.

　"그만둬라." / "요새 물이 달려서 일찍 가야 해요."

파 바로 이때다. 골목에서 엿장수 가위 소리가 들려왔다. 남이는 재빨리 윤이를 업고, 영이의 손목을 잡은

채 밖으로 나갔다. 남이 아버지는 벌써 저만치 철수와 하직을 하면서 내려가고, 엿장수는 막 철수네 집 앞에서

대문을 나서는 남이와 마주쳤다. 엿장수는 얼빠진 사람처럼 남이를 바라보는데 남이의 눈에는 순간 어두운 그

림자가 지나갔다.

　남이는 윤이를 업은 채 허리를 굽히고, 몸을 약간 돌려 치맛자락을 걷고 빨간 콩 주머니에서 십 원짜리 두 장

을 꺼내 엿장수를 주었다. 엿장수는 그제서야 눈을 돌려 남이와 돈을 번갈아 보다 말고, 신문지 조각에 엿을 네

댓 가락 싸서 아무 말도 없이 돈과 함께 내민다.

하 남이는 약간 망설이다가 역시 암말도 없이 한 손으로 받아 가지고는 영이를 앞세우고 안으로 들어왔다.

엿장수는 멍하니 대문만 쳐다보고 있다가 침을 한 번 꿀꺽 삼키고 나서 엿판을 둘러메고는 혼잣말로,

　ⓐ"꽃놀이를 가면 자천 골짜기지. 그럼 한 걸음 앞서 울음 고개로 질러감 되겠지."

　이렇게 중얼대면서 엿장수는 빠른 걸음으로 담 모퉁이를 돌아 울음 고개로 향해 갔다.

　남이는 그 엿장수에게 받은 엿을 영이에게 둘, 윤이에게 둘 각각 손에 쥐여 주고서도 한 동강이 잘라 입에 넣

고는 손수건으로 윤이 눈물 자국과 영이 코밑을 닦아 주고서야 보퉁이를 들고 일어섰다.

　영이와 윤이는 엿 먹기에 여념이 없었다.

> **절정** 떠날 준비를 마친 '남이'가 [　]을 사러 오자 돈을 받지 않고 엿을 주는 '엿장수'

결말 **거** 철수 아내는 보퉁이 한 개를 들고 따라 나오면서 남이에게 귀엣말로 뭣을 일러 주고……. 이래서 남이는

떠나간다. 다만 한 가지 철수 내외에게 수수께끼는 마을 중턱에서 남이를 보내고 서서 그의 뒷모양을 바라보는

데, 남이가 어이한 ⓑ<u>옥색 고무신</u>을 신고 가는 것이다. 더구나 한 번도 신지 않은 새것을…….

　철수 내외는 서로 얼굴만 쳐다볼 뿐 도로 물어본달 수도 없고 해서 그만두었다.

　보리밭 사이 조그만 언덕길로 옥색 고무신을 신은 남이는 갔다. 자천 골짜기로 꽃놀이를 가는 줄만 알았던

남이가 난데없는 영감 하나를 따라가고 있는 광경을 엿장수는 울음 고개 위에서 멀거니 바라보고 있는 것을 남

이 자신이야 알 리도 없었다.

> **결말** '아버지'를 따라 떠나는 '남이'를 [　][　][　][　]에서 바라보는 '엿장수'

콕콕 정리

◆ '남이'와 '엿장수'의 심리

'남이'	• 정든 주인집과 동네를 떠나고 싶지 않음. • '엿장수'와의 이별을 슬퍼함.
'엿장수'	• 이별의 불안감이 들었지만 애써 부정하려 함. • 떠나는 '남이'의 모습을 울음 고개에서 물끄러미 바라봄.

😊 교과서 핵심 개념

◆ '옥색 고무신'의 의미

• '엿장수'가 '남이'에게 사 준 것이라고 추측됨.
• '엿장수'와 '남이'의 추억이 담긴 소재임.
• '남이'가 떠나갈 때 신고 감.

↓

사랑, 추억, 이별을 상징함.

◆ '울음 고개'의 의미 및 기능

울음 고개	'남이'와 '엿장수'의 이별을 상징함.

◆ 이 작품의 결말과 그 효과

이 작품의 결말

'남이'가 새 옥색 고무신을 신고 철수네를 떠남. '철수 내외'는 어찌하여 '남이'가 새 신을 신었는지 알지 못함.

'결말'에서 '남이'가 새 옥색 고무신을 신고 떠나는 장면을 보여 줌으로써 '남이'와 '엿장수' 사이에는 소설에서 서술하지 않은 사연이 더 있으리라고 추측할 수 있다. 이를 통해 독자의 호기심과 상상력을 자극한다.

---

1 이 작품의 주제로 알맞은 것은?

① 시골의 넉넉한 인심과 따뜻한 마음
② 젊은 남녀의 순수하고 애틋한 사랑과 이별
③ 광복 직후 가난으로 인해 고통받는 사람들의 아픔
④ 일제 강점기에 조선인을 강제로 징집했던 일제의 만행 고발
⑤ 산업화에 따른 무분별한 개발로 삶의 터전을 잃어버린 사람들의 시련

2 〈보기〉의 특징이 이 작품을 감상할 때 미치는 효과로 가장 적절한 것은?

┌ 보기 ┐

　　이 작품에서는 '엿장수'와 '남이'가 처음 만난 장면 이후로 두 인물이 만나는 장면은 더 이상 서술되지 않는다. 이처럼 이 작품은 전지적 작가 시점을 취하고 있지만 '엿장수'와 '남이' 사이에 있었던 사건 자체를 생략하거나, 행동과 대화를 서술하여 인물의 심리를 드러내고 있다.

① 사건과 인물의 허구성을 강화한다.
② 독자의 호기심과 상상력을 불러일으킨다.
③ 인물의 행동을 이해하고 공감하게 만든다.
④ 인물들 간의 갈등 양상을 사실적으로 전달한다.
⑤ 이야기 구성에서 중요하지 않은 사건을 제외하여 전개를 빠르게 한다.

3 '엿장수'가 ⓐ와 같이 말한 이유로 가장 적절한 것은?

① 남몰래 '남이'와 만나고 싶기 때문이다.
② 꽃놀이하기 좋은 곳을 '남이'에게 알려 주고 싶기 때문이다.
③ 불안한 마음이 들지만 별일 아닐 것이라고 믿고 싶기 때문이다.
④ '남이'가 '아버지'를 따돌리고 자신과 함께 떠나기를 바라기 때문이다.
⑤ '남이'가 떠나갈 때 마지막으로 자신을 되돌아보기를 바라기 때문이다.

😊 교과서 핵심 개념

4 ⓑ에 대한 설명으로 적절한 것은? (정답 2개)

① '남이'와 '엿장수'의 사랑과 이별을 상징하는 소재이다.
② 예전에 '영이'와 '윤이'가 엿과 바꾸었던 그 고무신이다.
③ '남이'와 '엿장수'의 추억이 담긴 물건이라고 볼 수 있다.
④ '남이'와 '엿장수'가 다시 만날 것임을 암시하는 소재이다.
⑤ '엿장수'가 자신을 잊기를 바라는 '남이'의 마음이 담겨 있다.

✏ 서술형

5 ㉠, ㉡에서 알 수 있는 '남이'의 심정을 한 문장으로 쓰시오.

1~4 다음 글을 읽고, 물음에 답하시오.

가 보리밭 이랑에 모이를 줍는 낮닭 울음만이 이따금씩 들려오는 고요한 이 마을에도 올봄 접어들어 안타까운 이별이 있었다.

바다와 시가지 일부가 한꺼번에 내다보이는, ㉠지대가 높고 귀환 동포가 누더기처럼 살고 있는 산기슭 마을이었다. 그렇기에 마을 사람들은 철수 내외와 같이 가난뱅이 월급쟁이가 아니면 대개가 그날그날의 날품팔이이다.

나 철수는 부드러운 목소리로,

"오늘 왜 윤이를 때리고 영이를 꼬집었냐?" / "……."

㉡"아니, 때리고 꼬집은 것을 나무람이 아니라, 애들이 무슨 저지레를 했느냐 말이다."

그제서야 남이는 곁눈으로 영이와 윤이를 한 번 흘겨보고는, / "오늘 뒤 개울에 빨래를 간 새, 영이와 윤이가 제 고무신을 들어다 엿을 바꿔 먹었어요."

다 남이는 무척 기뻐했고 그만큼 또 그 신을 아꼈다. 제가 쓰는 궤짝 속에 감춰 두고 특별한 출입─이를테면 명절날이나, 또는 심부름 갈 때나, 학교 운동회 때─이 아니면 좀체 신질 않았고, ㉢또 한번 신기만 하면 기어코 비누로 씻고 닦고 했다. 그렇게 신어서 닳기보다 닦아서 닳는 것이 더했으리라.

라 엿장수는 또 머리를 긁으면서,

㉣"당신 신인 줄 알았으면야, 이놈이 미친놈이 아닌 담에야……." / 하고 지나치게 고분거리는데 남이는 한결같이 앙살을 부린다.

"내 놔요, 빨리!" / 엿장수는 손짓으로 어르듯 달래듯,

"가만있소. 도가에 가 보고 신이 있으면야 갖다 주고말고. 만일 신이 없으면 새 신이라도 사다 줄게요. 염려 마소!"

하고는 남이의 발을 눈잼하는데, 이때 난데없이 굵다란 벌 한 마리가 날아와 남이의 얼굴 주위를 잉잉 날아돈다.

마 "요놈의 벌이." / 하고 손바닥으로 벌을 딱 덮어 눌렀다. / 옆에서 보기에도 민망스러운 순간이었다.

남이는 당황하면서도 귀 언저리를 붉히고 한 걸음 뒤로 물러서자 함께, 엿장수 손아귀에는 벌이 쥐어졌다. 쥐인 벌은 고스란히 있을 리가 없다. 한 번 잉 소리를 내고는 그만 손바닥을 쏘아 버렸다. 동시에 엿장수는, / "앗!" 하고, 쥐었던 손을 펴 불며 앙감질을 하는 꼴이 남이는

어떻게나 우스웠던지 그만 손등으로 입을 가리고 킥킥하고 웃어 버렸다. ㉤엿장수는 반은 울상 반은 웃는 상 남이를 바라보는데, 남이의 송곳니가 무척 예뻐 보였다. 남이는 엿장수와 눈이 마주치자 무색해서 눈을 땅바닥으로 떨어뜨렸다.

1 (가)~(마)에 대한 설명으로 알맞은 것은?

① (가): 봄 풍경을 비유법을 사용하여 표현한다.
② (나): 앞으로 발생할 사건의 계기가 드러난다.
③ (다): 인물의 행동을 통해 내적 갈등을 드러낸다.
④ (라): 인물 간의 갈등이 심화된다.
⑤ (마): 인물 간의 대화로 사건이 진행된다.

2 (마)에 드러난 '남이'와 '엿장수'의 심리로 적절한 것은?

	'남이'	'엿장수'
①	우스움	괴로움
②	당당함	미안함
③	수줍음	만족스러움
④	불쾌함	놀람
⑤	부끄러움	설렘

3 ㉠~㉤에 대한 설명으로 적절하지 않은 것은?

① ㉠: 가난한 사람들이 모여 사는 동네의 모습을 효과적으로 표현한다.
② ㉡: '철수'는 '영이'와 '윤이'가 잘못한 일이 있다고 생각한다.
③ ㉢: 고무신을 아끼는 '남이'의 마음이 행동으로 드러난다.
④ ㉣: 순박한 '엿장수'의 성격이 드러난다.
⑤ ㉤: 웃기만 하는 '남이'를 원망하면서도 뜻밖의 상황에 당황스러워하는 '엿장수'의 심리가 드러난다.

 서술형

4 '남이'와 '엿장수' 사이에 미묘한 감정이 싹트게 하는 소재를 찾아 한 글자로 쓰시오.

5~8 다음 글을 읽고, 물음에 답하시오.

가 어떤 사람은 철수네 집 담 밑에서 도둑놈을 보았다고 했고 또 어떤 사람은 길목에서도 보았다고들 했다. 개울 빨래터에서도 보았고 동네 우물가에서도 보았다고들 했다. 그러나 막상 도둑을 맞은 사람은 한 사람도 없건만 마을에서는 도둑 소문이 자자한 채 달도 바뀌고 제비 올 무렵 어느 날 저녁녘에 우연히도 남이 아버지가 찾아왔다.

나 "내가 오늘 온 것은 다름이 아니올시더. 저 남이 말임더, 저것을 내 산 동안에 짝을 맞차 놔야 안 되겠는교?" / 하고는 또 담배를 빨기 시작한다.

철수는, / "그야 짝을 맞출 때가 되면 그래야죠." / 한즉,
"아니올시더. 지집애가 나이 열여덟이면 과년했거던요." / "……."

"우리 동네 말임더, 나이 올해 스무 살 먹은 얌전한 신랑이 있는데, 모자 단둘이고요, 뱃일이고 바닷일이고 입 댈 것 없지요."

철수는 듣다못해, / "그래서 영감은 거기다 남이를 시집보내겠단 말씀이죠?" / "암요."

그러자 철수 아내가, / "보이소, 나도 스물한 살 때 이 집에 시집을 왔는데, 뭣이 그리 급해서……. 더구나 남이는 나이만 열여덟이지 원래 좀된 편이라 숙성한 애들의 열대여섯밖에는 안 뵈는데……."

다 아침을 치르고 나서 철수 내외는 남이를 불러 갈 채비를 하라고 이르고, 그의 아내는 밀쳐 둔 보퉁이를 헤치고 이것은 뭣이고, 이것은 언제 입는 옷이고 또 이것은 다시 고쳐 하고 하면서 일일이 일러 주는데, 남이는 듣는 둥 마는 둥 하고,
"아직 설거지도 안 했는데……." / 하고 일어선다.

라 골목에서 엿장수 가위 소리가 들려왔다. 남이는 재빨리 윤이를 업고, 영이의 손목을 잡은 채 밖으로 나갔다. 남이 아버지는 벌써 저만치 철수와 하직을 하면서 내려가고, 엿장수는 막 철수네 집 앞에서 대문을 나서는 남이와 마주쳤다. 엿장수는 얼빠진 사람처럼 남이를 바라보는데 ⓐ남이의 눈에는 순간 어두운 그림자가 지나갔다.

마 다만 한 가지 철수 내외에게 수수께끼는 마을 중턱에서 남이를 보내고 서서 그의 뒷모양을 바라보는데, 남이가 어이한 ⓐ옥색 고무신을 신고 가는 것이다. 더구나 한 번도 신지 않은 새것을……. / 철수 내외는 서로 얼굴만 쳐다볼 뿐 도로 물어본달 수도 없고 해서 그만두었다.

보리밭 사이 조그만 언덕길로 옥색 고무신을 신은 남이는 갔다. 자천 골짜기로 꽃놀이를 가는 줄만 알았던 남이가 난데없는 영감 하나를 따라가고 있는 광경을 엿장수는 ⓑ울음 고개 위에서 멀거니 바라보고 있는 것을 남이 자신이야 알 리도 없었다.

5 이 글에 대한 설명으로 알맞지 **않은** 것은?
① 향토적인 분위기가 드러난다.
② 시간적 순서에 따라 이야기가 전개된다.
③ 가부장적인 권위를 중시하는 사회를 비판한다.
④ 특정 사건을 생략하여 독자의 궁금증을 유발한다.
⑤ 작품 밖 서술자가 인물의 심리와 사건을 서술한다.

6 이 글의 인물이 할 수 있는 말로 적절하지 **않은** 것은?
① '남이': 정든 철수네 집을 떠나고 싶지 않아.
② '남이 아버지': 죽기 전에 '남이'를 시집보내야겠어.
③ '철수 내외': 나이 들기 전에 '남이'가 결혼하게 되어 다행이야.
④ '엿장수': 저 영감이 누군데 '남이'가 따라가는 거지? 이대로 영영 못 보게 되는 건가.
⑤ 동네 사람들: 도둑놈을 본 사람은 많은데 정작 도둑맞은 사람은 없으니 참으로 이상하네.

7 ㉠의 이유로 적절한 것은?
① 어수룩한 '엿장수'가 한심해 보여서
② '영이'와 '윤이'가 '엿장수'만 좋아해서
③ '엿장수'와의 이별이 안타깝고 슬퍼서
④ 마음을 표현하지 않는 '엿장수'가 답답해서
⑤ '엿장수'에게 받아야 할 물건을 받지 못해서

8 ⓐ와 ⓑ의 의미를 알맞게 짝지은 것은?

	ⓐ	ⓑ
①	'엿장수'와 '남이'의 사랑	'엿장수'와 '남이'의 이별
②	'남이'의 허영심	'엿장수'와 '남이'의 재회
③	'엿장수'의 순수함	'남이'의 변심
④	'엿장수'와 '남이'의 재회	'엿장수'의 슬픔
⑤	'엿장수'와 '남이'의 이별	'남이 아버지'의 죽음

03 자전거 도둑 ❶ _박완서

갈래	현대 소설, 성장 소설, 단편 소설
성격	교훈적, 사회 비판적
배경	1970년대, 서울 청계천 세운 상가
시점	전지적 작가 시점
제재	자전거
주제	물질적 이익만을 추구하는 도시 사람들에 대한 비판
특징	순진한 소년의 눈으로 어른들의 부도덕성을 드러냄.

발단

가 수남이는 청계천 세운 상가 뒷길의 전기용품 도매상의 꼬마 점원이다.

수남이란 어엿한 이름이 있는데도 꼬마로 통한다. 열여섯 살이라지만 볼은 아직 어린아이처럼 토실하니 붉고, 눈 속이 깨끗하다. 숙성한 건 목소리

<u>나이에 비하여 지각이나 발육이 빠른</u>

뿐이다. 제법 굵고 부드러운 저음이다. 그 목소리가 전화선을 타면 점잖고 떨떠름한 늙은이 목소리로 들린다.

<u>마음이 내키지 않는 데가 있는</u>

나 수남이는 온종일 눈코 뜰 새 없이 바쁘게 일을 하고 밤에는 가겟방에서 숙직을 한다. 꾀죄죄한 다후다 이불에 몸을 휘감고 나면 방바닥이야 차건 덥

<u>태피터. 합성 섬유의 한 종류로, 광택이 있는 얇은 평직 견직물</u>

건 잠이 쏟아진다.

그럴 때 "인석은 그저 틈만 있으면 책이라고." 하던 주인 영감님의 목소리가 생생하게 들려온다. 수남이는 낮 동안 책은커녕 신문 한 귀퉁이 읽은 적이 없다. 도대체가 그럴 틈이 없다. 점원이 적어도 세 명은 있어야 해낼 가게 일을 혼자서 해내자니 여간 벅찬 것이 아니다. 그래도 수남이는 혹사당하고 있다는 억울한 생각 같은 것은 전혀 없다. 어쩌다 남들이 영감님에게, / "꼬마 혼자 데리고 벅차시겠습니다. ㉠좀 큰 애 하나 더 쓰셔야죠."

<u>혹독하게 일을 시킴.</u>

영감님은 그런 소리를 제일 싫어한다. 벌레라도 씹어 먹은 듯이 이상야릇한 얼굴로 상대방을 흘겨보며,

"누가 뭐 사람 더 쓰기 싫어 안 쓰나. 어디 사람 같은 놈이 있어야 말이지. 깡패 놈이라도 걸려들어 봐. 우리 수남이가 물든다고. 이런 순진한 놈일수록 구정물 들긴 쉽거든."

얼마나 고마운 주인 영감님인가. 이런 고마운 어른을 위해 그까짓 세 사람이 할 일 혼자 못 할까 하고 양팔의 근육이 팽팽히 긴장한다.

다 가게를 닫고 셈을 맞추고 주인댁'식모가 날라 온 저녁을 먹고 나서 혼자가 될 수 있는 시간은 거의 열한

<u>수를 따져 얼마인가를 세어 맞추는 일</u>

시 경이다. 그때부터 공부라도 해야 되는 것이다. 그러고도 수남이는 이 동네 가게의 누구보다도 먼저 일어나야 하는 것이다. 수남이의 부지런함은 이 근처에서도 평판이 자자했다. / 제일 먼저 가게 문을 열고, 물뿌리개로

<u>세상 사람들의 비평</u>

골목길에 물을 뿌리고는 긴 골목길을 남의 가게 앞까지 말끔히 쓸고 나서 가게 안 물건 먼지를 털고, 어떡하면 보기 좋을까 연구를 해 가며 다시 진열을 하고 제 몸단장까지 개운하게 끝낸다. 그제야 주인 영감님이 나온다.

라 주인 영감님은 만족한 듯 빙긋 웃고 '짜아식' 하며 손으로 수남이의 머리를 더듬는다. 그러나 알밤을 먹이는 일은 한 번도 없었다. 따뜻하고 큰 손으로 머리를 빗질하듯 두어 번 쓸어내려 주고, 부드러운 볼로 해서 둥근 턱까지를 큰 손바닥에 한꺼번에 감쌌다가는 다시 한번 '짜아식' 하곤 놓아 준다. 수남이는 그 시간이 좋다. 그래서 남보다 일찍 일어나야 하는 것이다. / 아직은 육친애에 철모르고 푸근히 감싸여야 할 나이다. 그를 실제

<u>부모와 자식, 형제자매 관계 등과 같이 혈육 관계에 있는 사람들 사이의 애정. 또는 그와 같은 것</u>

나이보다 어려 뵈게 하는, 아직 상하지 않은 순진성이 더욱 그에게 육친애를 목마르게 한다. 주인 영감님의 든든하고 거친 손에서 볼과 턱을 타고 전해 오는 따뜻함, 훈훈함은 거의 육친애적이었고 그래서 수남이는 그 시간이 기다려질 만큼 좋았고, 꿀같이 단 새벽잠을 떨쳐 낸 보람을 느끼고도 남을 충족된 시간이기도 했다.

발단 자신을 혹사하는 '▢▢▢▢'에게 육친애를 느끼는 '수남'

콕콕 정리

♦ '발단'에서 드러나는 인물과 배경

인물	• '수남': 전기용품 도매상에서 일하는 순진한 소년 • '주인 영감': 전기용품 도매상의 주인
배경	1970년대, 서울 청계천 세운 상가

♦ '수남'의 태도와 성격

태도	• '주인 영감'에게 혹사당하면서도 억울해하지 않고 오히려 고마워함. • '주인 영감'이 쓰다듬어 주는 손길에서 육친애를 느낌. • 제일 먼저 가게 문을 열고 밤 늦게까지 부지런히 일함.

↓

성격	순진하고 성실함.

♦ '주인 영감'의 속내와 성격

• 점원 셋이 할 일을 '수남' 혼자에게 맡김.
• 일할 사람을 더 쓰라는 말을 듣기 싫어함.

↓

겉으로 '수남'을 위하는 척하고 있지만, 자신의 욕심을 채우기 위해 '수남'을 혹사함. → 이기적이고 인색함.

---

1 '수남'에 대한 설명으로 알맞은 것은?

① '주인 영감'의 속셈을 알면서도 모른 척한다.
② 건강이 나빠서 가게 일을 하기 벅찬 상태이다.
③ 청계천 세운 상가에서 전기용품점을 운영한다.
④ 어린아이 같이 순수한 외모와 목소리를 지녔다.
⑤ 혼자서 세 명의 몫의 일을 해내며 온종일 혹사당한다.

2 이 글에서 알 수 있는 '수남'과 '주인 영감'의 성격으로 알맞은 것은?

	'수남'	'주인 영감'
①	영악함.	성실함.
②	솔직함.	순박함.
③	인색함.	위선적임.
④	부지런함.	이기적임.
⑤	우유부단함.	이해타산적임.

3 (가)~(라)의 구성 단계에 대한 설명으로 적절한 것은?

① 사건이 발생하고 갈등이 시작된다.
② 갈등이 깊어지고 긴장감이 높아진다.
③ 사건 해결을 위한 실마리가 제시된다.
④ 갈등이 최고조에 이르고 긴장감이 커진다.
⑤ 등장인물을 소개하고 작품의 배경을 설명한다.

4 '주인 영감'이 ㉠을 거부하는 이유를 바르게 정리한 것은?

	표면적 이유	진짜 이유
①	많은 이익을 남기기 위해	순진한 '수남'을 보호하기 위해
②	'수남'에게 일을 가르치기 위해	'수남'의 체력을 단련시키기 위해
③	'수남'의 순진함을 지켜 주기 위해	인건비로 나가는 돈을 아끼기 위해
④	'수남'이 혼자 일하는 것을 좋아해서	'수남'의 능력을 높이 평가해서
⑤	일할 사람을 구하기 어려워서	'수남'이 혼자 감당할 만한 일이어서

 서술형

5 '수남'이 '주인 영감'을 따르는 이유가 무엇인지 (라)에서 찾아 한 단어로 쓰시오.

전개 **마** ㉠바람 부는 서울의 뒷골목은 흉흉하고 을씨년스러웠다. 먼지는 물론 온갖 잡동사니들이 다 날아들어 가
<small>보기에 날씨나 분위기 따위가 몹시 스산하고 쓸쓸한 데가 있었다.</small>
게 앞에 쓰레기 무더기를 만들었다. 쓸어도 쓸어도 당해 낼 도리가 없었다.

손님도 딴 날보다 적고 수남이는 까닭 없이 마음이 울적했다.

시골의 바람 부는 날 풍경이 생생하게 떠올랐다. 보리밭은 바람을 얼마나 우아하게 탈 줄 아는가, 큰 나무는
바람에 얼마나 안달 맞게 들까부는가, 큰 나무와 작은 나무가 함께 사는 숲은 바람에 얼마나 우렁차고 비통하
<small>위아래로 심하게 흔들리는가.</small>
게 포효하는가, 그것을 알고 있는 것은 이 골목에서 자기 혼자뿐이라는 생각이 수남이를 고독하게 했다.
<small>(비유적으로) 사람, 기계, 자연물 따위가 세고 거칠게 소리를 내는가.</small>

바 전화를 받은 주인 영감님이 좀 생기가 나더니 계산서를 작성해 주면서 ××상회에 20와트 형광 램프 다섯
상자만 배달해 주고 오란다. 가까운 데 있는 소매상에서는 이렇게 전화 주문으로 배달까지를 부탁해 오는 수가
많다. 수남이는 자전거도 잘 타 배달이라면 문제도 없다. / 그래도 오늘은 바람이 유난해서 조심하느라 형광 램
프 상자를 밧줄로 꼼꼼히 묶는다. 주인 영감님까지 묶는 걸 거들어 주면서,

㉡"인석아, 까불지 말고 조심해. 사고 내 가지고 누구 못할 노릇 시키지 말고."

오늘 장사가 좀 잘 안돼서 그런지 말씨가 퉁명스럽긴 했지만, 나쁜 말은 아닌데도 수남이는 고깝게 듣는다.
<small>섭섭하고 야속하여 마음이 언짢게</small>

사 "아유, 오늘 더럽게 장사 안된다."

××상회 주인은 니코틴이 새까맣게 달라붙은 이빨 안쪽을 드러내고 크게 하품을 한다. 돈을 빨리 안 주는 변
명 같기도 하고, '인석아, 하루 종일 기다려 봐라, 누가 돈을 호락호락 내줄 줄 아니.' 하는 공갈 같기도 하다.
<small>'거짓말'을 속되게 이르는 말</small>

그러나 수남이는 들은 척도 안 하고 장승처럼 버티고 서 있다. 저런 수에 넘어가 호락호락 물러가면 주인 영
감님에게 야단맞는 것도 맞는 거려니와, 앞으로 열 번도 넘게 헛걸음을 해야 수금을 끝마칠 수 있기 때문이다.

그것도 목돈이 아니라 오백 원, 천 원씩 푼돈을 녹여서 말이다.
<small>한 몫이 될 만한, 비교적 많은 돈</small>
이럴 때 수남이는 이 세상에 장사꾼처럼 징그러운 족속이 또 있을까 싶은 생각이 나서 한숨이 절로 난다. 그
<small>같은 패거리에 속하는 사람들을 낮잡아 이르는 말</small>
러면서도 자기도 어느 틈에 장사꾼다운 징그러운 수를 쓰고 만다.

ⓐ"오늘 물건 대금은 꼭 결제해 주셔야 돼요. 은행 막을 돈이란 말예요."

수남이는 은행 막는다는 말의 정확한 뜻을 잘 모른다. 그 번들번들하고 위엄 있는 은행이 뒤로 어디 큰 구멍
이라도 뚫려 있단 소린지, 뚫려 있기로서니 왜 장사꾼이 막아야 하는지 잘 모르는 채로, 급하게 돈을 받아 내려
는 장사꾼들이 으레 심각한 얼굴을 하고 그런 소리를 하길래 수남이도 그래 보는 것이다.
<small>두말할 것 없이 당연히, 언제나</small>

아 소매상이라 큰돈은 안 들어와도 그동안 들어온 돈이 어림잡아 만 원은 됨 직하다. ⓑ수남이는 비실비실
안 나오는 웃음을 웃으며,

"어떻게 결제 좀 해 줍쇼." / 하고 또 한 번 빌붙는다. 주인은 '짜아식' 하며 또 한 번 알밤을 먹이곤 오백 원짜
리, 백 원짜리 합해서 만 원을 세 번이나 세어 보더니 아까운 듯이 내준다.

"짜아식 끈덕지기가 꼭 되놈 같다니까, 됐어."
<small>되놈. 중국 사람을 낮잡아 이르는 말</small>

전개 ××상회에 배달을 가서 '상회 주인'에게 어렵게 [ ][ ][ ]을 받아 낸 '수남'

위기 **자** "인마, 네놈의 자전거가 쓰러지면서 내 차를 들이받았단 말이야. 이런 고급 차를 말이야. 이런 미련한 놈,
왜 눈은 째려, 째리긴. 그러니 내 차에 흠이 안 나고 배겼겠냐. 내 차는 인마, 여자들 손톱만 살짝 닿아도 생
채기가 나는 고급 차야 인마, 알간?"
<small>손톱 따위로 할퀴거나 긁히어서 생긴 작은 상처</small>
그러고는 거울처럼 티 하나 없이 번들대는 차체를 면밀히 훑어보더니 "그러면 그렇지." 하고 환성을 질렀다.

아마 생채기를 찾아낸 모양이다.

"일은 컸다. 인마, 칠만 살짝 긁혔어도 또 모르겠는데 여 봐라, 여기가 이렇게 우그러지기까지 했으니 일은 컸다, 컸어." / 신사가 덩칫값도 못하게 팔짝팔짝 뛰면서, 잘 봐 두라는 듯이 수남이의 얼굴을 차에다 바싹 밀어붙였다. / 수남이는 차체에 비친 울상이 된 자기 얼굴을 볼 수 있을 뿐이었다. 꼭 오늘 재수 옴 붙은 일이 날 것 같더라만 이런 끔찍한 일이 일어나고 말았구나. 울음이 왈칵 솟구친다.

콕콕 정리

◆ '바람'의 역할

도시 뒷골목의 을씨년스러운 분위기를 조성함.	→	불길한 사건이 발생할 것임을 암시함.
'수남'에게 시골의 바람을 떠올리게 함.	→	'수남'이 우울감과 고독감을 느끼게 됨.

😊 **교과서** 핵심 개념
◆ 이 글에서 드러나는 갈등 ①

'수남'		'××상회 주인'
어떻게든 물건값을 받아 내려고 함.	↔	돈이 있으면서도 물건값을 주지 않으려고 함.

◆ '수남'의 장사꾼 같은 면모

"오늘 물건 대금은 꼭 결제해 주셔야 돼요. 은행 막을 돈이란 말예요."	물건 대금을 받아 내기 위한 거짓말
수남이는 비실비실 안 나오는 웃음을 웃으며,	'××상회 주인'의 비위를 맞추는 행동

↓

순수한 소년인 '수남'도 물질적 가치를 중시하는 도시 생활에 물듦.

😊 **교과서** 핵심 개념

1 (사)~(아)에 드러난 주된 갈등으로 적절한 것은?
① 돈을 벌고 싶은 '××상회 주인'과 장사를 방해하는 '수남'의 외적 갈등
② 돈을 안 주려는 '××상회 주인'과 돈을 받으려 버티는 '수남'의 외적 갈등
③ 목돈으로 줄지, 푼돈으로 결제할지 고민하는 '××상회 주인'의 내적 갈등
④ 기다려서 돈을 받아야 할지, 포기하고 돌아갈지 고민하는 '수남'의 내적 갈등
⑤ 돈을 받지 못한 '수남'과 돈을 받아 오라고 재촉하는 '주인 영감'의 외적 갈등

2 (자)에 드러난 '신사'의 성격으로 알맞은 것은?
① 점잖고 신중하다.
② 과묵하고 계산적이다.
③ 차분하고 이성적이다.
④ 경망스럽고 인정이 없다.
⑤ 동정심과 배려심이 깊다.

3 (자)의 내용을 참고하였을 때, ㉠의 역할로 알맞은 것은?
① 향토적인 분위기를 조성한다.
② 암울한 시대적 배경을 드러낸다.
③ 고독한 도시 사람들을 상징한다.
④ 불길한 사건이 발생할 것을 암시한다.
⑤ 인물 간의 갈등이 해소될 것을 예고한다.

4 '주인 영감'이 ㉡처럼 말한 이유로 가장 적절한 것은?
① '수남'이 다칠까 봐 걱정되었기 때문에
② '수남'의 꼼꼼하지 못한 성격을 알기 때문에
③ '수남'의 자전거 타는 실력을 믿지 못하기 때문에
④ 사고가 나서 자신에게 손해가 날까 봐 염려되었기 때문에
⑤ '수남'이 ××상회에 물건을 늦게 배달할까 봐 걱정되었기 때문에

5 ⓐ와 ⓑ에 드러난 '수남'의 모습으로 가장 적절한 것은?
① 장사꾼의 수를 혐오하는 모습
② 자신의 일에 최선을 다하는 모습
③ 쉽게 거짓말을 하는 비도덕적인 모습
④ 어른들의 말을 이해하지 못하는 순수한 모습
⑤ 자신도 모르는 사이에 장사꾼을 닮아 가는 모습

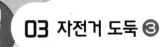
차 ㉠수남이는 주머니에 든 만 원을 생각하면 얼굴이 화끈대고 공연히 무섭기까지 하다. 그렇지만 주인 영감님을 위해 그 돈만은 죽기를 무릅쓰고 지킬 각오를 단단히 한다.

"아니 욘석이 이제 보니 이런 큰일을 저지르고 그냥 내뺄 심사 아냐? 요런 악질 녀석 같으니라고."

신사의 표정은 은은히 감돌던 연민이 싹 가시고 점잖게 무표정해진다.

그러고는 옆에 섰던 운전사인 듯한 남자에게,

"안 되겠네. 요런 악질 깡패 녀석하고 시비해 봤댔자 공연히 시간만 낭비니, 자네 자물쇠 하나 마련해다 주게. 이 녀석 자전걸 잡아 놓기로 하세. 언제든지 오천 원 가져와서 찾아가라고."

그러고는 주머니에서 오백 원짜리를 한 장 꺼내서 운전사에게 주는 것이었다. 수남이로서는 전혀 예기치 못했던 사태였다. / 주머니의 만 원에 대해서만 생각했었지 자전거에 대해선 전혀 생각이 미치지 못했었다.

카 ㉡수남이는 바보가 돼 버린 아이처럼 조용히 멍청히 서 있었다. 누군가가 나직이 속삭였다.
　　　　　　　　　　　　　　　　　　　　　　　　　　　　　　　　소리가 꽤 낮게

"토껴라 토껴. 그까짓 것 갖고 토껴라."

그것은 악마의 속삭임처럼 은밀하고 감미로웠다. ㉢수남이의 가슴은 크게 뛰었다. 이번에는 좀 더 점잖고 어른스러운 소리가 나섰다.

"그래라, 그래. 그까짓 거 들고 도망가렴. 뒷일은 우리가 감당할게."

그러자 모든 구경꾼이 수남이의 편이 되어 와글와글 외쳐 댔다.

"도망가라, 어서어서 자전거를 번쩍 들고 도망가라, 도망가라."

㉣수남이는 자기편이 되어 준 이 많은 사람들을 도저히 배반할 수 없었다. 이상한 용기가 솟았다. 수남이는 자전거를 마치 검부러기처럼 가볍게 옆구리에 끼고 질풍같이 달렸다.
가느다란 마른 나뭇가지, 마른 풀, 낙엽 따위의 부스러기　　　　몹시 빠르고 거세게 부는 바람
㉤정말이지 조금도 안 무거웠다. 타고 달릴 때보다 더 신나게 달렸다. 달리면서 마치 오래 참았던 오줌을 시원스레 내깔기는 듯한 쾌감까지 느꼈다.

> **위기** '신사'의 차에 흠집을 내어 수리비를 물어야 하자 ☐☐☐를 들고 도망친 '수남'

절정 **타** 주인 영감님은 자전거를 옆에 끼고 질풍처럼 달려온 놈을 눈을 휘둥그렇게 뜨고 바라볼 뿐이었다. 오늘 바람이 세더니만 필시 이 조그만 놈이 바람에 날아왔나, 설마 그럴 리야 없을 텐데 내 눈이 어떻게 된 것인가
아마도 틀림없이
그런 눈치였다.

수남이는 너무 숨이 차서 이런 주인 영감님의 궁금증을 시원히 풀어 주지 못하고 한동안 헉헉대기만 한다.

"인마, 말을 해. 무슨 일이야? 네놈 꼴이 영락없이 도둑놈 꼴이다, 인마."

도둑놈 꼴이라는 소리가 수남이의 가슴에 가시처럼 걸린다. 수남이는 겨우 숨을 가라앉히고 자초지종을 주인 영감님께 고해바친다. 다 듣고 난 주인 영감님은 무엇이 그리 좋은지 무릎을 치면서 통쾌해한다.
처음부터 끝까지의 과정

ⓐ"잘했다, 잘했어. 만날 촌놈인 줄만 알았더니 제법인데, 제법이야."

그러고는 가게에서 쓰는 드라이버니 펜치를 가지고 자전거에 채운 자물쇠를 분해하기 시작한다. 엎드려서 그 짓을 하고 있는 주인 영감님이 수남이의 눈에 흡사 도둑놈 두목 같아 보여 속으로 정이 떨어진다. 주인 영감님 얼굴이 누런 똥빛인 것조차 지금 깨달은 것 같아 속이 메스껍다.

마침내 자물쇠를 깨뜨렸나 보다. 영감님 얼굴에 회심의 미소가 떠오르더니 자유롭게 된 자전거 바퀴를 시험
마음에 흐뭇하게 들어맞음. 또는 그런 상태의 마음
이라도 하려는 듯이 자전거로 골목을 한 바퀴 빙그르르 돌아 들어와서는, / "네놈 오늘 운 텄다."

그러고는 수남이의 머리를 쓰다듬고 볼과 턱을 두둑한 손으로 귀여운 듯이 감싼다. 영감님이 기분이 좋을 때면 수남이에 대한 애정의 표시로 으레 그렇게 했었고, 수남이도 그걸 좋아했었다.

ⓑ그런데 오늘은 싫다. 영감님의 손이 싫다. 그것이 운 트기는커녕 재수 옴 붙었다는 생각이 여전하고, 수남이는 그날 온종일 우울했다. 그러나 자기가 왜 그렇게 우울한지 그걸 차분히 생각할 새도 없는 바쁜 하루였다.

콕콕 정리

◆ 이 글에서 드러나는 갈등 ②

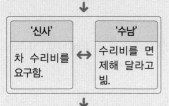

갈등 원인
'수남'의 자전거가 바람에 쓰러져 '신사'의 자동차에 흠집을 냄.

'신사'	↔	'수남'
차 수리비를 요구함.		수리비를 면제해 달라고 빎.

갈등 해결
'수남'이 자전거를 들고 도망침.

'수남'이 자전거를 들고 도망치면서 갈등은 일단락되지만, 이는 '수남'이 내적 갈등을 겪는 원인으로 작용한다.

◆ '주인 영감'에 대한 '수남'의 태도 변화

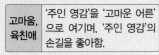

고마움, 육친애	'주인 영감'을 '고마운 어른'으로 여기며, '주인 영감'의 손길을 좋아함.

↓

'주인 영감'이 자전거를 들고 도망친 '수남'의 행동을 칭찬함.

↓

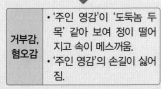

거부감, 혐오감	• '주인 영감'이 '도둑놈 두목' 같아 보여 정이 떨어지고 속이 메스꺼움. • '주인 영감'의 손길이 싫어짐.

😊 교과서 핵심 개념

1 (차)~(카)에 드러난 갈등을 〈보기〉와 같이 정리할 때, 적절하지 <u>않은</u> 것은?

┌ 보기 ┐
① 갈등의 유형: 외적 갈등
② 갈등의 주체: '수남'과 '신사'
③ 갈등의 원인: '수남'의 자전거가 신사의 자동차에 흠집을 냄.
④ 갈등의 전개: '신사'가 차 수리비 대신 '수남'의 자전거를 탐냄.
⑤ 갈등의 해결: '수남'이 자전거를 들고 도망침.

2 ㉠~㉤에서 알 수 있는 '수남'의 심리로 알맞지 <u>않은</u> 것은?

① ㉠: 물건값으로 받은 만 원을 차 수리비로 빼앗길까 봐 두려움.
② ㉡: 자신의 이익에만 관심이 있는 '신사'에게 화가 남.
③ ㉢: 구경꾼의 부추김에 잘못된 행동을 하고 싶은 유혹을 느낌.
④ ㉣: 자신의 행동을 구경꾼의 탓으로 돌리며 합리화함.
⑤ ㉤: 자전거를 들고 달리면서 해방감을 느낌.

3 ⓐ에 대한 설명으로 적절하지 <u>않은</u> 것은?

① '수남'이 '주인 영감'의 본모습을 깨닫게 된 계기이다.
② '주인 영감'에 대한 '수남'의 태도가 변하게 된 원인이다.
③ 금전적 손해를 보지 않아 기뻐하는 '주인 영감'의 심리가 드러난다.
④ '주인 영감'은 '수남'의 잘못된 행동을 나무라지 않고 오히려 칭찬하였다.
⑤ '수남'의 편을 들어 주는 말로, '수남'을 아끼는 '주인 영감'의 마음이 드러난다.

4 ⓑ의 이유로 가장 알맞은 것은?

① '신사'와 시비가 붙은 일 때문에 온종일 우울해서
② '주인 영감'이 바쁘게 일하는 자신을 도와주지 않아서
③ '주인 영감'이 자전거를 지킨 데 대한 보상을 하지 않아서
④ '주인 영감'이 비도덕적인 사람이라는 사실을 알게 되어서
⑤ 자신의 안전보다 자전거에 관심을 갖는 '주인 영감'에게 서운해서

 서술형

5 (타)에서 '수남'의 양심을 자극한 '주인 영감'의 말을 찾아 2어절로 쓰시오.

파 가게 문을 닫고 주인댁에서 날라 온 저녁밥을 먹고 나면 비로소 수남이 혼자만의 시간이다. 꿀 같은 시간이었다. 책을 펴 놓고 영어 단어를 찾고, 수학 문제를 풀어 보고, 턱을 괴고 소년답게 감미로운 공상에 잠길 수 있는 그런 시간이었다.

현실적이지 못하거나 실현될 가망이 없는 것을 막연히 그리어 봄. 또는 그런 생각

그러나 오늘 수남이는 그게 되지를 않았다. 책을 집어 던졌다.

낮에 내가 한 짓은 옳은 짓이었을까? 옳을 것도 없지만 나쁠 것은 또 뭔가. 자가용까지 있는 주제에 나 같은 아이에게 오천 원을 우려내려고 그렇게 간악하게 굴던 신사를 그 정도 골려 준 것이 뭐가 나쁜가? 그런데도 왜 무섭고 떨렸던가. 그때의 내 꼴이 어땠으면, 주인 영감님까지 "네놈 꼴이 꼭 도둑놈 꼴이다."라고 하였을까.

마음이 바르지 않고 흉하고 독하게

그럼 내가 한 짓은 도둑질이었단 말인가. 그럼 나는 도둑질을 하면서 그렇게 기쁨을 느꼈더란 말인가.

수남이는 몸을 부르르 떨면서 낮에 자전거를 갖고 달리면서 맛본 공포와 함께 그 까닭 모를 쾌감을 회상한다. 마치 참았던 오줌을 내깔길 때처럼 무거운 억압이 갑자기 풀리면서 전신이 날아갈 듯이 가벼워지는 그 상쾌한 해방감 — 한번 맛보면 도저히 잊힐 것 같지 않은 그 짙은 쾌감, 아아 도둑질하면서도 나는 죄책감보다는

구속이나 억압, 부담 따위에서 벗어난 느낌

쾌감을 더 짙게 느꼈던 것이다.

혹시 내 피 속에 도둑놈의 피가 흐르고 있기 때문이 아닐까. 순간 수남이는 방바닥에서 송곳이라도 치솟은 듯이 후다닥 일어서서 안절부절못하고 좁은 방안을 헤맸다.

하 다음 날 형은 읍내에서 온 순경한테 수갑이 채워져 붙들려 갔다. / 형은 악을 써서 변명을 하며 갔다.

"2년 만에 빈손으로 집에 들어갈 수는 없었단 말야. 도저히 그럴 수는 없었단 말야."

그래서 읍내 양품점을 털어 돈과 물건을 훔친 것이다. 다음에 수남이가 형을 본 것은 읍내에 현장 검증인가를 나왔을 때다. 도둑질한 것을 다시 한번 되풀이해 보여 주는 것인데, 딴 구경꾼들 틈에 섞여 수남이는 몸서리

법원이나 수사 기관이 범죄 현장이나 기타 법원 외의 장소에서 실시하는 검증

를 치면서 그것을 봤다. 그 도둑놈과 형제간이란 게 두고두고 생각해도 몸서리가 쳤다.

아버지는 화병으로 몸져눕고 집안 형편은 말이 아니었다. 수남이는 드디어 어느 날 형이 그랬던 것처럼 서울 가서 돈 벌어 오겠다고 집을 나섰다. 아버지는 말리지 않았다. 문지방을 짚고 일어나 앉아서 띄엄띄엄 수남이를 타일렀다.

"무슨 짓을 하든지 그저 도둑질을 하지 마라, 알았쟈."

그런데 도둑질을 하고 만 것이다. 하지만 수남이는 스스로 그것을 결코 도둑질이 아니었다고 변명을 한다.

그런데 왜 그때, 그렇게 떨리고 무서우면서도 짜릿하니 기분이 좋았던 것인가? 문제는 그때의 그 쾌감이었다. 자기 내부에 도사린 부도덕성이었다. 오늘 한 짓이 도둑질이 아닐지 모르지만 앞으로 도둑질을 할지도 모르겠다는 생각이 들었다. 형의 일이 자기와 정녕 무관한 일이 아니란 생각이 들었다.

> **절정** 자신의 행동을 칭찬하는 '주인 영감'에게 〔 〕〔 〕〔 〕을 느끼고 자신의 행동을 돌아보며 괴로워하는 '수남'

결말 거 소년은 아버지가 그리웠다. 도덕적으로 자기를 견제해 줄 어른이 그리웠다. 주인 영감님은 자기가 한 짓을 나무라기는커녕 손해 안 난 것만 좋아서 "오늘 운 텄다."라고 좋아하지 않았던가.

수남이는 짐을 꾸렸다. 아아, 내일도 바람이 불었으면. 바람이 물결치는 보리밭을 보았으면.

마침내 ⓐ결심을 굳힌 수남이의 얼굴은 ㉠누런 똥빛이 말끔히 가시고, ㉡소년다운 청순함으로 빛났다.

> **결말** '〔 〕〔 〕'가 계신 고향으로 돌아가기로 결심한 '수남'

콕콕 정리

😊 교과서 핵심 개념

◆ 이 글에서 드러나는 갈등 ③

'수남'의 내적 갈등	
부도덕성	**도덕성**
나 같은 아이에게 오천 원을 우려내려고 그렇게 간악하게 굴던 신사를 그 정도 골려 준 것이 뭐가 나쁜가?	내가 한 짓은 도둑질이었단 말인가. 그럼 나는 도둑질을 하면서 그렇게 기쁨을 느꼈더란 말인가.

'수남'은 자전거를 들고 도망친 자신의 행동이 도덕적으로 옳았는지 고민하면서 내적 갈등을 겪는다.

◆ '주인 영감'과 '아버지'의 대조적 의미

'주인 영감'	'아버지'
이기적이고 부도덕한 존재 ↔	'수남'을 도덕적으로 견제해 줄 존재

◆ '누런 똥빛'의 의미

누런 똥빛
• 자전거를 들고 도망친 '수남'을 칭찬하던 '주인 영감'의 얼굴빛 • 내적 갈등을 해결하기 전 '수남'의 얼굴빛

↓

비양심, 부도덕성을 상징함.

😊 교과서 핵심 개념

◆ '수남'의 갈등 해결 과정을 통해 드러난 이 글의 주제

'수남'의 결심
도덕적으로 자신을 견제해 줄 '아버지'가 계신 고향으로 돌아가기로 결심하고 본래의 순수함을 회복함.

↓

주제
도덕적인 삶을 선택하는 '수남'의 모습을 통해 물질적 이익만을 중시하는 세태를 비판하고, 도덕적 양심 회복의 중요성을 강조함.

1 이 글을 통해 알 수 있는 내용으로 알맞은 것은?

① '수남'과 형은 모두 돈을 벌겠다며 집을 떠났다.
② '수남'은 예전에 도둑질을 하여 끌려간 적이 있다.
③ '아버지'는 '수남'이 고향을 떠나는 것을 몹시 반대하였다.
④ '수남'은 고향에 내려가 병든 '아버지'를 간호하기로 결심하였다.
⑤ '수남'은 자전거를 들고 도망친 일이 도둑질이 아니라고 확신하였다.

😊 교과서 핵심 개념

2 (파)~(하)에서 '수남'이 갈등을 겪는 이유를 골라 바르게 묶은 것은?

┤보기├
ㄱ. '아버지'의 당부를 저버렸다는 사실 때문에
ㄴ. '신사'를 더 골려 주지 못한 것이 후회스러웠기 때문에
ㄷ. 자전거를 갖고 달리면서 죄책감보다 쾌감을 느꼈기 때문에
ㄹ. '신사'가 자신을 찾아내 순경에게 데려갈까 봐 두려웠기 때문에

① ㄱ, ㄴ   ② ㄱ, ㄷ   ③ ㄴ, ㄷ   ④ ㄴ, ㄹ   ⑤ ㄷ, ㄹ

😊 교과서 핵심 개념

3 (거)와 같은 결말을 통해 작가가 말하고자 하는 바는?

① 자신의 앞길을 스스로 선택하는 태도의 필요성을 강조하였다.
② 어린아이의 실수를 감싸 주지 못하는 각박한 사회상을 고발하였다.
③ 바쁜 도시의 삶을 떠나 자연 속에서 여유롭게 사는 삶을 예찬하였다.
④ 물질적 이익을 중시하는 세태를 비판하며 양심의 중요성을 드러내었다.
⑤ 도덕성만 중시하여 상대방의 처지에 공감하지 못하는 세태를 풍자하였다.

4 ㉠과 ㉡의 의미로 가장 적절한 것은?

	㉠	㉡
①	부도덕한 모습	양심적이고 순수한 원래의 모습
②	집을 떠나 어려움을 겪는 모습	고향에서 부모님과 함께 사는 모습
③	도둑질을 하고 괴로워하는 모습	차를 망가뜨리고 두려워하는 모습
④	도시에 살며 건강이 나빠진 모습	고향에서 건강하게 살던 모습
⑤	많은 일을 감당하느라 지친 모습	일을 하며 틈틈이 공부하던 모습

 서술형

5 ⓐ의 내용을 '수남'이 그렇게 결심한 이유를 포함하여 한 문장으로 쓰시오.

1~4 다음 글을 읽고, 물음에 답하시오.

가 "꼬마 혼자 데리고 벅차시겠습니다. 좀 큰 애 하나 더 쓰셔야죠."

영감님은 그런 소리를 제일 싫어한다. 벌레라도 씹어 먹은 듯이 이상야릇한 얼굴로 상대방을 흘겨보며,

"누가 뭐 사람 더 쓰기 싫어 안 쓰나. 어디 사람 같은 놈이 있어야 말이지. 깡패 놈이라도 걸려들어 봐. 우리 수남이가 물든다고. 이런 순진한 놈일수록 구정물 들긴 쉽거든."

나 "오늘 물건 대금은 꼭 결제해 주셔야 돼요. 은행 막을 돈이란 말예요."

수남이는 은행 막는다는 말의 정확한 뜻을 잘 모른다. 그 번들번들하고 위엄 있는 은행이 뒤로 어디 큰 구멍이라도 뚫려 있단 소린지, 뚫려 있기로서니 왜 장사꾼이 막아야 하는지 잘 모르는 채로, 급하게 돈을 받아 내려는 장사꾼들이 으레 심각한 얼굴을 하고 그런 소리를 하길래 수남이도 그래 보는 것이다.

다 "울긴 짜아식, 할 수 없다. 너나 나나 오늘 재수 옴 붙은 걸로 치고 반반씩 손해 보자. 오천 원만 내."

수남이는 너무 놀라 울음까지 끄르륵 삼키고 신사를 쳐다본다. 그 사이 사람들이 큰 구경이나 난 것처럼 모여들어 신사와 수남이를 에워싼다. / 누군가가 뒤에서 "빌어, 이놈아. 그저 잘못했다고 무조건 빌어." 하고 속삭인다.

라 "도망가라, 어서어서 자전거를 번쩍 들고 도망가라, 도망가라."

수남이는 자기편이 되어 준 이 많은 사람들을 도저히 배반할 수 없었다. 이상한 용기가 솟았다. 수남이는 자전거를 마치 검부러기처럼 가볍게 옆구리에 끼고 질풍같이 달렸다. / 정말이지 조금도 안 무거웠다. 타고 달릴 때보다 더 신나게 달렸다. 달리면서 마치 오래 참았던 오줌을 시원스레 내깔기는 듯한 쾌감까지 느꼈다.

마 수남이는 몸을 부르르 떨면서 낮에 자전거를 갖고 달리면서 맛본 공포와 함께 그 까닭 모를 쾌감을 회상한다. 마치 참았던 오줌을 내깔길 때처럼 무거운 억압이 갑자기 풀리면서 전신이 날아갈 듯이 가벼워지는 그 상쾌한 해방감―한번 맛보면 도저히 잊힐 것 같지 않은 그 짙은 쾌감, 아아 도둑질하면서도 나는 죄책감보다는 쾌감을 더 짙게 느꼈던 것이다. / 혹시 내 피 속에 도둑놈

의 피가 흐르고 있기 때문이 아닐까. 순간 수남이는 방바닥에서 송곳이라도 치솟은 듯이 후다닥 일어서서 안절부절못하고 좁은 방안을 헤맸다.

---

1 이 글에 대한 설명으로 알맞지 **않은** 것은?

① 인물의 외적, 내적 갈등 양상이 잘 드러난다.
② 전지적 작가 시점에서 인물의 심리를 표현하였다.
③ 부도덕한 세태를 순수한 소년의 눈으로 보여 준다.
④ 한 소년이 점원으로 일하며 겪는 사건을 담고 있다.
⑤ 주인공을 통해 작가가 경험한 일을 사실적으로 표현하였다.

2 (가)~(마) 중, 다음 설명에 해당하는 문단은?

> 소설에서 이야기가 전개되면서 인물이 겪는 내적 또는 외적 갈등이 최고조에 이르는 구성 단계를 '절정'이라고 한다. 이 단계에서는 갈등이 정점에 이르면서 이야기의 긴장감도 최고조에 달한다.

① (가)　② (나)　③ (다)　④ (라)　⑤ (마)

3 (가)~(마)에 드러난 인물에 대한 설명으로 적절하지 **않은** 것은?

① (가): '주인 영감'은 '수남'을 위한다는 핑계로 점원을 더 들이지 않고 있다.
② (나): '수남'은 물건값을 받기 위해 장사꾼다운 면모를 보이고 있다.
③ (다): '신사'는 '수남'에게 수리비를 요구하며 몰인정한 모습을 보이고 있다.
④ (라): '수남'은 갈등을 해결하기 위해 자전거를 들고 도망쳤다.
⑤ (마): '수남'은 '주인 영감'과의 갈등으로 인해 괴로워하고 있다.

서술형

4 (마)에서 '수남'이 고민하는 근본적인 이유를 (라)에서 찾아 두 글자로 쓰시오.

5~9 다음 글을 읽고, 물음에 답하시오.

가 가게마다에서 사람들이 뛰어나왔으나, 아가씨를 부축해서 병원으로 달려간 것은 바람에 간판을 날린 전선 도매집 주인아저씨였다. / 사람들은 모두 치료비를 톡톡히 부담해야 할 그 아저씨를 동정했다. ㉠지랄 같은 바람 때문이지, 그 아저씨가 무슨 잘못이 있기에 생돈을 빼앗기냐고, 그렇지만 돈지갑 옆구리에 차고 부는 바람 못 봤으니, 그 재수 나쁜 아가씬들 그 재수 나쁜 아저씨한테 떼를 쓸밖에 도리 없지 않겠느냐고 사람들은 쑥덕댔다.

나 ㉡"아유, 오늘 더럽게 장사 안된다."

××상회 주인은 니코틴이 새까맣게 달라붙은 이빨 안쪽을 드러내고 크게 하품을 한다. 돈을 빨리 안 주는 변명 같기도 하고, '인석아, 하루 종일 기다려 봐라. 누가 돈을 호락호락 내줄 줄 아니.' 하는 공갈 같기도 하다.

그러나 수남이는 들은 척도 안 하고 장승처럼 버티고 서 있다. 저런 수에 넘어가 호락호락 물러가면 주인 영감님에게 야단맞는 것도 맞는 거려니와, 앞으로 열 번도 넘게 헛걸음을 해야 수금을 끝마칠 수 있기 때문이다.

다 "인마, 말을 해. 무슨 일이야? 네놈 꼴이 영락없이 도둑놈 꼴이다, 인마."

도둑놈 꼴이라는 소리가 수남이의 가슴에 가시처럼 걸린다. 수남이는 겨우 숨을 가라앉히고 자초지종을 주인 영감님께 고해바친다. 다 듣고 난 주인 영감님은 무엇이 그리 좋은지 무릎을 치면서 통쾌해한다.

ⓐ"잘했다, 잘했어. 만날 촌놈인 줄만 알았더니 제법인데, 제법이야."

라 낮에 내가 한 짓은 옳은 짓이었을까? ㉢옳을 것도 없지만 나쁠 것은 또 뭔가. 자가용까지 있는 주제에 나 같은 아이에게 오천 원을 우려내려고 그렇게 간악하게 굴던 신사를 그 정도 골려 준 것이 뭐가 나쁜가? 그런데도 왜 무섭고 떨렸던가. 그때의 내 꼴이 어땠으면, 주인 영감님까지 "네놈 꼴이 꼭 도둑놈 꼴이다."라고 하였을까.

그럼 내가 한 짓은 도둑질이었단 말인가. 그럼 나는 도둑질을 하면서 그렇게 기쁨을 느꼈더란 말인가.

마 소년은 ㉣아버지가 그리웠다. 도덕적으로 자기를 견제해 줄 어른이 그리웠다. 주인 영감님은 자기가 한 짓을 나무라기는커녕 손해 안 난 것만 좋아서 "오늘 운 텄다."라고 좋아하지 않았던가. / 수남이는 짐을 꾸렸다. 아아, 내일도 바람이 불었으면. 바람이 물결치는 보리밭을

보았으면. / 마침내 ㉤결심을 굳힌 수남이의 얼굴은 누런 똥빛이 말끔히 가시고, 소년다운 청순함으로 빛났다.

5 (가)~(마) 중, 〈보기〉와 같은 갈등이 두드러진 문단은?

┤보기├

　한 인물의 마음속에서 일어나는 갈등이다. 두 가지 욕망이 동시에 일어나거나 어떤 대상을 보고 완전히 다른 감정이 동시에 발생할 때 주로 나타난다.

① (가)　② (나)　③ (다)　④ (라)　⑤ (마)

6 (다)~(마)에 드러난 '수남'의 심리 변화로 알맞은 것은?

① 놀람 – 괴로움 – 서러움
② 죄책감 – 불안감 – 후련함
③ 통쾌함 – 초조함 – 편안함
④ 거부감 – 죄책감 – 초조함
⑤ 불안감 – 당황스러움 – 그리움

7 (가)에 나타난 사람들에 대한 설명으로 적절한 것은?

① 이웃의 일을 자신의 일처럼 생각한다.
② 경쟁의식이 심해 서로의 행동을 늘 주시한다.
③ 다른 사람에게 이웃에 대해 험담하기를 좋아한다.
④ 사람의 안부보다 금전적 손실을 더 안타까워한다.
⑤ 자신에게 이익이 되는 일이 아니면 관심을 갖지 않는다.

8 ㉠~㉤에 대한 설명으로 바르지 않은 것은?

① ㉠: 바람에 대한 도시 사람들의 부정적 인식이 나타난다.
② ㉡: 물건값을 치르기 싫어하는 장사꾼의 인색함이 드러난다.
③ ㉢: '수남'의 비양심적인 내면이 드러난다.
④ ㉣: 자식의 성공을 중시하며 '수남'을 보호해 줄 인물이다.
⑤ ㉤: '수남'이 고민을 해결했음이 드러난다.

 서술형

9 (마)에 사용된 표현을 활용하여 '주인 영감'이 '수남'에게 ⓐ와 같이 말한 이유가 무엇인지 쓰시오. ('~때문에'로 끝맺을 것)

04 보리 방구 조수택 ① _유은실

핵심 콕콕 • 작품에 나타난 소재의 의미와 기능 파악하기
• '나'가 어린 시절 겪은 사건을 통해 깨달은 점 파악하기

발단 가 칠판 앞에는 우리 반 남자아이들이 다 나와 있었어. 하나같이 멋쩍은 표정이었지. 지나가는 사람이 보았다면 아마 단체로 벌서는 줄 알았을 거야.

"이번에 정하면 겨울 방학까지 앉는 거다. 시작."

선생님은 마치 달리기 출발 신호를 하는 것처럼 손을 쭉 뻗으며 말씀하셨어. 나는 이게 몇 번째 짝 바꾸긴지 마음속으로 세고 있었어. 삼월부터 한 달에 한 번씩 바꿨으니까 삼, 사, 오, 육, 칠, 구, 십, 십일, 십이. 그래, 여름 방학 빼고 아홉 번째였어.

"우리 선생님은 짝을 이상하게 바꿔. 저번에는 여자들 보고 맘에 드는 남자 옆에 앉으라고 하더니 말이야."

뒷자리에 앉은 아이가 투덜거렸어.

남자아이들은 계속 쭈뼛거렸지. 서로 다른 사람 뒤에 숨으려고만 했어.
_{어줍거나 부끄러워서 자꾸 머뭇거리거나 주저주저했지.}
ⓐ나는 누가 와서 내 옆에 앉을까 궁금했어. 짝 바꾸기가 끝날 무렵까지 혼자 앉아 있으면 어쩌나 걱정도 되었어. 나는 키가 작아서 첫 줄에 앉아 있었거든. 특별히 나를 좋아하기 전에는, 아무도 맨 앞줄에 앉으려고 하지 않을 것 같았어.

갈래	현대 소설, 단편 소설, 성장 소설
성격	회상적, 성찰적
배경	1970년대, 초등학교의 교실
시점	1인칭 주인공 시점
제재	초등학교 시절 친구와의 기억
주제	친구에게 마음의 상처를 준 것에 대한 미안함과 유년 시절에 대한 성찰
특징	• 어른이 된 '나'가 어린 시절의 이야기를 독자에게 들려줌. • 인물의 심리와 행동에 대한 묘사가 구체적임.

나 "자, 누가 먼저 나올래? 어서 시작하자."

선생님이 재촉하시는데도 남자아이들은 계속 머뭇거리고만 있었어. 자꾸 칠판 쪽으로 물러서기만 했지.

그때 앞으로 나온 아이가 하나 있었어. 수택이었지. 여자들은 모두 바짝 긴장한 얼굴이었어. ⊙아무도 걔하고는 짝을 하고 싶어 하지 않았거든.

수택이는 석간신문을 배달하는 아이였어. 머리는 자주 감지 않아서 기름이 흐르는 데다가 비듬이 덕지덕지
_{매일 저녁때 발행되는 신문}
붙어 있었어. 손톱 밑은 새카맣고, 잠바 소맷부리는 때에 절어 번질대고 몸에서는 꼭 시궁창 냄새 같은 게 났
_{점퍼. 품이 넉넉하고 활동성이 좋은 서양식 웃옷}
어. 게다가 하루에 몇 번씩 방귀를 뀌는데 냄새가 아주 지독했어. 아이들은 수택이가 가까이 오는 것도 싫어했어.

수택이는 머리를 긁적이면서 한 발 한 발 앞으로 내디뎠어. 그러고는 우리 반에서 제일 도수가 높은 안경을 쓴 아이 옆에 앉았지. ⓑ나는 그만 숨이 멎어 버리는 것 같았어. 그게 바로 나였거든.

다 앞에 나와 있는 남자애들이 킥킥대기 시작했어. 자리에 앉아 있는 여자애들은 그제야 안심을 하는 눈치였고, 한숨을 후유 내쉬기도 하고, 속닥속닥 귀엣말도 주고받는 거야.
_{남의 귀 가까이에 입을 대고 소곤거리는 말}
ⓒ나는 얼굴이 빨갛게 달아올랐어.

'보리 방구 조수택이 내 짝이 되다니……'

수택이 냄새보다 아이들이 킥킥대는 소리가 더 참기 힘들었지.

1 이 글의 내용과 일치하지 <u>않는</u> 것은?

① '나'는 학창 시절에 키가 작아서 맨 앞줄에 앉았다.
② '선생님'은 여러 가지 방식으로 매달 짝을 바꾸게 하였다.
③ '수택'은 눈이 나빠서 가장 먼저 앞줄에 있는 자리에 앉았다.
④ 여자아이들은 '수택'이 짝을 정하자 안심하며 귀엣말을 주고받았다.
⑤ 남자아이들은 스스로 짝을 택하여 앉으라는 선생님의 말에 선뜻 나서지 못했다.

2 이 글의 서술상 특징으로 알맞은 것은?

① 주로 인물 간의 대화를 통해 심리를 간접적으로 드러내고 있다.
② 작품 속 서술자가 과거에 있었던 자신의 일을 이야기하고 있다.
③ 회상의 형식을 통해 과거와 현재 사건을 대조하여 서술하고 있다.
④ 과거부터 현재까지 이어지는 사건을 시간 순서대로 서술하고 있다.
⑤ 순수한 어린이를 서술자로 설정하여 사건 전개에 참신성을 부여하고 있다.

3 이 글에서 앞으로 전개될 갈등의 실마리가 되는 사건은?

① '나'와 '수택'이 짝이 된 일
② '수택'이 교실 첫 줄에 앉게 된 일
③ 여자아이들이 '수택'과 짝을 하기 싫어한 일
④ '선생님'이 아이들에게 계속 짝을 바꾸게 한 일
⑤ '선생님'의 짝 바꾸는 방식을 아이들이 마음에 들어하지 않은 일

4 ㉠의 이유로 적절하지 <u>않은</u> 것은?

① 몸에서 참기 힘든 냄새가 나기 때문이다.
② 석간신문을 배달해서 돈을 벌기 때문이다.
③ 머리를 자주 감지 않아 지저분하기 때문이다.
④ 때가 묻은 옷을 그대로 입고 다니기 때문이다.
⑤ 하루에도 몇 번씩 방귀를 뀌고 그 냄새도 지독하기 때문이다.

5 ⓐ~ⓒ에 나타나는 '나'의 심리를 바르게 짝지은 것은?

	ⓐ	ⓑ	ⓒ
①	배신감	분노	그리움
②	수치심	기쁨	동정심
③	기대감	당황스러움	창피함
④	부끄러움	슬픔	설렘
⑤	걱정스러움	담담함	안타까움

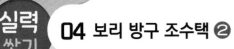

라 나는 바로 짝을 바꿔 달라고 말하고 싶었어. 그전에 수택이 짝이 된 아이들은 그렇게 해서 바꿨거든. 선생님은 물론 들어주시지 않았지. 번번이 수택이가 바꿔 달라고 한 거였어. 짝이 싫어하는 눈치를 보이면 선생님한테 가서 이렇게 말했거든.

"선생님, 맨 뒷자리로 보내 주세요."

"왜?"

ⓐ"혼자 있으면 가방 걸기도 편하고, 팔도 안 걸려서 좋거든요."

"그렇다고 자꾸 혼자 앉으면 어떡해?"

"그래도 짝꿍 팔에 걸려서 공부를 못 하겠어요. 뒤로 갈래요."

ⓑ선생님은 가라, 가지 마라 말씀하시지 않았어. 입을 다물고 가만히 계셨지. 그러면 수택이는 조용히 자리로 돌아가 짐을 챙겨서 늘 앉던 자리로 돌아갔어. ⓒ교실 맨 뒤에 혼자 앉는 자리는 거의 수택이 차지였지.

마 그래도 나는 대놓고 싫어하는 눈치를 보일 수가 없었어. 일 학기가 끝나갈 무렵 나는 '착한 어린이 상'을 탔거든. 아이들이 투표해서 뽑아 준 거였지. 내가 그 상을 타고 싶어서 착하게 군 건 아니었어. 하지만 그 상을 탄 다음부턴 착한 어린이답게 행동하고 싶었어. 애들은 수택이를 보리 방구라고 놀리고 가까이 오는 것도 싫어했지만, 막상 짝을 바꾸겠다고 하면 나를 좋지 않게 볼 것만 같았어.

"쟤가 무슨 착한 어린이야?"

하고 수군대면서 말이야.

> **발단** '나'는 지저분하고 냄새가 나서 반 아이들이 모두 꺼리는 '☐☐'과 짝이 됨.

전개 바 ㉠나는 수택이 냄새를 한번 견뎌 보기로 마음먹었어. 내가 조금 전에 보리 방구라고 말했던가? 그래, 보리 방구는 수택이 별명이었어. 이름보다 별명이 더 유명했지.

"우리 반 조수택 있잖아."

ⓓ"너네 반 조수택이 누군데?"

"보리 방구 말이야."

"아, 보리 방구."

이럴 정도였으니까. 수택이는 별명대로 늘 보리밥을 먹었어. 쌀밥 속에 보리가 드문드문 섞인 그런 보리밥 말고, 쌀보다 보리가 더 많이 들어간 거뭇거뭇한 보리밥.

점심시간이 되면 아이들은 보온 도시락에서 따뜻한 밥을 꺼내 먹었어. 우리 반에서 보온 도시락이 없는 사람은 수택이 뿐이었지. 수택이는 고개를 숙이고 차갑게 식은 양은 도시락을 열었어. 그러고는 풀풀 날리는 보리밥을 꺼내 먹었지. 반찬도 고춧가루가 군데군데 묻어 있는 허연 깍두기 한 가지뿐이었어.

㉡다른 애들은 삼삼오오 모여 앉아서 밥을 먹었어. 서로 반찬도 바꿔 먹고 말이야. 하지만 수택이는 늘 혼자였어.

수택이는 보리밥이랑 허연 깍두기 반찬이 부끄러웠던 모양이야. 늘 뚜껑으로 도시락 한쪽을 비스듬히 가리고 밥을 먹었지. ⓔ어깨를 움츠리고 왼팔로는 도시락이랑 깍두기 통을 가리면서 말이야.

콕콕 정리

◆ '수택'의 처지 ②

- 교실 맨 뒤에 혼자 앉음.
- '조수택'이라는 이름보다 '보리 방구'라는 별명으로 불림.
- 보리밥과 허연 깍두기가 담긴 양은 도시락을 가리면서 혼자서 점심을 먹음.

↓

- 반 아이들과 어울리지 못함.
- 어려운 가정 형편을 부끄러워하며 주눅이 들어 있음.

◆ '나'가 짝을 바꿔 달라는 말을 하지 않은 이유

'수택'과 짝이 된 것이 싫어서 짝을 바꿔 달라고 하고 싶음.

↓

- '착한 어린이 상'을 탄 후로 착한 어린이답게 행동하고 싶음.
- 짝을 바꾸겠다고 하면 반 아이들이 자신을 좋게 보지 않을 것 같음.

↓

'수택'의 냄새를 견뎌 보기로 마음먹음.

 교과서 핵심 개념

◆ 소재의 의미 및 기능 ①

보리밥	쌀보다 보리가 더 많이 들어간 밥을 먹음.
양은 도시락	보온 도시락이 없어 차갑게 식은 양은 도시락을 들고 다님.
허연 깍두기	반찬으로 양념도 제대로 되지 않은 깍두기 하나만 싸 옴.

↓

- '수택'의 가난한 집안 형편을 보여 주는 소재
- '수택'이 부끄러움을 느끼는 이유

---

1 (마)에서 알 수 있는 '나'의 성격으로 가장 적절한 것은?

① 솔직하고 자존감이 높다.
② 이해심과 포용심이 깊다.
③ 결단력이 부족하며 끈기가 없다.
④ 소극적이며 다른 사람의 평가에 민감하다.
⑤ 자기중심적이며 이익이 되는 사람만 사귄다.

2 '나'가 ㉠과 같이 결심한 이유로 알맞은 것은?

① '착한 어린이 상'을 다시 타고 싶었기 때문이다.
② 아이들에게 놀림당하는 '수택'을 보고 마음 아팠기 때문이다.
③ '선생님'이 '나'의 말을 들어 주시지 않을 것이라고 생각했기 때문이다.
④ '수택'이 먼저 '선생님'께 혼자 앉겠다고 말할 것이라고 생각했기 때문이다.
⑤ 짝을 바꾸겠다고 하면 아이들이 자신을 좋지 않게 볼까 봐 걱정되었기 때문이다.

3 ㉡을 읽고 난 반응으로 가장 적절한 것은?

① '수택'이 제멋대로 구니까 친구들과 멀어진 거야.
② 친구들과 어울리지 못하고 외롭게 혼자 밥을 먹는 '수택'이 안타까워.
③ 집안 형편 때문에 밥을 빨리 먹고 일하러 가야 하는 '수택'이 안쓰러워.
④ '수택'이 공부를 못한다고 해서 밥도 같이 안 먹는 것은 나쁜 행동이라고 생각해.
⑤ '수택'은 반 친구들과 함께 어울리는 것보다 혼자 있는 시간을 더 좋아하는 것 같아.

4 ⓐ~ⓔ에 대한 설명으로 적절하지 **않은** 것은?

① ⓐ: 짝이 된 아이의 입장을 배려해서 둘러댄 핑계이다.
② ⓑ: '수택'이 자리를 바꾸려 하는 진짜 이유를 알기에 말릴 수 없었던 것이다.
③ ⓒ: '선생님'이 '수택'을 아끼고 있음이 드러난다.
④ ⓓ: 이름보다 '수택'의 별명이 더 많이 알려져 있음을 알 수 있다.
⑤ ⓔ: 부끄러움에 주눅이 든 '수택'의 모습이 드러난다.

 서술형

5 '수택'의 어려운 형편을 알 수 있는 소재 세 가지를 (바)에서 찾아 쓰시오.

사 "야, 첫눈이다." / "아니야, 진눈깨비야."
_{비가 섞여 내리는 눈}

"하얗게 내리는데?" / "저 봐, 땅에 닿자마자 녹아 버리잖아."

그렇게 진눈깨비를 두고 첫눈이네, 아니네 하고 말씨름을 하던 때였어. 나는 수택이 냄새에 조금 익숙해져 있을 무렵이었고.

"자, 오늘부터 밥은 제자리에서 먹는다."

선생님 말씀에 아이들이 웅성댔어.

"날씨가 추워서 창문을 자주 못 여니까, 먼지를 내면 안 돼서 그래."

먼지 때문이라는 선생님 말씀을 우리는 이해할 수가 없었어.

"선생님, 교실에서 말뚝박기를 하는 것도 아닌데요."

"도시락 통 들고 몇 발짝 걷는데 무슨 먼지가 그렇게 나요?"

"화장실 가는 것보다도 조금 움직이는데요?"

아이들은 이상하니까 자꾸 얘기했어.

선생님은 우리 얘기를 잘 들어주시는 편이었거든. 우리 말이 맞으면 선생님이 생각을 바꾸실 때도 있었어.

"내가 보기엔 먼지가 난다. 오늘부터 제자리에서 먹어라."

그날따라 선생님은 우리 얘기를 통 들어주지 않으셨어. 교실은 갑자기 조용해졌지. 우리는 그렇게 딱딱한 선생님이 낯설었어. 나는 하는 수 없이 수택이 옆에서 밥을 먹게 되었지.

아 나도 깍두기를 자주 싸 왔어. 수택이처럼 날마다는 아니었지만. 내 깍두기는 고춧가루랑 젓갈이 넉넉히 들어가서 빨갛고 먹음직스러웠지. 나는 깍두기를 집어서 입으로 가져가다가 힐끗 수택이를 보게 되었어. 수택이는 뭔가 잘못한 아이 같았지. 몰래 훔쳐 먹는 아이처럼 허연 깍두기를 제대로 씹지도 못하고 삼키는 거야.

㉠나는 조금 망설이다 용기를 내어 수택이 보리밥 위에 내 깍두기를 얹어 주었어. 젓가락으로 들어서 얼른 옮겨 놓고 고개를 폭 수그렸지. 수택이는 밥을 우물거리다 말고 멍하니 있었고.

한참 그렇게 보고만 있던 수택이가 젓가락으로 깍두기를 폭 찍었어. 그러고는 깍두기 하나를 조금씩 다섯 번으로 나눠서 먹는 거야. 도시락 밑으로 흘러내린 국물까지 밥으로 싹싹 닦아 먹었지.

자 "윤희야, 이거 어제 배달하고 남은 거야."

ⓐ깍두기를 나눠 먹기 시작하고 얼마 안 되었을 때였어. 수택이는 ⓑ어린이 신문을 한 부씩 갖다 주기 시작했어. ㉡나는 차마 신문을 거절할 수가 없더라. 건네주는 손에 거무죽죽한 자줏빛이 돌았거든. 손등에는 여기저기 튼 자국이 있었고. 추운 날씨에 배달을 하느라고 동상에 걸렸던 모양이야. 나는 신문을 받아서 가방에 넣었어. 친구들이 알아챌까 봐 빨리 넣느라고 신문이 구겨져 버리곤 했지.

> **전개** '나'는 '수택'에게 [ ][ ][ ]를 나눠 주고, '수택'은 '나'에게 어린이 신문을 주기 시작함.

위기 차 그렇게 손을 날쌔게 움직였는데도 본 아이가 있었나 봐. 그게 그만 소문이 나 버리고 말았어.

"야, 너 보리 방구랑 사귀냐? 너는 반찬 주고, 걔는 신문 주고 그런다며?"

소문은 삽시간에 퍼졌어. 다른 반 친구들도 곧 알게 되었지. 화장실 문에는 '구윤희♡보리 방구'라는 낙서까
_{매우 짧은 시간}
지 생겼어. 꼭 내 몸에서 시궁창 냄새가 나는 것만 같았어. 수택이랑 짝이 되던 날보다도 더 힘든 시간이었어.

콕콕 정리

◆ '선생님'이 아이들에게 제자리에서 밥을 먹게 한 이유

표면적 이유	실제 이유
겨울이라 창문을 자주 못 여는데, 먼지를 내면 안 되기 때문에	'수택'이 혼자서 밥을 먹는 상황을 바꾸고 싶기 때문에

◆ 사건 전개에 따른 인물의 심리 및 태도 변화 ①

'나'와 '수택'이 짝이 됨.
• '나': '수택'과 짝이 된 것이 싫었지만 참기로 함.

↓

'나'와 '수택'이 깍두기와 신문을 나눔.
• '나': '수택'에게 안쓰러움을 느낌. • '수택': '나'에게 고마움을 느낌. → '나'와 '수택'이 가까워짐.

↓

'나'와 '수택'이 사귄다는 소문이 남.
• '나': '수택'과 엮이는 것에 거부감을 느끼고, 아이들의 놀림에 속상해함.

 교과서 핵심 개념
◆ 소재의 의미 및 기능 ②

깍두기	• '나'가 '수택'에게 나누어 준 것으로 '수택'이 '나'의 따뜻한 마음을 느낀 소재 • '나'와 '수택'이 가까워지는 계기
어린이 신문	• '수택'이 '나'에게 고마움을 표현한 소재 • '나'와 '수택'이 사귄다는 소문이 나게 된 계기(→ 갈등 유발)

1 (차)에 드러난 사건 전개 양상으로 알맞은 것은?
① '나'와 '수택'이 사귄다는 소문이 돌면서 긴장감이 고조된다.
② 자신의 가난한 형편을 부끄러워하는 '수택'의 내적 갈등이 나타난다.
③ '수택'과 '수택'을 놀리는 아이들의 갈등이 나타나며 긴장감이 높아진다.
④ 신문을 거절하려는 '나'와 신문을 주려는 '수택' 사이의 갈등이 드러난다.
⑤ '수택'과 친해진 '나'와 '수택'을 괴롭히는 아이들 사이의 대립이 심화된다.

2 ㉠에 대한 '수택'의 반응으로 알맞은 것은?
① '나'의 지나친 관심에 부끄러워했다.
② '나'의 따뜻한 마음에 고마움을 느꼈다.
③ 친구들이 '나'의 행동을 알아챌까 봐 조바심이 났다.
④ '나'의 동정을 받아야 하는 자신의 처지를 괴로워했다.
⑤ 새로운 방법으로 자신을 놀리는 것이 아닌가 하는 의심을 했다.

3 ㉡의 이유로 알맞은 것은?
① 원래 어린이 신문에 관심을 가지고 있어서
② 힘들게 일하는 '수택'에게 안쓰러움을 느껴서
③ 친구들이 '수택'의 착한 행동을 알기를 바라서
④ 신문을 배달하느라 고생하는 '수택'에게 도움이 되고 싶어서
⑤ '수택'이 '나'의 깍두기를 먹는 데에 부담을 느끼지 않았으면 해서

교과서 핵심 개념
4 ⓐ와 ⓑ의 역할로 알맞은 것은?

	ⓐ	ⓑ
①	인물의 운명을 암시하는 소재	인물의 태도 변화를 상징하는 소재
②	작품의 주제를 상징하는 소재	인물 간의 긴장감을 심화하는 소재
③	암울한 분위기를 형성하는 소재	긍정적 분위기를 형성하는 소재
④	사건 해결의 실마리가 되는 소재	갈등 해결의 매개체가 되는 소재
⑤	인물이 가까워지는 계기가 되는 소재	갈등을 유발하는 소재

 서술형
5 (사)에서 '선생님'이 모두 제자리에서 밥을 먹으라고 말한 진짜 이유를 쓰시오.

카 ㉠나는 더 이상 깍두기를 나눠 먹지 않았어. 신문도 수택이 서랍에 도로 넣어 버렸지. 내 몸에서 수택이 냄새가 나는 것 같으니까 착한 어린이 상은 생각도 나지 않았어. 그저 빨리 소문이 가라앉기를, 겨울 방학이 시작되기를, 그래서 수택이랑 짝이 되지 않기를 바랄 뿐이었지.

㉡내가 계속 신문을 도로 제 서랍에 넣는데도 수택이는 하루도 빠짐없이 내 책상 서랍 속에 신문을 넣어 두었어. 소문은 점점 퍼져 가고 말이야.

"다시는 나한테 신문 주지 마!" / 나는 수택이 얼굴에 대고 단단히 으름장을 놓았지.
말과 행동으로 위협하는 짓

> **위기** 깍두기를 나눠 먹고 어린이 신문을 받으면서 '수택'과 '나'가 사귄다는 ☐☐이 남.

절정 **타** 그렇게 으름장을 놓은 다음 날이었어. 그날은 아침 일찍부터 놀림을 받았어. 학교 오는 길에 옆 반 애들이 뒤에서 수군거리는 거야.

"쟤가 보리 방구랑 사귀는 애야?" / "연애편지도 책상 속에 넣는다는데."

나는 뒤로 돌아서서 아니라고 말하고 싶었지만 꾹 참았어. 그래 봤자 더 웃음거리만 될 것 같아서.

잔뜩 속이 상해서 교실로 들어왔는데 애들 몇 명이 내 책상 가까이에 몰려 있는 거야. ㉢수택이가 옆에 앉아 있는데도 신문을 펼쳐서 읽다가 후닥닥 접어서 넣더라. 급히 넣는 바람에 신문 한 자락이 서랍 밖으로 비죽 튀어나와 버렸지. / 나는 가만히 서서 수택이 어깨를 보았어. 어깨솔기가 터진 스웨터 틈으로 누렇게 바랜 내복이 보였지. ㉣수택이는 어깨를 떨고 있었어. 누런 내복도, 낡고 터진 스웨터도 함께 떨렸지. 그리고 내 어깨도.
옷의 어깨선을 맞붙여 꿰맨 줄

나는 서랍에서 신문을 꺼냈어. 신문을 들고 뒤로 돌아섰지. 나는 난로 쪽으로 성큼성큼 걸어갔고, 아이들 시선은 나한테로 모아졌어. 나는 난로 뚜껑을 열었어. 난로 속에는 석탄이 빨갛게 달구어져 있었지. ⓐ나는 두 손으로 있는 힘껏 신문을 구겨서 공처럼 만들었어. 그러고는 아이들 보란 듯이 신문을 난로 속에 던져 버렸단다.

파 신문에는 금세 불이 붙었어. 내 가슴은 쿵쾅쿵쾅 뛰기 시작했어. 교실은 숨소리도 들릴 만큼 조용했고. 나는 난로 뚜껑을 덮고 교실 밖으로 나가 버렸지. 그리고 다시는…… 다시는 말이야, 수택이 얼굴을 똑바로 보지 못했어. / 다시 보지 못한 건 수택이 얼굴뿐이 아니었어. 바들바들 떨던 어깨도, 어깨를 축 늘어뜨린 뒷모습도 제대로 볼 수 없었어. 곧 겨울 방학이 되었고, 수택이는 방학 때 시골 친척 집으로 이사를 가 버리고 말았거든. 왜 갔는지 아는 사람은 아무도 없었어. 선생님은 가정 형편상 이사 갔다는 말만 하셨고.

> **절정** 아이들의 놀림에 화가 난 '나'는 '수택'이 준 ☐☐을 난로에 넣어 태우고, 이후 '수택'은 이사를 감.

결말 **하** 나는 육 학년이 되어서도 자꾸 태워 버린 신문 생각이 났어. 신문을 접거나 구길 때면 그날 구겨 버린 신문 생각이 났지. ㉤초등학교를 졸업한 뒤에도 몇 년 동안 난로 속에 뭐를 집어넣는 것만 봐도, 신문 재가 목구멍을 꽉 막고 있는 것처럼 답답했어.

그리고 시간이 많이 흐른 지금도 이렇게 겨울 부츠 속에 신문지를 구겨 넣을 때면, 봄 신발을 꺼내 구겨 넣었던 신문지를 빼낼 때면, 나는 한참씩 수택이 생각에 잠긴단다. 수택이는 지금 어디서 어떻게 살까 궁금해지기도 하지. / 어디서 무얼 했으면 좋겠냐고? 음…… 어디서 무얼 하든…… 그날이 생각나지 않았으면…… 생각나더라도 너무 아프지 않았으면…… 그랬으면, 내 친구 수택이가 꼭 그랬으면 좋겠어.

> **결말** '나'는 어른이 되어서도 '☐☐'을 떠올리며 '수택'이 그날의 상처를 잊고 잘 지내기를 바람.

콕콕 정리

◆ 사건 전개에 따른 인물의 심리 및 태도 변화 ②

> '나'와 '수택'이 사귄다는 소문이 점점 퍼짐.

- '나': 깍두기를 나눠 먹지 않고, 신문을 주지 말라고 '수택'에게 으름장을 놓으며 소문이 가라앉기를 바람.
- '수택': 아이들의 놀림과 자신을 무시하는 행동에 괴로움.

↓

> '나'가 '수택'이 준 신문을 태움.

- '나': 아이들의 놀림과 계속 신문을 주는 '수택'의 행동에 화가 나고, 소문이 사실이 아니라는 것을 증명하고 싶음.

◆ 신문을 태운 행동 이후 '나'의 마음

> 어른이 된 현재에도 신문을 볼 때마다 그날의 일이 떠오름.

↓

- 자신의 행동이 '수택'에게 상처를 주었음을 깨달음.
- 자신의 행동이 부끄럽고, '수택'에게 상처를 준 것에 미안함을 느낌.

교과서 핵심 개념
◆ '나'의 성찰을 통해 작가가 말하고자 하는 바

> 시간이 흐른 뒤 '나'는 자신의 행동을 돌아보고 '수택'이 자신에게 받은 상처를 잊거나 극복하고 살아가기를 바람.

↓

> 작가가 말하고자 하는 바

- 다른 사람의 마음에 상처를 주지 않아야 함.
- 다른 사람의 처지와 심정을 헤아릴 줄 알아야 함.

교과서 핵심 개념

1 이 글을 감상한 후 자신의 삶을 되돌아본 반응으로 적절하지 않은 것은?

① 직장에 다니시는 아빠가 학교 행사에 못 오신다고 해서 화를 냈어. 직장 일을 하시느라 바쁜 아빠의 마음을 배려했어야 했어.
② 집이 가난해서 준비물을 제대로 챙겨 오지 못한 친구를 놀렸던 일이 떠올랐어. 앞으로는 상대방의 처지를 헤아리며 말해야겠어.
③ 내 물건을 가져간 친구에게 선생님께 이르겠다고 겁을 줬던 일이 떠올랐어. 그때 여러 사람에게 알리지 않았던 것을 후회하고 있어.
④ 놀아 달라는 동생에게 "그래서 넌 공부를 못 하는 거야."라고 말했던 일이 떠올랐어. 앞으로는 마음에 상처를 줄 만한 말은 삼가야겠어.
⑤ 생일 선물 살 용돈이 부족해 편지를 써서 준 친구에게 이게 뭐냐고 불만을 터뜨렸던 일이 떠올랐어. 친구의 마음을 고맙게 받아들여야 했어.

교과서 핵심 개념

2 (하)에서 짐작할 수 있는 '나'의 마음으로 알맞지 않은 것은?

① '수택'이 과거의 상처를 잊고 잘 살기를 바란다.
② '수택'과 반 아이들의 관계가 회복되지 않아 안타깝다.
③ '수택'이 보여 준 성의를 무시하는 행동을 한 것이 미안하다.
④ '수택'의 마음을 헤아리지 않고 극단적으로 행동한 자신이 부끄럽다.
⑤ 자신의 어린 시절을 돌아보며 '수택'을 배려하지 못한 것을 후회한다.

3 ㉠~㉤에 대한 설명으로 알맞지 않은 것은?

① ㉠: '수택'과 더 이상 엮이지 않으려는 의도가 담긴 '나'의 행동이다.
② ㉡: '수택'이 '나'에게 고마움을 전하는 행동이지만 '나'가 '수택'에게 화를 내는 원인이 된다.
③ ㉢: '수택' 몰래 '나'의 책상을 뒤지는 아이들의 철없는 행동이다.
④ ㉣: 아이들의 놀림 때문에 화가 난 '수택'의 심리가 드러난다.
⑤ ㉤: '나'가 '수택'을 오랫동안 기억하고 있음이 나타난다.

서술형

4 '나'가 ⓐ와 같이 행동한 이유를 〈조건〉에 맞게 쓰시오.

> **조건**
> • '나'와 '수택'의 관계에 대한 내용을 포함할 것
> • '나'가 이 행동을 통해 반 아이들에게 알리고 싶어 한 내용을 포함할 것

1~4 다음 글을 읽고, 물음에 답하시오.

가 수택이는 석간신문을 배달하는 아이였어. 머리는 자주 감지 않아서 기름이 흐르는 데다가 비듬이 덕지덕지 붙어 있었어. 손톱 밑은 새카맣고, 잠바 소맷부리는 때에 절어 번질대고 몸에서는 꼭 시궁창 냄새 같은 게 났어. 게다가 ⓐ하루에 몇 번씩 방귀를 뀌는데 냄새가 아주 지독했어. 아이들은 수택이가 가까이 오는 것도 싫어했어.

수택이는 머리를 긁적이면서 한 발 한 발 앞으로 내디뎠어. 그러고는 우리 반에서 제일 도수가 높은 안경을 쓴 아이 옆에 앉았지. ⓑ나는 그만 숨이 멎어 버리는 것 같았어. 그게 바로 나였거든.

나 그래도 나는 대놓고 싫어하는 눈치를 보일 수가 없었어. ⓒ일 학기가 끝나갈 무렵 나는 '착한 어린이 상'을 탔거든. 아이들이 투표해서 뽑아 준 거였지. 내가 그 상을 타고 싶어서 착하게 군 건 아니었어. 하지만 그 상을 탄 다음부턴 착한 어린이답게 행동하고 싶었어. 애들은 수택이를 보리 방구라고 놀리고 가까이 오는 것도 싫어했지만, 막상 짝을 바꾸겠다고 하면 나를 좋지 않게 볼 것만 같았어.

다 다른 애들은 삼삼오오 모여 앉아서 밥을 먹었어. 서로 반찬도 바꿔 먹고 말이야. 하지만 수택이는 늘 혼자였어. / 수택이는 보리밥이랑 ㉠허연 깍두기 반찬이 부끄러웠던 모양이야. 늘 뚜껑으로 도시락 한쪽을 비스듬히 가리고 밥을 먹었지. 어깨를 움츠리고 왼팔로는 보리밥이랑 깍두기 통을 가리면서 말이야.

라 수택이는 뭔가 잘못한 아이 같았지. 몰래 훔쳐 먹는 아이처럼 허연 깍두기를 제대로 씹지도 못하고 삼키는 거야. / 나는 조금 망설이다 용기를 내어 수택이 보리밥 위에 ㉡내 깍두기를 얹어 주었어. 젓가락으로 들어서 얼른 옮겨 놓고 고개를 푹 수그렸지. ⓓ수택이는 밥을 우물거리다 말고 멍하니 있었고. / 한참 그렇게 보고만 있던 수택이가 젓가락으로 깍두기를 푹 찍었어. 그러고는 깍두기 하나를 조금씩 다섯 번으로 나눠서 먹는 거야. 도시락 밑으로 흘러내린 국물까지 밥으로 싹싹 닦아 먹었지.

마 깍두기를 나눠 먹기 시작하고 얼마 안 되었을 때였어. ⓔ수택이는 어린이 신문을 한 부씩 갖다 주기 시작했어. 나는 차마 신문을 거절할 수가 없더라. 건네주는 손에 거무죽죽한 자줏빛이 돌았거든. 손등에는 여기저기

튼 자국이 있었고. 추운 날씨에 배달을 하느라고 동상에 걸렸던 모양이야.

1 '수택'에 대한 설명으로 알맞지 **않은** 것은?

① 신문을 배달하는 일을 하였다.
② 집안 사정이 넉넉하지 못하였다.
③ 심성이 착해 '착한 어린이 상'을 받았다.
④ 점심시간에 항상 혼자 밥을 먹곤 하였다.
⑤ 깨끗하지 않아 친하게 지내는 친구가 없었다.

2 (가)~(마)에 나타난 '나'의 심리 및 태도 변화에 대한 설명으로 적절한 것은?

① '수택'을 싫어했지만 차츰 '수택'과 가까워진다.
② '수택'의 더러운 모습에 놀라 '수택'을 피해 다닌다.
③ '수택'과 친했지만 싸운 이후로는 서먹하게 지낸다.
④ '수택'에게 무관심하다가 신문을 받으면서 고마운 존재로 여긴다.
⑤ '수택'을 놀리다가 동상에 걸린 '수택'의 손을 보고 잘못을 반성한다.

3 ㉠과 ㉡에 대한 설명으로 가장 적절한 것은?

① ㉠은 갈등을 유발하고, ㉡은 화해를 유도한다.
② ㉠은 '수택'이 직접 만든 것이고, ㉡은 '나'의 어머니가 만든 것이다.
③ ㉠은 아이들이 놀리는 이유이고, ㉡은 아이들에게 인정받은 이유이다.
④ ㉠은 '수택'에게 냄새 나는 원인이고, ㉡은 '나'가 '수택'을 싫어하게 된 이유이다.
⑤ ㉠은 '수택'이 창피함을 느끼는 원인이고, ㉡은 '수택'이 '나'에게 고마움을 느끼게 된 계기이다.

4 ⓐ~ⓔ에 대한 설명으로 알맞지 **않은** 것은?

① ⓐ: 아이들이 '수택'을 멀리하는 이유에 해당한다.
② ⓑ: '수택'과 짝을 하기 싫은 '나'의 마음이 드러난다.
③ ⓒ: '나'가 짝을 바꿔 달라고 하지 않은 이유이다.
④ ⓓ: '나'의 행동에 대한 '수택'의 거부감이 나타난다.
⑤ ⓔ: '나'에게 보답하고 싶은 '수택'의 마음이 드러난다.

5~9 다음 글을 읽고, 물음에 답하시오.

가 "야, 너 보리 방구랑 사귀냐? 너는 반찬 주고, 개는 신문 주고 그런다며?"

㉠소문은 삽시간에 퍼졌어. 다른 반 친구들도 곧 알게 되었지. 화장실 문에는 '구윤희♡보리 방구'라는 낙서까지 생겼어. 꼭 내 몸에서 시궁창 냄새가 나는 것만 같았어. 수택이랑 짝이 되었던 날보다도 더 힘든 시간이었어.

나 나는 더 이상 깍두기를 나눠 먹지 않았어. 신문도 수택이 서랍에 도로 넣어 버렸지. 내 몸에서 수택이 냄새가 나는 것 같으니까 착한 어린이 상은 생각도 나지 않았어. 그저 빨리 소문이 가라앉기를, ㉡겨울 방학이 시작되기를, 그래서 수택이랑 짝이 되지 않기를 바랄 뿐이었지.

다 잔뜩 속이 상해서 교실로 들어왔는데 애들 몇 명이 내 책상 가까이에 몰려 있는 거야. 수택이가 옆에 앉아 있는데도 신문을 펼쳐서 읽다가 후닥닥 접어서 넣더라. 급히 넣는 바람에 신문 한 자락이 서랍 밖으로 비죽 튀어나와 버렸지. / 나는 가만히 서서 수택이 어깨를 보았어. 어깨솔기가 터진 스웨터 틈으로 ㉢누렇게 바랜 내복이 보였지. 수택이는 어깨를 떨고 있었어. 누런 내복도, 낡고 터진 스웨터도 함께 떨렸지. 그리고 내 어깨도.

라 나는 두 손으로 있는 힘껏 신문을 구겨서 공처럼 만들었어. 그러고는 아이들 보란 듯이 신문을 ㉣난로 속에 던져 버렸단다. / 신문에는 금세 불이 붙었어. 내 가슴은 쿵쾅쿵쾅 뛰기 시작했어. 교실은 숨소리도 들릴 만큼 조용했고, 나는 난로 뚜껑을 덮고 교실 밖으로 나가 버렸지. 그리고 다시는…… 다시는 말이야, 수택이 얼굴을 똑바로 보지 못했어. / 다시 보지 못한 건 수택이 얼굴뿐이 아니었어. 바들바들 떨던 어깨도, 어깨를 축 늘어뜨린 뒷모습도 제대로 볼 수 없었어. 곧 겨울 방학이 되었고, 수택이는 방학 때 시골 친척 집으로 이사를 가 버리고 말았거든.

마 그리고 시간이 많이 흐른 지금도 이렇게 겨울 부츠 속에 ㉤신문지를 구겨 넣을 때면, 봄 신발을 꺼내 구겨 넣었던 신문지를 빼낼 때면, 나는 한참씩 수택이 생각에 잠긴단다. 수택이는 지금 어디서 어떻게 살까 궁금해지기도 하지. / 어디서 무얼 했으면 좋겠냐고? 음…… 어디서 무얼 하든…… 그날이 생각나지 않았으면…… 생각나더라도 너무 아프지 않았으면…… 그랬으면, 내 친구 수택이가 꼭 그랬으면 좋겠어.

5 이 글에 대한 설명으로 알맞지 않은 것은?

① 서술자가 지난 일을 회상하여 서술하고 있다.
② 서술자가 주인공을 관찰하여 서술하고 있다.
③ 인물의 심리와 행동을 상세히 묘사하고 있다.
④ 교실이라는 공간적 배경에서 사건이 전개되고 있다.
⑤ 자신의 행동을 반성하는 서술자의 태도가 드러나 있다.

6 〈보기〉는 이 글을 읽은 독자의 감상이다. 이를 통해 알 수 있는 작품 읽기의 가치로 알맞은 것은?

┤보기├
나도 심한 말을 해서 친구에게 상처 준 일이 있었는데, 그때 친구의 마음을 헤아리지 못한 것이 후회돼.

① 문체나 표현을 통해 아름다움을 느낄 수 있다.
② 인물의 심정을 상상하는 즐거움을 느낄 수 있다.
③ 작품에 제시된 사건에서 시대상을 파악할 수 있다.
④ 인물의 행동을 통해 작가의 삶을 이해할 수 있다.
⑤ 인물이 성장하는 모습을 통해 자신의 삶을 성찰할 수 있다.

7 '나'가 '수택'에게 편지를 썼다고 가정할 때, 그 내용으로 알맞지 않은 것은?

수택아, ①네게 상처를 주었던 일에 대해 용서를 구하고자 이렇게 편지를 써. ②네가 준 신문을 난로에 던졌던 일을 매일 후회했어. ③너와 사귀지 않는다는 것을 보여 주어야겠다는 생각밖에 못했던 것 같아. ④그 일 이후로 난 너무 미안해서 네 얼굴을 똑바로 볼 수가 없었어. ⑤네가 그 일로 충격을 받아 이사를 가서 제대로 사과를 할 수도 없었지. 이제라도 진심으로 사과하고 싶어.

8 ㉠~㉤에 대한 설명으로 적절하지 않은 것은?

① ㉠: '나'가 '수택'을 멀리하게 되는 원인이다.
② ㉡: '수택'과 단절될 수 있는 시간을 의미한다.
③ ㉢: '수택'의 어려운 가정 형편을 나타낸다.
④ ㉣: '나'와 아이들의 따뜻한 우정을 드러낸다.
⑤ ㉤: 과거의 사건을 떠오르게 하는 매개체이다.

✏️ 서술형

9 '나'가 '수택'과 사귄다는 소문이 가라앉기를 바라며 했던 행동 두 가지를 (나)를 참고하여 쓰시오.

05 홍길동전 ❶ _허균 / 김일렬 풀이

발단 가 길동이 점점 자라 여덟 살이 되자, ㉠총명하기가 보통이 넘어 하나를 들으면 백 가지를 알 정도였다. 그래서 공은 더욱 귀여워하면서도 출생이 천해, 길동이 늘 아버지니 형이니 하고 부르면 즉시 꾸짖어 그렇게 부르지 못하게 하였다. 길동이 열 살이 넘도록 감히 부형(父兄)을 부르지 못하고 종들로부터 천대받는 것을 뼈에 사무치게 한탄하면서 마음 둘 바를 몰랐다.

남자를 높여 이르던 말. 여기서는 '길동'의 아버지

나 어느 가을철 9월 보름께가 되자, ㉡달빛은 처량하게 비치고 맑은 바람은 쓸쓸히 불어와 사람의 마음을 울적하게 하였다. 그때 길동은 서당에서 글을 읽다가 문득 책상을 밀치고 탄식하기를,

"대장부가 세상에 나서 공맹(孔孟)을 본받지 못할 바에야, 차라리 병법이

공자와 맹자를 아울러 이르는 말

라도 익혀 대장인을 허리춤에 비스듬히 차고 동정서벌하여 나라에 큰 공을 세우고 이름을 만대에 빛내는 것

대장이 가지던 도장   동쪽을 정복하고 서쪽을 친다는 뜻으로, 이리저리로 여러 나라를 정벌하여

이 장부의 통쾌한 일이 아니겠는가. 나는 어찌하여 일신(一身)이 적막하고, 부형이 있는데도 아버지를 아버지라 부르지 못하고 형을 형이라 부르지 못하니 심장이 터질지라, 이 어찌 통탄할 일이 아니겠는가!"

하고, 말을 마치며 뜰에 내려와 검술을 익히고 있었다.

다 ㉢그때 마침 공이 또한 달빛을 구경하다가, 길동이 서성거리는 것을 보고 즉시 불러 물었다.

"너는 무슨 흥이 있어서 밤이 깊도록 잠을 자지 않느냐?"

길동은 공경하는 자세로 대답했다.

"소인은 마침 달빛을 즐기는 중입니다. 그런데 만물이 생겨날 때부터 오직 사람이 귀한 존재인 줄 아옵니다만, 소인에게는 귀함이 없사오니, 어찌 사람이라 하겠습니까?"

공은 그 말의 뜻을 짐작은 했지만, 일부러 책망하는 체하며,

잘못을 꾸짖거나 나무라며 못마땅하게 여기는

"네 무슨 말이냐?"

했다. 길동이 절하고 말씀드리기를,

"소인이 평생 설워하는 바는, 소인이 대감 정기를 받아 당당한 남자로 태어났고, 또 낳아 길러 주신 부모님의 은혜를 입었음에도 불구하고, 아버지를 아버지라 못 하옵고 형을 형이라 못 하오니, 어찌 사람이라 하겠습니까?"

하고, 눈물을 흘리며 적삼을 적셨다. 공이 듣고 나자 비록 불쌍하다는 생각은 들었으나, 그 마음을 위로하면 마음이 방자해질까 염려되어, 크게 꾸짖어 말했다.

어려워하거나 조심스러워하는 태도가 없이 무례하고 건방져질까

"㉣재상 집안에 천한 종의 몸에서 태어난 자식이 너뿐이 아닌데, 네가 어찌 이다지 방자하냐? 앞으로 다시 이런 말을 하면 내 눈앞에 서지도 못하게 하겠다."

이렇게 꾸짖으니 길동은 감히 한마디도 더 하지 못하고, 다만 땅에 엎드려 눈물을 흘릴 뿐이었다. 공이 물러가라 하자, 그제서야 길동은 침소로 돌아와 슬퍼해 마지않았다. 길동이 본래 재주가 뛰어나고 도량이 활달한지라, ㉤마음을 가라앉히지 못해 밤이면 잠을 이루지 못하곤 했다.

사물을 너그럽게 받아들여 처리할 수 있는 넓은 마음과 깊은 생각

갈래	고전 소설, 한글 소설, 사회 소설, 영웅 소설
성격	현실 비판적, 전기적(傳奇的) └기이하여 세상에 전할 만한
배경	조선 시대
시점	전지적 작가 시점
제재	적서 차별 제도
주제	적서 차별에 대한 저항과 입신양명에의 의지
특징	우연적, 비현실적 사건이 발생함.

콕콕 정리

◆ 이 글에 드러난 고전 소설의 특징 ①

비범한 인물	'길동'은 총명하고 뛰어난 인물임.
우연적 사건	'길동'이 자신의 처지를 한 탄하며 검술을 익힐 때 마 침 '홍 판서'가 '길동'을 봄.

◆ 이 글에 드러나는 사회·문화적 상황

• 양반과 천민이 있는 신분제 사회였다.
• 입신양명을 중시하는 유교 중심 사회였다.
• 적자와 서자에 대한 차별이 존재했다.(적서 차별 제도)
• 양반들은 본부인 외에 첩을 둘 수 있었다.

 교과서 핵심 개념

◆ '길동'이 겪는 갈등의 원인과 양상

• 갈등의 원인

서자를 차별하는 당시 사회의 신분 제도(적서 차별 제도)

↓

• 호부호형을 하지 못함.
• 세상에 나아가 자신의 이상을 펼칠 수 없음.

• 갈등 양상

내적 갈등	'길동'은 자신의 이상과 이를 막는 신분의 한계 사이에서 고민함.
외적 갈등	• 자신의 처지를 하소연하는 '길동'과 그런 길동을 꾸짖는 '홍 판서'의 갈등 • 입신양명하고 싶은 '길동'과 서자를 차별하는 신분 제도(사회)의 갈등

---

1 이 글에 드러난 당시의 사회적 상황으로 알맞지 <u>않은</u> 것은?

① 유교적 가치관을 중시하였다.
② 문관보다 무관을 우대하였다.
③ 입신양명하는 것을 가치 있게 여겼다.
④ 양반은 본처 이외에 첩을 둘 수 있었다.
⑤ 출생에 따라 계급이 정해지는 신분 제도가 존재하였다.

 교과서 핵심 개념

2 '길동'이 갈등하는 근본적인 이유로 알맞은 것은?

① 검술을 배울 수 없기 때문에
② 타고난 재능이 부족하기 때문에
③ 형을 형이라 부를 수 없기 때문에
④ 천한 종의 몸에서 태어났기 때문에
⑤ 길러 주신 부모님을 뵙지 못하기 때문에

 교과서 핵심 개념

3 (다)에서 '공'이 '길동'을 꾸짖는 이유로 가장 적절한 것은?

① '길동'의 방자한 태도를 깨우쳐 주기 위해서
② '길동'의 처지와 마음을 헤아릴 수 없기 때문에
③ '길동'이 터무니없는 말을 한다고 생각했기 때문에
④ '길동'이 자신의 출생의 비밀을 모르도록 하기 위해서
⑤ '길동'의 심정을 이해하지만 현실의 제도에 순응할 수밖에 없어서

4 ㉠~㉢에 대한 설명으로 알맞지 <u>않은</u> 것은?

① ㉠: '길동'이 비범한 인물임이 드러난다.
② ㉡: '길동'의 내적 갈등을 심화하는 소재이다.
③ ㉢: 우연적으로 사건이 전개되는 고전 소설의 특징이 드러난다.
④ ㉣: '길동'과 같은 처지의 서자들이 많았다는 것이 드러난다.
⑤ ㉤: '공'과 '길동'의 외적 갈등이 표면적으로 나타난다.

 서술형

5 (다)에서 '길동'의 신분을 알려 주는 호칭을 두 가지 찾아 쓰시오.

라 하루는 길동이 어미 침소에 가 울면서 아뢰었다.

"ⓐ소자가 모친과 더불어 전생연분이 중하여 금세에 모자가 되었으니, 그 은혜가 지극하옵니다. 그러나 소
자의 팔자가 기박하여 천한 몸이 되었으니 품은 한이 깊사옵니다. 장부가 세상에 살면서 남의 천대를 받음이
불가한지라, 소자는 자연히 설움을 억제하지 못하여 모친 슬하를 떠나려 하오니, 엎드려 바라건대 모친께서
는 소자를 염려하지 마시고 귀체를 잘 돌보십시오."

그 어미가 듣고 나서 크게 놀라 말했다.

"재상가의 천생이 ⓑ너뿐이 아닌데, 어찌 마음을 좁게 먹어 어미 간장을 태우느냐?"

길동이 대답했다. / "옛날, 장충의 아들 길산(吉山)은 천생이지만 열세 살에 그 어미와 이별하고 운봉산에 들
어가 도(道)를 닦아 아름다운 이름을 후세에 전하였습니다. 소자도 ⓒ그를 본받아 세상을 벗어나려 하오니, 모
친은 안심하고 후일을 기다리십시오. 근간에 곡산댁의 눈치를 보니 상공의 사랑을 잃을까 하여 우리 모자를 원
수같이 알고 있습니다. 큰 화를 입을까 하오니 모친께서는 소자가 나감을 염려하지 마십시오."

하니, 그 어머니 또한 슬퍼하더라. 〈중략〉

> **발단** '홍 판서'의 □□로 태어난 '길동'은 자신의 이상을 이루려 집을 떠나고자 함.

생략된 내용 ⟫ 곡산댁 '초란'은 자객을 매수하여 '길동'을 죽이려고 한다. '길동'은 자객을 죽이고 '홍 판서'에게 하직 인사를 한 후, 집을 떠
난다. '홍 판서'는 떠나는 '길동'에게 호부호형을 허락한다. '길동'은 집을 떠나 도적들의 집단인 활빈당의 우두머리가 되어 탐관오리의 재물
을 빼앗아 백성을 돕는다. 임금은 '길동'의 아버지인 '홍 판서'와 형인 '인형'을 불러 '길동'을 잡을 것을 명한다. 경상 감사로 임명된 '인형'이
'길동'에게 자수할 것을 권하는 글을 써 붙이자 '길동'은 스스로 '인형'을 찾아와 잡히고, '인형'은 '길동'을 서울로 호송한다.

위기 **마** 이때, 팔도에서 다 길동을 잡아 올리니, 조정과 서울 사람들이 어찌 된 영문인지를 아무도 몰랐다. 임금
이 놀라서 온 조정의 신하들을 모으고, 몸소 죄인을 다스리는데, 여덟 명의 길동을 잡아 올리니 그들이 서로 다
투면서 말하기를, / "네가 진짜 길동이지 나는 아니다."

하며 서로 싸우니, 어느 것이 진짜 길동인지 분간할 수가 없었다. 임금이 괴이히 여겨 즉시 홍 판서를 불러 말
했다.

"자식을 알아보는 데는 아비만 한 자가 없다 하니, 저 여덟 중에서 ⓓ경의 아들을 찾아내라."

홍 판서가 황공하여 머리를 조아리면서 아뢰었다.

"신(臣)의 천한 자식 길동은 왼편 다리에 붉은 혈점이 있사오니, 그것으로써 알 수 있을 것입니다."

또 여덟 길동을 꾸짖기를, / "지척에 임금님이 계시고 아래로 아비가 있는데, ⓔ네가 이렇듯 천고에 없는 죄
를 지었으니 죽기를 아끼지 말라."

하고 피를 토하면서 엎어져 기절을 하였다. 임금이 크게 놀라 궐내의 약국에 지시해 치료하게 하였으나, 효험
이 없었다. ㉠여덟 길동이 이를 보고 일시에 눈물을 흘리면서 주머니에서 환약 한 개씩을 내어 입에 드리우니,
홍 판서가 잠시 후 정신을 차렸다.

바 길동 등이 임금에게 아뢰었다.

"신의 아비가 나라의 은혜를 많이 입었사온데, 신이 어찌 감히 나쁜 짓을 하오리까마는, 신은 본래 천한 종의
몸에서 났는지라, 그 아비를 아비라 못 하옵고 그 형을 형이라 못 하와, 평생 한이 맺혔기에 집을 버리고 도
적의 무리에 참여하였사옵니다. 그러나 백성은 추호도 범하지 않고 각 읍 수령이 백성들을 들볶아 착취한 재

물만 빼앗았을 뿐입니다. 이제 십 년이 지나면 조선을 떠나 갈 곳이 있사오니, 엎드려 빌건대 성상께서는 근

심하지 마시고 신을 잡으라는 공문을 거두어 주십시오."

<small>살아 있는 자기 나라의 임금을 높여 이르는 말</small>

하고, ⓛ말을 마치며 여덟 명이 한꺼번에 넘어지므로, 자세히 보니 다 풀로 만든 허수아비였다. 임금이 더욱

놀라며 진짜 길동을 잡으라는 공문을 다시 팔도에 내렸다.

콕콕 정리

◆ '길동'이 집을 떠나려는 이유
• 천한 신분 때문에 자신의 능력을 발휘하지 못하는 상황에서 벗어나기 위해서
• 길산을 본받아 이름을 널리 알리기 위해서
• 곡산댁에게 화를 입을까 봐 걱정이 되어서

◆ 인물의 현실 대응 태도

'길동'	적서 차별 때문에 자신의 이상을 이룰 수 없음을 한탄하며 부조리한 사회 현실을 바꾸고자 집을 떠나려 함. → 현실 비판적, 적극적, 진취적
'공(홍 판서)', '길동의 어미'	'길동'이 사회 제도에 순응하며 살기를 바람. → 현실 순응적, 소극적, 수동적

◆ 이 글에 드러난 고전 소설의 특징 ②

비현실적 사건	• 여덟 '길동'이 잡혀 와 서로 자신이 '길동'이 아니라 함. • 여덟 '길동'이 모두 허수아비로 변함.

이러한 비현실적 사건 전개는 고전 소설의 전기(傳奇)성을 드러내고, '길동'의 비범한 능력을 강조한다.

1 (라)에서 사회 제도에 대한 인물의 태도를 바르게 연결한 것은?

	'길동'	'길동의 어미'		'길동'	'길동의 어미'
①	현실 도피적	현실 순응적	②	현실 타협적	현실 도피적
③	현실 타협적	현실 비판적	④	현실 비판적	현실 순응적
⑤	현실 비판적	현실 도피적			

2 (라)에서 '길동'이 집을 떠나려는 이유로 알맞지 않은 것은?

① 상공의 지극한 사랑을 잃지 않기 위해서
② 천한 신분으로 태어나 맺힌 한이 깊어서
③ 곡산댁에게서 큰 화를 당할까 걱정이 되어서
④ 자신을 천대하는 사회 제도에 저항하기 위해서
⑤ 길산을 본받아 세상에 이름을 널리 알리기 위해서

3 (마)~(바)에서 알 수 있는 '길동'의 가치관으로 적절한 것은?

① 불교적 세계관을 지니고 있다.
② 유교적 충효 사상을 지니고 있다.
③ 개인의 문제를 운명에 맡기고 있다.
④ 높은 벼슬보다 값비싼 재물을 중시하고 있다.
⑤ 가문의 안위보다 개인의 출세를 우선시하고 있다.

4 ⓐ과 ⓛ에 공통적으로 드러난 고전 소설의 특징을 바르게 짝지은 것은?

ㄱ. 일대기적 구성에 따라 서술된다.
ㄴ. 인물의 비범한 면모가 드러난다.
ㄷ. 인물이 행복한 결말을 맞게 된다.
ㄹ. 현실적으로 일어나기 어려운 사건이 발생한다.

① ㄱ, ㄴ   ② ㄱ, ㄹ   ③ ㄴ, ㄷ   ④ ㄴ, ㄹ   ⑤ ㄷ, ㄹ

5 ⓐ~ⓔ 중, 가리키는 대상이 다른 하나는?

① ⓐ   ② ⓑ   ③ ⓒ   ④ ⓓ   ⑤ ⓔ

사 길동이 허수아비를 없애고 두루 다니다가 사대문에 글을 써 붙였는데, 그 글에다.

"소신 길동은 아무리 하여도 잡지 못할 것이오니, 병조 판서 벼슬을 내리시면 잡히겠습니다."
_{조선 시대에 둔, 병조의 으뜸 벼슬. 군사와 국방에 관한 일을 총괄하였다.}
고 하였다. 임금이 그 글을 보고 신하들을 모아 의논하니, 여러 신하들이 말했다.

"이제 그 도적을 잡으려 하다가 잡지 못하고 도리어 병조 판서를 제수하심은 이웃 나라에도 창피스러운 일입
_{추천의 절차를 밟지 않고 임금이 직접 벼슬을 내리심}
니다."

임금이 옳다고 여기고 다만 경상 감사에게 길동 잡기를 재촉하니, 경상 감사가 왕명을 받고는 황공하고 죄송
하여 어쩔 줄을 몰랐다.

아 하루는 길동이 공중으로부터 내려와 절하고 말했다.

"제가 지금은 진짜 길동이오니, 형님께서는 아무 염려 마시고 결박하여 서울로 보내십시오."

감사가 이 말을 듣고는 손을 잡고 눈물을 흘리면서 말했다.

"이 철없는 아이야. 너도 나와 동기인데 부형의 가르침을 듣지 않고 온 나라를 떠들썩하게 하니, 어찌 애달프
_{형제와 자매, 남매를 통틀어 이르는 말}
지 않으랴. 네가 이제 진짜 몸이 와서 나를 보고 잡혀가기를 자원하니 도리어 기특한 아이로다."

하고, 급히 길동의 왼쪽 다리를 보니, 과연 혈점이 있었다. 즉시 팔다리를 단단히 묶어 죄인 호송용 수레에 태
운 뒤, 건장한 장교 수십 명을 뽑아 철통같이 싸고 풍우같이 몰아가도, 길동의 안색은 조금도 변치 않았다. 여
러 날 만에 서울에 다다랐으나, 대궐 문에 이르러 길동이 한 번 몸을 움직이자, 쇠사슬이 끊어지고 수레가 깨
어져, 마치 매미가 허물 벗듯 공중으로 올라가며, 나는 듯이 운무에 묻혀 가 버렸다. 장교와 모든 군사가 어이
_{구름과 안개를 아울러 이르는 말}
없어 다만 공중만 바라보며 넋을 잃을 따름이었다. 어쩔 수 없이 이 사실을 보고하니, 임금이 듣고,

"천고에 이런 일이 어디 있으랴?" / 하며, 크게 근심을 했다. 이에 여러 신하 중 한 사람이 아뢰기를,

"길동의 소원이 병조 판서를 한번 지내면 조선을 떠나겠다는 것이라 하오니, 한번 제 소원을 풀면 저 스스로
은혜에 감사하오리니, 그때를 타 잡는 것이 좋을까 하옵니다."

고 했다. 임금이 옳다 여겨 즉시 길동에게 병조 판서를 제수하고 사대문에 글을 써 붙였다.

자 그때 길동이 이 말을 듣고 즉시 고관의 복장인 사모관대에 서띠를 띠고 덩그런 수레에 의젓하게 높이 앉
_{예전에 벼슬아치들이 쓰던 모자와 입던 관복   조선 시대에 일품의 벼슬아치가 허리에 두르던 띠}
아 큰길로 버젓이 들어오면서 말하기를, / "이제 홍 판서 사은하러 온다."
_{받은 은혜를 감사히 여겨 사례하러}
고 했다. 병조의 하급 관리들이 맞이해 궐내에 들어간 뒤, 여러 관원들이 의논하기를,

"길동이 오늘 사은하고 나올 것이니 도끼와 칼을 쓰는 군사를 매복시켰다가 나오거든 일시에 쳐 죽이도록 하
자."

하고 약속을 하였다. 길동이 궐내에 들어가 엄숙히 절하고 아뢰기를,

[A]
"소신의 죄악이 지중하온데, 도리어 은혜를 입사와 ㉠평생의 한을 풀고 돌아가면서 전하와 영원히 작별
_{더할 수 없이 무거운데}
하오니, 부디 만수무강하소서." / 하고, 말을 마치며 몸을 공중에 솟구쳐 구름에 싸여 가니, 그 가는 곳을
알 수가 없었다. 임금이 보고 도리어 감탄을 하기를,

"길동의 신기한 재주는 고금(古今)에 드문 일이로다. 제가 지금 조선을 떠나노라 하였으니, 다시는 폐 끼칠
일이 없을 것이요, 비록 수상하기는 하나 일단 대장부다운 통쾌한 마음을 가졌으니 염려 없을 것이로다."

하고, 팔도에 사면의 글을 내려 길동 잡는 일을 그만두었다.

> **위기** 조정과 갈등하던 '길동'은 병조 판서를 제수받은 후 ☐☐을 떠남.

콕콕 정리

교과서 핵심 개념

◆ '길동'의 갈등 해결 과정

갈등의 원인
'길동'은 적서 차별 제도 때문에 입신양명할 기회를 얻지 못함.

↓

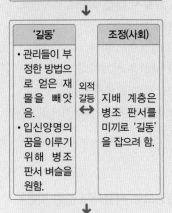

'길동'	조정(사회)
• 관리들이 부정한 방법으로 얻은 재물을 빼앗음. • 입신양명의 꿈을 이루기 위해 병조 판서 벼슬을 원함.	외적 갈등 ↔	지배 계층은 병조 판서를 미끼로 '길동'을 잡으려 함.

↓

갈등 해결
'길동'이 병조 판서에 제수된 후 조선을 떠남.

교과서 핵심 개념

◆ (자)와 같은 갈등 해결의 한계

'길동'은 병조 판서 벼슬을 받음으로써 입신양명이라는 자신의 개인적인 이상을 이루었다. 그러나 신분 제도에 의한 차별이라는 당시 사회의 근본적인 문제가 해결되지 않았기 때문에 조선을 떠나는 것으로 갈등이 마무리되고 있다.

교과서 핵심 개념

1 (사)~(자)에 드러난 갈등 양상으로 알맞은 것은?

① '길동'을 잡으려 하는 지배 계층과 벼슬을 받으려는 '길동'의 갈등
② '길동'에게 벼슬을 내릴지 벌을 내릴지 고민하는 '임금'의 내적 갈등
③ 동기인 '길동'을 잡아야 할지 말지 망설이는 '경상 감사'의 내적 갈등
④ '길동'을 잡으려 하는 신하들과 '길동'에게 벼슬을 주려는 '임금'의 갈등
⑤ 사회 제도를 변화시키려는 지배 계층과 사회 제도를 유지하려는 '길동'의 갈등

2 ㉠의 의미로 가장 적절한 것은?

① 자신을 만나 주지 않는 '임금'에 대한 원망
② 조선을 떠나 나라를 세우고자 했던 뜻의 좌절
③ 천한 신분으로 인해 입신양명하지 못한 서러움
④ 가족과 함께 살지 못하는 데에서 오는 안타까움
⑤ 자신의 능력을 인정해 주지 않는 어머니에 대한 실망감

교과서 핵심 개념

3 [A]에 대한 반응으로 알맞은 것은?

① 무력을 통한 이상의 실현은 무의미하구나.
② 자신의 한계를 인정하고 포기함으로써 갈등을 해결하였어.
③ 현실에 안주하기보다는 새로운 일에 도전하는 자세가 중요해.
④ 사회 제도를 개혁하기 위해서는 여러 사람의 노력이 필요하구나.
⑤ 개인적인 문제만 해결되었을 뿐 근본적인 사회 문제는 해결되지 않았어.

서술형

4 '길동'이 병조 판서 벼슬을 소원하는 이유를 〈조건〉에 맞게 한 문장으로 쓰시오.

조건
• '길동'이 갈등하는 근본 원인을 포함할 것
• '길동'이 성취하고 싶어 한 꿈을 포함할 것

1~4 다음 글을 읽고, 물음에 답하시오.

가 어느 가을철 9월 보름께가 되자, ㉠달빛은 처량하게 비치고 맑은 바람은 쓸쓸히 불어와 사람의 마음을 울적하게 하였다. 그때 길동은 서당에서 글을 읽다가 문득 책상을 밀치고 탄식하기를,

"대장부가 세상에 나서 공맹(孔孟)을 본받지 못할 바에야, 차라리 병법이라도 익혀 대장인을 허리춤에 비스듬히 차고 동정서벌하여 ㉡나라에 큰 공을 세우고 이름을 만대에 빛내는 것이 장부의 통쾌한 일이 아니겠는가. 나는 어찌하여 일신(一身)이 적막하고, 부형이 있는데도 아버지를 아버지라 부르지 못하고 형을 형이라 부르지 못하니 심장이 터질지라, 이 어찌 통탄할 일이 아니겠는가!"

하고, 말을 마치며 뜰에 내려와 검술을 익히고 있었다.

나 공은 그 말의 뜻을 짐작은 했지만, 일부러 책망하는 체하며, / "네 무슨 말이냐?"

했다. 길동이 절하고 말씀드리기를,

"소인이 평생 설워하는 바는, 소인이 대감 정기를 받아 당당한 남자로 태어났고, 또 낳아 길러 주신 부모님의 은혜를 입었음에도 불구하고, ㉢아버지를 아버지라 못하옵고 형을 형이라 못 하오니, 어찌 사람이라 하겠습니까?" / 하고, 눈물을 흘리며 적삼을 적셨다. 공이 듣고 나자 비록 불쌍하다는 생각은 들었으나, 그 마음을 위로하면 마음이 방자해질까 염려되어, 크게 꾸짖어 말했다.

"재상 집안의 천한 종의 몸에서 태어난 자식이 너뿐이 아닌데, 네가 어찌 이다지도 방자하냐? 앞으로 다시 이런 말을 하면 내 눈앞에 서지도 못하게 하겠다."

다 그 어미가 듣고 나서 크게 놀라 말했다.

"㉣재상가의 천생이 너뿐이 아닌데, 어찌 마음을 좁게 먹어 어미 간장을 태우느냐?"

길동이 대답했다.

"옛날, 장충의 아들 길산(吉山)은 천생이지만 열세 살에 그 어미와 이별하고 운봉산에 들어가 도(道)를 닦아 아름다운 이름을 후세에 전하였습니다. ㉤소자도 그를 본받아 세상을 벗어나려 하오니, 모친은 안심하고 후일을 기다리십시오. 근간에 곡산댁의 눈치를 보니 상공의 사랑을 잃을까 하여 우리 모자를 원수같이 알고 있습니다. 큰 화를 입을까 하오니 모친께서는 소자

가 나감을 염려하지 마십시오."

하니, 그 어머니 또한 슬퍼하더라.

1 이 글에 대한 설명으로 알맞지 **않은** 것은?

① 사회 비판적인 성격이 드러난다.
② 조선 시대를 시대적 배경으로 한다.
③ 시간의 흐름에 따라 사건을 전개한다.
④ 비현실적 사건을 해학적으로 묘사한다.
⑤ 서술자가 인물의 행동과 심리를 직접적으로 서술한다.

2 이 글의 인물에 대한 설명으로 적절하지 **못한** 것은?

① '공'은 자식에게 연민을 느끼는 인물이다.
② '길동의 어미'는 사회 질서에 순응하는 인물이다.
③ '공'은 부당한 사회 제도를 인정하는 수동적 인물이다.
④ '길동'은 자신이 겪는 갈등의 원인에 적극적으로 대응하는 인물이다.
⑤ '길동의 어미'는 '길동'의 성공을 위해 출가를 지지하고 권하는 인물이다.

3 ㉠~㉤에 대한 설명으로 알맞지 **않은** 것은?

① ㉠: '길동'의 내적 갈등을 심화하는 자연물이다.
② ㉡: 입신양명을 중시하는 당대 사회상이 드러난다.
③ ㉢: '길동'이 서자이기에 겪는 차별 중 하나이다.
④ ㉣: 당시에 서자가 많았음을 알 수 있다.
⑤ ㉤: 속세를 떠나 자연 속에 살겠다는 의미이다.

✏️ 서술형

4 이 글을 참고하여 ⓐ와 ⓑ에 들어갈 알맞은 호칭을 쓰시오.

> "내가 너의 품은 한은 짐작하겠으니, 오늘부터는 아버지를 아버지라 부르고 형을 형이라 불러도 좋다."
> 길동이 절하고 아뢰었다.
> "ⓐ 의 한 가닥 지극한 한(恨)을 ⓑ 께서 풀어 주시니 죽어도 한이 없습니다. 엎드려 바라옵건대, ⓑ 께서는 만수무강하십시오."

5~8 다음 글을 읽고, 물음에 답하시오.

가 "신의 아비가 나라의 은혜를 많이 입었사온데, 신이 어찌 감히 나쁜 짓을 하오리까마는, ㉠신은 본래 천한 종의 몸에서 났는지라, 그 아비를 아비라 못 하옵고 그 형을 형이라 못 하와, 평생 한이 맺혔기에 집을 버리고 도적의 무리에 참여하였사옵니다. 그러나 백성은 추호도 범하지 않고 각 읍 수령이 백성들을 들볶아 착취한 재물만 빼앗았을 뿐입니다. 이제 십 년이 지나면 조선을 떠나 갈 곳이 있사오니, 엎드려 빌건대 성상께서는 근심하지 마시고 신을 잡으라는 공문을 거두어 주십시오."

하고, ㉡말을 마치며 여덟 명이 한꺼번에 넘어지므로, 자세히 보니 다 풀로 만든 허수아비였다. 임금이 더욱 놀라며 진짜 길동을 잡으라는 공문을 다시 팔도에 내렸다.

나 길동이 허수아비를 없애고 두루 다니다가 사대문에 글을 써 붙였는데, 그 글에다,

㉢"소신 길동은 아무리 하여도 잡지 못할 것이오니, 병조 판서 벼슬을 내리시면 잡히겠습니다."

고 하였다. 임금이 그 글을 보고 신하들을 모아 의논하니, 여러 신하들이 말했다.

"이제 그 도적을 잡으려 하다가 잡지 못하고 도리어 병조 판서를 제수하심은 이웃 나라에도 창피스러운 일입니다."

다 ㉣그때 길동이 이 말을 듣고 즉시 고관의 복장인 사모관대에 서띠를 띠고 덩그런 수레에 의젓하게 높이 앉아 큰길로 버젓이 들어오면서 말하기를,

"이제 홍 판서 사은하러 온다."

고 했다. 병조의 하급 관리들이 맞이해 궐내에 들어간 뒤, 여러 관원들이 의논하기를,

"길동이 오늘 사은하고 나올 것이니 도끼와 칼을 쓰는 군사를 매복시켰다가 나오거든 일시에 쳐 죽이도록 하자."

하고 약속을 하였다. 길동이 궐내에 들어가 엄숙히 절하고 아뢰기를,

"소신의 죄악이 지중하온데, 도리어 은혜를 입사와 평생의 한을 풀고 돌아가면서 전하와 영원히 작별하오니, 부디 만수무강하소서."

하고, ㉤말을 마치며 몸을 공중에 솟구쳐 구름에 싸여 가니, 그 가는 곳을 알 수가 없었다.

5 이 글에서 알 수 있는 시대적 상황으로 적절하지 않은 것은?
① 임금에 대한 충성을 중시하였다.
② 임금이 나라를 다스리는 세상이었다.
③ 조선을 팔도로 나누어 다스리고 있었다.
④ 도둑들 때문에 백성의 삶이 고통스러웠다.
⑤ 수령들이 부정한 방법으로 재물을 착취했다.

6 이 글에 나타난 갈등을 〈보기〉와 같이 나타낼 때, 갈등의 근본적인 원인으로 가장 적절한 것은?

┌ 보기 ┐

'길동' ⟷ 사회
                갈등
└─────────────────────────────┘

① 남성 중심 사회의 모순
② 신분 제도에서 생긴 차별
③ 효를 강요하는 사회적 분위기
④ 부패한 관리들에 의한 백성들의 고통
⑤ 임금의 잘못된 정치에 따른 국가의 혼란

7 '길동'에 대한 평가로 적절하지 않은 것은?
① 도술을 부릴 정도로 비범한 능력을 지녔군.
② 불합리한 신분 제도를 극복하려는 의지가 대단하였군.
③ 현실에 순응하지 않고 자신의 삶을 바꾸기 위해 노력하였군.
④ 병조 판서를 제수받고는 조정의 편에 서서 줏대 없이 행동하였군.
⑤ 사회 제도를 바꾸지 못하였으니 근본적인 문제는 해결하지 못하였군.

8 ㉠~㉤에 대한 설명으로 적절한 것은?
① ㉠: '길동'의 아버지가 지닌 신분을 짐작하게 한다.
② ㉡: 우연적으로 사건이 전개되는 고전 소설의 특징이 나타난다.
③ ㉢: 입신양명에 대한 '길동'의 바람이 드러난다.
④ ㉣: 새로운 세계로 떠날 준비를 한 '길동'의 모습이 드러난다.
⑤ ㉤: 전기적(傳奇的) 요소를 활용하여 권선징악이라는 주제를 표현한다.

Ⅱ. 산문 문학

2 극

1 극 문학

(1) 극 문학의 개념

무대 상연, 영화나 드라마 상영을 목적으로 하는 문학으로, 희곡, 시나리오 등이 있다.

(2) 극 문학의 특징

- 허구의 문학: 작가의 상상력을 바탕으로 꾸며 쓴 글이다.
- 대사와 행동의 문학: 등장인물의 대사와 행동을 통해 사건이 전개된다.
- 갈등과 대립의 문학: 등장인물이 만들어 내는 극적 대립과 갈등을 다룬다.
- 현재 진행형의 문학: 사건을 눈앞에서 벌어지는 것처럼 현재화하여 보여 준다.

더 알아 두기

◆ 상연과 상영

상연	연극 등을 무대에서 하여 관객에게 보이는 일
상영	극장 등에서 영화를 영사(映寫)하여 공개하는 일

교과서 핵심 개념

2 극 문학의 갈등

(1) 극 문학에서의 갈등

등장인물 사이에서 일어나는 대립과 충돌 또는 등장인물과 환경 사이의 모순과 대립 등을 말한다.

(2) 구성 단계에 따른 갈등 전개 과정

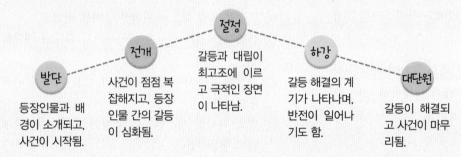

절정
갈등과 대립이 최고조에 이르고 극적인 장면이 나타남.

전개
사건이 점점 복잡해지고, 등장인물 간의 갈등이 심화됨.

발단
등장인물과 배경이 소개되고, 사건이 시작됨.

하강
갈등 해결의 계기가 나타나며, 반전이 일어나기도 함.

대단원
갈등이 해결되고 사건이 마무리됨.

3 희곡

(1) 희곡의 개념

희곡은 연극을 무대에서 상연하기 위해 쓴 대본을 이르는 말이다.

(2) 희곡의 구성 단위

막	여러 개의 장이 모여 이루는 단위로, 무대의 막(무대 앞을 가리는 천)이 오르고 내리는 사이의 단위
장	막의 하위 단위로, 무대 장면이 변하지 않고 이루어지는 사건의 한 토막

꼼꼼 확인 문제

1 극 문학은 과거에 벌어진 이야기를 들려주는 방식으로 사건을 제시한다. (○ , ×)

2 극의 구성 단계 중 갈등 해결의 실마리가 나타나고, 사건의 전환이 일어나는 단계는 □□이다.

3 희곡에서 여러 개의 장이 모여 이루는 단위를 □(이)라고 한다.

(3) 희곡의 구성 요소

해설	희곡의 첫머리에서 등장인물, 때와 장소 등을 설명하는 부분
대사	등장인물이 하는 말
지시문(지문)	등장인물의 동작, 표정, 말투 등을 지시하고, 조명이나 무대 장치, 음향 효과 등을 나타내는 부분

❶ 등장인물: 형, 아우, 측량 기사, 조수들, 사람들
장소: 들판

무대 뒤쪽에 들판의 풍경을 그린 커다란 걸개그림이 걸려 있다. 샛노란 민들레꽃, 빨간 양철 지붕의 집, 한가롭게 풀을 뜯는 젖소들이 동화책의 아름다운 그림을 연상시킨다.
❷ 막이 오른다. 형과 아우, 들판에서 그림을 그리고 있다. 형은 오른쪽에서, 아우는 왼쪽에서 수채화를 그린다. 둘 다 즐거운 표정으로, 휘파람을 불거나 노래를 부른다. 형, 아우에게 다가가서 그림을 바라본다.

아우: (형의 그림이 있는 곳으로 와서 감탄한다.) ❸형님 그림이 훨씬 멋있어요!
형: (기뻐하며) 오, 그래?

– 이강백, 「들판에서」

❶ 해설: 작품의 처음 부분에서 등장인물, 장소 등을 설명함.

❷ 지시문(지문): 등장 인물의 행동, 말투 등을 지시하거나 무대 장치, 분위기 등의 필요한 효과를 나타냄.

❸ 대사: 등장인물이 하는 말로, 극을 이끌어 가는 데 중요한 역할을 함.

4 희곡, 시나리오, 소설의 비교

	희곡	시나리오	소설
개념	무대 상연을 목적으로 쓴 연극의 대본	영화나 드라마 상영을 목적으로 쓴 대본	현실에 있음 직한 일을 작가가 상상력을 발휘하여 쓴 허구의 이야기
구성 단위	막, 장	장면(Scene)	없음.
등장인물	무대에 오를 수 있는 등장인물의 수에 제약이 많음.	등장인물의 수에 제약이 적음.	등장인물의 수에 제약이 없음.
장면의 전환	시간과 공간의 제약이 많아 장면의 전환이 자유롭지 않음.	시간과 공간의 제약이 적어 장면의 전환이 자유로움.	시간과 공간의 제약이 없어 장면의 전환이 매우 자유로움.
표현 방식	주로 대사와 지시문으로 표현됨.		묘사, 서술, 대화 등 다양한 방법으로 표현됨.
서술자	없음.		있음.
구성 단계	일반적으로 '발단 – 전개 – 절정 – 하강 – 대단원'로 구성됨.		일반적으로 '발단 – 전개 – 위기 – 절정 – 결말'로 구성됨.
공통점	• 작가가 꾸며 낸 허구의 이야기로 갈등과 대립의 문학임. • 인물, 사건, 배경으로 구성됨.		

더 알아 두기

◆ 대사의 종류

대화	등장인물끼리 주고받는 말
독백	등장인물이 상대방 없이 혼자 하는 말
방백	관객에게는 들리지만 무대 위의 다른 등장인물에게는 들리지 않는 것으로 약속하고 하는 말

◆ 지시문의 종류

무대 지시문	사건이 일어나는 시간이나 장소, 무대 장치, 의상, 분위기, 효과 등을 지시함.
동작 지시문	등장인물의 등장과 퇴장, 동작이나 표정, 이동 등을 지시함.

꼼꼼 확인 문제

4 등장인물의 동작, 표정, 말투를 지시하고, 음향 효과 등을 나타내는 부분을 대사라고 한다.
(○ , ×)

5 영화나 드라마 상영을 위해 쓴 대본을 □□□□(이)라고 한다.

6 시나리오는 희곡에 비해 등장인물 수에 제약이 많다.
(○ , ×)

토끼와 자라 _엄인희

갈래	희곡	성격	교훈적, 해학적
제재	'용왕'의 병과 '토끼'의 간		
주제	'용왕'의 헛된 욕망과 '토끼'의 지혜		
특징	• 고전 소설을 희곡으로 각색하고 현대적 감각으로 재구성함. • 인간을 동물에 빗대어 인간 사회를 풍자하고 교훈을 전달함.		

발단

가 등장인물: 토끼, 자라, 용왕, 문어, 뱀장어, 전기뱀장어, 고등어, 꼴뚜기, 도루묵

장소: 바닷속 궁궐(용궁), 산속 ▶ 등장인물과 장소 소개

나 제1장

(바닷속 궁궐)

용왕이 있는 용궁이 무대이다. / 용궁은 온갖 해초들이 넘실대는 화려한 궁전이다.

가운데 용왕의 의자가 놓여 있다.

막이 오르면 시름시름 앓고 있는 용왕이 의자에 앉아 있다.

양옆으로 신하들이 늘어서 있다. / 신하들은 용왕의 부름을 받고 분부를 기다리는 중이다.

용왕: (야단치며) 내가 물속에 사는 온갖 약초를 다 먹어 보았지만, 아직도 아프질 않느냐!

고등어: 황공하오이다, 마마. / **용왕:** 그놈의 황공 소리도 듣기 싫다.

문어: (머리를 조아리며) 황공무지로소이다, 마마.

<small>위엄이나 지위 따위에 눌리어 두려워서 몸 둘 데가 없음.</small>

용왕: 듣기 싫어! 황공이고 무지고 그런 소리 말고 내 병이 깔끔히 나을 묘수를 말하란

<small>묘한 기술이나 수</small>

말이다. / **꼴뚜기:** 폐하! 약초보다는 어패류가 나은 줄 아뢰오.

용왕: 어패류가 무엇을 말하는고? 신약이 나왔단 말이냐?

문어: 어패류란 물고기나 조개 종류를 말하는 것인 줄 아뢰오.

용왕: 물고기…… 너희를 먹으라고?

용왕 놀란다. / 용왕 구역질을 한다. / 신하들은 깜짝 놀라 꼴뚜기를 두드려 팬다.

▶ 자신의 병을 낫게 할 묘수를 말하라고 다치는 '용왕'과 어패류를 약으로 추천한 '꼴뚜기'

다 **뱀장어:** 어물전 망신은 꼴뚜기가 시킨다더니, 아예 용궁 망신까지 시키는구나.

누굴 먹어?

꼴뚜기: (분해서) 폐하! 예로부터 뱀장어가 몸에 좋고 기력이 살아난다는 명약으로 알

<small>효험이 좋아 이름난 약</small>

려졌다고 합니다.

뱀장어: (당황해서) 폐하! 죄송스러우나 지난 여섯 달간 다이어트를 하고 있어서 약 될

것이 없는 줄 아뢰오. 차라리 제 사촌 전기뱀장어가 어떨는지요.

▶ '용왕'에게 약으로 서로를 추천하며 대립하는 신하들

> **생략된 내용 >>>** 신하들은 '용왕'에게 잡아먹힐까 봐 자신을 먹으면 안 되는 이유를 들기에 바쁘다. 그러던 중 '자라'가 '토끼'의 간을 먹어야 한다고 말하고, 직접 육지로 올라가 '토끼'를 설득하여 용궁으로 데려온다.

지문 체크 ✓

1 이 작품은 인간을 동물에 빗대어 인간 사회의 모습을 풍자하고 있다. (○, ×)

2 이 작품에서 주요 사건이 일어나게 되는 계기는 용왕의 □□이다.

3 (다)에서는 '용왕'과 '용왕'의 의견에 반대하는 신하들의 갈등이 두드러지게 나타난다. (○, ×)

이 희곡의 특징

• 막 없이 장으로 구성됨.
• 희곡의 특성상 배경이 용궁과 산속 두 장소로 제한됨.
• 의인화된 동물들이 등장함.
• 고전 소설을 현대 희곡으로 각색함.

1 이 글에 대한 설명으로 알맞지 **않은** 것은?

① 막의 구분 없이 장으로 구성된다.
② 고전 소설을 희곡으로 각색하였다.
③ 의인화한 동물을 등장시켜 작품의 주제를 형상화한다.
④ 다양한 장소를 배경으로 삼아 자유롭게 장면이 전환된다.
⑤ 다이어트, 전기뱀장어 등의 소재를 사용하여 해학성을 드러낸다.

절정

라 토끼: (용왕을 본다.) 어어…… 저 생선은 처음 보는데…… 근데 싱싱하지가 않아서 회로는 못 먹고 매운탕으로 먹겠다.

용왕: (부르르 떨며 화를 낸다.) 어서 저 고얀 놈 배를 갈라라. 냉큼 간을 가져오지 못할까!

신하들이 토끼를 향해 달려든다. / 토끼, 피한다.

토끼: 잠깐! 잠깐! 내가 잘못 들었나? (정중하게) 방금 간이라고 하셨습니까?

자라: 토끼님, 미안하오. 용왕께 명약으로 바치려고 당신을 데려온 것이오.

토끼: 내 간을 약으로 바치려고요?

신하들: 그렇다.

문어, 잽싸게 달려들어 다리로 토끼를 감싸 쥔다.

전기뱀장어는 토끼 옆을 스친다.

토끼는 전기가 올라 소스라친다.   ▶ 자신의 간을 '용왕'의 약으로 쓰려 한다는 사실을 뒤늦게 알게 된 '토끼'

마 토끼: (침착함을 잃지 않고, 과장해서) 아하하, 안타깝다. 오호통재라. 토끼 간이
'아, 비통하다'라는 뜻으로, 슬플 때나 탄식할 때 하는 말
산속 짐승한테만 명약인 줄 알았더니, 이런 생선들한테도 쓸모가 있더란 말이냐? 그래서 우리 조상들은 간을 대여섯 개씩 물려받았구나. 좋다. 주지, 줘. 간을 줘서 생명을 살린다면 아까울 것이 없지.

고등어: 과연 듣던 대로 판단력이 빠른 총명한 토끼로고……

토끼: (고등어한테) 얘, 너 배를 좍 갈라서 소금 쫙쫙 뿌려서 고등어자반 만들기 전에
소금에 절인 고등어를 토막 쳐서 굽거나 쪄 만든 반찬
입 다물어. 까불고 있어. 용왕마마! 다만 한 가지 안타까운 말씀을 드려야겠나이다.

용왕: 뭐냐? 얼른 칼을 가져다 배를 쭉 갈라 보자.

토끼: 예로부터 토끼들은 간이 배 밖으로 나왔습니다. 호랑이, 여우, 늑대, 표범, 살쾡이, 독수리한테 쫓기다 보니 간을 배 속에 넣고는 살아갈 수가 없거든요. 산속 깊은 골짜기에다 차곡차곡 재어 놓고 다니다 밤에만 배 안에 집어넣고 살고 있다고 합니다……가 아니라, 살고 있습니다.

용왕: 그거 큰일이다. / 뱀장어: 저놈 말을 믿지 마세요, 폐하!

도루묵: 먼저 저놈 배를 갈라 보고, 간이 없으면 다시 토끼를 잡아 오면 어떨지요.

토끼: (엄살을 떤다.) 아이고, 나 죽네. 그 아까운 간을, 그 용하다는 명약을 심심산골에
깊고 깊은 산골
숨겨 두고 아까운 목숨만 사라지네.   ▶ 위기 상황을 모면하기 위해 간이 산속에 있다는 꾀를 낸 '토끼'

바 자라: 폐하! 다시 육지로 나가 토끼 간을 받아오겠나이다. 산속 짐승이나 물속 짐승이나 모두 하나뿐인 생명입니다. 힘이 들더라도 한 번 더 다녀오겠습니다.

용왕: 그래라, 그래. 간도 없는 놈을 죽여 무엇하겠느냐. 털가죽도 뒤집어쓰는 걸 보니, 간 아니라 심장도 밖에다 내놓고 다닐 놈이로다. 얼른 서둘러 다녀오너라.

자라: 다녀오겠습니다, 폐하!

뱀장어: (칼을 휘두르며 쫓아온다.) 속지 마십시오, 폐하! 이놈 간 내놔! 간 내놔!
▶ '용왕'을 속이고 탈출하게 된 '토끼'

지문 체크 ✓

4 '자라'는 '토끼'의 ☐을/를 빼앗기 위해 '토끼'를 속여 용궁으로 데려왔다.

5 '☐☐☐'은/는 '토끼'의 거짓말을 믿지 않고, 끝까지 '토끼'의 탈출을 막으려고 한다.

6 '자라'는 '토끼'를 속였다는 죄책감에서 벗어나기 위해 '토끼의' 거짓말을 눈감아 준다. (○ , ×)

절정에 나타난 갈등 양상

'토끼'의 간을 약으로 쓰려는 '용왕'	↔	살아남으려고 '용왕'을 속이는 '토끼'
'토끼'가 거짓을 말한다고 주장하는 신하들	↔	지혜를 발휘하여 위기에서 벗어나려는 '토끼'

2 (라)~(바)에 대한 설명으로 알맞은 것은?

① '토끼'와 '자라'의 갈등이 시작됨.

② '용왕'과 신하들의 갈등이 심화됨.

③ '용왕'과 '토끼', '토끼'와 신하들의 갈등이 최고조에 이름.

④ '토끼'가 '용왕'을 속이고 육지로 올라가면서 사건이 반전됨.

⑤ '자라'가 '토끼'를 다시 산으로 데려가면서 새로운 갈등이 암시됨.

01 수일이와 수일이 ① _김우경 원작 / 광대 각색

핵심 콕콕 • '수일'과 '엄마'의 갈등 양상 파악하기
• 대사와 행동을 중심으로 등장인물의 특징 파악하기

해설 가 등장인물

수일 중학교 1학년 남자아이. 취미는 컴퓨터 게임, 장래 희망은 축구 선수

수진 초등학교 5학년. 수일이의 여동생

엄마 수일이와 수진이의 엄마

아빠 수일이와 수진이의 아빠

가짜 수일 수일이와 겉모습이 똑같은 가짜 수일

장소 수일이네 집 거실, 부엌, 수일이 방 등

갈래	희곡
성격	비현실적, 동화적
배경	현대, '수일'네 집
제재	일상생활에서 겪는 소년의 갈등
주제	'엄마'와 '수일'의 갈등
특징	• 옛날이야기를 차용하여 사건을 전개함. • 손톱으로 또 다른 자신을 만드는 비현실적인 사건이 일어남.

발단 나 1장. 학원에 가기 싫어

[A] 　무대 오른쪽은 수일이네 집 거실이고 왼쪽은 수일이 방이다. 거실 가운데에는 소파가 놓여 있고, 그 맞은편에는 텔레비전이 있다. 수일이는 자신의 방, 컴퓨터 주변에서 무언가를 찾고 있다. 얼굴을 찌푸리고 투덜거리더니 거실로 가서 소파에 벌렁 눕는다.

수일: (　　㉠　　) 엄마 진짜 너무해! 그깟 컴퓨터 내가 얼마나 한다고 선은 뽑아 가고 그래? 아, 짜증 나. 텔레비전이나 봐야겠다.

　수일, 소파에 누워 리모컨을 발로 누른다. 수일이가 누를 때마다 텔레비전 소리가 바뀐다. 뉴스, 만화, 광고, 오락 프로그램 등 몇 번 소리가 바뀌다가 멈추면서 수일이가 잠이 든다. 엄마, 무대 위로 등장한다.

엄마: (　　㉡　　) 아니, 이 녀석이 아직도 집에 있는 거야? 내가 이럴 줄 알았어. (텔레비전을 끄고 수일이를 흔들며) 정수일! 일어나! 지금 몇 신 줄 알아? 학원 갈 시간 지났잖아.

　수일, 엄마가 흔들자 얼굴을 찌푸린다. 눈을 비비고 하품을 하지만 여전히 눈을 감고 있다. 엄마, 더 세게 수일이를 흔든다.

수일: (눈을 반쯤 뜨며) 엄마, 저 배 아파요. (이마를 짚으며) 열이 나는 것 같기도 하고. 오늘만 학원 안 가면 안 돼요?

엄마: 그걸 말이라고 해? 며칠만 지나면 시험이잖아. 얼른 일어나!

수일: 아, 짜증 나. 매일같이 학원, 학원! 저도 좀 쉬고 싶단 말이에요.

엄마: 셋 셀 동안 안 일어나면 너 엄마한테 진짜 혼난다. 하나! 둘! 셋!

　수일, 소파에서 벌떡 일어난다.

수일: 엄마, 오늘 한 번만 봐주세요. 진짜 배도 아프고 머리도 아프단 말이에요.

엄마: 배 아프고 머리 아픈 게 어디 한두 번이야?

수일: 알았어요. 학원 가면 되잖아요! 아, 간다고요!

　수일, 무대 밖으로 퇴장한다. 엄마, 화가 난 표정으로 수일이가 나가는 것을 지켜보다가 소파 한쪽에 수일이가 놓고 간 가방을 발견한다.

엄마: (가방을 들고 쫓아가다가) 야, 정수일! 정수일! (한숨을 쉬며) 저 녀석은 누굴 닮아 저런 거야.

콕콕 정리

◆ **이 글을 통해 알 수 있는 '희곡'의 특징**

• 해설, 대사, 지시문으로 구성된다.
• 시간과 공간에 제약이 있어 장면 전환이 자유롭지 않다.
• 등장인물의 대사와 행동으로 사건을 전개한다.
• 현재형으로 표현된다.

1 이와 같은 글의 특징으로 알맞지 <u>않은</u> 것은?

① 시간과 공간의 제약이 많다.
② 해설, 대사, 지시문으로 구성된다.
③ 서술자를 내세워서 사건을 전달한다.
④ 등장인물의 대사와 행동으로 주제를 드러낸다.
⑤ 연극 공연을 전제로 쓰인 글로 현재형으로 표현된다.

(·͜·)교과서 **핵심 개념**

2 이 글에 나타난 주된 갈등의 유형과 그 내용으로 적절한 것은?

	갈등 유형	내용
①	내적 갈등	'수일'이 꾀병을 부리면서 양심의 가책을 느낌.
②	내적 갈등	'엄마'가 '수일'을 학원에 보내야 할지 그만두게 해야 할지 고민함.
③	외적 갈등	학원에 가지 않으려는 '수일'과 보내려는 '엄마'가 갈등함.
④	외적 갈등	컴퓨터 선을 뽑아 간 '엄마'와 다시 받으려는 '수일'이 갈등함.
⑤	외적 갈등	공부보다 컴퓨터 게임을 좋아하는 '수일'이 성적을 중시하는 사회 분위기로 인해 괴로워함.

(·͜·)교과서 **핵심 개념**

◆ **이 글에 나타난 갈등 ①**

'수일'	• '엄마 진짜 너무해! 그깟 컴퓨터 내가 얼마나 한다고 선은 뽑아 가고 그래?' • '아, 짜증 나. 매일같이 학원, 학원! 저도 좀 쉬고 싶단 말이에요.'

↕

'엄마'	• '정수일! 일어나! 지금 몇 시 줄 알아? 학원 갈 시간 지났잖아.' • '그걸 말이라고 해? 며칠만 지나면 시험이잖아. 얼른 일어나!'

학원에 가지 않고 쉬고 싶은 '수일'과 '수일'을 학원에 보내려는 '엄마'의 외적 갈등이 나타난다.

3 [A]와 같은 요소에 대한 설명으로 적절하지 <u>않은</u> 것은?

① 무대 장치에 대해 설명한다.
② 등장인물의 퇴장을 지시한다.
③ 등장인물의 행동, 표정 등을 지시한다.
④ 음향 효과, 조명, 분위기 등을 설명한다.
⑤ 등장인물이 방백으로 관객에게 전달한다.

4 ㉠과 ㉡에 들어갈 적절한 지시문끼리 묶은 것은?

	㉠	㉡
①	풀이 죽은 목소리로	당황한 듯이
②	짜증스럽게	화가 난 목소리로
③	멋쩍어하며	비아냥거리며
④	화를 내며	무심한 듯이
⑤	신경질적으로	타이르며

01 수일이와 수일이 ❷

다 전화벨이 울린다. 엄마, 전화를 받는다.

엄마: 여보세요. 정우 엄마! 우리 수일이? 학원 갔지. 정우가 백 점? (표정이 어두워지는데 목소리는 애써 밝게) 정말이야? 축하해! 그럼 우리 수일이도 잘하지. 그럼, 끊어. (전화를 끊으며) 제 아들 백 점 맞은 게 나하고 무슨 상관이야! (한숨을 쉰다.) 우리 수일이도 조금만 더 노력하면 될 텐데, 도대체 언제 철이 드는지.

　수진, 밝은 표정으로 등장한다.

수진: 엄마! (시험지를 내밀며) 저 오늘 백 점 맞았어요! / 엄마: 와, 우리 딸 기특하다.

수진: 당연하지 그럼, 누구 딸인데. / 엄마: 네 오빠가 너 반만 닮았으면 소원이 없겠다.

수진: 왜요? 무슨 일 있어요? / 엄마: 아니다. 숙제는?

수진: 숙제는 학원 가기 전에 다 해 놨어요. / 엄마: 엄마가 맛있는 것 해 줄게.

　엄마와 수진, 무대 뒤편 부엌으로 간다. 엄마는 수진이에게 간식을 주고 둘은 마주 보며 밝게 웃는다. 수진, 무대 밖으로 퇴장하고 아빠가 등장한다.

라 아빠: 여보, 다녀왔어요. / 엄마: 다녀오셨어요?

아빠: 애들은 다 어디에 갔어요? / 엄마: 수진이는 방에 있고, 수일이는 학원에 갔어요.

아빠: 학원……. (놀란 표정으로) 여보, 오늘이 무슨 요일이지요?

엄마: 수요일이에요.

아빠: 수요일? 오늘 학원 쉰다고 하지 않았나요? 학원 선생님이 일이 있다고, 내가 며칠 전에 당신한테 이야기한 것 같은데…….

엄마: 당신이 언제 얘기했다고 그래요! 수일이 들어오면 난리칠 텐데 어떡해요.

　수일, 쿵쾅거리며 무대 위로 등장한다.

수일: (화가 난 얼굴로) 이게 뭐예요! 저만 바보 됐잖아요.

아빠: (수일이 어깨를 다독이며) 수일아, 아빠가 깜빡한 거야. 미안해.

수일: (엄마를 보며) 제가 엄마 때문에 못살아요!

엄마: 그게 왜 엄마 때문이야. 그러게 평소에 네가 학원에 잘 갔으면 이런 일이 왜 생겨?

수일: 해도 해도 너무해요. 학원 가라! 공부해라! 그리고 제가 컴퓨터를 하면 얼마나 한다고 컴퓨터 선은 뽑고 그래요?

엄마: (말을 얼버무리며) 그, 그건. (다시 목소리를 높인다.) 하라는 공부는 안 하고 허구한 날 컴퓨터 게임이지. 넌 도대체 잘하는 게 뭐니?

아빠: (엄마를 다독이며) 여보! 그만 좀 해요. 그러다가 몸 상하겠어요. 그리고 수일이 너무 나무라지 맙시다. (수일이를 다독이며) 수일아, 엄마가 다 너 잘되라고 그러는 거야. 엄마 마음도 좀 헤아려 주렴.

수일: (풀이 조금 죽은 목소리로) 제가 왜 잘하는 게 없어요. 우리 반에서 제가 제일 축구를 잘하고요…….

엄마: 축구가 밥 먹여 줘? / 수일: 축구 선수가 돼서 돈 많이 벌면 되잖아요.

엄마: 축구 선수가 되는 것은 쉽니? / 수일: 엄마는 아들을 그렇게 못 믿어요?

엄마: 옆집 정우는 수학 시험 백 점 맞았다더라. / 수일: ㉠아, 진짜 엄마는 해도 해도 너무해요.

　수일, 방으로 들어간다. 방문을 쾅 닫고, 침대에 엎드려서 귀를 막는다. 엄마, 수일이 방문 앞에서 소리친다.

엄마: 너 그게 엄마한테 할 소리야? (방문을 열어 보지만 잠겨 있다.) 문 안 열어? 너, 이 문 안 열면 저녁밥 못 먹을 줄 알아!

아빠, 엄마를 달랜다. 엄마, 한숨을 쉬고 못마땅한 얼굴로 고개를 가로젓는다. 무대에 불이 꺼진다.

발단 공부 문제로 '엄마'와 사사건건 ☐☐하는 '수일'

콕콕 정리

😊 교과서 핵심 개념
◆ '수일'과 '수진'의 대조적인 모습

'수일'	• 공부하기를 싫어하고 컴퓨터 게임을 즐겨 함. • 학원에 가기 싫어함.
'수진'	• 공부를 잘함. • 숙제를 미리 해 놓을 정도로 성실함.

😊 교과서 핵심 개념
◆ 이 글에 나타난 갈등 ②

'수일'	• '해도 해도 너무해요. 학원 가래! 공부해래!' • '축구 선수가 돼서 돈 많이 벌면 되잖아요.' • '엄마는 아들을 그렇게 못 믿어요?'
↕	
'엄마'	• '하라는 공부는 안 하고 허구한 날 컴퓨터 게임이지. 넌 도대체 잘하는 게 뭐니?' • '축구 선수가 되는 것은 쉽니?'

공부 잘하는 것을 중시하는 '엄마'와 자신의 생각은 존중해 주지 않고 공부만 하라고 하는 '엄마'가 싫은 '수일'의 갈등이 드러난다.

😊 교과서 핵심 개념
◆ '아빠'의 역할

• '여보! 그만 좀 해요. 그러다가 몸 상하겠어요. 그리고 수일이 너무 나무라지 맙시다.'
• '수일아, 엄마가 다 너 잘되라고 그러는 거야. 엄마 마음도 좀 헤아려 주렴.'

↓

'엄마'와 '수일' 사이를 중재하려고 노력함.

1 이 글의 내용으로 알 수 <u>없는</u> 것은?

① '수진'은 공부를 잘한다.
② '수일'의 장래 희망은 축구 선수이다.
③ '엄마'와 '아빠'는 '수일' 때문에 말다툼을 하였다.
④ '수일'은 학원이 쉬는 날인지 모르고 헛걸음을 했다.
⑤ '엄마'는 옆집 아이의 엄마에게서 온 전화를 받고 기분이 좋지 않았다.

😊 교과서 핵심 개념
2 '수일'이 ㉠과 같이 말한 이유가 <u>아닌</u> 것은?

① '엄마'가 컴퓨터 선을 뽑아 버렸기 때문에
② '엄마'가 옆집 아이와 비교하였기 때문에
③ '엄마'가 벌로 저녁밥을 주지 않았기 때문에
④ '엄마'가 '수일'의 꿈을 이해해 주지 않기 때문에
⑤ '엄마'가 학원에 가서 공부하라고 다그치기 때문에

😊 교과서 핵심 개념
3 '아빠'에 대한 설명으로 적절한 것은?

① '수일'과 '엄마'의 갈등을 해결하고 있다.
② '수일'과 '엄마' 사이를 중재하려고 노력하고 있다.
③ '수일'과 '엄마' 사이에서 진지한 대화를 유도하고 있다.
④ '수일'과 '엄마'가 갈등하는 근본적인 원인을 제공하고 있다.
⑤ 우유부단한 태도로 '수일'과 '엄마'의 갈등을 심화하고 있다.

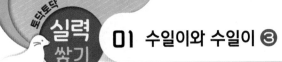

전개 **마** **2장. 또 하나의 나**

수일이네 가족이 집 안팎 대청소를 하고 있다. 엄마는 방에서, 아빠는 집 밖 정원에서, 수진이는 거실에서 청소를 하고 있다. 거실에 있는 수일이, 청소는 하지 않고 장난을 치며 수진이를 괴롭힌다.

엄마, 갑자기 걸레질을 멈추며 놀란 표정으로 벌떡 일어난다. 걸레를 내동댕이치며 소리를 지른다.

엄마: 아아악! 쥐다! (거실로 뛰어오며) 수일아, 쥐야! 잡아!

커다란 쥐 등장. 엄마와 수진, 우왕좌왕하며 뛰어다니고 커다란 쥐가 그 뒤를 쫓는다. 수일이가 빗자루를 들고 쥐를 따라간다. 아빠, 빗자루를 들고 무대 위로 등장한다.

아빠: 뭐, 쥐? 쥐가 어디 있어?

아빠, 두리번거리며 쥐를 찾는다. 그 사이 수일이에게 쫓기던 쥐는 소파 밑으로 들어가고, 수일이는 숨을 헉헉 몰아쉬며 소파에 앉는다. 엄마와 수진, 아빠 뒤로 숨는다.

아빠: (엉뚱한 방향만 살피며) 안 보이는데, 어디 간 거지? (거실을 둘러보며) 여보, 쥐가 나간 것 같아요.

엄마: (겁에 질린 표정으로) 여보, 안 되겠어요. 쥐약 좀 사 갖고 와야겠어요. 당신은 정원에 쥐덫 좀 놓고요.

수진: (겁에 질린 목소리로) 아빠, 무서워요. 나가지 마세요.

아빠: (수진이를 달래며) 수일아, 동생 잘 보고 있어라. 아빠가 금방 쥐덫만 놓고 올게.

엄마와 아빠, 퇴장한다. 수진이는 무서워서 벌벌 떨고, 수일이는 슬쩍 소파 밑을 본다. 쥐가 찍찍 운다.

수일: (수진이에게 다가가 걸레를 던지며) 쥐다!

수진: (엉덩방아를 찧으며) 으악!

수일: 이 바보야, 이게 쥐로 보이냐? 메롱!

수진: 정말 너무해!

아빠: (무대 밖에서 목소리로) 정수일!

수일: 쳇! 나만 갖고 그래. (한숨을 쉬며 소파에 앉는다.) 어디 나하고 똑같은 놈 없나? 하기 싫은 건 다 그놈 시키고, 나는 매일 놀기만 할 텐데.

수진: 오빠는 그런 것도 몰라? 손톱 먹은 들쥐한테 시키면 되잖아.

수일: 뭐? 손톱 먹은 들쥐? 그게 무슨 말이야?

수진: 옛날이야기 중에 들쥐가 사람 손톱을 먹고 그 손톱 주인과 똑같은 사람이 된 이야기가 있어. 그래서 가짜 랑 진짜가…….

수일: (수진이의 말을 자르며) ㉠들쥐한테 손톱을 먹이면 손톱 주인이랑 똑같은 사람이 된다는 말이지?

수진: 옛날이야기지 뭐, 진짜 그런 일이 일어나겠어? 암튼 쥐라면 징그러워.

수진, 퇴장하고 수일이만 거실에 혼자 남았다. 수일, 거실 벽을 쳐다본다. 엄마가 붙여 놓은 수일이의 성적표. 백 점 만점에 이십 점이다. 그 옆에 '목표 점수 백 점'이라고 크게 쓰여 있다. 수일, 소파 밑을 보더니 자신의 손톱을 깎 아서 바닥에 떨어뜨린다.

콕콕 정리

◆ 이 글에 나타난 '수일'의 성격 ①

집으로 들어온 들쥐를 잡으려고 함.	→	겁이 없음.
걸레를 던져 '수진'을 놀라게 함.	→	장난치는 것을 좋아함.

◆ '커다란 쥐'의 등장과 전개될 내용 예측

'커다란 쥐'의 등장	새로운 사건의 전개를 암시함.

↓

• '수일'이 '수진'에게 '손톱 먹은 들쥐' 이야기를 듣고 흥미로워하는 것으로 보아 '수일'이 '커다란 쥐'에게 자신의 손톱을 먹일 것임을 예상할 수 있음.
• '손톱 먹은 들쥐 이야기'의 내용으로 보아 '커다란 쥐'가 후에 '가짜 수일'이 되어 '수일'과 갈등을 일으킬 것임을 예상할 수 있음.

1 '수일'에 대한 설명으로 알맞은 것은?

① 소심하고 겁이 많다.
② 동생을 잘 보살핀다.
③ 부지런하고 성실하다.
④ 욕심이 많고 냉정하다.
⑤ 장난치는 것을 좋아한다.

2 이 글을 연극으로 공연한다고 할 때, 연출자가 고려할 내용으로 적절하지 <u>않은</u> 것은?

① 실감 나는 장면을 연출하기 위해 실제 쥐를 무대에 풀어 놓아야겠어.
② 무대는 거실을 중심으로 꾸미되, 공간을 적절하게 나누어 방과 정원도 표현해야겠어.
③ '수일'의 성적표는 관객들도 볼 수 있어야 하니까 크게 확대해서 벽에 붙여 놓는 것이 좋겠어.
④ 쥐가 우는 소리나 '아빠'가 '수일'을 부르는 소리는 배우를 무대에 등장시키지 않고 음향 효과로 처리해야겠어.
⑤ '엄마'와 '수진' 역을 맡은 배우가 쥐 때문에 놀라는 모습을 큰 동작과 목소리로 연기해서 관객들이 쥐가 나타난 것에 집중하도록 해야겠어.

3 ㉠을 통해 짐작할 수 있는 내용끼리 묶은 것은?

> ㄱ. '수일'이 쥐에게 손톱을 먹일 것 같아. 그리고 그로 인해 새로운 사건이 전개되겠지.
> ㄴ. '수일'은 들쥐가 손톱 주인과 똑같은 사람이 된다는 이야기를 듣고 겁이 나서 쥐가 숨은 장소를 가족들에게 알려 주겠지.
> ㄷ. 쥐에게 손톱을 먹여서라도 현실에서 벗어나고 싶어 하는 '수일'의 마음이 느껴져서 한편으로는 안타까워.
> ㄹ. 매번 '수진'을 괴롭히던 '수일'이 오히려 '수진'의 장난에 속아 넘어가다니, 앞으로 '수일'과 '수진' 사이에 재미있는 일이 벌어지겠어.

① ㄱ, ㄴ   ② ㄱ, ㄷ   ③ ㄴ, ㄷ   ④ ㄴ, ㄹ   ⑤ ㄷ, ㄹ

 서술형

4 '수일'이 자신과 똑같은 사람을 만들고 싶어 하는 이유가 드러나는 문장을 (마)에서 찾아 쓰시오.

바 수일: 손톱 먹은 들쥐라고 했지? (소파 밑을 보며) 야, 먹어. 어서 먹으란 말이야.

쥐가 찍찍 울다가 수일이가 떨어뜨린 손톱을 먹기 시작한다. 손톱을 먹은 쥐가 점점 커진다. 수일이는 비명을 지르며 뒤로 물러서는데 수일이와 똑같은 얼굴을 한 가짜 수일이가 소파 밑에서 나온다.

수일: (넋이 나간 표정과 목소리로) 야, 너 내가 누군 줄 알아?

가짜: (변화 없는 표정, 마치 기계 같은 목소리로) 몰라.

수일: (흥미가 생긴 듯이) 그래? 나는 너를 만든 정수일이고, 너는 내가 만든 가짜 정수일이야.

가짜: (조심스럽게 자신의 얼굴을 만지며 머뭇거리다가) 그래서?

수일: 너, 다시 쥐로 돌아가고 싶지 않아?

가짜: 돌아가고 싶어.

수일: (의기양양하게) 돌아가고 싶지? 그럼 내가 시키는 대로 하면 돼! 시키는 대로만 하면 금방 다시 쥐로 돌아갈 수 있을 거야. 어때, 할 수 있겠어?

사 수일, 가짜 수일이를 바라보며 다양한 표정을 짓고 다양한 동작을 한다. 수일이가 하는 대로 가짜 수일이가 따라한다. 수일, 만족한 얼굴로 가짜 수일이의 어깨를 두드리고 자신의 방으로 걸어간다.

수일: 날 따라와. 여긴 내 방이야. 아니지, 이제부터 우리 방이지. 앞으로 너랑 나랑 이곳에서 지낼 거야. ㉠(수진이 방을 가리키며 얼굴을 찡그리고) 저기는 수진이 방이야.

가짜: (수일이와 똑같은 표정, 얼굴을 찡그리며) 수진이가 누구야?

수일: 음, 내 동생이야. 저기는 화장실, 안방, 부엌, 마지막으로 거실. 야, 다 기억했지?

가짜: 그런 것 같아.

수일: 앞으로는 내가 시키는 대로 해야 해. 그리고 누가 오면 내가 이렇게 손가락으로 가리킬 거야. 그러면 너는 거기로 뛰어가서 숨으면 되는 거지.

수일, 손가락으로 거실을 가리킨다. 가짜 수일, 거실로 생쥐처럼 뽀르르 달려간다. 수일이는 그 모습을 보고 배를 쥐고 웃는데 대문 열리는 소리가 난다. 수일이는 정신없이 자신의 방으로 달려가고, 가짜 수일이가 방으로 들어갈 새도 없이 엄마, 아빠가 들어온다.

엄마: (한숨을 쉬며) 청소 좀 하고 있나 했더니…….

엄마, 소파 뒤에 쭈그리고 숨어 있는 가짜 수일이를 발견한다. 엄마, 가짜 수일이의 꿀밤을 때린다.

엄마: 정수일! 여기 숨어서 또 무슨 말썽 부릴 궁리하고 있어? 청소 안 할 거면 방에 가서 공부나 해!

아빠: (쥐약을 꺼내며) 그새 쥐는 또 안 나왔니?

쥐약을 본 가짜 수일이의 얼굴이 하얗게 질린다. 엄마, 아빠는 쥐약 놓을 곳을 찾는다. 그사이 수일이가 방문 밖으로 얼굴을 내밀고 가짜 수일이에게 손짓을 한다. 가짜 수일이가 방으로 뛰어 들어가면 방문이 닫히고 "무서워." 하는 가짜 수일이의 목소리와 함께 ㉡무대에 불이 꺼진다.

전개 · 쥐에게 자신의 ☐☐을 먹여 '가짜 수일'을 만든 '수일'

1 이 글에 대한 설명으로 적절한 것은?

① 등장인물이 관객에게 말을 걸어 관객의 참여를 유도한다.
② 주인공 역할을 맡은 배우가 1인 2역을 연기하여 공연한다.
③ 현재와 과거의 사건이 얽혀 서로 영향을 주고받는 구성을 취한다.
④ 등장인물 간의 갈등을 통해 인간과 동물의 조화로운 삶을 표현한다.
⑤ 비현실적 사건을 통해 주인공이 자신의 바람을 실현하는 내용이 전개된다.

2 〈보기〉는 이 글에서 차용하고 있는 옛날이야기의 줄거리이다. 이 글과 〈보기〉를 바탕으로 뒷이야기를 예측한 내용으로 알맞지 <u>않은</u> 것은?

┤보기├

옛날 깊은 산속 암자에서 공부를 하던 선비는 암자를 찾아오는 들쥐에게 먹을 것을 주고는 했다. 그러던 어느 날 선비가 손톱을 깎고 있는데 들쥐가 나타나 선비의 손톱을 받아먹었다. 얼마 후 공부를 마친 선비가 집으로 돌아갔는데 선비의 집에 선비와 똑같이 생긴 사람이 있었다. 두 선비가 서로 자신이 진짜라며 다투자 혼란에 빠진 가족들은 몇 가지 시험을 하였고, 그 결과 진짜 선비는 집에서 내쫓기게 되었다. 진짜 선비는 꿈에서 할아버지를 만나 가짜 선비가 자신의 손톱을 먹은 들쥐라는 사실을 알게 되었고 집으로 고양이를 데려갔다. 고양이에게 물린 가짜 선비는 다시 들쥐로 변하였다.

① '선비'와 '가짜 선비'가 다투었듯이 '수일'도 '가짜 수일'과 갈등을 겪을 것이다.
② '선비'가 집에서 쫓겨났듯이 '수일'도 '가짜 수일'에게 자신의 자리를 빼앗길 것이다.
③ '가짜 선비'가 '선비'인 척했듯이 '가짜 수일'도 '수일'을 대신해서 '수일'이 할 일을 할 것이다.
④ '선비'가 '가짜 선비'의 정체를 꿈에서 알았듯이 '수일'도 '가짜 수일'의 정체를 다른 사람의 도움을 통해 알게 될 것이다.
⑤ '선비'가 '가짜 선비'가 지닌 쥐의 본성을 이용했듯이 '수일'도 '가짜 수일' 쥐였던 것을 이용해서 갈등을 해결할 것이다.

3 ㉠의 이유로 알맞은 것은?

① '수진'이 '가짜 수일'의 존재를 알고 있기 때문이다.
② '수진' 때문에 쥐가 나타난 것이 불만이기 때문이다.
③ 사사건건 자신과 비교되는 '수진'이 얄밉기 때문이다.
④ 자신의 방에 들어오지 못하게 하는 '수진'이 못마땅하기 때문이다.
⑤ '수진'이 자신이 벌인 일을 '엄마'에게 이를까 봐 불안하기 때문이다.

4 이 장면에서 ㉡의 역할로 알맞은 것은?

① 연극의 장면이 바뀐다.　　② 관객의 호응을 유도한다.
③ 배우들의 역할이 바뀐다.　　④ 주인공의 갈등이 해소된다.
⑤ 막이 내리고 연극이 끝난다.

01 수일이와 수일이

1~3 다음 글을 읽고, 물음에 답하시오.

가 ㉠수일 중학교 1학년 남자아이. 취미는 컴퓨터 게임. 장래 희망은 축구 선수

수진 초등학교 5학년. 수일이의 여동생

엄마 수일이와 수진이의 엄마

아빠 수일이와 수진이의 아빠

가짜 수일 수일이와 겉모습이 똑같은 가짜 수일

나 수일: ㉡(짜증스럽게) 엄마 진짜 너무해! 그깟 컴퓨터 내가 얼마나 한다고 선은 뽑아 가고 그래? 아, 짜증나. 텔레비전이나 봐야겠다.

수일, 소파에 누워 리모컨을 발로 누른다. 수일이가 누를 때마다 텔레비전 소리가 바뀐다. 뉴스, 만화, 광고, 오락 프로그램 등 몇 번 소리가 바뀌다가 멈추면서 수일이가 잠이 든다. 엄마, 무대 위로 등장한다.

엄마: (화가 난 목소리로) ㉢아니, 이 녀석이 아직도 집에 있는 거야? 내가 이럴 줄 알았어. (텔레비전을 끄고 수일이를 흔들며) 정수일! 일어나! 지금 몇 신 줄 알아? 학원 갈 시간 지났잖아.

다 수일: 해도 해도 너무해요. 학원 가라! 공부해라! 그리고 제가 컴퓨터를 하면 얼마나 한다고 컴퓨터 선은 뽑고 그래요?

엄마: (말을 얼버무리며) 그, 그건. (다시 목소리를 높인다.) 하라는 공부는 안 하고 허구한 날 컴퓨터 게임이지. 넌 도대체 잘하는 게 뭐니?

아빠: (엄마를 다독이며) 여보! 그만 좀 해요. 그러다가 몸 상하겠어요. 그리고 수일이 너무 나무라지 맙시다. (수일이를 다독이며) 수일아, 엄마가 다 너 잘되라고 그러는 거야. 엄마 마음도 좀 헤아려 주렴.

수일: (풀이 조금 죽은 목소리로) 제가 왜 잘하는 게 없어요. 우리 반에서 제가 제일 축구를 잘하고요…….

엄마: 축구가 밥 먹여 줘?

수일: 축구 선수가 돼서 돈 많이 벌면 되잖아요.

라 쥐가 찍찍 울다가 수일이가 떨어뜨린 손톱을 먹기 시작한다. 손톱을 먹은 쥐가 점점 커진다. 수일이는 비명을 지르며 뒤로 물러서는데 수일이와 똑같은 얼굴을 한 가짜 수일이가 소파 밑에서 나온다.

수일: (넋이 나간 표정과 목소리로) 야, 너 내가 누군 줄 알아?

가짜: (변화 없는 표정, 마치 기계 같은 목소리로) 몰라.

수일: (ⓐ) 그래? 나는 너를 만든 정수일이고, 너는 내가 만든 가짜 정수일이야.

가짜: (조심스럽게 자신의 얼굴을 만지며 머뭇거리다가) 그래서? / 수일: 너, 다시 쥐로 돌아가고 싶지 않아?

가짜: 돌아가고 싶어.

수일: (ⓑ) 돌아가고 싶지? 그럼 내가 시키는 대로 하면 돼! 시키는 대로만 하면 금방 다시 쥐로 돌아갈 수 있을 거야. 어때, 할 수 있겠어?

---

1 희곡의 구성 요소 중, ㉠~㉢을 이르는 말을 바르게 연결한 것은?

	㉠	㉡	㉢
①	해설	대사	지시문
②	해설	지시문	대사
③	대사	해설	지시문
④	지시문	해설	대사
⑤	지시문	대사	해설

2 다음은 '아빠'가 가족 상담소에 보낸 상담 편지이다. 그 내용으로 적절하지 <u>않은</u> 것은?

제 아내와 아들은 ① 학원에 가는 문제와 학업 때문에 서로 언성을 높이고 있는 상황입니다. ② 축구 선수라는 아들의 장래 희망에 대한 의견 차이도 있습니다. ③ 저는 아들이 더 열심히 공부해서 잘되기를 바라는 아내의 마음이 이해되기도 하지만 한편으로는 ④ 아내가 아들을 너무 나무라는 것 같아 마음에 걸립니다. ⑤ 그래서 두 사람에게 화도 내 보고, 말려보기도 했지만 소용이 없었습니다. 어떻게 하면 좋을까요?

3 ⓐ와 ⓑ에 들어갈 말로 적절한 것은?

	ⓐ	ⓑ
①	놀라며	머뭇거리며
②	흥미가 생긴 듯이	의기양양하게
③	의기양양하게	놀라며
④	머뭇거리며	의아하다는 듯이
⑤	기뻐하며	애원하는 말투로

4~7 다음 글을 읽고, 물음에 답하시오.

가 수일: (눈을 반쯤 뜨며) 엄마, 저 배 아파요. (이마를 짚으며) 열이 나는 것 같기도 하고. 오늘만 학원 안 가면 안 돼요?

엄마: 그걸 말이라고 해? 며칠만 지나면 시험이잖아. 얼른 일어나!

수일: 아, 짜증 나. 매일같이 학원, 학원! 저도 좀 쉬고 싶단 말이에요.

엄마: 셋 셀 동안 안 일어나면 너 엄마한테 진짜 혼난다. 하나! 둘! 셋!

나 엄마: 여보세요. 정우 엄마! 우리 수일이? 학원 갔지. 정우가 백 점? (표정이 어두워지는데 목소리는 애써 밝게) 정말이야? 축하해! 그럼 우리 수일이도 잘하지. 그럼, 끊어. (전화를 끊으며) 제 아들 백 점 맞은 게 나하고 무슨 상관이야! (한숨을 쉰다.) 우리 수일이도 조금만 더 노력하면 될 텐데, 도대체 언제 철이 드는지.

수진, 밝은 표정으로 등장한다.

수진: 엄마! (시험지를 내밀며) 저 오늘 백 점 맞았어요!

엄마: 와, 우리 딸 기특하다.

수진: 당연하지 그럼, 누구 딸인데.

엄마: 네 오빠가 너 반만 닮았으면 소원이 없겠다.

수진: 왜요? 무슨 일 있어요?

엄마: 아니다. 숙제는?

수진: 숙제는 학원 가기 전에 다 해 놨어요.

엄마: 엄마가 맛있는 것 해 줄게.

다 수일: 쳇! 나만 갖고 그래. (한숨을 쉬며 소파에 앉는다.) 어디 나하고 똑같은 놈 없나? 하기 싫은 건 다 그놈 시키고, 나는 매일 놀기만 할 텐데.

수진: 오빠는 그런 것도 몰라? 손톱 먹는 들쥐한테 시키면 되잖아.

수일: 뭐? 손톱 먹는 들쥐? 그게 무슨 말이야?

수진: 옛날이야기 중에 들쥐가 사람 손톱을 먹고 그 손톱 주인과 똑같은 사람이 된 이야기가 있어. 그래서 가짜랑 진짜가…….

수일: (수진이의 말을 자르며) 들쥐한테 손톱을 먹이면 손톱 주인이랑 똑같은 사람이 된다는 말이지?

수진: 옛날이야기지 뭐, 진짜 그런 일이 일어나겠어? 암튼 쥐라면 징그러워.

수진, 퇴장하고 수일이만 거실에 혼자 남았다. 수일, 거실 벽을 쳐다본다. 엄마가 붙여 놓은 수일이의 성적표. 백 점 만점에 이십 점이다. 그 옆에 '목표 점수 백 점'이라고 크게 쓰여 있다. 수일, 소파 밑을 보더니 자신의 손톱을 깎아서 바닥에 떨어뜨린다.

수일: 손톱 먹은 들쥐라고 했지? (소파 밑을 보며) 야, 먹어. 어서 먹으란 말이야.

---

4 이와 같은 글과 소설의 공통점으로 알맞은 것은?

① 무대 상연이나 상영을 목적으로 하는 문학이다.

② 시간과 공간의 제약이 없어 장면 전환이 자유롭다.

③ 글쓴이가 실제로 겪은 일을 바탕으로 만든 이야기이다.

④ 이야기가 묘사, 서술, 대화 등 다양한 방법으로 표현된다.

⑤ 등장인물이 겪는 갈등과 갈등의 해결 과정을 통해 주제를 전달한다.

5 '엄마'에 대한 설명으로 적절하지 않은 것은?

① '수일'에게 공부와 학원을 강요한다.

② 공부 잘하는 것을 중요하게 생각한다.

③ '수일'에게 강압적인 말투를 사용한다.

④ '수일'과 '수진'을 대하는 태도가 다르다.

⑤ 자신이 이루지 못한 꿈을 '수일'을 통해 이루고자 한다.

6 (가)에 나타난 갈등 유형과 유사한 것은?

① 지진으로 인해 삶의 터전을 잃은 주민

② 신분 제도로 인해 호부호형을 할 수 없는 '홍길동'

③ 복장을 규제하는 학교와 복장 자율을 원하는 학생

④ 남은 학급비를 나눠 갖자는 학생과 기부하자는 학생

⑤ 친구에게 거짓말을 하고 양심의 가책을 느끼는 학생

✏️ 서술형

7 (다)에서 '수일'이 자신이 겪고 있는 문제를 해결하기 위해 생각해 낸 방법이 무엇인지 한 문장으로 쓰시오.

Ⅱ. 산문 문학

3 수필

차근차근 **개념** 이해

1 수필의 개념과 특징

(1) 수필의 개념

글쓴이가 일상 속에서 경험한 일이나 경험에서 얻은 생각과 느낌을 일정한 형식에 얽매이지 않고 자유롭게 표현한 글이다.

글쓴이 ← → 독자

일상에서 겪은 일 중, 다른 사람과 나누고 싶은 의미 있는 경험이나 생각을 소재로 하여 진솔하게 글을 씀.

글쓴이의 삶과 경험, 생각이 담긴 글을 읽고 감동이나 즐거움을 얻을 수 있음.

(2) 수필의 특징

고백적	글쓴이 자신의 생각이나 느낌을 꾸밈없이 솔직하게 표현함.
개성적	글쓴이의 가치관, 생활 방식, 정서, 말투 등의 독특한 개성이 드러남.
비전문적	전문 작가가 아니더라도 누구나 쓸 수 있음.
자유로운 형식	일정한 형식의 제약 없이 자유롭게 쓸 수 있음.
신변잡기적	글쓴이의 주변에서 일어나는 여러 가지 일들을 글의 소재로 삼음.

2 수필의 종류

	경수필	중수필
개념	글쓴이가 일상적 경험에서 얻은 생각이나 느낌 등을 자유로운 형식으로 표현한 수필	글쓴이가 사회적, 시사적 문제에 대해 자신의 의견을 논리적으로 쓴 수필
종류	일기, 편지, 기행문, 감상문 등	칼럼, 평론 등
특징	• 비교적 가볍고 일상적인 소재를 다룸. • 글쓴이의 감정과 정서가 중심이 됨. • 친근하고 가벼운 느낌을 줌.	• 사회적인 문제나 무거운 내용을 다룸. • 글쓴이의 의견을 논리적으로 제시함. • 무겁고 딱딱한 느낌을 줌.

더 알아 두기

◆ 수필의 구성 요소

소재	생활 체험, 관찰, 사색, 감상 등으로 소재가 다양함.
문체	글에 드러나는 글쓴이의 독특한 어투로, 글쓴이의 개성이 효과적으로 드러남.
구성	논리적 관계, 시·공간적 순서, 생각의 흐름 등 글쓴이의 의도에 따라 다양하게 구성됨.
주제	글쓴이의 가치관이나 인생관이 드러남.

꼼꼼 확인 문제

1 수필은 자신이 직접 겪은 일을 일정한 형식에 맞추어 쓴 글이다. (○ , ×)

2 수필의 소재는 일상생활에서 흔히 겪기 어려운 특이한 경험 중에서만 선정한다. (○ , ×)

3 글쓴이의 의견을 논리적으로 제시하고, 무겁고 딱딱한 느낌을 주는 수필을 ☐☐☐(이)라고 한다.

😀 교과서 핵심 개념
③ 수필을 읽는 방법

- 글쓴이의 경험을 파악하고, 감동이나 즐거움을 느끼며 읽는다.
- 글쓴이의 경험을 통해 깨달음을 얻고, 자신의 삶을 성찰하며 읽는다.
- 글쓴이가 사용한 개성적이고 독특한 표현이나 문체 등을 살피며 읽는다.
- 글에 담긴 글쓴이의 가치관을 파악하고 자신의 가치관과 비교하면서 읽는다.
- 글쓴이가 대상을 바라보는 태도를 통해 글쓴이의 인생관과 세계관을 파악하며 읽는다.

😀 교과서 핵심 개념
④ 경험을 바탕으로 감동이나 즐거움을 주는 글 쓰기

(1) 경험을 바탕으로 감동이나 즐거움을 주는 글을 쓰는 방법

글감 선정하기	자신의 경험 중에서 깨달음, 감동, 즐거움을 느꼈던 일을 선정함.

↓

내용 마련하기	경험의 의미를 구체적으로 정리하여 쓸 내용을 마련함.

↓

내용 조직하기	마련한 내용이 잘 드러나도록 배치하여 개요를 짬.

↓

표현하기	감동과 즐거움을 줄 수 있도록 경험과 깨달음을 참신한 표현 방법을 활용하여 구체적이고 솔직하게 표현함.

(2) 경험을 담은 글 쓰기의 가치

- 자신의 경험을 진솔하게 표현한 글은 독자에게 감동이나 즐거움을 준다.
- 경험을 글로 정리하면서 새로운 사실을 발견하고 자신을 되돌아볼 수 있다.

언제나 조신하고 말 없는 어머니였지만, 기동력 없는 딸이 이 세상에 발붙일 수 있는 자리를 마련하기 위해서는 목숨 바쳐 싸워야 한다고 생각한 억척스러운 전사였다. 눈이 오면 눈 위에 연탄재를 깔고, 비가 오면 한 손으로는 딸을 받쳐 업고 다른 한 손으로는 우산을 든 채 딸의 길과 방패가 되는 어머니의 하루하루는 슬프고 힘겨운 싸움의 연속이었다. 장애가 있는 글쓴이를 돌보는 어머니의 모습

그뿐인가, 걸핏하면 했던 수술과 수술 후 두세 달씩 이어졌던 병원 생활, 상급 학교에 갈 때마다 장애가 있다고 하여 입학시험을 보는 것조차 허락하지 않던 학교들……. 나 잘할 수 있다고, 제발 한 자리 끼워 달라고 애원해도 자꾸 벼랑 끝으로 밀어내는 세상에 그래도 악착같이 매달릴 수 있었던 것은 어머니 때문이었다.

『어머니는 내 앞에서 한 번도 눈물을 흘리신 적이 없었고, 그것은 이 세상의 슬픔은 눈물로 정복될 수 없다는 말 없는 가르침이었지만, 가슴속으로 흐르던 '엄마의 눈물'은 열 살짜리 딸조차도 놓칠 수 없었다.』 『 』: 어머니에 대한 고마움과 사랑

– 장영희, 「엄마의 눈물」

→ 글쓴이는 장애가 있는 자신의 처지와 그로 인한 어머니의 시련과 노력을 솔직하게 드러내고, 어머니에 대한 고마움과 사랑을 진솔하게 표현하였음.

더 알아 두기
◆ 수필과 소설의 비교

	수필	소설
내용	사실적	허구적
글쓴이	누구나 쓸 수 있음.	대체로 전문적인 작가가 씀.
형식	정해진 형식 없이 자유로움.	대체로 '발단 – 전개 – 위기 – 절정 – 결말'의 형식을 따름.
글 속의 '나'	글쓴이 자신	작가가 창조한 허구의 인물
공통점	• 줄글 형식의 산문 문학임. • 읽는 이에게 감동과 즐거움을 줌.	

꼼꼼 확인 문제

4 독자는 수필을 읽으면서 글쓴이의 경험과 깨달음을 통해 자신의 삶을 성찰할 수 있다.

(○ , ×)

5 경험이 담긴 글을 쓰기 위해서는 먼저 자신이 깨달음을 얻었거나 감동을 느꼈던 경험을 글감으로 선정해야 한다. (○ , ×)

6 경험을 바탕으로 감동이나 즐거움을 주는 글은 쓸 때에는 읽는 이에게 감동을 줄 수 있도록 내용을 과장하여 표현한다.

(○ , ×)

 괜찮아 _장영희

갈래	수필	성격	회상적, 체험적, 고백적
제재	어린 시절 골목길에서 겪은 일		
주제	타인의 처지를 이해하고 배려하는 자세의 소중함		
특징	• 어린 시절의 경험을 통해 깨달은 점을 진솔하고 차분하게 드러냄. • 자신의 체험과 보고 들은 일화를 제시하여 말하고자 하는 바를 강조함.		

처음
가 초등학교 때 우리 집은 서울 동대문구 제기동에 있는 작은 한옥이었다. 골목 안에는 고만고만한 한옥 여섯 채가 서로 마주 보고 있었다. 그때만 해도 한 집에 아이가 보통 네댓은 됐으므로 골목길 안에만도 초등학교 다니는 아이가 줄잡아 열 명이 넘었다. 학교가 파할 때쯤 되면 골목은 시끌벅적, 아이들의 놀이터가 되었다.
어떤 일을 마치거나 그만둘   ▶ 어린 시절 골목의 분위기

나 어머니는 내가 집에서 책만 읽는 것을 싫어하셨다. 그래서 방과 후 골목길에 아이들이 모일 때쯤이면 대문 앞 계단에 작은 방석을 깔고 나를 거기에 앉히셨다. 아이들이 노는 걸 구경이라도 하라는 뜻이었다.   ▶ '나'를 대문 앞에 앉혀 친구들과 어울리도록 한 어머니

다 딱히 놀이 기구가 없던 그때, 친구들은 대부분 술래잡기, 사방치기, 공기놀이, 고무줄놀이 등을 하고 놀았지만 나는 공기놀이 외에는 그 어떤 놀이에도 참여할 수 없었다. 하지만 골목 안 친구들은 나를 위해 꼭 무언가 역할을 만들어 주었다. 고무줄놀이나 달리기를 하면 내게 심판을 시키거나 신발주머니와 책가방을 맡겼다. 그뿐인가. 술래잡기를 할 때는 한곳에 앉아 있어야 하는 내가 답답해할까 봐 어디에 숨을지 미리 말해 주고 숨는 친구도 있었다.   ▶ 놀이에 낄 수 없는 '나'를 배려하여 역할을 만들어 준 친구들

라 우리 집은 골목에서 중앙이 아니라 모퉁이 쪽이었는데 내가 앉아 있는 계단 앞이 늘 친구들의 놀이 무대였다. 놀이에 참여하지 못해도 난 전혀 소외감이나 박탈감을 느끼지 않았다. 아니, 지금 생각하면 내가 소외감을 느낄까 봐 친구들이 배려해 준 것이었다.
남에게 따돌림을 당하여 멀어진 듯한 느낌
재물이나 권리, 자격 따위를 빼앗겼다고 여기는 느낌이나 기분   ▶ '나'가 소외감을 느끼지 않도록 배려해 준 친구들

가운데
마 그 골목길에서의 일이다. 초등학교 1학년 때였던 것 같다. 하루는 우리 반이 좀 일찍 끝나서 나 혼자 집 앞에 앉아 있었다. 그런데 그때 마침 골목을 지나던 깨엿 장수가 있었다. 그 아저씨는 가위를 쩔렁이며, 목발을 옆에 두고 대문 앞에 앉아 있는 나를 흘낏 보고는 그냥 지나쳐 갔다. 그러더니 손수레를 두고 다시 돌아와 내게 깨엿 두 개를 내밀었다. 순간 아저씨와 내 눈이 마주쳤다. 아저씨는 아무 말도 하지 않고 아주 잠깐 미소를 지어 보이며 말했다.

"괜찮아."   ▶ '나'에게 "괜찮아."라고 말해 준 깨엿 장수

지문 체크 ✓

1 글쓴이는 초등학교 시절을 회상하며 이 글을 썼다. (○ , ×)

2 글쓴이의 ☐☐☐은/는 다른 아이들이 노는 모습을 구경하라며 글쓴이를 대문 앞에 앉히곤 했다.

3 친구들은 다리가 불편한 글쓴이를 놀이에 끼워 주지 않았다. (○ , ×)

이 글에 드러난 글쓴이의 경험과 깨달음

경험	• 초등학교 시절 친구들이 '나'를 배려했던 일 • 깨엿 장수에게 '괜찮아'라는 말을 들었던 일
	↓
깨달음	세상은 살 만한 곳이며, 선의와 사랑, 용서와 너그러움이 있는 곳이라고 믿게 됨.

1 이 글을 쓰기 위해 글쓴이가 떠올렸을 만한 생각이 <u>아닌</u> 것은?

① 어린 시절에 친구들과 어떻게 놀았는지 넣어야지.
② 신체장애가 있는 내 처지를 솔직하게 드러내야겠어.
③ 어렸을 적 깨엿 장수에게 들었던 말을 소재로 삼아야겠어.
④ 내가 삶에 대한 긍정적인 태도를 갖게 된 계기를 밝혀야겠어.
⑤ 전문가의 의견을 인용하여 긍정적인 태도의 중요성을 강조해야지.

바 무엇이 괜찮다는 건지 몰랐다. 돈 없이 깨엿을 공짜로 받아도 괜찮다는 것인지, 아니면 목발을 짚고 살아도 괜찮다는 말인지……. 하지만 그건 중요하지 않다. 중요한 것은 내가 그날 마음을 정했다는 것이다. 이 세상은 그런대로 살 만한 곳이라고, 좋은 친구들이 있고, 선의와 사랑이 있고, '괜찮아'라는 말처럼 용서와 너그러움이 있는 곳
착한 마음
이라고 믿기 시작했다는 것이다. ▶ 깨엿 장수를 만난 경험을 통해 세상을 긍정적으로 보게 된 '나'

사 오래전의 학교 친구를 찾아 주는 방송 프로그램이 있다. 한번은 가수 김현철이 나와서 초등학교 때 친구를 찾았는데, 함께 축구하던 이야기가 나왔다. 당시 허리가 36인치일 정도로 뚱뚱한 친구가 있었는데, 뚱뚱해서 잘 뛰지 못한다고 다른 친구들이 축구팀에 끼워 주려고 하지 않았다. 그때 김현철이 나서서 말했다고 한다.

"괜찮아. 얜 골키퍼를 시키면 우리 함께 놀 수 있잖아!"

그래서 그 친구는 골키퍼를 맡아 함께 축구를 했고, 몇십 년이 지난 후에도 김현철의 따뜻한 말과 마음을 그대로 기억하고 있었다. ▶ 친구를 배려한 어느 가수의 일화

아 괜찮아 ― 난 지금도 이 말을 들으면 괜히 가슴이 찡해진다. 2002년 월드컵 4강에서 독일에게 졌을 때 관중들은 선수들을 향해 외쳤다.

"괜찮아! 괜찮아!"

혼자 남아 문제를 풀다가 결국 골든벨을 울리지 못해도 친구들이 얼싸안고 말해 준다.

"괜찮아! 괜찮아!" ▶ 다양한 상황에서 상대를 위로하는 '괜찮아'라는 말

**끝
자** "그만하면 참 잘했다."라고 용기를 북돋아 주는 말, "너라면 뭐든지 다 눈감아 주겠다."라는 용서의 말, "무슨 일이 있어도 나는 네 편이니 넌 절대 외롭지 않다."라는 격려의 말, "지금은 아파도 슬퍼하지 말라."라는 나눔의 말, 그리고 마음으로 일으켜 주는 부축의 말, 괜찮아.

그래서 세상 사는 것이 만만치 않다고 느낄 때, 죽을 듯이 노력해도 내 맘대로 일이 풀리지 않는다고 생각될 때, 나는 내 마음속에서 작은 속삭임을 듣는다. 오래전 내 따뜻한 추억 속 골목길 안에서 들은 말 ― '괜찮아! 조금만 참아, 이제 다 괜찮아질 거야.'

아, 그래서 '괜찮아'는 이제 다시 시작할 수 있다는 희망의 말이다.
▶ '괜찮아'라는 말에 담긴 여러 가지 의미

지문 체크 ✓

4 글쓴이는 사람들의 편견 어린 시선 때문에 세상을 부정적으로 바라보게 되었다. (○ , ×)

5 글쓴이는 어린 시절 뚱뚱해서 잘 뛰지 못하는 친구를 축구팀에 끼워 주었다. (○ , ×)

6 '☐☐☐'은/는 글쓴이에게 다시 시작할 수 있다는 희망을 주는 말이다.

이 글이 주는 감동이나 즐거움

• 힘든 상황 속에서도 긍정적으로 생각하며 희망을 잃지 않는 글쓴이의 태도
• 어린 시절, 글쓴이를 배려하는 친구들의 행동에서 느껴지는 따뜻함과 위로
• 여러 가지 일화에 드러난 다른 사람을 배려하고 위로하는 태도의 중요성

2 이 글을 읽고 독자가 보일 수 있는 반응으로 가장 적절한 것은?

① 어릴 때부터 실현 가능한 꿈을 꾸려고 노력해야겠어.

② 세상이 자기 뜻대로만 되지 않는다는 것을 인정해야겠어.

③ 몸이 불편해도 언젠가는 다른 사람의 도움 없이 홀로 서야 해.

④ 세상을 살아가는 데에는 다른 사람의 처지를 배려하는 태도가 필요해.

⑤ 내 이익만 추구하며 주변 사람에게 상처를 주지 않았는지 되돌아봐야겠어.

01 사막을 같이 가는 벗 1 _양귀자

처음 **가** 학창 시절에는 유별나게도 학년이 바뀌고 반이 바뀌어 친구들과 뿔뿔이 흩어져야 하는 신학기가 싫었다. 마음으로 간절히 원했던 친구는 거의 언제나 다른 반으로 가 버렸고, 한 반이 되지 않기를 빌고 빌었던 친구는 어김없이 한 반으로 편성되곤 하는 불행 아닌 불행 앞에서 얼마나 많이 속상해했는지 모른다.

갈래	수필
성격	회상적, 고백적
제재	학창 시절 신학기의 외로움
주제	진정한 벗의 필요성과 진정한 벗이 되기 위해 먼저 노력하는 자세의 중요성
특징	· 문학적 표현을 사용하여 말하고자 하는 바를 효과적으로 드러냄. · 글쓴이가 삶을 바라보는 관점과 삶에서 중요하게 생각하는 가치가 드러남.

나 그래서 학년이 바뀌고 처음 얼마 동안은 늘 마음을 잡지 못했다. 아침에 눈을 떠 학교에 갈 일을 생각하면 가슴 한 켠이 써늘해지곤 하던 그 느낌을 지금도 나는 선연(鮮然)히 떠올릴 수가 있다.
실제로 보는 것같이 생생하게
특히 운동장 조회나 체육 시간 같은 때 친한 친구도 없이 외따로 떨어져 그 지겨운 시간을 견딜 생각을 하면 어디론가 도망가고 싶을 지경이었다. 게다가 점심시간은 또 얼마나 무렴(無廉)한지, 친하지도 않은 짝과 김칫국물 흐른 도시락을 꺼내 놓고 밥알 씹는 소리까지 서로 환히 들어 가며
염치가 없음을 느껴 마음이 부끄럽고 거북한지
밥 먹을 생각을 하면 입맛도 달아나 버렸다.

다 그런데 다른 아이들은 그렇지 않은 것 같았다. 가만히 살펴보면 어느새 하나둘씩 친한 친구를 만들어 저희끼리 밥도 먹고 조회 시간에도 나란히 서서 다정하게 속살거리는데, 그 속에서 혼자만 외톨이로 빙빙 돌고
남이 알아듣지 못하도록 작은 목소리로 자질구레하게 자꾸 이야기하는데
있는 아이는 나 하나뿐인 것처럼 생각되곤 했다.

그 지독한 소외감은 물론 시간이 흐르면서 조금씩 나아지기는 했다. 여름 방학을 할 때쯤이면 운동장 조회나 점심시간을 외롭게 하지 않을 단짝 한 명 정도는 발견하기 마련이니까 결국은 시간이 해결해 주기 마련이다.

그러나 역시 시간이 흐르면 신학기 또한 어김없이 다시 찾아오는 것이었다. 그러면 다시 이별과 탐색, 그리고 그 지독한 소외감에 시달리는 쓸쓸한 나날이 잊지도 않고 이어지는 것이었다.

처음 신학기를 맞이할 때마다 새 ☐☐ 를 사귀는 것이 힘들었던 글쓴이

가운데 **라** 이제는 반이 나뉘고 새로운 급우들한테서 실컷 낯섦을 맛봐야 하는 신학기 따위는 영영 내 곁에서 사라졌
같은 학급에서 함께 공부하는 친구
다. 그 대신 시기하고 미워하며, 또는 빼앗고 속이는 황폐한 세상살이에 낯가림하며 사는 나날 속으로 내던져지고 말았다.

망망대해(茫茫大海)를 헤매는 듯한 인생의 항해는 신학기 잠시의 외로움을 극복하는 일 따위와는 비교도 할
한없이 크고 넓은 바다
수 없을 만큼 두려움 가득하고 힘들다. 삶은 고난투성이고 끝없는 인내를 요구하기만 하는데, 그러나 ㉠홀로 헤치는 파도는 높고 거칠기만 한 것이다.

콕콕 정리

교과서 핵심 개념

◆ 이 글에 드러난 글쓴이의 경험

글쓴이가 학창 시절에 겪었던 어려움
• 신학기가 되면 학년과 반이 바뀌어 친한 친구들과 헤어짐.
• 원하지 않았던 친구와 한 반이 됨.
• 친구를 새로 사귀는 일에 어려움을 겪음.

↓

속상함, 외로움, 소외감을 느낌.

글쓴이는 학창 시절의 경험을 글 감으로 삼아 자신의 경험과 깨달음을 진솔하게 표현하고 있다.

◆ 글쓴이의 현실 인식

	구절	현실 인식
학창 시절	이별과 탐색, 그리고 그 지독한 소외감에 시달리는 쓸쓸한 나날	신학기에 친구들과 헤어지고, 새 친구를 사귀어야 하는 부담감 때문에 힘이 듦.
성인이 된 후	망망대해(茫茫大海)를 헤매는 듯한 인생의 항해	신학기 초반의 외로움을 극복하는 일과는 비교할 수 없을 정도로 두렵고 힘이 듦.

◆ 이 글에 쓰인 문학적 표현과 그 의미 ①

문학적 표현	의미
망망대해	고난과 어려움이 가득한 삶
홀로 헤치는 파도	인생에서 마주치는 고난과 어려움

1 이와 같은 글에 대한 설명으로 알맞지 않은 것은?

① 글쓴이가 경험한 일을 바탕으로 쓴 글이다.

② 일정한 형식의 제약 없이 자유롭게 쓴 글이다.

③ 특정한 독자를 대상으로 하여 쓴 전문적인 글이다.

④ 일상에서 일어나는 모든 일이 소재가 되는 글이다.

⑤ 글쓴이의 가치관과 인생관, 정서 등이 녹아 있는 글이다.

교과서 핵심 개념

2 글쓴이가 이 글을 쓸 때 글감으로 삼은 경험은?

① 방학이 되어 친구들과 헤어지기 싫었던 경험

② 성인이 된 후에 옛 친구들과 연락을 하지 않은 경험

③ 학창 시절 친하지 않은 급우들과도 단짝인 척해야 했던 경험

④ 가족과 헤어져 혼자서 외롭게 성장해야 했던 어린 시절의 경험

⑤ 학창 시절 신학기를 맞이할 때마다 새 친구를 사귀는 것이 어려웠던 경험

3 글쓴이가 신학기에 느꼈을 감정으로 가장 적절한 것은?

① 낯섦과 미움　　　　　　② 설렘과 기대감

③ 불쾌함과 두려움　　　　④ 외로움과 소외감

⑤ 만족감과 성취감

4 ㉠이 의미하는 바로 가장 적절한 것은?

① 믿음이 사라진 황폐한 현실

② 시기와 질투로 가득한 세상

③ 인생에서 마주치는 고난과 시련

④ 삶의 역경을 이겨낼 수 있는 동지애

⑤ 세상을 살아가는 과정에서 필요한 인내와 자신감

서술형

5 '고난과 어려움이 가득한 삶'을 의미하는 표현을 (라)에서 찾아 네 글자로 쓰시오.

01 사막을 같이 가는 벗 ❷

마 바로 이때에 ㉠영혼을 함께 나눌 친구가 절실히 필요해진다. 인생이란 험난한 항해를 같이 겪고 있다는 동지애의 확인, 혹은 내 삶의 따뜻한 동반자라는 느낌이 전해져 오는 친구와 같이 있는 시간에는 이 세상도 한 번 살아 볼 만하다는 용기가 솟는다.

목소리만 듣고도 친구가 처해 있는 상황을 눈치채는 우정, 눈짓만 보아도 친구가 무엇을 원하는지 알아채는 우정, 그런 돈독한 우정을 상호 간에 교환하고 있는 이들이라면, 그렇다면 적어도 실패한 삶은 아니라고 단정할 수 있는 것이다.

바 살아가면서 그런 우정을 가꾸는 이들을 종종 만난다. 비록 나의 친구는 아니지만 그 모습을 보는 일은 참 아름답다. 언젠가 친구가 사업에 실패해서 낙향(落鄕)하여 쓸쓸히 살아가는 것을 안쓰러워하다 못해 자기도 다니던 직장을 정리하고 가족과 함께 시골로 내려가 친구 옆에서 땅을 일구는 사람을 만난 적이 있었다.
시골로 거처를 옮기거나 이사하여

이미 결혼하여 각각의 식솔을 이끌고 있는 두 사람한테는 참으로 어려운 결정이었겠지만, 양쪽 집의 가족들
한 집안에 딸린 구성원
모두는, 한결같이 이렇게 말하는 것이었다. 냉혹한 이 세상에 대항하기 위해 두 집이 힘을 합쳤으니 얼마나 든든하냐고.

> **가운데** 험난한 인생을 살아갈 때 필요한, 진정한 □□을 나눌 수 있는 친구

끝 **사** 누군가는 말했다. 친구 없이 사는 일만큼 무서운 사막은 없다고. 또 누군가는 말했다. 친구 없이 사는 것은 증인 없이 죽는 일이라고.

그 말들을 새기고 있으면 불현듯 마음이 찡해 온다. 나는 지금 무서운 사막을 홀로 걷고 있는 것은 아닌지, 지금 내 삶의 의미를 설명해 줄 단 한 사람의 증인도 없이 마음을 닫고 살아가는 것은 아닌지.

하지만 우정은 상호 간의 교류이다. 일방적인 행위가 결코 아닌 것이다. 말하자면 내가 먼저 쌓아야 할 탑이고 내가 밭을 경작해서 맺어야 할 열매인 것이다. 그럼에도 불구하고 탑을 제대로 쌓는 사람, 혹은 빛깔 곱고 아름다운 열매를 맺는 사람은 참 드물다. 친구는 많지만 진정으로 벗이라 부를 만한 이는 몇이나 되는지, 그것만이라도 한 번쯤 되새겨 보며 살아야 하는 것 아닐까.

> **끝** 진정한 □이 될 수 있도록 노력하는 자세의 필요성

콕콕 정리

◆ **이 글에 쓰인 문학적 표현과 그 의미 ②**

문학적 표현	의미
사막	고독한 삶
• 내가 먼저 쌓아야 할 탑 • 내가 밭을 경작해서 맺어야 할 열매	자신이 먼저 노력하여 진정한 벗이 되어야 함.

교과서 핵심 개념

◆ **글쓴이가 말하고자 하는 바**

• 자신의 학창 시절 경험
• 돈독한 우정을 가꾼 두 사람의 사례

↓

• 험난한 인생을 살아가기 위해서는 어려움을 함께할 수 있는 진정한 벗이 필요함.
• 진정한 벗을 얻기 위해서는 자신이 먼저 상대에게 참다운 벗이 되어야 함.

이와 같은 글을 읽은 후에, 독자는 글에 드러난 글쓴이의 인생관과 가치관을 파악하고 이를 바탕으로 자신의 삶을 성찰해 볼 수 있다.

---

1 이 글에 대한 설명으로 적절한 것은?

① 주장에 대한 근거로 글쓴이의 경험을 제시하고 있다.
② 대조적 의미를 지닌 소재를 활용하여 주제를 드러내고 있다.
③ 과거에서 현재로, 다시 과거로 돌아오는 구성을 취하고 있다.
④ 문학적 표현을 사용하여 말하고자 하는 바를 효과적으로 전달하고 있다.
⑤ 경험을 통해 발견한 사회적 문제에 대한 글쓴이의 의견을 제시하고 있다.

교과서 핵심 개념

2 이 글을 읽고 자신의 삶을 성찰한 내용으로 적절하지 않은 것은?

① 나에게도 진정한 친구가 있는지 생각해 봐야겠어.
② 돈독한 우정을 나눌 수 있는 친구를 꼭 만들어야겠어.
③ 친구의 수를 늘리기 위해 동아리 활동을 많이 해야겠어.
④ 힘든 일을 겪고 있는 친구에게 다가가 힘이 돼 주어야겠어.
⑤ 눈짓만 봐도 서로 마음이 통하는 친구가 되도록 노력해야겠어.

교과서 핵심 개념

3 글쓴이가 궁극적으로 말하고자 하는 바로 가장 적절한 것은?

① 진정한 우정은 희생을 통해 맺어진다.
② 인생은 항해와 비슷해서 끝없는 인내가 필요하다.
③ 냉혹한 세상을 살아가기 위해서는 가족끼리 힘을 합쳐야 한다.
④ 어렵게 살아가는 이웃들에게 따뜻한 애정과 관심을 보여야 한다.
⑤ 진정한 친구를 얻기 위해서는 내가 먼저 참다운 벗이 되어야 한다.

4 글쓴이가 ㉠과 같은 친구가 필요하다고 한 이유로 가장 적절한 것은?

① 진정으로 벗이라고 부를 만한 사람이 없기 때문에
② 따뜻한 마음으로 실패한 삶을 위로해 주기 때문에
③ 경제적으로 어려울 때 도움을 받을 수 있기 때문에
④ 세상을 현명하게 살아가는 방법을 배울 수 있기 때문에
⑤ 험난한 삶을 함께 헤쳐 나갈 수 있는 용기를 주기 때문에

서술형

5 다음에서 설명하는 소재를 (사)에서 모두 찾아 쓰시오.

> • '우정'을 의미하는 대상임.
> • 자신이 먼저 노력해서 이루어야 할 대상을 의미함.

연극할 때 나는 무슨 역할을 맡을까?

다음 그림을 참고하여 연극을 하기 위해 필요한 역할들을 알아보고, 하고 싶은 역할을 정해 보자.

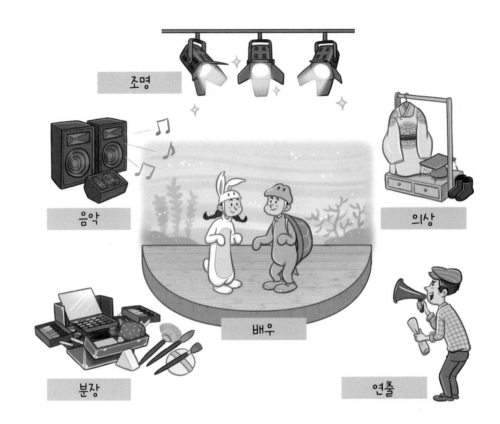

조명

음악

의상

배우

분장

연출

●●●○ 📶   100% 🔋

visangstagram

비상이 @Visang

오늘은 친구들과 연극하기 활동을 하기 위해 각자 역할을 정해 보았다. 처음 연극을 한다고 했을 때 나는 연기를 못해서 걱정이 많았다. 하지만 연극을 상연할 때에는 배우뿐만 아니라 조명, 음악, 연출, 분장, 의상 등 다양한 역할이 필요하다는 것을 알게 되었다. 음악을 좋아하는 나는 음악 감독을 맡기로 했다. 좋은 무대를 만들 수 있도록 열심히 노력해야지.

#연극하기 #나는야음악감독 #웅장한노래추천좀

III

비문학

1 설명하는 글

① 설명하는 글

(1) 설명하는 글의 개념과 구성

설명하는 글은 어떤 지식이나 정보를 독자가 정확하고 쉽게 이해할 수 있도록 풀어 쓴 글이다.

처음(머리말)	→	가운데(본문)	→	끝(맺음말)
• 설명 대상, 글을 쓴 동기와 목적 등을 제시함. • 독자의 흥미를 유발함.		설명 대상을 구체적으로 설명함.		설명한 내용을 요약정리하고, 글을 마무리함.

(2) 설명하는 글의 특징

객관성	있는 그대로의 사실을 정확하게 전달함.
사실성	정보나 지식을 사실에 근거하여 전달함.
평이성	독자들이 이해할 수 있도록 쉽게 씀.
체계성	일정한 구조('처음 – 가운데 – 끝')에 따라 내용을 짜임새 있게 구성함.
명료성	뜻이 분명하게 전달되도록 문장을 정확하고 간결하게 씀.

(3) 설명하는 글을 읽는 방법

- 글쓴이가 설명하는 대상과 전달하는 정보를 파악하며 읽는다.
- 설명하는 내용이 사실인지, 객관적인지 판단하며 읽는다.
- 글의 구성과 글에 쓰인 설명 방법을 파악하며 읽는다.

교과서 핵심 개념

② 설명하는 글을 요약하며 읽기

요약하며 읽기는 글의 주요 내용을 간추려 정리하며 읽는 것을 말한다. 설명하는 글은 글의 체계적인 흐름에 따라 설명하는 대상에 대한 정보를 요약하며 읽는다.

- **요약하기의 일반적인 방법**

선택	핵심 단어나 중심 문장이 명확할 때에는 그것을 선택함.
삭제	반복되거나 불필요한 부분, 예로 든 부분은 삭제함.
일반화	구체적·개별적인 내용은 그 내용을 포괄할 수 있는 상위 표현으로 일반화함.
재구성	핵심 단어나 중심 문장이 불명확하거나 없을 때에는 제시된 내용을 바탕으로 중심 문장을 새롭게 구성함.

더 알아 두기

◆ 다양한 설명 방법

정의	대상의 개념이나 용어의 뜻을 밝히며 설명하는 방법
비교	둘 이상의 대상을 견주어 공통점을 중심으로 설명하는 방법
대조	둘 이상의 대상을 견주어 차이점을 중심으로 설명하는 방법
예시	대상에 대한 구체적인 예를 들어 설명하는 방법
분류	대상을 일정한 기준에 따라 나누거나 묶어서 설명하는 방법

◆ 주장하는 글과 이야기 글을 요약하며 읽는 방법

주장하는 글	주장과 근거를 중심으로 요약함.
이야기 글	• 이야기의 구성 요소인 인물, 사건, 배경을 중심으로 요약함. • 시간의 흐름이나 사건 전개에 따라 요약함.

꼼꼼 확인 문제

1 설명하는 글의 구성에서 설명 대상, 글을 쓴 동기 등을 제시하는 부분은 □□□이다.

2 구체적이거나 개별적인 내용은 그 내용을 포괄하는 상위 표현으로 □□□하여 요약할 수 있다.

3 글을 요약할 때 반복되는 내용, 예로 든 부분은 삭제한다.
(○ , ×)

❶ 이 고을은 강원 영동 산간 지역에 있으면서도, 날씨는 남해안에서 볼 수 있는 해양성 기후를 보이는 곳이다. ❷ 동백나무만 보이지 않을 뿐, 탱자나무, 대나무 등을 비롯해서 온갖 낙엽 교목과 활엽 교목이 자란다. 또, 이 고을에는 대나무, 탱자나무의 수목 한계선이 지나가기도 한다. 이를 그대로 보여 주는 것이 이 고을의 집 구조이다. 이렇게 깊은 산골이라면 대부분 '전(田)'자형 폐쇄식 주택이 일반적인 모습이다. 하지만 이곳은 남도에서나 볼 수 있는 '일(一)'자형 개방식 구조를 하고 있다. ❸ 그만큼 기후가 따스함을 알게 하는 부분이다.

❷ 일반화: (따스한 해양성 기후 때문에) 지리적 특성과 맞지 않게 발생하는 현상들

❶은 중심 문장이므로 선택함.

❷의 예로 든 문장들은 그것을 포괄하는 표현인 '따스한 해양성 기후 때문에 발생하는 현상들'로 일반화함.

❶과 ❷를 '이 고을은 강원 영동 산간 지역임에도 해양성 기후가 나타나 지리적 특성과 맞지 않는 현상들이 발생한다.'로 재구성함.

❸은 반복되는 부분이므로 삭제함.

더 알아 두기

◆ **글의 통일성을 평가하는 기준**
• 글의 주제가 분명하게 드러나는가?
• 글의 흐름이 자연스러운가?
• 글의 주제에서 벗어난 문단은 없는가?
• 문단 안의 각 문장이 중심 내용을 뒷받침하고 있는가?

◆ **설명하는 글을 예측하며 읽기**
예측하며 읽기는 글을 읽는 과정에서 배경지식, 읽기 맥락, 글에 드러난 정보 등을 토대로 글의 내용을 추측하며 읽는 것을 말한다. 설명하는 글은 정보 전달을 목적으로 하므로 글쓴이가 전달하고자 하는 정보나 지식이 무엇인지, 어떤 내용을 전달하고자 하는지를 위주로 예측하며 읽는다.

😊 교과서 핵심 개념

❸ 통일성을 갖춘 글 쓰기

(1) 통일성의 개념과 효과
통일성은 글의 내용이 하나의 주제로 긴밀하게 연결되는 것을 말한다. 통일성을 갖춘 글은 독자가 글의 내용을 분명하게 이해하는 데 도움을 준다.

(2) 통일성을 갖춘 글을 쓰는 과정

계획하기	글의 목적, 예상 독자, 주제, 글의 종류 등을 정함.

↓

내용 생성하기	• 내용 수집하기: 다양한 매체를 통해 주제와 관련된 내용을 중심으로 자료를 수집함. • 내용 선정하기: 수집한 자료를 정리한 후, 주제와 거리가 멀거나 불필요한 자료는 삭제하고, 주제와 밀접한 관련이 있는 자료를 선정함.

↓

내용 조직하기	• 주제와 관련이 있는 내용을 중심으로 개요를 작성함. • 상위 항목과 하위 항목을 적절하게 구분하여 내용을 배치함.

↓

표현하기	• 계획한 내용과 개요를 바탕으로 글을 씀. • 하나의 주제를 중심으로 내용과 내용을 긴밀하게 연결함.

↓

고쳐쓰기	• 글의 주제와 관련 없는 문단은 삭제함. • 각 문단에서, 문단의 중심 내용과 관련 없는 문장은 삭제함. • 글의 흐름을 고려했을 때, 이동해야 하는 문장이 없는지 확인함.

🔍 꼼꼼 확인 문제

4 독자들은 자신의 배경지식, 글에 나타난 정보나 읽기 맥락 등을 활용하여 예측하며 글을 읽을 수 있다. (○ , ×)

5 통일성은 하나의 ☐☐을/를 중심으로 글의 내용이 긴밀하게 연결되는 것을 의미한다.

6 개요를 토대로 직접 글을 쓰는 단계는 '계획하기'이다. (○ , ×)

바로바로 개념 적용

은행 문은 왜 안쪽으로 열릴까 _이재인

갈래	설명하는 글	성격	분석적, 논리적, 객관적
제재	문이 열리는 방향	주제	문이 열리는 방향에 담긴 건축의 원리
특징	• 구체적인 사례를 들어 문이 열리는 방향의 결정 요인을 설명함. • 처음 부분에서 제기한 질문의 답을 끝부분에 제시하며 글을 마무리함.		

"은행 문은 왜 안쪽으로 열리는 걸까?"

처음

가 한 손에는 우산과 가방을 들고 다른 손으로 유모차를 밀며 은행 문을 나서던 사람의 푸념이다. 생각해 보니 이런 불평에도 일리가 있다. 문을 밖으로 열리게 했으면
<u>마음속에 품은 불평을 늘어놓음. 또는 그런 말</u>
그것을 밀면서 나올 수 있었을 텐데. / 그러나 세상에 까닭 없는 선택은 없다. 반드시 그렇게 해야 할 까닭이 따로 있을 것이다. 은행 문은 왜 밖으로 열지 못하게 되어 있을까? 그 까닭을 자세히 알기 전에 우선 문에 관해서 알아보자.

▶ 은행 문이 열리는 방향에 대한 의문 제기

나 문은 여닫는 방법에 따라 크게 옆으로 밀어 여는 미닫이문과 안팎으로 여닫는 여닫이문이 있는데, 여닫이문은 다시 실내를 기준으로 하여 문이 안쪽으로 열리는 안여닫이와 바깥쪽으로 열리는 밖여닫이, 그리고 안팎으로 모두 열리는 양 여닫이로 나뉜다. 그런데 이러한 문들은 건물의 쓰임새에 따라 어떤 건물에는 안여닫이가, 어떤 건물에는 밖여닫이가 사용된다. 문이 열리는 방향이 왜 이렇게 달라야 할까? 무엇을 기준으로 안여닫이와 밖여닫이로 나뉘는 것일까? 여기에는 사회의 관습이나 개인의 기호와 같은 다양한 변수가 작용한다. 그러나 이를 기능의 측면에 <u>국한해서</u> 살펴보면,
<u>범위를 일정한 부분에 한정해서</u>
건축에서 문의 방향을 결정하는 요인은 크게 세 가지 정도로 꼽을 수 있다. 첫째, 공간의 활용, 둘째, 비상시의 대피, 셋째, <u>행동 과학</u>이 그것이다.
<u>인간 행동의 일반 법칙을 체계적으로 연구하는 학문</u>
이 세 가지 측면을 중심으로 우리가 사는 주택부터 살펴보자.

▶ 문의 다양한 종류와 문의 방향을 결정하는 요인

현관문

가운데

다 현관은 개인의 공간인 집 안과 사회의 공간인 집 밖을 연결하는 통로 역할을 한다. 현관문은 보통 밖으로 열리는데, 그 방향을 결정하는 요인은 주거 형태가 아파트냐 아니냐에 따라 다르다.

▶ 보통 밖으로 열리는 현관문

라 아파트를 제외한 주택의 현관문은 문을 여닫는 방향을 결정하는 요인이 공간 활용인 측면이 강하다. 신을 신고 실내로 들어가는 외국과 달리 한국에서는 신을 벗고 실내로 들어간다. 즉 신을 벗어 둘 공간이 필요한 것이다. 그 공간의 크기는 집의 규모에 따라 다르겠지만 대략 1제곱미터(m^2) 내외이고 현관문의 폭도 1미터(m) 내외이니, 만약 현관문이 안으로 열린다면 문을 열 때마다 현관에 벗어 둔 신들이 이리저리 쓸려 다닐 것이다. 물론 현관이 아주 넓다면 상관없겠지만, 일반적으로 사람들은 현관보다 방 공간이 더 넓기를 원한다.

▶ 아파트 이외의 주택 현관문이 열리는 방향을 결정하는 요인: 공간 활용

지문 체크 ✓

1 여닫이문은 실외를 기준으로 안여닫이와 밖여닫이, 양 여닫이로 나뉜다. (○ , ×)

2 문의 방향을 결정하는 요인은 크게 공간의 크기, 비상시의 대피, 행동 과학을 꼽을 수 있다. (○ , ×)

3 방 공간보다 현관이 더 크기를 바라는 사람들의 심리 때문에 일반 주택의 현관문은 열리는 방향이 바깥쪽이다. (○ , ×)

이와 같은 글을 요약하는 방법

문단별 중심 내용을 찾고, 글의 주제를 중심으로 내용을 요약함.

(다)	첫 번째 문장을 삭제하고, 두 번째 문장을 선택하여 주거 형태에 따라 현관문이 열리는 방향을 결정하는 요인이 다르다는 점을 요약함.
(라)	첫 번째 문장을 선택하고, 나머지 문장을 삭제하여 주택 현관문이 열리는 방향을 결정하는 요인이 공간 활용이라는 점을 요약함.

1 이와 같은 글을 요약하는 방법으로 적절하지 않은 것은?

① 중심 문장이 없는 경우 내용을 재구성한다.
② 구체적, 개별적인 내용은 포괄적인 내용으로 바꾼다.
③ 글에 나타난 글쓴이의 주장과 근거를 중심으로 정리한다.
④ 글의 갈래를 고려하여 정보나 설명 내용을 중심으로 요약한다.
⑤ 글의 구성 단계를 고려하여 각 문단의 중심 문장을 토대로 글 전체의 핵심 내용을 간추린다.

마 그에 비해 아파트의 현관문은 비상시의 대피를 더 중요시한다. 아파트는 여러 세대가 밀집해서 사는 공동 주택이다. 이러한 아파트에 사고가 난다면 많은 사람이 동시에 재난을 당할 수 있다. 그래서 문을 여닫는 방향은 사람들의 대피가 수월하도록 반드시 피난 방향으로 열리게 법으로 규정하고 있다. 즉 아파트의 현관문은 사람들이 들어오는 것보다 나가는 데에 더 큰 관심이 있음을 뜻한다.
▶ 아파트 현관문이 열리는 방향을 결정하는 요인: 비상시 대피

방문

바 우리가 실생활에서 가장 많이 사용하는 문은 방문일 것이다. 방문은 보통 안쪽으로 열리는데, 그 결정 요인은 공간 활용과 행동 과학으로 설명할 수 있다.
▶ 보통 안쪽으로 열리는 방문

사 현대 주택에서 방과 방은 보통 거실을 중심으로 연결되어 있다. 그런데 방문이 모두 방의 바깥쪽, 즉 거실 쪽으로 열린다면 거실은 방문에 가려서 그저 좀 큰 복도와 같이 되어 버릴 것이다. 이는 공간 활용 면에서 매우 비효율적이다. / 행동 과학의 측면에서는 어떨까? 간단한 일상의 예로 이해해 보자. 민형이 어머니는 밤늦도록 공부하는 아들을 위해 간식을 준비해서 아들의 방문을 두드린다. 그 순간 방 안에서 공부하던 민형이가 방문을 밖으로 열고 나온다면? 당연히 어머니와 부딪히고, 어머니가 준비한 간식은 바닥에 나동그라지고 말 것이다. 생각해 보라. 어느 누가 자기 방에서 나오면서 노크를 하고 나오겠는가. 이처럼 방문을 안쪽으로 열도록 다는 것은 방 밖에 있는 누군가를 배려하기 위해서이다. ▶ 현대 주택의 방문이 안쪽으로 열리는 요인: 공간 활용과 행동 과학

은행 문이 안쪽으로 열리는 까닭

아 끝 자, 여기까지 읽었는데도 원하는 답은 안 나오고 계속 골치 아픈 이야기만 계속된다고 생각하시는 분들을 위해 은행 문이 열리는 방향을 결론지을까 한다. / 은행은 다른 어느 곳보다도 안전과 신용을 중시하는 곳이다. 물론 모든 건축이 안전을 전제한다는 점은 은행과 마찬가지이다. 단지 대부분의 건축이 생각하는 안전은 재난으로부터의 대피에 주 관심사가 놓여 있는 데 비해, 은행은 도난으로부터의 안전이 주 관심사인 차이가 있다. 그래서 은행에는 안여닫이를 다는 것이다. 도둑이나 강도가 범죄를 저지르고 도망칠 때 쉽게 도망치지 못하도록 말이다. / 물론 은행에도 화재가 일어날 수 있고, 많은 사람이 출입하는 공공장소이기 때문에 대피에 관한 관심을 완전히 <u>배제</u>할 수는 없다. 받아들이지 아니하고 물리쳐 제외할 그러나 대부분 은행은 1층, 그것도 큰길에 바로 접해 있다. 그만큼 외부로 대피하기 쉬우므로 도난으로부터의 안전을 우선시하는 것이다. 물론 은행의 안전이 출입문 하나로 해결되는 것은 아니다. 그러나 문을 안으로 열게 하여 단 1초라도 도둑의 도피 시간을 지연하자는 의도가 거기에 숨어 있다.
▶ 은행 문이 안쪽으로 열리는 이유: 도난에 대한 대비

자 그러고 보면 드나듦을 목적으로 한다는 문이지만 들고[入] 남[出]이 똑같지는 않은 듯싶다. 적어도 현대에 와서 문은 들어오는 것보다는 나가는 데에 더 큰 관심이 있는 것 같으니 말이다. 과연 독자들의 집 문은 사람들이 들어오는 것에 관심이 많은가, 아니면 나가는 것에 관심이 많은가? ▶ 들고[入] 남[出]에 대한 관심도가 반영되어 있는 문의 방향

지문 체크 ✓

4 아파트는 여러 세대가 밀집해 사는 공동 주택이기 때문에 사람들의 □□이/가 수월하도록 현관문이 바깥쪽으로 열린다.

5 방문이 방의 바깥쪽으로 열린다면 □□의 공간 활용은 비효율적일 것이다.

6 은행은 재난으로부터의 대피보다 □□으로부터의 안전이 주 관심사이기 때문에 문이 □□으로 열린다.

이 글의 통일성 판단

(라), (마)	• 주택의 현관문은 공간 활용 측면에서 밖으로 열림. • 아파트의 현관문은 비상시의 대피가 수월하도록 밖으로 열림.
(바), (사)	현대 주택의 방문은 공간 활용과 행동 과학 측면에서 안쪽으로 열림.
(아), (자)	은행 문은 도난으로부터의 안전을 우선시하여 안쪽으로 열림.

↓

'문이 열리는 방향에 담긴 건축의 원리'라는 하나의 주제로 글의 내용이 통일성 있게 연결되어 있음.

2 이 글의 통일성을 점검하기 위한 질문으로 적절하지 <u>않은</u> 것은?

① 글의 주제가 분명하게 드러나는가?

② 글이 자연스러운 흐름에 따라 서술되었는가?

③ 다양한 종류의 매체에서 수집한 자료를 활용하였는가?

④ 각 문단에서 문단의 중심 내용에 어긋나는 문장이 있는가?

⑤ 글의 내용이 하나의 주제를 중심으로 긴밀하게 연결되었는가?

01 조상의 슬기가 낳은 석빙고의 비밀 ❶ _이광표

핵심 콕콕
• 설명하는 글을 요약하는 방법 이해하기
• 선택, 삭제, 일반화, 재구성 등의 방법으로 글을 요약하기

처음 **가** 여름이 되면 냉장고에 있는 얼음에 자꾸 손이 가기 마련이다. ㉠지금은 집집마다 냉장고가 있어서 손쉽게 얼음을 구할 수 있다. ㉡그런데 옛사람들도 더운 여름에 얼음을 사용했다고 한다. ㉢냉장고가 없었는데, 어떻게 얼음을 구했을까? ㉣냉장고가 없었던 옛날, 우리 조상들은 겨울에 채취한 얼음을 석빙고(石氷庫)에 저장했다가 여름에 사용했다. ㉤겨울철에 석빙고에 저장한 얼음을 어떻게 한여름까지 보관할 수 있었는지, 그 비밀을 알아보자.

얼음을 넣어 두던 창고

갈래	설명하는 글
성격	분석적, 체계적
제재	석빙고
주제	석빙고의 얼음 저장 원리
특징	• 석빙고의 얼음 저장 과정에 담긴 과학적 원리를 구체적으로 설명함. • 처음 부분에 질문을 제시하여 독자의 흥미와 궁금증을 유발함.

처음 우리 조상들이 얼음을 저장했던 ☐☐☐

가운데 **나** ⓐ석빙고의 얼음 저장 과정은 냉각과 저온 유지의 두 단계로 나뉜다. 얼음을 넣기 전에 내부를 냉각하는
식혀서 차게 함.
것이 첫 번째 단계이고, 얼음을 넣은 뒤 7~8개월 동안 내부 온도를 낮게 유지하는 것이 두 번째 단계이다. 두 단계 중 어느 하나라도 잘못되면 더운 여름철에 차가운 얼음을 맛볼 수 없다.

다 첫 번째 단계는 겨울에 석빙고의 내부를 냉각하는 것이다. 석빙고 내부를 차게 만드는 것은 얼음을 저장하는 데 가장 기본적인 작업이라고 할 수 있다. 전문가들이 측정한 바에 따르면 경주 석빙고의 겨울철 내부 온도는 평균 영상 3.9도라고 한다. 일반적으로 건물의 지하실 내부 평균 온도가 영상 15도 안팎이라는 것을 생각하면 석빙고 내부가 얼마나 차가운지 쉽게 알 수 있다.

▲ 석빙고의 외부

날개벽

라 겨울이라고 해도 건물 내부를 냉각하는 것이 쉽지는 않다. 그런데 우리 조상들은 어떻게 석빙고 내부를 잘 냉각할 수 있었을까? 그 비밀은 석빙고 출입문 옆에 세로로 튀어나온 '날개벽'에 숨어 있다. 겨울에 부는 찬 바람은 날개벽에 부딪히면서 소용돌이로 변한다. 이 소용돌이는 추진력이 있어서 빠르고 힘차게
물체를 밀어 앞으로 내보내는 힘
석빙고 내부 깊은 곳까지 밀고 들어간다. 석빙고 내부는 그렇게 해서 냉각된다.

마 두 번째 단계는 2월 말 무렵에 얼음을 저장하고 나서 7~8개월 동안 석빙고 내부를 저온 상태로 유지하는 것이다. 늦겨울에 저장한 얼음은 봄이 지나고 여름이 되어도 녹지 않아야 한다. 전혀 녹지 않게 할 수는 없겠지만, 석빙고 내부를 저온 상태로 유지해 녹는 속도를 최대한 늦춰야 하는 것이다. 그렇다면 어떻게 한여름에도 저온 상태를 유지할 수 있었을까?

콕콕 정리

🙂 교과서 핵심 개념
◆ **문단별 중심 내용과 요약 방법 ①**

(가)	겨울철에 석빙고에 저장한 얼음을 어떻게 한여름까지 보관할 수 있었는지 알아보자. → 선택
(나)	석빙고의 얼음 저장 과정은 냉각과 저온 유지의 두 단계로 나뉜다. → 선택
(다)	(석빙고 얼음 저장 과정의) 첫 번째 단계는 겨울에 석빙고의 내부를 냉각하는 것이다. → 선택
(라)	석빙고 출입문 옆의 날개벽을 이용하여 석빙고 내부를 냉각하였다. → 재구성
(마)	석빙고의 얼음 저장 과정의 두 번째 단계는 내부를 저온 상태로 유지하는 것이다. → 선택, 삭제

◆ **석빙고의 얼음 저장 과정**

냉각	겨울철에 석빙고의 내부를 냉각함.

↓

저온 유지	얼음 저장 후 석빙고의 내부 온도를 저온 상태로 유지함.

1 이와 같은 글을 읽는 방법으로 적절하지 **않은** 것은?

① 정보를 전달하는 방식을 고려하며 읽는다.
② 글쓴이의 개성이 드러난 표현을 찾으며 읽는다.
③ 필요한 정보와 불필요한 정보를 구분하며 읽는다.
④ 글에 담긴 정보가 정확한 것인지 판단하며 읽는다.
⑤ 글쓴이가 설명하려는 대상이 무엇인지 파악하며 읽는다.

2 이 글의 내용으로 알맞지 **않은** 것은?

① 냉장고가 없던 옛날에도 여름에 얼음을 먹을 수 있었다.
② 석빙고는 얼음을 만들기도 하고 보관하기도 하는 장소였다.
③ 석빙고 내부 온도는 일반적인 건물의 지하실 평균 온도보다 낮았다.
④ 석빙고의 내부는 날개벽에 부딪혀 소용돌이로 변한 바람에 의해 냉각된다.
⑤ 석빙고에 얼음을 저장하고 난 후에는 석빙고의 내부를 저온 상태로 유지하는 것이 관건이었다.

🙂 교과서 핵심 개념

3 (가)를 요약하는 과정으로 적절하지 **않은** 것은?

① ㉠은 중요하지 않은 내용이니까 요약할 때 필요하지 않아.
② ㉡은 ㉠을 요약한 문장이니까 요약할 때 활용해야겠어.
③ ㉢은 독자의 흥미를 유발하기 위한 문장으로, 중심 내용이 아니야.
④ ㉣의 '석빙고'는 이 글의 중심 소재니까 표시를 하는 것이 좋겠어.
⑤ ㉤은 설명할 대상을 밝히고 있는 중심 문장이니까 이 문장을 선택해야겠어.

🙂 교과서 핵심 개념

4 (마)를 〈보기〉와 같이 요약할 때, 사용한 요약 방법으로 알맞은 것은? (정답 2개)

┌ 보기 ├
　　두 번째 단계는 2월 말 무렵에 얼음을 저장하고 나서 7~8개월 동안 석빙고 내부를 저온 상태로 유지하는 것이다.

① 삭제　　　　② 선택　　　　③ 일반화
④ 재구성　　　⑤ 조직화

5 ⓐ의 뒤에 이어질 내용을 예측한 내용으로 적절한 것은?

① 석빙고의 과학적 우수성이 나열될 거야.
② 석빙고에 얼음을 저장하는 이유가 밝혀질 거야.
③ 석빙고의 얼음 저장 과정을 단계적으로 설명할 거야.
④ 석빙고와 냉장고의 차이점을 대조의 방식으로 설명할 거야.
⑤ 석빙고에 얼음을 저장하여 여름철에 얼음을 먹은 예가 제시될 거야.

바 그 비밀을 알려면 먼저 석빙고의 절묘한 천장 구조를 살펴보아야 한다. 석빙고의 천장은 아래 사진에서
<u>비할 데가 없을 만큼 아주 묘한</u>
보듯, 1~2미터 간격을 두고 나란히 배치된 4~5개의 <u>아치형</u> 구조물로 이루어져 있다. 각각의 아치 사이에는
<u>활과 같은 곡선으로 된 형태나 형식</u>
자연히 움푹 들어간 공간이 생기게 된다. 이 공간을 '에어 포켓'이라고 하는데, 여기에 비밀이 숨어 있다. 얼음
을 저장하고 나서 시간이 지나면 내부 공기는 조금씩 더워진다. 하지만 더운 공기가 위로 뜨는 순간 그 공기는
에어 포켓에 갇혀 아래로 내려올 수 없게 된다. 에어 포켓에 갇힌 더운 공기는 에어 포켓 위쪽에 설치된 환기구
를 통해 밖으로 빠져나간다. 이렇게 해서 석빙고 내부는 한여름에도 저온 상태를 유지할 수 있었다. 실로 놀라
운 구조이다.

사 석빙고가 한여름에도 저온 상태를 유지할 수 있었던 비밀은 또 있다. 우리 조상들은 얼음 보관에 치명적
인 물을 재빨리 밖으로 <u>빼내려고</u> 바닥에 배수로를 만들었다. 또한 빗물이 석빙고 안으로 새어 들어가는 것을
<u>물이 빠져나갈 수 있도록 만든 길</u>
막으려고 석빙고 외부에 석회와 진흙으로 방수층을 만들었다. 얼음과 벽, 얼음과 천장, 얼음과 얼음 사이에는
밀짚, 왕겨, 톱밥 등의 단열재를 채워 넣어 외부 열기를 차단했다. 또 석빙고 외부에 잔디를 심었는데, 이는 햇
<u>보온을 하거나 열을 차단할 목적으로 쓰는 재료</u>
빛을 흐트러뜨려 열전달을 방해하는 효과가 있었다.

▲ 석빙고 내부

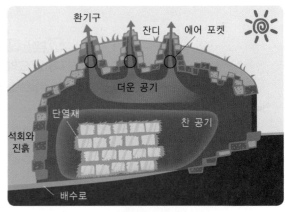

▲ 석빙고 단면도

가운데 석빙고의 얼음 ☐☐ 과정과 원리

끝 **아** 지금까지 겨울철에 석빙고에 저장한 얼음을 한여름까지 보관할 수 있었던 비밀을 알아보았다. 우리 조상
들은 자연의 원리를 잘 알고 그것을 활용하여 석빙고라는 놀라운 과학적 구조물을 만들었다. 그 덕분에 여름에
도 시원한 얼음을 즐길 수 있었다. 이와 같이 석빙고에는 과학적 원리를 이용한 우리 조상들의 슬기가 담겨 있
다.

끝 조상의 ☐☐가 담긴 석빙고

콕콕 정리

◆ 문단별 중심 내용과 요약 방법 ②

(바)	더운 공기를 에어 포켓에 가두었다가 밖으로 내보내는 천장 구조를 통해 석빙고 내부를 저온 상태로 유지할 수 있었다. → 재구성
(사)	석빙고는 배수로, 방수층, 단열재, 잔디 등을 이용하여 한여름에도 저온 상태를 유지하였다. → 재구성
(아)	석빙고에는 과학적 원리를 이용한 우리 조상들의 슬기가 담겨 있다. → 선택

◆ 석빙고의 얼음 저장 원리

냉각의 원리	석빙고의 출입문 옆 날개벽에 부딪힌 찬 바람이 소용돌이로 변하여 석빙고 내부 깊숙이 들어가 내부의 온도를 낮춤.
저온 유지의 원리	더운 공기를 에어 포켓에 가두어 환기구를 통해 내보내는 천장 구조와 배수로, 방수층, 단열재, 잔디 등을 이용함.

◆ 이 글의 구조

```
       조상의 슬기가 낳은
        석빙고의 비밀
```

처음	가운데	끝
우리 조상들이 얼음을 저장했던 석빙고 소개	석빙고의 얼음 저장 과정과 원리 설명	석빙고에 담겨 있는 조상의 슬기 강조

1단계: 석빙고 내부의 냉각 원리
2단계: 석빙고 내부의 저온 상태 유지 원리

---

1 글쓴이가 이 글을 쓴 목적으로 알맞은 것은?

① 석빙고가 현재까지 전해지는 이유를 밝히기 위해

② 석빙고에 조상의 지혜가 담겨 있음을 주장하기 위해

③ 과학적 원리를 이용한 석빙고의 우수성을 알리기 위해

④ 석빙고 보존에 대한 사람들의 관심을 이끌어 내기 위해

⑤ 옛날의 석빙고와 오늘날 냉장고의 구조를 비교하기 위해

2 이 글의 내용과 일치하지 않는 것은?

① 석빙고는 한여름에도 저온 상태를 유지할 수 있었다.

② 석빙고의 천장은 4~5개의 아치형 구조물로 이루어져 있다.

③ 석빙고는 자연의 원리를 활용하여 만든 과학적인 구조물이다.

④ 에어 포켓에 갇힌 더운 공기는 외부 열기를 차단하는 데 효과가 있다.

⑤ 얼음 보관에 치명적인 물을 빼내려고 석빙고 바닥에 배수로를 만들었다.

3 (바)~(아)와 같은 글을 요약하는 방법으로 적절한 것은?

① 주장과 근거를 중심으로 요약한다.

② 인물, 사건, 배경을 중심으로 요약한다.

③ 문제와 해결 방안을 중심으로 요약한다.

④ 시간의 흐름이나 장소의 변화에 따라 요약한다.

⑤ 설명하는 대상에 대한 정보를 중심으로 요약한다.

4 (바)와 (사)를 요약할 때 들어갈 단어가 아닌 것은?

① 배수로 ② 방수층 ③ 단열재

④ 천장 구조 ⑤ 아치형 구조물

🖊 서술형

5 다음은 이 글 전체를 요약한 것이다. 빈칸에 들어갈 알맞은 말을 (아)에서 찾아 2어절로 쓰시오.

> 우리 조상들은 겨울에 채취한 얼음을 석빙고에 저장하여 한여름까지 보관할 수 있었다. 이런 석빙고의 얼음 저장 과정은 냉각 단계와 저온 유지 단계로 나뉜다. 첫 번째 단계는 겨울에 석빙고의 내부를 냉각하는 것인데 날개벽을 이용하였다. 두 번째 단계는 석빙고 내부를 저온 상태로 유지하는 것인데 '에어 포켓'을 만드는 천장 구조와 배수로, 방수층, 단열재, 잔디를 이용하였다. 이처럼 석빙고에는 과학적 원리를 이용한 우리 [   ]가 담겨 있다.

02 관계는 첫인상부터 시작된다 ❶ _이철우

핵심 콕콕 • 글의 중심 내용 요약하기
• 배경지식이나 읽기 맥락 등을 활용하여 글의 내용 예측하기

관계는 첫인상부터 시작된다

❶ 이 글의 제목을 보니 글쓴이는 인간관계에서 '첫인상'이 어떤 역할을 하는지 설명하려는 의도로 이 글을 쓴 것 같아.

❷ 이 글은 설명하는 글이니 설명하는 글의 일반적인 구조에 따라 내용이 '처음 - 가운데 - 끝'으로 전개되겠지?

처음 가 사람 사이의 모든 관계는 만남에서 시작된다. 만남 없는 관계란 있을 수 없고, 설사 있다 하더라도 극히 드물다. 다른 사람과 직접 얼굴을 마주하는 만남이 일반적이지만 전화나 전자 우편을 통한 만남도 얼마든지 있을 수 있다. 이러한 만남 가운데 가장 중요한 것은 첫 만남인데, 왜냐하면 사람들이 처음에 형성된 인상을 좀처럼 바꾸려 하지 않기 때문이다.

처음 ☐☐☐이 중요한 까닭

갈래	설명하는 글
성격	해설적, 논리적
제재	가설 검증 바이어스
주제	'가설 검증 바이어스'의 개념과 첫인상의 위험성
특징	• 어떤 현상이 나타나는 원인을 밝혀 설명하고 있음. • 다양한 예를 들어 독자의 이해를 돕고 있음.

가운데 나 사람들이 첫인상을 형성할 때에 사용하는 정보는 대단히 제한적이다. 쓸 수 있는 정보라고는 기껏해야 상대의 얼굴 생김새, 체격, 키 등의 겉모습과 몸짓, 말투 정도이다. 하지만 이러한 정보만으로도 우리는 상대의 첫인상을 무리 없이 형성한다. 무리가 없는 정도가 아니라 첫인상만으로 상대의 성격뿐만 아니라 모든 것을 판단해 버린다.

❸ 예전에 사람의 첫인상은 단 6초 만에 결정된다는 내용의 다큐멘터리를 본 적이 있어. 이 글도 사람들이 다른 사람의 첫인상을 쉽게 결정한다는 내용일까?

다 뚱뚱한 사람을 보면 낙천적일 것이라고 생각하는 사람이 있는가 하면, 먹는 것 하나 절제하지 못하는 사람으로 여기는 사람도 있다. 마찬가지로 마른 사람을 보고 지적이고 예리한 성격일 것이라고 생각하는 사람이 있는가 하면, 얼마나 예민하면 저렇게 살이 찌지 않았냐면서 날카로운 성격으로 단정해 버리는 사람도 있다. 이처럼 사람들은 자기의 경험과 지식을 잣대로 상대의 첫인상을 결정해 버린다.

라 사람들은 왜 극히 제한된 정보로 형성된 첫인상을 바꾸려고 하지 않을까? 여기에는 여러 가지 원인이 있겠지만 가장 중요한 원인은 우리들 마음속에 있는
<small>편견. 공정하지 못하고 한쪽으로 치우친 생각</small>
'가설 검증 바이어스'이다.

❹ '바이어스(bias)'가 '편견'이라는 뜻이니 '가설 검증 바이어스'는 어떤 가설을 검증할 때 편견이 들어가는 현상을 말하는 것 같군.

마 첫인상이 형성되고 난 다음에 사람들은 자신의 판단이 옳다는 것을 증명하는 정보만 선택적으로 받아들이고 자신이 내린 판단에 들어맞지 않는 정보는 무시하거나 쉽게 잊어버린다. 뚱뚱한 사람은 절제력이 부족하다고 생각하는 사람은 뚱뚱한 사람의 여러 행동 중에서 자기의 생각에 부합하는 것만 기억하고 나머지는 아예 무시해 버린다. 이 사람은 이러한 과정을 거듭하면서 자기의 생각이 옳다고
<small>사물이나 현상이 꼭 들어맞는</small>
제멋대로 확신해 버린다. 이러한 현상을 사회 심리학에서는 '가설 검증 바이어스'라고 부른다.

❺ '아예 무시해 버린다.', '제멋대로 확신해 버린다.'와 같은 표현을 보니, 글쓴이는 '가설 검증 바이어스'를 부정적으로 생각하는 것 같아.

콕콕 정리

😊 교과서 핵심 개념
◆ 문단별 중심 내용 ①

(가)	여러 만남 가운데 가장 중요한 첫 만남
(나)	제한적인 정보로 첫인상을 형성하는 사람들
(다)	자신의 경험과 지식을 기준으로 상대의 첫인상을 결정하는 사람들
(라)	사람들이 첫인상을 바꾸려고 하지 않는 까닭
(마)	'가설 검증 바이어스'의 개념

😊 교과서 핵심 개념
◆ 이 글의 내용 예측하기 ①

	예측할 때 활용한 요소	예측한 내용
❶	제목	글쓴이가 이 글을 쓴 의도
❷	배경지식	이 글의 구조
❸	배경지식	이 글의 내용
❹	배경지식과 문맥	낱말의 뜻
❺	글에 나타난 정보와 읽기 맥락	글쓴이의 생각과 태도

◆ '가설 검증 바이어스'의 개념

자신의 판단이 옳다는 것을 증명하는 정보 → 받아들임.

자신이 내린 판단에 들어맞지 않는 정보 → 받아들이지 않음.

'가설 검증 바이어스'는 사람들이 자신의 판단이 옳다는 것을 증명하는 정보만 선택적으로 받아들이고, 자신이 내린 판단에 들어맞지 않는 정보는 무시하거나 쉽게 잊어버리는 현상을 말한다.

😊 교과서 핵심 개념

1 (가)~(마)의 중심 내용으로 알맞지 <u>않은</u> 것은?

① (가): 여러 만남들 중에서 첫 만남이 가장 중요한 까닭
② (나): 제한적인 정보로 첫인상을 형성하는 사람들
③ (다): 사람들의 성격에 따라 결정되는 첫인상
④ (라): 사람들이 첫인상을 바꾸려고 하지 않는 까닭
⑤ (마): '가설 검증 바이어스'의 개념

😊 교과서 핵심 개념

2 ㉠과 같이 예측하며 글을 읽었다고 할 때, 예측한 내용으로 알맞은 것은?

① 글의 구조
② 이어질 내용
③ 글쓴이의 의도
④ 낱말이나 문장의 뜻
⑤ 글이 사회에 미칠 영향

😊 교과서 핵심 개념

3 ㉡에 대한 설명으로 적절한 것은?

① 배경지식을 활용하여 글의 내용을 예측하고 있다.
② 차례의 정보를 활용하여 책의 구조를 예측하고 있다.
③ 책의 제목과 표지를 활용하여 책의 내용을 예측하고 있다.
④ 글쓴이에 대한 정보를 활용하여 글을 쓴 의도를 예측하고 있다.
⑤ 글에 나타난 정보와 읽기 맥락을 활용하여 글쓴이의 생각과 태도를 예측하고 있다.

✍️ 서술형

4 다음에서 설명하는 용어를 이 글에서 찾아 쓰시오.

> 자신의 판단이 옳다는 것을 증명하는 정보만 선택적으로 받아들이고, 자신이 내린 판단에 들어맞지 않는 정보는 무시하거나 쉽게 잊어버리는 현상을 뜻한다.

바 사회 심리학자인 스나이더와 스완은 한 가지 실험을 통해 '가설 검증 바이어스'를 입증하였다. 이들은 실험 대상인 대학생들에게 자신들이 제시하는 질문으로 앞으로 만나게 될 사람의 성격을 판단해 달라고 하였다. 그리고 나서 이들은 내향적인 성격임을 증명하는 질문과 외향적인 성격임을 증명하는 질문 26개를 대학생들에게 보여 주었다. 그런 다음 어떤 사람을 만났을 때 그 사람의 성격을 판단하는 데 도움이 될 것 같은 질문 12개를 자신들이 제시한 26개의 질문 중에서 선택하라고 했다. 일반적으로 사람의 성격을 파악하기 위해서는 다양한 질문을 선택하기 마련이다. 하지만 실험 결과, 대학생 대부분은 그 사람의 성격이 외향적인가 내향적인가를 먼저 판단한 다음, 그것을 뒷받침할 수 있는 질문만 선택하였다. '가설 검증 바이어스'가 입증된 것이다.

> ❻ '가설 검증 바이어스'가 우리의 생활 전반에 영향을 미치고 있다는 내용으로 볼 때, 우리가 일상에서 접할 수 있는 '가설 검증 바이어스'의 사례가 이어질 것 같아.

사 이러한 '가설 검증 바이어스'는 첫인상뿐만 아니라 우리의 생활 전반에 영향을 미치고 있다. 혈액형에 따라 성격을 분류하는 '혈액형 성격학'이 들어맞는 것처럼 생각하는 주된 근거도 '가설 검증 바이어스'이다. 사람들은 상대의 혈액형에 부합한다고 생각하는 성격이나 행동만을 의도적으로 수집하고 또 그것들을 축적하여, 혈액형이 성격과 관련 있다고 믿는다. 가령, 사람들은 A형인 사람의 여러 행동 중 내성적이고 소심하다는 것을 입증할 수 있는 정보만을 받아들인다. A형의 사람이 대범하게 행동하는 것을 보더라도 대수롭지 않게 받아들이고 그것은 곧 기억에서 사라진다. 기억에 남는 것이 내성적이고 소심한 행동뿐이다 보니 혈액형 성격학이 맞는 것처럼 여기는 것이다.

아 미국의 한 심리학자가 사람의 성격을 나타내는 555개의 단어를 정리한 적이 있다. 555라는 숫자가 말해 주듯이 사람의 성격은 매우 다양하다. 게다가 사람의 성격이란 상황에 따라 서로 다른 모습으로 나타날 때가 많다. ㉡직장에서는 자상한 모습으로 일관하던 사람이 집에서는 엄한 아버지로 군림하는 것은 드문 일이 아니다. 또한 주변에 사람이 많으면 수줍어 말도 잘 못하던 친구가 친한 친구끼리 모였을 때에는 전혀 다른 모습을 보여 주는 경우도 많다. 사람의 성격에는 여러 가지 측면이 있을 수 있다는 이야기이다.

가운데 '□□□□□□□'의 개념과 그와 관련한 사례

> ❼ 이 글을 읽은 독자들은 첫인상만으로 사람을 판단하지는 않을 것 같아.

끝 **자** 첫인상은 여러 측면이 있을 수 있는 상대의 성격을 제한된 정보뿐인 자기의 잣대로 재단하여 마음대로 형성한 것이기에 위험하다. 이 모두가 '가설 검증 바이어스' 때문이라는 것은 두말할 필요가 없다. 따라서 우리는 '가설 검증 바이어스'를 버리고 지속적인 관계를 통해 상대의 실제 모습을 보아야 할 것이다.

끝 '가설 검증 바이어스'의 위험성과 글쓴이의 □□

콕콕 정리

교과서 핵심 개념

◆ 문단별 중심 내용 ②

(바)	'가설 검증 바이어스'를 입증한 스나이더와 스완의 실험
(사)	'가설 검증 바이어스'가 영향을 미치는 사례
(아)	여러 가지 측면이 있을 수 있는 사람의 성격
(자)	상대의 실제 모습을 보는 것의 중요성

교과서 핵심 개념

◆ 이 글의 내용 예측하기 ②

	예측할 때 활용한 요소	예측한 내용
❻	글에 나타난 정보와 읽기 맥락	이어질 내용
❼	글에 나타난 정보와 읽기 맥락	이 글이 사회에 미칠 영향

◆ '가설 검증 바이어스'에 대한 상반된 예

혈액형 성격학	'가설 검증 바이어스'가 우리 생활 전반에 미치는 영향을 보여 줌.

↕

사람의 성격 특성을 555개의 단어로 정리한 심리학자	'가설 검증 바이어스'를 가지고 사람을 판단하는 것이 문제가 있음을 보여 줌.

◆ 글쓴이의 당부

'가설 검증 바이어스'를 버리고 지속적인 관계를 통해 상대의 실제 모습을 보아야 한다.

1 이 글의 내용과 일치하지 않는 것은?

① '가설 검증 바이어스'는 실험을 통해 입증되었다.

② '혈액형 성격학'은 인간관계를 맺는 데 도움을 준다.

③ '가설 검증 바이어스'는 우리 생활 전반에 영향을 미친다.

④ '스나이더'와 '스완'이 실시한 실험에 참가한 대학생들은 26개의 질문을 받았다.

⑤ 첫인상은 제한된 정보로 형성된 것이기에 첫인상만으로 상대를 판단하는 일은 위험하다.

2 이 글을 통해 글쓴이가 말하려고 하는 바로 알맞은 것은?

① 상대의 성격을 바꾸려고 하지 말아야 한다.

② 다양한 성격의 사람들을 만나 관계를 맺어야 한다.

③ 자신의 본모습을 잘 드러내지 않도록 노력해야 한다.

④ 지속적인 관계를 통해 상대의 실제 모습을 보아야 한다.

⑤ 사람들에게 좋은 첫인상을 남길 수 있도록 신경 써야 한다.

교과서 핵심 개념

3 (사)를 읽으면서 ㉠과 같이 예측했을 때, 활용한 요소로 알맞은 것은?

① 배경지식   ② 글의 제목

③ 독자의 경험   ④ 글쓴이에 대한 정보

⑤ 글에 나타난 정보와 읽기 맥락

4 (자)에 대한 설명으로 알맞은 것은?

① 설명한 내용을 요약하고 있다.

② 설명할 대상을 제시하고 있다.

③ 글쓴이의 당부를 제시하고 있다.

④ 글쓴이의 경험을 제시하고 있다.

⑤ 글을 쓰게 된 동기를 밝히고 있다.

5 ㉡을 통해 알 수 있는 내용으로 가장 적절한 것은?

① 사람의 성격은 쉽게 예측할 수 있다.

② 사람의 성격에는 여러 가지 측면이 있다.

③ 사람들은 상대에 따라 자신의 성격을 바꾼다.

④ 첫인상은 만남의 상황에 따라 다르게 나타난다.

⑤ '가설 검증 바이어스'는 상대의 성격을 판단하는 데 도움을 준다.

03 독도의 가치

가 ⓐ독도는 경제적으로 매우 가치 있는 섬이다. ⓑ독도 주변의 바다는 한류와 난류가 만나는 조경 수역이기 때문에 어류의 먹이인 플랑크톤이 풍부하다. 그래서 겨울과 봄에는 명태 어장이, 여름과 가을에는 오징어 어장이 형성된다. 이뿐만 아니라 ⓒ독도 주변에는 엄청난 양의 메탄 하이드레이트 (methane hydrate)가 매장되어 있다. 메탄 하이드레이트는 메탄이 주성분인 천연가스가 얼음처럼 고체화된 것이다. ⓓ메탄 하이드레이트는 석유를 대체할 수 있는 훌륭한 에너지 자원이기 때문에 이것이 지닌 경제적 가치는 엄청나다. 그리고 ⓔ독도는 서쪽으로는 한반도, 북쪽으로는 러시아, 동쪽과 남쪽으로는 일본에 둘러싸여 있다.

갈래	설명하는 글
성격	분석적
제재	독도
주제	독도의 가치
특징	글의 통일성을 깨뜨리는 문장과 문단이 사용됨.

나 여러 단계의 화산 활동으로 만들어진 독도는 다양한 암석과 지형, 지질 구조가 있기 때문에 해저 화산의 성장과 진화의 과정을 보여 주는 사례로 가치가 있다. 또한 독도는 동해를 건너는 생물의 중간 서식지이자 지금까지 사람의 접근이 어려웠던 곳이다. ⓐ바위섬인 독도는 비가 오면 빗물이 흘러내리기 때문에 식물이 살기 어렵다. 그래서 독도에서는 희귀한 생물들을 만날 수 있다. 독도의 하늘에는 괭이갈매기를 비롯하여 노랑부리백로, 흑비둘기, 슴새, 노랑지빠귀 등이 날고, 바다에는 파랑돔, 노랑씬벵이, 개볼락, 미역치, 말전복 등이 헤엄친다. 그리고 땅에는 곰딸기, 섬장대, 개갓냉이, 왕호장 등 다양한 식물이 산다. 이렇게 독도에는 희귀한 생물들이 살아 1999년에 섬 전체가 천연 보호 구역으로 지정되었다.

다 독도에 살았던 희귀한 생물에는 독도 강치도 있다. 독도 강치는 독도를 중심으로 동해 연안에 살았던 바다사자이다. 덩치가 크고 지능이 좋았던 독도 강치는 먹이가 풍부한 독도 주변에서 수만 마리가 서식했다. 그러나 일제 강점기 때 무자비한 포획으로 독도 강치는 멸종되었고 이제는 박제로밖에 볼 수 없다.

라 독도는 위치적으로도 가치가 높다. 독도는 우리나라의 가장 동쪽에 있기 때문에 우리나라의 배타적 경제 수역 설정에 중요한 역할을 한다. 우리나라는 독도에서 200해리 떨어진 수역까지 배타적 경제 수역을 설정할 수 있는데, 이를 통해 이 수역 안의 어업 및 광물 자원 등의 경제적 권리를 주장할 수 있다. 이렇게 독도는 동북아 강대국의 중심에 있기 때문에 군사적·전략적 요충지로서 역할을 한다.

거리의 단위. 1해리는 약 1,852미터에 해당하나 나라마다 약간의 차이가 있음.

콕콕 정리

◆ 문단별 중심 내용

문단	중심 내용
(가)	독도의 경제적 가치
(나)	독도의 환경·생태학적 가치
(다)	독도에 살았던 강치
(라)	독도의 위치적 가치

 교과서 핵심 개념

◆ 이 글을 통일성을 고려하여 수정하기

(가)의 마지막 문장
"그리고 독도는 서쪽으로는 한반도, 북쪽으로는 러시아, 동쪽과 남쪽으로는 일본에 둘러싸여 있다."

↓

독도의 경제적 가치를 설명하고 있는 (가)의 중심 내용과 관계가 없으므로, 독도의 위치적 가치를 설명하고 있는 (라)로 이동함.

(나)의 세 번째 문장
"바위섬인 독도는 비가 오면 빗물이 흘러내리기 때문에 식물이 살기 어렵다."

↓

독도에 희귀한 생물이 많이 살아 그곳이 생태학적 가치가 높다는 (나)의 중심 내용과 반대되므로 삭제함.

(다) 문단

↓

이 글의 주제인 독도의 가치와 관련 없는 문단이므로 삭제함.

---

1 이 글의 내용과 일치하지 <u>않는</u> 것은?

① 독도 강치는 멸종 위기에 처해 있다.
② 독도에는 희귀한 생물들이 많이 산다.
③ 독도 주변에는 다양한 어장이 형성된다.
④ 독도는 여러 단계의 화산 활동으로 만들어졌다.
⑤ 독도는 배타적 경제 수역을 설정하는 데 중요한 역할을 한다.

 교과서 핵심 개념

2 다음은 이 글에 대해 나눈 대화이다. 빈칸에 들어갈 말로 적절한 것은?

> 정우: 나는 '독도의 가치'에 대해 설명하기 위해서 이 글을 썼어.
> 지은: '독도의 가치'가 이 글의 주제로구나. 그렇다면 _____.

① (다)에 독도 강치의 생태학적 가치에 대한 내용을 추가하는 것이 좋겠어.
② (다)는 주제와 관계가 없어 이 글의 통일성을 깨뜨리므로 삭제하는 것이 좋겠어.
③ (다)에서는 희귀 생물보다는 모두가 알만한 친근한 생물을 예로 드는 것이 좋겠어.
④ (다)는 희귀한 생물인 독도 강치에 대한 내용이므로 (나)에 포함하여 문단을 구성하는 것이 좋겠어.
⑤ (다)에서는 독도 강치를 통해 일제 강점기에 수난을 겪은 독도의 역사적 가치를 서술하는 것이 좋겠어.

 교과서 핵심 개념

3 (나)의 흐름으로 볼 때, ⓐ를 삭제해야 하는 이유로 알맞은 것은?

① 앞 문장과 중복되는 내용이기 때문이다.
② 문법에 어긋나는 표현이 들어 있기 때문이다.
③ 문단의 중심 내용과 반대되는 내용이기 때문이다.
④ 예상 독자의 수준에 맞지 않는 내용이기 때문이다.
⑤ 문단의 내용을 포괄하는 상위 개념이 들어 있기 때문이다.

 서술형

4 (가)의 통일성을 고려할 때 ㉠~㉤ 중에서 이동해야 할 문장을 찾고, 어느 문단으로 이동해야 하는지 쓰시오.

2 주장하는 글

 **개념 이해**

1 주장하는 글

(1) 주장하는 글의 개념과 구성

주장하는 글은 글쓴이가 자신의 주장이나 의견에 대해 타당한 근거를 들어 독자를 설득하는 글이다.

서론		본론		결론
• 문제를 제기하고 글을 쓴 동기와 목적을 제시함. • 독자의 관심을 유발함.	→	구체적이고 타당한 근거를 바탕으로 주장을 전개함.	→	• 본론의 내용을 요약정리하고 주장을 강조함. • 앞으로의 전망과 과제를 제시함.

(2) 주장하는 글의 특징

주관성	글쓴이의 주장과 의견이 뚜렷하게 드러남.
설득성	독자를 설득하는 것을 목적으로 함.
타당성	글쓴이의 주장을 뒷받침하는 근거는 합리적이고 타당해야 함.
체계성	논리의 전개가 짜임새 있게 이루어져야 함.
명확성	뜻이 명백하고 확실하게 전달되도록 간결하고 정확한 말로 표현해야 함.

(3) 주장하는 글을 읽는 방법

• 글의 내용을 주장과 근거로 구분하며 읽는다.
• 글쓴이의 관점이나 의도가 무엇인지 파악하며 읽는다.
• 주장을 뒷받침하는 근거가 타당한지 판단하며 읽는다.
• 글쓴이의 주장에 대한 자신의 입장을 정리하며 읽는다.
• 글의 내용이 논리적으로 일관성을 지니는지 판단하며 읽는다.

🙂 교과서 핵심 개념

2 주장하는 글을 예측하며 읽기

예측하며 읽기는 배경지식이나 읽기 맥락 등의 다양한 요소를 활용하여 글의 내용을 추측하며 읽는 것을 말한다. 주장하는 글은 글의 흐름, 글쓴이가 제시한 여러 가지 근거와 자료를 통해 글쓴이의 주장이나 의도 등을 예측하며 읽는다.

(1) 활용 요소와 예측 내용

예측하며 읽을 때 활용할 수 있는 요소	예측할 수 있는 내용
• 독자의 경험이나 배경지식 • 글에 제시된 정보나 읽기 맥락 • 책 제목이나 표지에 드러난 정보 • 차례에 제시된 정보 • 글쓴이에 대한 정보	• 낱말이나 문장의 뜻 • 이어질 내용이나 글의 결말 • 글의 구조 • 글쓴이의 주장이나 의도 • 글이 사회에(독자에게) 미칠 영향

(2) 읽기 과정에 따라 예측하며 읽기

읽기 전	• 표지, 제목, 차례 등을 통해 책(글)의 전반적인 내용과 흐름을 예측함. • 글쓴이에 대한 정보를 통해 글의 내용을 예측함.

↓

읽는 중	• 경험이나 배경지식을 활용하여 글의 내용을 예측함. • 글에 제시된 정보나 글의 흐름을 활용하여 이어질 내용이나 글의 결말을 예측함. • 글에 제시된 도표나 사진, 그림 등을 활용하여 글의 내용을 예측함. • 글에 나타난 정보나 읽기 맥락을 활용하여 글에 드러난 글쓴이의 의도를 예측함.

↓

읽은 후	글에 나타난 정보나 읽기 맥락을 활용하여 글이 독자나 사회에 미칠 영향을 예측함.

아이스크림의 달콤한 유혹

아이스크림은 사실 첨가물 덩어리이다. 여기에 사용되는 첨가물은 유화제만이 아니다. 맛을 내기 위한 향료, 먹음직스럽게 하기 위한 색소, 그 밖에 안정제·점조제 등이 사용되며, 경우에 따라 인공 감미료나 보존료도 사용된다. 이러한 식품 첨가물이 건강에 이로울 리가 없다.

하지만 아이스크림이 인체에 미치는 폐해는 비단 이러한 첨가물 문제만이 아니다. 당류와 지방질 원료가 다량 사용된다는 점에서 또 하나의 치명적인 결점이 있다. 그것은 정제당과 포화 지방을 동시에 섭취하는 데에서 생기는 '위해성의 상승 효과'이다. 생리학자들은 이 현상을 일컬어 '당·지방 연관 효과'라고 한다. 이 문제는 간단히 말해, 당과 지방을 함께 섭취하면 '대사 기능 악화'와 '콜레스테롤 상승'이 더욱 촉발된다는 내용이다. 〈중략〉

요즘 보면, 레스토랑에서도 디저트로 으레 아이스크림이 제공된다. 또 아이스크림을 먹으며 길거리를 활보하는 젊은이들의 모습도 예전에 비해 부쩍 늘어났다. 일반적으로 아이스크림은 유제품으로 분류되어 몸에 좋은 식품이라는 인식이 만연해 있다. 하지만 아이스크림의 이러한 특징을 생각해 보면, [A   ].

> '유혹'이라는 단어가 들어간 제목에서 아이스크림에 대한 부정적인 내용이 전개될 것임을 예측할 수 있음.

> 첫 번째 문단에서는 아이스크림에 다양한 식품 첨가물이 사용된다는 내용을 제시하고, 두 번째 문단에서는 아이스크림이 인체에 미치는 폐해를 설명하고 있다. 이 내용으로 미루어 보아 글쓴이가 '아이스크림을 과다 섭취하는 것은 건강에 해롭다.'라는 주장을 펼칠 것임을 예측할 수 있음.

> 아이스크림에 대한 일반적인 인식을 설명하고 나서 '하지만'이라는 접속어를 쓴 것으로 볼 때, [A]에는 아이스크림의 유해성에 대해 경고하는 내용이 들어갈 것임을 예측할 수 있음.

(3) 예측하며 읽기의 효과
• 글의 내용을 오래 기억할 수 있다.
• 글의 내용을 보다 깊이 이해할 수 있다.
• 글의 내용에 집중하면서 글을 능동적으로 읽을 수 있다.

꼼꼼 확인 문제

4 글이 사회에 미칠 영향을 활용하여 글의 내용을 예측할 수 있다. (○, ×)

5 예측하며 글을 읽으면, 글 내용을 오래 [ ] 할 수 있고, 내용에 더 [ ][ ] 하며 글을 읽을 수 있다.

6 주장하는 글을 요약하며 읽을 때에는 읽기 [ ][ ]에 맞는 문단을 선택하여 그 문단을 중심으로 요약한다.

극지 연구가 지니는 의미 _김예동

갈래	주장하는 글	성격	논증적, 예시적
제재	극지 연구	주제	극지 연구에 정부 차원의 투자가 필요하다.
특징	구체적인 근거를 제시하여 극지 연구의 필요성을 부각함.		

서론

가 1820년 남극 대륙이 인간에게 처음 알려진 이후 남극 주변의 바다에서는 고래잡이와 물개잡이가 이루어졌다. 20세기에 들어서야 남극 대륙 내부를 탐험하기 시작했다. 그 뒤로 아문센, 스콧과 같은 탐험가들이 남극점을 정복하였고, 세계 대전을 치르면서 군사 기술이 발달하여 본격적으로 남극 탐사가 이루어졌다. 1957~1958년 '국제 지구 물리의 해'를 계기로 남극은 미지의 탐사 대상에서 과학 연구의 대상으로 바뀌었다. 북극은 미국과 소련의 냉전 시기에 군사적인 이유로 개방되지 않았다. 그러다가 옛 소련의 말기인 1987년에 무르만스크 선언을 계기로 러시아 북극권의 개방이 이루어졌다. 무르만스크 선언의 주요 내용은 북극의 비핵 지대화, 자원 이용을 위한 협력, 과학 조사와 환경 보호의 공동 노력 및 북극 항로 개발이다. 최근 들어서 선진국을 중심으로 북극해에 관한 과학적 연구가 활발해졌다. ▶ 극지 연구의 현황

본론

나 극지는 인류에게 필요한 자원을 많이 보유하고 있다. 과학 기술의 발전과 함께 극지 연구가 진행되면서 극지가 얼음으로 덮인 불모의 땅이 아니라는 사실이 알려지게 됐다. <small>땅이 거칠고 메말라 식물이 나거나 자라지 아니함.</small> 남극해에서 잡을 수 있는 크릴의 양은 연간 2억 톤 정도로 짐작된다. 이는 현 <small>작은 새우와 비슷한 갑각류의 하나</small> 재 세계 총어획량의 배가 넘는 양으로, 인류의 식량 문제를 해결해 줄지도 모른다. 또한, 머지않아 남극의 대륙붕에서 석유 자원을 개발할 수 있게 되었다. 북극권에서는 현재 러시아에서 생산하는 석유와 천연가스의 70% 이상이 나오고 있으며, 북극해에서 해상 석유도 생산되고 있다. ▶ 많은 자원을 보유하고 있는 극지

다 극지는 지구 환경 변화를 연구하는 데 매우 중요하다. 최근에 지구 온난화와 관련하여 남극과 북극이 언론에 자주 등장하고 있다. 남극은 지구 상에서 가장 깨끗한 지역이다. 산업 지역에서 가장 멀리 떨어져 있고 사람도 살지 않는다. 따라서 외부로부터의 조그마한 오염에도 민감하게 반응하며, 한번 오염되면 회복이 거의 안 된다. 북극 또한 전 세계 공업 생산의 80%가 북위 30도 위쪽에서 이루어지는 점을 고려할 때 오염에 따른 환경 변화를 감시하기에 적합한 지역이다. 최근 연구 결과에서 북극 지역이 지구의 기상, 기후, 해류 순환 등 환경에 커다란 역할을 하고 있음이 밝혀지면서 주목받고 있다. ▶ 지구 환경 변화를 연구하는 데 매우 중요한 극지

결론

라 아직 극지 연구는 자원 개발이나 활용보다는 기초 과학 부문에 더 가치를 두고 있다. 극지 연구도 다른 기초 과학과 마찬가지로 그 결과가 빨리 나타나지 않아 주목받지 못했다. 극지 연구와 같은 기초 분야에 민간의 투자를 기대하기는 어렵다. 따라서 정부를 중심으로 공익성이 기대되는 극지 연구 분야에 장기적으로 투자할 필요가 있다. ▶ 정부 차원의 장기적 투자가 필요한 극지 연구

지문 체크 ✓

1 북극은 '국제 지구 물리의 해'를 계기로 과학 연구의 대상이 되었다. (○ , ×)

2 남극은 한번 오염되면 회복이 거의 불가능하다. (○ , ×)

3 현재 극지 연구는 주로 □□ □□ 부문에서 이루어지고 있다.

정보나 읽기 맥락을 바탕으로 한 이 글의 내용 예측

• 제목에서 '의미'라는 말로 보아, 본문에 '극지 연구'의 중요성과 관련된 내용이 전개될 것임을 예측할 수 있음.

• 서론과 본론에서 극지 연구의 현황과 극지의 중요성을 구체적으로 제시하고 있으므로 글쓴이가 극지 연구의 필요성에 대해 주장할 것임을 예측할 수 있음.

• 결론에서 '민간의 투자'가 어렵다고 한 것으로 보아 글쓴이가 정부의 투자가 필요하다고 주장할 것임을 예측할 수 있음.

1 (가)~(다)를 읽고, 예측할 수 있는 글쓴이의 주장으로 가장 적절한 것은?

① 극지의 오염을 막아야 한다.
② 극지에 대한 연구를 서둘러야 한다.
③ 극지에 사람들의 거주지를 마련해야 한다.
④ 남극의 석유 자원 개발을 중지해야 한다.
⑤ 극지의 자원을 개발하여 에너지 문제를 해결해야 한다.

인권이 뭘까요 _정용주

갈래	주장하는 글	성격	설득적, 논리적
제재	인권(사람답게 살 권리)		
주제	모든 사람들의 인권을 지키기 위해 우리가 할 일		
특징	• 인권을 지키기 위한 노력의 필요성을 제시한 후, 우리가 지녀야 할 태도를 이야기함. • 결론 부분에서 인권을 지키기 위한 노력의 필요성을 다시 한번 강조한 후 글을 끝맺음.		

서론
가 우리는 누구나 사람답게 살 권리, 즉 인권을 가지고 있다. 그런데 종종 다른 사람은 신경 쓰지 않고 자신의 권리만 내세우는 사람을 볼 수 있다. 이로 인해 인권을 침해받는 사람이 생기기도 한다. 이러한 사람 없이 모든 사람들의 인권을 지키기 위해서는 우리의 노력이 필요하다. 그렇다면 우리는 어떻게 해야 할까?
▶ 모든 사람들의 인권을 지키기 위해 필요한 우리의 노력

본론
나 먼저 우리는 인권은 인간이 갖는 보편적인 권리로, 누구에게나 적용되어야 한다는 것을 인식해야 한다. 인권은 국적, 종교, 직업, 성별, 연령에 관계없이 인간이라면 누구나 가지는 권리이다. 그러므로 어떤 조건으로도 인권을 제한할 수 없다.
▶ 인간이 갖는 보편적인 권리이므로 누구에게나 적용되어야 하는 인권

다 하지만 아직도 열악한 환경에서 인권을 침해받으며 고통을 겪는 사람들이 있다. 이런 약자들까지도 인권을 누려야 할 사람들이다. 그렇기 때문에 우리는 이들의 인권에 관심을 가져야 한다.
▶ 약자들의 인권에 대한 관심의 필요성

라 또한 우리는 인권이 책임을 동반한 권리라는 것을 명심해야 한다. 모든 사람이 인권을 가지고 있다는 것은 다른 사람의 인권을 존중할 책임 또한 가지고 있다는 뜻이다. 인간은 혼자 살아갈 수 없고 많은 사람들과 관계를 맺으며 살아가는 존재이기 때문이다.
▶ 책임을 동반한 권리인 인권

결론
마 인권은 누구에게나 적용되는 보편적인 권리이자 책임을 다할 때 누릴 수 있는 권리이다. 우리는 자신의 인권은 물론이고 다른 사람의 인권을 소중히 여겨 모든 사람들의 인권을 지키기 위해 노력해야 한다.
▶ 모든 사람들의 인권을 지키기 위한 노력의 필요성

지문 체크 ✓

4 인권은 인간이 갖는 ☐☐☐인 권리로, 누구에게나 적용되어야 한다.

5 글쓴이는 열악한 환경에서 인권을 침해당하며 고통을 받는 약자들 역시 인권을 누려야 할 대상이라고 하였다. (○, ×)

6 인권은 ☐☐을/를 동반한 권리이므로, 타인의 인권을 존중해야 한다.

구조에 따른 이 글의 내용 요약

서론	모든 사람들의 인권을 지키기 위한 노력의 필요성
본론	• 인간이 갖는 보편적인 권리이므로 누구에게나 적용되어야 하는 인권 • 약자들의 인권에 대한 관심의 필요성 • 책임을 동반한 권리인 인권
결론	자신과 다른 사람의 인권을 모두 소중히 여겨 모든 사람들의 인권을 지키기 위한 노력의 필요성

2 (가)~(마)를 요약한 내용으로 알맞지 <u>않은</u> 것은?

① (가): 모든 사람들의 인권을 지키기 위해서는 우리의 노력이 필요하다.
② (나): 인권은 인간이 갖는 보편적인 권리이므로, 누구에게나 적용되어야 한다는 것을 인식해야 한다.
③ (다): 우리는 약자들의 인권에 관심을 가져야 한다.
④ (라): 우리는 인권이 책임을 동반한 권리라는 것을 명심해야 한다.
⑤ (마): 자신의 인권을 소중히 여길 때 다른 사람의 인권도 지킬 수 있음을 알아야 한다.

01 더위가 알려 준 진짜 충격 ❶ _김산하

핵심 콕콕
• 글쓴이에 대한 정보와 읽기 맥락 등을 활용하여 글의 내용 예측하기
• 글쓴이가 제기한 문제와 해결 방안

글쓴이 소개

김산하(1976~)
야생 영장류 과학자. 2007년부터 본격적으로 인도네시아 자바 섬의 자바 긴팔원숭이 집단에 들어가 이들의 생태와 행동을 연구하였고 동물과 환경 보호를 위한 활동을 하고 있다. 주요 저서로는 『비숲』, 『세상 모르는 사람들을 위한 지혜』 등이 있다.

갈래	주장하는 글
성격	설득적, 논리적, 비판적
제재	더위, 기후 변화
주제	기후 변화가 중요한 문제임을 인식하고 이를 해결하기 위해 노력해야 한다.
특징	• 글의 서두에 화제와 질문을 던져 독자의 주의를 환기함. • 실생활과 직접적인 관련이 있는 소재를 바탕으로 사회적 문제를 제시함. • 통계 자료를 제시하여 주장에 신뢰성을 더함.

서론 **가** 더위. 이보다 우리를 압도하는 것이 있을까? 여름이 되면 더위 때문에 꼼짝달싹도 못 하며 겨우 살아가는 날들이 끝도 없이 이어진다. 너무 더운 나머지 세상만사가 다 귀찮아질 정도이다. 온도 몇 도의 차이가 이렇게 대단한 것이구나? 우리는 혀를 내두른다. 냉방이 되는 공간을 산소통 찾듯 찾아다니는 나약한 몸을 내려다보면서, 아무리 훌륭하고 똑똑한 척을 해도 사람은 결국 하나의 생물일 뿐이구나, 우리는 탄식한다.

나 더위는 우리가 근본적인 고민을 하도록 만든다. 당장의 더위를 해결하지 않는 이상 그 어떤 것도 중요하지 않음을 몸소 경험함으로써 우리는 알게 모르게 이 시대의 문제를 마주하게 된다. 그렇다. 기후 변화는 현대의 큰 문제이다. 모든 이의 피부에 와 닿는 가장 심각한 전 지구적 문제, 나와 무관하다며 모든 것을 무시해 버려도 끝내 외면할 수 없는 생존의 문제이다.

서론 더위가 불러일으키는 근본적인 고민. □ □ □ □

본론 **다** 기후 변화에 관한 내용을 하도 많이 들어서 지겹겠지만 더위는 더 이상 단순 기상 현상이 아니고, 날씨는 더 이상 인사치레의 주제가 아니다. 지금 우리가 목격하기 시작한 유례없는 이 '열의 위력'은 우리 문명이 그동안 쌓아 올린 어마어마한 빚더미의 맛보기일 뿐이다. 하필 이 시점에 태어나 살고 있는 우리는 억울할지도 모른다. 그러나 다음 세대와 그 이후를 생각하면 오히려 얼마나 행운아인지를 깨닫게 된다. 왜냐하면 이 고통은 잠시 있다가 떠날 것이 아니며, 오히려 가면 갈수록 심해질 것이 분명하기 때문이다.

성의 없이 겉으로만 하는 인사. 또는 인사를 치러 내는 일

라 미국 국립 해양 대기청(NOAA)과 미국 국립 항공 우주국(NASA)에 따르면 2015년은 1880년 기상 관측이 시작된 이래 가장 더웠던 해로 분석되었다. 2015년 지구의 연평균 기온은 20세기 평균치인 13.9도보다 0.9도 높았고, 종전 최고치였던 2014년보다 0.16도 상승하였다. 그리고 지구의 연평균 기온이 높은 상위 15개 연도가 모조리 21세기일 정도로 지구의 연평균 기온은 계속 상승하는 추세를 보인다.

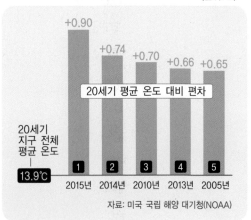

역대 가장 더웠던 연도 순위
(단위: ℃)

20세기 지구 전체 평균 온도
13.9℃

20세기 평균 온도 대비 편차

순위	연도	편차
1	2015년	+0.90
2	2014년	+0.74
3	2010년	+0.70
4	2013년	+0.66
5	2005년	+0.65

자료: 미국 국립 해양 대기청(NOAA)

1 이 글에 대한 설명으로 적절하지 <u>않은</u> 것은?

① 주제와 관련하여 서로 상반된 연구 결과를 보고하고 있다.
② 문제를 제기한 후 제기한 문제의 심각성을 강조하고 있다.
③ 통계 자료를 제시하여 글의 내용에 신뢰성을 더하고 있다.
④ 글의 서론에서 화제와 질문을 던져 독자의 관심을 끌고 있다.
⑤ 실생활과 관련이 있는 소재를 바탕으로 사회적 문제를 이끌어 내고 있다.

😊 교과서 핵심 개념

2 이 글을 〈보기〉와 같이 예측하며 읽었다고 할 때, 활용한 요소와 예측한 내용을 바르게 연결한 것은?

┌─ 보기 ┐
　　이 글의 글쓴이가 평소 동물의 생태나 행동을 연구하고, 환경 보호 운동을 해 왔다는 것으로 보아 이 글은 생태와 환경에 대한 내용일 것 같아.
└────┘

	예측에 활용한 요소	예측한 내용
①	독자에 대한 정보	글의 내용
②	독자에 대한 정보	글의 결말
③	글쓴이에 대한 정보	글의 내용
④	글쓴이에 대한 정보	글쓴이의 의도
⑤	글쓴이에 대한 정보	글이 사회에 미칠 영향

😊 교과서 핵심 개념

3 글쓴이가 그래프를 제시한 이유로 가장 적절한 것은?

① 지구의 연평균 기온을 보여 주려고
② 20세기 지구의 평균 기온을 보여 주려고
③ 미국 국립 해양 대기청이 신뢰할 만하다는 것을 증명하려고
④ 지구의 연평균 기온이 계속 상승하는 추세임을 보여 주려고
⑤ 지구의 연평균 기온이 앞으로 얼마나 상승할지 예상치를 보여 주려고

4 다음 중 글쓴이의 생각과 일치하지 <u>않는</u> 것은?

① 더위는 전 지구적 문제이며 생존의 문제이다.
② 사람은 아무리 훌륭해도 하나의 생물일 뿐이다.
③ 온도 몇 도의 차이가 사람에게는 큰 영향을 미친다.
④ 유례없는 더위는 인류 문명이 만들어 낸 결과물이다.
⑤ 더위는 단순 기상 현상이므로 해결할 수 없는 문제이다.

 서술형

5 (다)에서 글쓴이가 우리를 행운아라고 한 이유가 무엇인지 한 문장으로 쓰시오.

마 예전에는 뉴스로 들었던 것을 지금은 몸으로 느낀다. 나만이 아니다. 우리나라만이 아니다. 전 세계가 이 순간 함께 허덕이고 있다. 그러나 이는 사실 이미 예상된 것이어서 충격이 아니다. 몸으로 느끼면서도 우리가 변하지 않는다는 것, 그것이 충격이다. 국제 에너지 기구 조사에 의하면 세계 여러 나라가 1인당 탄소 배출량을 줄이는 데 애쓰는 것과 달리 우리나라는 오히려 1인당 탄소 배출량이 늘어났다.

바 국제 생태 발자국 네트워크(GFN)라는 단체가 운영하는 '지구 생태 용량 과용의 날'이라는 것이 있다. 지구의 일 년 치 자원을 12월 31일에 다 쓰는 것으로 가정하고 실제로 자원이 모두 소모되는 날을 측정하는 것이다. 2015년은 8월 13일이었던 것이 2016년에는 8월 8일로 5일 앞당겨졌다. 우리나라가 현재처럼 자원을 소비하면서 자원을 지속적으로 사용할 수 있는 상태를 유지하기 위해서는 지구가 3.3개 필요하다고 한다. 한마디로 우리의 에너지 사용량, 그리고 그 증가량이 심하다고 할 수 있다.

본론 □□□□ 문제가 계속 심각해지고 있는데도 변하지 않는 우리의 태도

결론 **사** 그런데도 우리는 더위 앞에서 에너지 사용량을 줄일 생각까지 미치지 못한다. 더위에 대응하는 근본적인 대책에 관해 우리 모두 관심이 적다. 우리 모두가 이렇게 위험성을 인식하지 못하고 있는 사실이 이 더위보다 충격적이라 할 수 있다. 지금부터라도 기후 변화가 중요한 문제임을 인식하고 자원을 아껴 사용해야 할 것이다. 그리고 지속적으로 발전할 수 있는 녹색 성장을 준비해야 할 것이다.

결론 기후 변화 문제의 심각성에 대한 □□과 이를 해결하기 위한 노력의 필요성

콕콕 정리

◆ 문단별 중심 내용 ②

(마)	1인당 탄소 배출량이 늘어난 우리나라
(바)	에너지 사용량과 그 증가량의 심각성
(사)	기후 변화 문제의 심각성 인식 및 이를 해결하기 위한 노력의 필요성

◆ 제목의 의미

'더위가 알려 준 진짜 충격'

↓

더위 자체도 충격이지만, 우리가 이러한 기후 변화 문제의 심각성을 인식하지 못하고 있는 사실이 더 충격적임.

 교과서 핵심 개념

◆ 글쓴이가 제기한 문제와 해결 방안

문제	기후 변화 문제가 심각해지고 있는데도 우리의 태도는 변하지 않음.
해결 방안	• 기후 변화 문제의 심각성을 인식하고 자원을 아껴 사용해야 함. • 지속적으로 발전할 수 있는 녹색 성장을 준비해야 함.

1 글쓴이가 이 글을 쓴 목적으로 알맞은 것은?

① 더위와 관련된 자신의 경험을 소개하기 위해

② '지구 생태 용량 과용의 날'에 대해 소개하기 위해

③ 국제 생태 발자국 네트워크에 대한 정보를 전달하기 위해

④ 환경을 위해 노력한 이들의 사례를 제시하여 독자에게 교훈을 주기 위해

⑤ 기후 변화 문제의 심각성을 일깨우고 이를 해결하기 위한 노력을 촉구하기 위해

2 (바)를 이해한 내용으로 알맞은 것은? (정답 2개)

① 여름이 전보다 빨리 찾아오고 있다.

② 자원 고갈의 속도가 3.3배 빨라졌다.

③ 사용할 수 있는 지구의 자원이 1년 치밖에 남지 않았다.

④ 우리가 소비하는 에너지 사용량과 그 증가량이 심각하다.

⑤ 현재처럼 자원을 소비한다면 지구의 자원이 모두 소모되는 날이 점점 앞당겨질 것이다.

3 이 글의 제목인 '더위가 알려 준 진짜 충격'의 의미로 적절한 것은?

① 탄소 배출량이 줄어들지 않고 있는 것

② 뉴스에서 더위의 심각성에 대해 들은 것

③ 전 세계가 함께 더위에 허덕이고 있는 것

④ 사람들이 기후 변화의 위험성을 인식하지 못하는 것

⑤ 여러 나라가 1인당 탄소 배출량을 줄이려고 노력하고 있는 것

✏️ 서술형

4 이 글의 내용을 〈보기〉와 같이 정리할 때, 빈칸에 들어갈 말을 한 문장으로 쓰시오.

┌ 보기 ┐

글쓴이가 생각하는 문제와 해결 방안

문제	기후 변화 문제가 심각해지는데도 우리의 태도는 변하지 않는다.

↓

해결 방안	• 기후 변화 문제의 심각성을 인식하고 자원을 아껴 사용해야 한다. • □

02 생명의 그물을 함부로 끊지 말아요 ❶ _최재천

핵심 콕콕 ・배경지식과 읽기 맥락 등을 활용하여 글의 내용 예측하기
・예측하며 읽기의 효과 이해하기

갈래	주장하는 글
성격	현실 비판적
제재	생태계 보존의 필요성
주제	인간이 생태계에 함부로 개입하는 것의 위험성
특징	・사례를 통해 생태계 보전의 필요성을 나타냄. ・경어체를 사용하여 다소 딱딱한 내용을 읽기 쉽게 풀어냄.

㉡카이밥 고원의 생명의 그물

서론 가 1907년 미국 정부는 한 해 동안 늑대 1,800마리와 코요테 2만 3,000마리를 잡아 죽였어요. 그 동물들이 인간뿐만 아니라 다른 약한 야생 동물에게도 해를 끼치기 때문에 죽여도 괜찮다고 생각했어요. 늑대와 코요테뿐만이 아니에요. 퓨마와 곰처럼 날카로운 이빨과 발톱을 지닌 동물은 토끼나 사슴 같은 초식 동물에게 위협을 준다고 생각해 아무런 거리낌 없이 죽였어요. 다른 동물을 잡아먹고 사는 포식 동물은 없어져야 할 악당처럼 여겨졌어요.

나 그렇다면 약하고 순한 동물들에게 악당이 사라진 자연은 천국이었을까요? 카이밥 고원에서 있었던 일이 그에 대한 답이 될 것 같네요. 미국의 그랜드 캐니언 북쪽에 있는 카이밥 고원에는 1906년에 약 4,000마리의 검은꼬리사슴들이 살고 있었어요. 이곳에서도 악당을 없애는 작업이 시작되어 25년 동안 퓨마, 늑대, 코요테, 스라소니 등이 무려 6,000마리나 사라졌어요. 포식 동물이 확 줄어들자 1923년에는 검은꼬리사슴이 6~7만 마리까지 늘어났어요. 그런데 어찌 된 일인지 그 뒤로는 사슴의 수가 갈수록 줄어들었어요. 1931년에는 2만 마리로, 1939년에는 1만 마리로…….

다 인간은 늑대나 코요테 같은 악당이 없어지면 카이밥 고원이 평화로운 낙원이 될 것으로 생각했어요. 그런데 ㉢그 예측은 보기 좋게 빗나갔어요. ⓐ사나운 포식 동물이 사라진 카이밥 고원은 검은꼬리사슴들에게도 결코 살기 좋은 곳이 아니었어요. 늑대 같은 포식 동물이 있어서 검은꼬리사슴은 카이밥 고원에서 굶어 죽지 않고 살아갈 만큼 적당한 수를 유지할 수 있었어요. 그런데 포식 동물이 사라지자 저희끼리 먹이를 두고 경쟁이 심해졌어요. 인간은 먹고 먹히는 자연의 세계에 끼어들어 그 질서를 마음대로 바꾸어 보려 했지만 결국 성공하지 못했어요.

서론 인간의 개입으로 ☐☐☐의 질서가 훼손된 카이밥 고원

㉣과학자들의 실험

본론1 라 그 뒤 ㉤미국의 과학자들은 만일 바다에서 카이밥 고원과 비슷한 일이 벌어진다면 어떤 결과가 나올지 궁금했어요. 그래서 한 가지 실험을 해 보기로 했습니다. 과학자들은 먼저 바위가 있는 바닷가 물웅덩이에 야외 실험장을 차렸어요. 물웅덩이에는 불가사리와 따개비, 홍합, 삿갓조개, 달팽이 등과 갖가지 해조류가 살고 있었어요.

마 과학자들은 실험을 시작하면서 바닷속 악당인 불가사리를 보이는 대로 없애 버렸어요. 6개월쯤 지나자 불가사리가 사라진 물웅덩이에서 새로운 따개비 종이 자리를 잡기 시작했어요. 그러다 점차 홍합이 늘더니 마침내 다른 생물과 비교할 수 없을 정도로 많아졌어요. 홍합은 바위에 들러붙어 사는데, 그 수가 많아지니 홍합

한 종이 바위를 몽땅 차지해 버린 거예요. 그러자 해조류는 한 종만 빼고 모두 자취를 감추어 버렸어요. 해조류가 없어지니 그걸 먹고 살던 생물도 잇달아 사라졌어요. 처음에 열다섯 종이던 바다 생물은 여덟 종으로 줄어들었어요.

콕콕 정리

◆ 구성 단계별 중심 내용 ①

서론	인간의 개입으로 카이밥 고원의 생태계가 훼손됨.

◆ '카이밥 고원'과 '과학자들의 실험' 비교

퓨마, 늑대, 코요테 등의 포식 동물	제거 대상	불가사리
먹이 경쟁이 심해져 오히려 사슴의 수가 줄어듦.	결과	생물의 종이 줄어듦.

인간이 생태계에 개입하자 도리어 자연의 질서가 무너져 생태계가 혼란에 빠졌다.

😊교과서 핵심 개념

◆ 이 글을 예측하며 읽은 예 ①
• 글쓴이는 인간과 생태계의 공존에 관한 글을 많이 써 왔어. 이 글 역시 생태계와 인간에 대한 글일 것 같아.
→ 글쓴이에 대한 정보를 통한 글의 내용 예측
• 다양한 사례를 나열하고 있는 것으로 보아 글쓴이의 주장은 마지막에 제시될 것 같아.
→ 글의 맥락을 바탕으로 한 글의 구조 예측

1 이 글의 내용을 〈보기〉와 같이 정리할 때, 빈칸에 들어갈 말로 알맞은 것은?

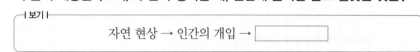

┌ 보기 ┐
자연 현상 → 인간의 개입 → [   ]

① 환경 오염　　② 생태계의 혼란　　③ 인간의 건강 이상
④ 희귀 생물의 멸종　　⑤ 생물 종의 수 증가

😊교과서 핵심 개념

2 (나)에 〈보기〉를 함께 제시하였을 때, 예측할 수 있는 내용으로 적절한 것은?

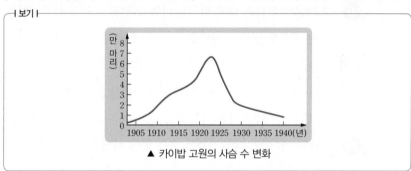

▲ 카이밥 고원의 사슴 수 변화

① 사슴과 관련된 글쓴이의 경험이 제시되겠군.
② 사슴의 수가 늘어났다가 줄어든 이유가 제시되겠군.
③ 포식 동물 수의 변화를 나타낸 그래프도 제시되겠군.
④ 글쓴이가 카이밥 고원을 사례로 든 이유가 제시되겠군.
⑤ 멸종 위기의 사슴을 보호하자는 글쓴이의 주장이 제시되겠군.

😊교과서 핵심 개념

3 ㉠~㉤을 통해 예측하며 읽은 내용 중, 실제 글의 내용과 일치하지 않는 것은?

① ㉠: 인간과 생태계에 대해 관심을 두고 있다는 글쓴이에 대한 정보를 활용하여 이 글 역시 인간과 생태계에 대한 내용일 것이라고 예측하였다.
② ㉡: 카이밥 고원의 생태계에 대한 내용이 전개될 것이라고 예측하였다.
③ ㉢: 예상과 달리 카이밥 고원이 평화로운 낙원이 되지 못했다는 내용이 이어질 것이라고 예측하였다.
④ ㉣: 과학자들이 실험을 설계하는 방법과 실험의 어려움에 관한 내용이 전개될 것이라고 예측하였다.
⑤ ㉤: 과학자들이 바다의 포식자를 없앤 후 어떤 일이 벌어지는지 관찰하였을 것이라고 예측하였다.

✏️서술형

4 ⓐ의 이유가 무엇인지 한 문장으로 쓰시오.

바 흉악한 포식 동물인 불가사리만 없애면 다른 생물은 안전한 환경에서 번성할 줄 알았는데, 결과는 그게 아니었어요. 오히려 홍합 같은 번식력 좋은 몇몇 종이 물웅덩이를 차지하고 수가 적은 희귀종을 밀어내 버렸어요. 알고 보면, 희귀종 동물은 불가사리가 홍합 같은 동물을 잡아먹으니 그나마 기를 펴고 살 수 있었던 거예요. 불가사리는 희귀한 동물도 간혹 잡아먹었을 테지만, 홍합 같은 흔한 동물을 더 많이 먹어 치웠을 테니까요.

> **본론1** 바닷가 물웅덩이 생태계의 모습을 관찰한 미국 과학자들의 ☐☐

클리어 레이크에서 일어난 일

본론2 **사** 그런데 미국에서 악당 대접을 받은 동물이 또 있었어요. 이번에는 덩치가 아주 작은 곤충이었습니다. 1940년대 샌프란시스코 북쪽 클리어 레이크(Clear Lake)에서 있었던 일이에요. 클리어 레이크는 이름처럼 맑은 호수가 있는 곳이어서 관광지로 인기를 끌었어요. 그런데 관광을 온 사람들이 하루살이가 많아 성가시다며 불평을 했어요.

아 그 마을 사람들은 대책 회의를 열었습니다. 그들은 하루살이를 없애기 위해 호수에 살충제를 뿌리기로 했어요. 무는 곤충도 아니고 사람을 좀 귀찮게 할 뿐인데, 아예 하루살이의 씨를 말리기로 작정을 한 거예요. 처음 살충제를 조금 뿌렸을 때는 기적 같은 효과가 있었어요. 하루살이가 모조리 죽은 것 같았어요. 그러나 기적은 잠시, 더 성가신 하루살이가 나타나서 사람을 더 귀찮게 했어요. 이에 질세라 사람들은 살충제를 더 뿌렸어요. 날이 갈수록 하루살이는 더 강해졌고, 그에 따라 사람들은 살충제를 더 많이 뿌렸어요.

자 그러던 어느 날, 물고기들이 호수 위에 허연 배를 드러낸 채 둥둥 뜨기 시작했어요. 무슨 일인지 곧이어 논병아리가 떼죽음을 당했어요. 죽은 동물의 몸을 검사해 보니 상상하기 어려울 만큼 살충제가 많이 쌓여 있었습니다. 싹 없애려던 하루살이는 살충제를 견디는 힘이 날로 세져서 기세등등하게 살아남고, 하루살이를 먹이로 삼는 물고기와 물고기를 먹고 사는 새들만 애꿎게 죽어 나간 거예요. 살충제는 정작 하루살이에게는 별 영향을 주지 못하고, 맑고 아름다운 호수를 죽음의 호수로 바꾸어 놓고 말았어요.

> **본론2** ☐☐☐ 때문에 파괴된 클리어 레이크의 생태계

생명의 그물을 끊지 말아요

결론 **차** 자연에서 생명은 마치 그물처럼 이어져 있어요. 카이밥 고원에서는 늑대와 검은꼬리사슴과 식물의 싹이, 바닷속에서는 불가사리와 따개비와 홍합과 갖가지 해조류가, 클리어 레이크에서는 하루살이와 물고기와 논병아리가 줄줄이 연결되어 있지요. 각각의 생명은 그물에서 한 코를 차지할 뿐인데, 그물 한 코가 망가지면 그와 연결된 다른 그물코들이 줄줄이 영향을 받습니다.

카 그러므로 수많은 생명이 오랜 시간에 걸쳐 함께 짜 내려온 생명의 그물을 함부로 끊어서는 안 돼요. 생명의 그물은 인간이 상상하는 것보다 훨씬 복잡하고 거대합니다. 잘못 건드리면 그 영향이 어떻게 나타날지 아무도 알 수 없어요. 재앙이 닥친 뒤에야 원인을 추측할 수 있을 뿐이에요. 그런데 생명의 그물에서 한 코를 차지할 뿐인 인간은 지금도 생명의 그물에 마음대로 손을 대고 있어요. 카이밥 고원에서, 클리어 레이크에서 아직도 교훈을 제대로 얻지 못한 거예요.

타 나는 자연의 속살을 들여다보는 과학자로서, 또 한 사람의 인간으로서 생명의 그물을 오롯하게 지켜 내는 것이 우리 스스로를 지키는 길임을 사람들이 하루빨리 깨닫게 되기를 간절히 바랍니다.

결론	지켜 내야 할 ☐☐☐☐ ☐☐

콕콕 정리

◆ 구성 단계별 중심 내용 ②

본론 1	미국 과학자들이 바닷가에서의 실험을 통해 인간의 개입이 생태계의 질서를 훼손할 수 있다는 사실을 확인함.
본론 2	살충제 때문에 클리어 레이크의 생태계가 파괴됨.
결론	생명의 그물을 지켜 내는 일이 우리 스스로를 지키는 일임을 깨달아야 함.

😊교과서 핵심 개념
◆ 이 글을 예측하며 읽은 예 ②

• 카이밥 고원의 사례와 미국 과학자들의 실험 결과로 미루어 보아 클리어 레이크의 생태계도 훼손되었다는 내용이 이어질 것 같아.
→ 글에 제시된 정보와 읽기 맥락을 통해 이어질 내용 예측

• '생명의 그물을 끊지 말아요'라는 소제목으로 보아 생태계의 질서에 인간이 함부로 개입하면 안 된다는 주장이 이어질 것 같아.
→ 소제목을 통해 글쓴이의 주장 예측

◆ 글쓴이의 주장

인간의 개입으로 생태계의 질서가 파괴된 예
• 카이밥 고원의 사례 • 미국 과학자들의 실험 • 클리어 레이크의 사례
↓
생명의 그물을 지켜 내는 것이 우리 스스로를 지키는 길임을 깨달아야 함.

😊교과서 핵심 개념

1 이와 같은 글을 예측하며 읽을 때 얻을 수 있는 효과가 아닌 것은?
① 집중하면서 글을 읽을 수 있다.
② 글을 읽는 시간을 단축할 수 있다.
③ 능동적인 태도로 글을 읽을 수 있다.
④ 글의 내용을 깊이 이해하고 오래 기억할 수 있다.
⑤ 예측한 내용과 실제 글의 내용을 비교해 보면서 사고력을 키울 수 있다.

2 이 글을 쓴 글쓴이의 의도를 가장 잘 이해한 사람은?
① 찬희: 인간에게 도움이 되는 생물을 늘릴 방법을 찾아보아야겠어.
② 민승: 육지의 생태계와 바다의 생태계는 결국 하나로 이어져 있구나.
③ 혜주: 동물을 대상으로 실험을 하는 것은 생명을 함부로 여기는 일이야.
④ 유연: 자연의 질서를 인간이 마음대로 바꾸려 해서는 안 된다는 것을 깨달았어.
⑤ 지율: 한번 망가진 생태계는 인간의 노력으로 되돌릴 수 없다는 것을 알게 되었어.

😊교과서 핵심 개념

3 〈보기〉는 (사)를 예측하며 읽은 내용이다. 이에 대한 설명으로 알맞은 것은?

┌ 보기 ┐
　　우리 집에서는 하루살이를 없애기 위해 살충제를 뿌렸었지. 마을 사람들도 하루살이를 잡기 위해 살충제를 뿌리지 않았을까?

① 글의 맥락을 바탕으로 예측하고 있다.
② 독자의 경험을 바탕으로 예측하고 있다.
③ 글쓴이의 주장과 의도를 예측하고 있다.
④ 소제목에 드러난 정보를 바탕으로 예측하고 있다.
⑤ 이 글이 독자와 사회에 미칠 영향을 예측하고 있다.

 서술형

4 이 글에서 글쓴이가 복잡하고 거대하게 이어진 생태계를 비유한 말을 찾아 2어절로 쓰시오.

어떤 책을 읽을까?

탐구 목표

자신이 읽을 책을 스스로 정하고, 관련된 자료를 찾아 읽으면서 책 읽기에 흥미를 가져 보자.

탐구 과정 소개

요새 흥미를 느끼는 것이 무엇인지 떠올리며 읽고 싶은 책의 분야나 주제를 정해 보자.

 Tip 도서관 또는 인터넷 서점에서 사용하는 책 분류 기준을 활용해 볼 것

읽고 싶은 책을 고르기 위해 자신만의 책 선정 기준을 마련해 보자.
예 어려운 단어가 적은 책

책을 어떻게 읽을지 구체적인 계획을 세워 보자.
예 잠들기 전 침대에 앉아서 매일 열 쪽씩 읽는다.

 Tip 읽기 속도나 책의 수준 등을 생각하여 실천할 수 있는 계획을 세울 것

책을 읽으면서 그날그날 읽은 부분에서 낯선 낱말, 모르는 개념, 잘 이해되지 않는 내용을 기록하고, 이에 대한 자료를 인터넷이나 도서관 등에서 찾아보자.

책을 읽은 후 다음 질문에 답하며 감상문을 써 보자.
• 책의 제목, 표지를 본 후 생각한 것은?
• 책 내용 중 인상적인 대목과 그 이유는?
• 글쓴이가 말하고자 하는 바와 책을 읽은 후 하게 된 생각은?

Tip 이 외에도 자신이 쓰고 싶은 것을 자유롭고 솔직하게 써 볼 것

비상이의 탐구 활동 체험

●●●○ 🛜   100% 🔋

visangstagram

비상이 @Visang

책을 읽는 것보다 읽을 책을 고르는 게 이렇게 어려울 줄이야! 어떤 책을 골라야 할지 몰라 친구들에게 물어보기도 하고 인터넷 서점 홈페이지에 들어가서 요새 어떤 책이 인기 있는지 알아봤다. 하지만 어떤 책은 너무 어렵게 느껴져서, 어떤 책은 내가 흥미 없는 분야라서 선뜻 선택할 수가 없었다. 고르기는 했는데 잘 골랐을까?

#어떤책이좋은책인가 #책읽는습관 #나좀도와줘

다양한 언어생활

대화

● 정답과 해설 30쪽

차근차근
개념 이해

1 대화

(1) 대화의 개념

마주 대하여 하는 이야기를 통해 서로의 생각, 의견, 감정을 주고받는 의사소통 활동이다.

(2) 대화할 때 고려할 사항

- 대화 목적과 주제
- 대화하는 시간이나 장소, 분위기 등의 상황
- 상대의 신분, 연령, 상대와의 친밀한 정도나 관계
- 대화 주제에 대한 상대의 관심 정도와 지식 수준

2 언어폭력

(1) 언어폭력의 개념

상대를 위협하거나 조롱하는 말, 편견이나 차별이 담긴 말, 욕설이나 험담과 같이 상대에게 상처를 줄 수 있는 말을 하는 것을 뜻한다.

(2) 언어폭력의 문제점

- 상대의 기분을 상하게 하고 갈등을 발생시킬 수 있다.
- 듣는 사람뿐만 아니라 사용하는 사람의 말과 행동도 거칠고 공격적으로 만들어 인간관계를 해칠 수 있다.
- 언어폭력이 심각할 경우 개인의 삶까지도 파괴할 수 있으며, 그 피해자가 나 자신이 될 수도 있다.
- 언어폭력이 일상 언어와 인터넷 매체 등에서도 흔히 나타나 심각한 사회 문제가 되고 있다.

3 상대를 배려하며 말하는 방법과 효과

상대를 배려하며 말하는 방법	• 자기중심적인 생각에서 벗어나 상대의 관점에서 생각하고, 상대의 입장과 처지를 고려하여 말하기 • 상대를 존중하는 언어 표현을 사용하기 • 부정적인 말보다는 긍정적인 말을 위주로 하기 • 부정적인 내용을 전할 때는 될 수 있는 대로 돌려 말하기 • 표정과 몸짓, 말투 등에도 유의하여 말하기

↓

효과	• 대화를 원활하게 이어갈 수 있음. • 인간관계를 원만하게 유지할 수 있음.

꼼꼼 확인 문제

1 □□을/를 할 때는 대화의 목적과 주제, 대화하는 시간과 장소, 분위기, 상대의 처지 등을 고려해야 한다.

2 상대를 위협하거나 조롱하는 말, 욕설이나 험담과 같이 상대에게 상처를 주는 말을 하는 행위를 □□□□(이)라고 한다.

3 언어폭력은 듣는 사람뿐만 아니라 말하는 사람에게도 부정적인 영향을 미친다. (○ , ×)

• 정답과 해설 30쪽

바로바로 개념 적용　그래 우린 친구야

갈래	희곡	성격	일상적
제재	학생들의 장기 자랑		
주제	상대를 배려하지 않고 대화하는 반 아이들의 모습		
특징	청소년들이 일상적으로 사용하는 언어 실태를 사실적으로 그림.		

새 학년 새 학기를 맞이하는 교실이다.

같은 반이 된 아이들이 서로 반가워하며 교실로 들어선다.

지연: 아, 개학 첫날인데, 어째 벌써 여름 방학이 그리워지는 것 같냐?

지혜: 방학 얘기 꺼내지 마라, 난 방학이 더 지옥 같다.

지연: 그것이 뭔 소리야? / **영지:** 지혜는 방학 때면 늘 피아노 배우느라 바쁘잖아.

지혜: 피아노 하나면 괜찮게…… 세계화 시대 준비하라고 영어 회화 학원 가라지, 방학 때면 어김없이 날 찾아오시는 우리 사촌 오라버니 수학 과외 받아야지, 그리고 몸매도 경쟁인지라 요가 학원도 다녀야지, 거기에 학교 보충 수업까지 하면, 어휴 하루 꼬박 14시간의 내 청춘이 죽어 간다 이 말씀이야……

지연: 저것이 뚫린 주둥이라고 아주 행복에 겨운 소리 하고 있네. 누구는 하고 싶어도 못 하고 배우고 싶어도 못 배우는데……

민진: 우리 그러지 말고 지혜 피아노 실력 한번 감상하는 거 어때? / **지연:** 좋지.

지혜: 너희……, 몇 년 후면 돈 내고 감상해야 하는 거 알지? 하지만 너희가 원한다면 뭐 이것쯤이야. (피아노 옆으로 이동, 음악에 맞추어 피아노 연주하는 연기.)

영지: 와, 제법인데! / **민진:** 지연이는 무용가가 되는 게 꿈이잖아. 지연아, 춤 솜씨 좀 보여 줘. (바로 음악이 나오고 지연의 현란한 몸짓이 시작된다. 몸짓이 끝나면 민진의 바이올린 연주가 시작되고, 이때 예림과 미혜가 등장하여 아이들의 장기 자랑을 지켜보다가 자리로 가서 앉는다.) 와, 진짜 대단하다. (이때 예림을 발견하고) 야, 나가수! 너 요즘 노래 배운다는 소문이 있던데 사실이냐?

미혜: (벌떡 일어나며) 그렇게 부르지 마라니까!

예림: (약간 어색하면서도 겁먹은 표정으로) 어……

영지: (비아냥거리며) 꿀 먹은 벙어리라도 되었니? 한번 보여 줘 봐.

예림: 배운 지 얼마 안 됐어……

영지: (비아냥거리며) 야, 노래는 아무나 하는 건 줄 알아?

예림: (벌떡 일어서며) 난 나중에 가수가 되는 게 꿈이야. 무시하지 마.

영지: 그러니까 보여 달라고……. 넌 노래를 말로 하냐? (모두 비웃음.)

예림: 하면 되잖아. (음악 나온다. 자신 없이 웅얼거린다.)

비웃음과 야유. 그리고 무시하는 말소리. 하하, 깔깔거린다.

▶ 새 학년 새 학기, 각자의 특기를 선보이는 친구들

지문 체크 ✓

1 '지혜'는 피아노를 배울 수 있는 방학 기간을 좋아한다.
(○ , ×)

2 '예림'의 꿈은 가수가 되는 것이다.
(○ , ×)

3 '▢▢'은/는 친구들에게 언어폭력을 당하고 있다.

이 대화에 나타난 언어폭력

비속어	주둥이
비아냥대는 말	노래는 아무나 하는 건 줄 알아?
비난하는 말	넌 노래를 말로 하냐?
차별하는 말	꿀 먹은 벙어리라도 되었니?
상대가 싫어하는 말	나가수('예림'이 싫어하는 별명)

언어폭력은 듣는 사람뿐만 아니라 말하는 사람이나 그들이 속한 사회 전체에도 부정적인 영향을 끼침.

1 이 글을 읽고 난 반응으로 알맞지 <u>않은</u> 것은?

① '지연'은 비속어를 사용하고 있군.

② 반 친구들은 '예림'을 무시하며 비웃고 있어.

③ '민진'은 '예림'이 듣기 싫어하는 별명을 부르고 있어.

④ '영지'의 말을 듣고 '예림'은 마음에 상처를 입었을 것 같아.

⑤ 이러한 언어생활을 유지한다면 이 반의 친구들은 더욱 친밀해질 것 같아.

01 다큐멘터리를 본 감상 / 친구 간의 대화

핵심 콕콕 • 언어폭력이 우리에게 미치는 영향 알아보기
• 상대를 배려하며 말하는 태도 이해하기

가 얼마 전 텔레비전으로 한글날 특집 다큐멘터리를 봤다. 그 다큐멘터리에서 한 가지 실험을 보여 주었는데, 그 실험 결과가 매우 놀라웠다. 쌀밥을 두 군데의 그릇에 퍼 놓고 4주 동안 한쪽에는 '고맙습니다', '예쁘다' 등의 긍정적인 말을 들려주고, 다른 한쪽에는 '짜증 나', '미워' 등의 부정적인 말을 들려준 후 그 변화를 관찰하는 실험이었다. 그런데 놀랍게도 긍정적인 말을 들려준 쪽에서는 하얗게 예쁜 곰팡이가 피고 구수한 누룩 <u>냄새가</u> 났지만, 부정적인 말을 들려준 쪽에서는 거무스름한 _{술을 빚는 데 쓰는 발효제} 곰팡이가 피고 심한 <u>악취</u>를 풍기는 것이다. _{나쁜 냄새}

이 실험 대상이 쌀밥이 아니라 사람이었다면 어떻게 되었을까? 실험 기간이 4주가 아닌 4년이었으면 어떻게 되었을까? 이 다큐멘터리를 보면서 '말의 힘'이 얼마나 대단한지 새삼 깨달았고, 나의 언어생활을 반성해 볼 수 있었다.

갈래	감상문
성격	반성적, 교훈적
제재	말의 영향력에 대한 실험
주제	말이 우리에게 미치는 영향을 알고 언어생활을 반성하자.

고맙습니다.　　짜증 나.

나 피아노가 무대 한가운데로 옮겨져 있다. 그 앞에 세리가 새침하게 앉아 있다. 옥림, 어이없어하며 세리를 바라본다.

옥림: 네 마음대로 무대를 바꾸면 어떡해?

세리: ㉠너만 무대 중앙에 있으란 법 있니?

옥림: 피아노 가운데 놓고 드레스 입으면 없던 실력이 갑자기 생기냐? 차라리 뒤에 숨어 있는 게 나아.

세리: 그게 무슨 얘기야?

옥림: 연주나 잘하라고. 그것도 연주냐? 체르니 50번까지 쳤다는 거 다 거짓말이지?

세리: 너 보자 보자 하니까 웃긴다. 난 뭐 네 시가 좋아서 참은 줄 아니? 솔직히 말해 줘? (비웃으며) 허, 초등학생도 그 정도는 쓰겠다. 우정으로 가는 계단? 유치해서 정말…….

옥림: 뭐?

세리: 왜? 내 말이 틀렸어? 창피당하기 싫으면 그 우정인지 뭔지 하는 시나 다시 써.

옥림: 싫다. 너나 그 엉터리 연주하지 말고 다시 연습해 와.

세리: 어우, 쩍쩍 갈라지는 네 목소리는 얼마나 듣기 싫은지 알아?

옥림이와 세리, 서로 노려본다.

갈래	드라마 대본
성격	일상적
제재	'옥림'과 '세리'의 말다툼
주제	상대를 배려하지 않고 말하여 갈등하는 두 친구

콕콕 정리

◆ (가)에 제시된 말의 영향력

'말'에는 '힘'이 있으므로 긍정적인 언어를 사용해야 함.

◆ (나)에 드러난 '옥림'과 '세리'의 대화 태도

- 상대의 기분을 배려하지 않음.
- 서로의 실력이 부족하다며 비꼬듯이 말함.

↓

두 사람의 관계에 미친 영향

두 사람의 감정이 나빠지면서 갈등이 심화됨.

'옥림'과 '세리'는 상대를 배려하지 않고 서로 상처를 주는 말을 하여 감정이 점점 더 상하였다. 이러한 말하기 태도는 인간관계에 부정적인 영향을 미친다.

---

1 (가), (나)를 읽고 난 반응으로 적절한 것은?

① 대화할 때는 적극적인 태도로 대화에 참여해야 해.
② 말이 큰 힘을 지니고 있음을 알고 말을 아끼는 습관을 들여야 해.
③ 긍정적인 말도 상대에 따라서는 폭력이 될 수 있다는 것을 알아야 해.
④ 상대를 고려하여 말하기보다는 말하는 의도를 명확하게 전달해야 해.
⑤ 상대와 자신 모두에게 부정적 영향을 미치는 폭력적인 말을 삼가야 해.

2 (가)에 제시된 실험의 목적으로 적절한 것은?

① 부정적인 말의 다양한 종류에 대해 알아보기 위해
② 긍정적인 말을 효과적으로 하는 방법을 연구하기 위해
③ 부정적인 말과 긍정적인 말의 영향력을 비교해 보기 위해
④ 사람들이 부정적인 말을 사용하는 이유에 대해 알아보기 위해
⑤ 사람들이 부정적인 말을 얼마나 많이 사용하는지 파악하기 위해

3 (나)의 대화에 대한 설명으로 적절하지 <u>않은</u> 것은?

① '옥림'과 '세리'는 상대의 말에 감정적으로 맞대응하고 있다.
② '옥림'과 '세리'는 상대의 기분을 배려하지 않고 말하고 있다.
③ '옥림'과 '세리'는 서로의 실력이 부족하다며 비꼬듯 말하고 있다.
④ '옥림'과 '세리'가 진솔하게 불만을 말하여 의사소통이 활발하게 이루어지고 있다.
⑤ '옥림'과 '세리'의 말하기 태도 때문에 생긴 갈등이 두 사람의 관계를 악화시키고 있다.

4 (나)의 '옥림'과 '세리'가 관계를 회복하기 위해 나눈 대화로 적절하지 <u>않은</u> 것은?

① 옥림: 어제는 내가 심한 말을 해서 미안해.
세리: 아니야. 먼저 너와 상의하지 않고 피아노를 옮겨서 미안해.

② 옥림: 네 피아노 실력이 부족하다고 비꼰 것은 진심이 아니었어.
세리: 나도 네가 쓴 시가 유치하다고 한 것은 감정이 상해서 한 말이었어.

③ 옥림: 네 연주가 있어야 내가 쓴 시의 분위기가 더 잘 살아나.
세리: 네 시와 어우러지도록 열심히 연주해 볼게.

④ 옥림: 나도 네 연주에 맞춰서 멋지게 시를 낭송할게.
세리: 그래. 서로 서운했던 마음은 잊고 열심히 연습해 보자.

⑤ 옥림: 네가 연습이 부족한 것은 사실이니까 연습 시간을 늘려 보자.
세리: 너도 마찬가지잖아. 그러니 서로 불편하지 않게 따로 연습하자.

IV. 다양한 언어생활

방송 보도/연설

● 정답과 해설 30쪽

① 방송 보도

(1) 방송 보도의 개념
사회적 관심사가 될 만한 정보나 사건을 선택하여 텔레비전이나 라디오, 인터넷 등의 매체를 통해 알리는 것을 말한다.

(2) 방송 보도의 특성

현장성	시청자에게 현장의 모습을 생생하게 전달함.
간결성	시간이 한정되어 있어 신속하고 간략하게 요점만 전달함.
복합성	문자 언어, 음성 언어, 이미지 등 시청각적 요소가 복합적으로 쓰임.

② 연설

(1) 연설의 개념
여러 사람 앞에서 자기의 주장이나 의견을 표현하여 듣는 이를 설득하는 공적인 말하기이다.

(2) 연설할 때 유의할 점
• 연설의 주제와 목적에 맞는 적절한 자료를 수집하여 주장을 뒷받침한다.
• 연설 상황과 청중의 수준 등에 따라 연설 내용을 효과적으로 전달할 방법을 마련한다.
• 여러 가지 시청각 자료를 활용하여 청중을 집중시키고, 설득력 있게 자신의 의견을 전달한다.

③ 타당성 판단하며 듣기

(1) 타당성 판단하며 듣기의 개념과 판단 기준
말의 주장과 근거가 이치에 맞고 합리적인지 따지며 듣는 것을 말한다.

내용의 타당성을 판단하는 기준	• 근거와 주장 간에 연관성이 있는지 판단함. • 근거로부터 주장을 이끌어 내는 과정에 오류가 없는지 판단함. • 주장을 이끌어 내는 과정에 영향을 미치는 다른 정보가 없는지 판단함.

(2) 타당성 판단하며 듣기의 효과
• 내용을 비판적으로 수용하여 합리적으로 판단할 수 있다.
• 주장과 근거를 분명하게 파악할 수 있어 내용을 깊이 있게 이해할 수 있다.

더 알아 두기

◆ 방송 보도의 역할
• 사회의 여론을 형성하게 한다.
• 사회 구성원의 알 권리를 충족시켜 준다.

◆ 방송 보도의 타당성을 판단하며 듣기
방송 보도의 내용은 객관성을 지녀야 하므로 겉으로 주장을 드러내지 않는 경우도 많다. 이러한 경우 보도를 하는 의도를 파악하고, 보도 내용을 바라보는 관점을 이해하여 궁극적으로 보도를 통해 말하고자 하는 주장을 추론해야 한다.

꼼꼼 확인 문제

1 사회적 관심사가 될 만한 정보를 방송을 통해 알리는 것을 방송 보도라고 한다. (○ , ×)

2 여러 사람 앞에서 자신의 생각과 의견을 전달하여 듣는 이를 설득하는 말하기를 □□(이)라고 한다.

3 타당성을 판단하면서 들을 때 내용을 무비판적으로 수용할 수 있다. (○ , ×)

바로바로 개념 적용 — 우리나라의 비만 기준에 대한 방송 보도

갈래	방송 보도	성격	논리적, 비판적
제재	우리나라의 비만 기준		
주제	우리나라의 비만 기준을 현실에 맞게 조정해야 한다.		
특징	• 주장과 연관성이 있는 근거를 제시하여 주장을 논리적으로 뒷받침함. • 마지막 부분에서 일본의 사례를 언급하여 주장을 강조함.		

뉴스 진행자: 키와 몸무게로 비만한 정도를 판정하는 지표를 비만 지수라고 하지요. 세계보건기구는 비만 지수 30 이상을 비만으로 보는데, 우리나라와 중국 같은 아시아 국가에서는 비만 지수 25 이상을 비만으로 봅니다. 이 기준에 따르면 우리나라 국민 3명 중 1명은 비만입니다. 그런데 최근 정상 체중인 사람보다 조금 더 비만한 사람의 사망 위험이 오히려 낮다는 연구 결과가 잇따라 나오고 있습니다. 과연 아시아인의 비만 기준이 적정한 것인지 논란이 일고 있습니다. 조○○ 의학 전문 기자입니다.

기자: 국적이 다른 40대 한국계 두 여성입니다. 러시아 국적의 여성은 러시아 기준으로는 정상 체중이지만 한국 기준으로는 4킬로그램을 빼야 정상 체중이 됩니다.

러시아 국적의 여성(40세): 러시아 친구들은 저를 정상 체중이라고 생각하는데, 한국 친구들은 제가 약간 살이 쪘다고 생각합니다.

한국 국적의 여성은 한국 기준으로는 정상 체중이지만 러시아 기준으로는 저체중이 됩니다.

동양인의 비만 지수는 동양인의 식생활 습관과 체형이 서양인과 달라서 살이 조금만 쪄도 성인병에 잘 걸리고 일찍 사망할 위험성이 높아진다는 1980년대의 연구 결과를 토대로 정한 것입니다. 그런데 동양인의 식생활 습관과 체형이 서구적으로 바뀌면서 한국과 중국, 일본에서는 이전과는 다른 연구 결과가 나오고 있습니다. 과체중이거나 가벼운 비만인 사람들이 정상 체중인 사람들보다 질병 조기 사망률이 낮았습니다. 오히려 정상 체중인 사람들이 저체중처럼 근육량이 적어 뼈가 약해진 사례가 더 많았습니다.

변△△(□□□대학교병원 내분비내과 교수): 외국의 기준으로 날씬한 외국 사람은 골 밀도도 정상이지만, 우리나라 기준으로 날씬한 사람은 골 밀도가 좋지 않습니다.

일본 검진학회는 재작년에 비만 기준을 비만 지수 25에서 27로 서양의 비만 기준에 근접하게 올렸습니다.

▶ 우리나라의 비만 기준에 대한 논란

지문 체크 ✓

1 우리나라의 비만 지수는 세계보건기구의 기준을 따른다.
(○ , ×)

2 최근에 동양인은 살이 조금만 쪄도 일찍 사망할 위험성이 높다는 연구 결과가 나오고 있다.
(○ , ×)

3 우리나라 기준에서는 날씬한 사람의 골 밀도가 정상이 아닐 가능성이 크다. (○ , ×)

이 방송 보도의 타당성 판단

주장	우리나라의 비만 기준을 올려야 함.
근거	• 러시아보다 우리나라의 비만 기준이 엄격하게 적용됨. • 동양인의 비만 지수는 현재 상황과는 맞지 않음. • 우리나라 기준으로 정상 체중인 사람들이 근육량이 적어 뼈가 약해진 사례가 더 많음.

↓

근거와 주장 간에 연관성이 있고, 근거로부터 주장을 이끌어 내는 과정에 오류가 없으며, 그 과정에 영향을 미치는 다른 정보가 없으므로 방송 보도의 내용은 타당함.

1 이 보도에 대한 설명으로 적절하지 않은 것은?

① 주장을 직접적으로 제시하지는 않고 있다.
② 주장과 연관 있는 사례를 근거로 들고 있다.
③ 일본의 사례를 언급하여 주장을 강조하고 있다.
④ 최근 연구 결과를 바탕으로 주장을 뒷받침하고 있다.
⑤ 화제와 관련 없는 전문가의 의견을 근거로 사용하고 있다.

01 학생회장 선거 연설

가 안녕하십니까? 여러분과 함께 희망 중학교의 희망찬 미래를 열어 갈 학생회장 후보, 기호 '가' 최준서입니다.

여러분! 여러분은 낙타라고 하면 어떤 말이 가장 먼저 떠오르십니까? 저는 '섬김'이라는 말이 가장 먼저 떠오릅니다. 자기 몸 하나도 가누기 힘든 사막에서 주인을 태우고 목적지로 묵묵히 향하는 낙타. 이러한 낙타의 모습에서 우리는 섬김의 자세를 배울 수 있습니다. 만약 저를 학생회장으로 뽑아 주신다면 낙타와 같은 섬김의 자세로 다음 네 가지 공약을 반드시 실천하겠습니다.

갈래	연설문
성격	설득적
제재	선거 공약
주제	학생회장으로 '최준서'에 투표해 주십시오.
특징	• 첫 부분에 낙타 이야기를 언급하여 청중의 흥미를 불러일으킴. • 공약마다 근거를 함께 제시함.

나 첫째, 의형제·의자매 제도를 실시하겠습니다. 요즘 학생들은 대부분 형제자매가 없거나 있더라도 한두 명뿐입니다. 그래서 다른 학년의 선후배들과 의형제, 의자매를 맺어 서로 돕고 지낼 수 있도록 의형제·의자매 제도를 실시하겠습니다. 이 제도가 시행된다면 같은 반 친구들의 단합이 잘되어 재미있고 즐거운 학교생활이 가능할 것입니다.

다 둘째, 학교 곳곳에 건의함을 설치하겠습니다. 최근 제 누리소통망(SNS) 친구들에게 우리 학교 학생회에 바라는 점을 물었더니, 무려 세 명의 학생이 건의함을 설치해 달라고 답하였습니다. 따라서 제가 만약 학생회장이 된다면 여러 학생의 소중한 의견에 따라 학교 곳곳에 건의함을 설치하겠습니다.

라 셋째, 아침 식사를 못 하고 오는 학생들을 위해 제가 매일 아침 식사를 제공하겠습니다. 얼마 전 아침 식사에 관한 다큐멘터리를 보았는데, 아침 식사는 뇌의 기능을 활발하게 하고 질병 예방에도 도움이 된다고 합니다. 여러분들이 건강하게 학교생활을 할 수 있게 아침 식사를 매일 풍성하게 제공하겠습니다.

마 마지막으로 ⓛ학생 자치회를 활성화하겠습니다. 현재 학생 자치회는 한 학기에 한 번, 형식적으로 열리고 있습니다. 하지만 제가 학생회장이 된다면 학생 자치회를 매달 정기적으로 개최하여, 각 학급 회의에서 올라온 안건들을 논의하겠습니다. 학생 자치회가 활성화된다면 우리의 문제를 우리의 대표인 학생 자치회에서 논의할 수 있으므로 많은 학생이 공감할 수 있는 해결 방안이 나올 것이라고 확신합니다.

바 저는 이 자리에 서기에 아직 부족합니다. 하지만 낙타와 같은 섬김의 자세로 여러분과 소통한다면 희망 중학교 학생회의 빛나는 전통을 이어 갈 수 있을 것입니다. 여러분의 소중한 한 표! 그 누구도 아닌 바로 이 최준서에게 반드시 투표해 주십시오. 부족한 연설 끝까지 들어주셔서 감사합니다.

콕콕 정리

◆ 연설의 공약과 근거

공약	근거
의형제·의자매 제도 실시	반 친구들의 단합이 잘되어 즐거운 학교생활이 가능할 것임.
건의함 설치	누리소통망을 통해 3명의 학생이 요구함.
매일 아침 식사 제공	아침 식사는 뇌 기능을 활발하게 하고 질병 예방에도 도움이 됨.
학생 자치회 활성화	학교 내 문제에 대하여 많은 학생이 공감할 수 있는 해결 방안이 나올 수 있음.

◆ 연설 공약의 타당성 판단

	판단	그렇게 판단한 까닭
공약 1	타당하지 않음.	제도를 시행하는 것과 같은 반 친구들의 단합이 잘되는 것 사이에 연관성이 없음.
공약 2	타당하지 않음.	적은 사례를 일반화하여 결론을 이끌어 내어 다수의 의견을 대표한다고 보기 어려움.
공약 3	타당하지 않음.	학생 수준에서 실천할 수 없는 공약을 제시함.
공약 4	타당함.	어떤 집단의 문제는 그 집단에 속한 사람들이 함께 고민해야 많은 사람이 공감할 수 있는 해결 방안이 나올 가능성이 높음.

1 이와 같은 담화를 듣는 방법으로 적절하지 <u>않은</u> 것은?

① 주장과 근거 간에 연관성이 있는지 판단하며 듣는다.

② 담화에 드러나지 않은 주장과 근거를 예측하며 듣는다.

③ 주장과 이를 뒷받침하는 근거가 타당한지 생각하며 듣는다.

④ 근거에서 주장을 이끌어 내는 과정에 오류가 없는지 살피며 듣는다.

⑤ 주장을 이끌어 내는 과정에 영향을 주는 다른 정보는 없는지 생각하며 듣는다.

2 연설자가 이 연설을 준비할 때 고려한 사항으로 적절하지 <u>않은</u> 것은?

① 겸손한 태도로 지지를 부탁하며 연설을 마무리한다.

② 연설의 첫머리에서 자신이 생각하는 학생회장의 자세를 밝힌다.

③ 자신을 소개하면서 동시에 학생회장으로서의 구체적인 계획을 덧붙인다.

④ 순서를 붙여 공약을 제시하여 청중에게 공약의 내용을 명확하게 전달한다.

⑤ 처음 부분에서 질문을 던져 청중의 관심을 불러일으키고 주의를 집중시킨다.

3 이 연설의 타당성을 판단한 내용으로 적절하지 <u>않은</u> 것은?

① 의형제·의자매 제도를 통해 다른 학년의 선후배들과 서로 돕고 지낼 수 있다는 것은 연관성이 있어.

② 의형제·의자매 제도 시행과 반 친구들의 단합이 잘되어 학교생활이 재미있어지는 것 사이에는 연관성이 없어.

③ 매일 아침 식사를 제공하겠다는 공약은 아침 식사가 건강에 좋다는 다큐멘터리를 근거로 내세웠으니 타당하다고 여겨져.

④ 세 명의 의견이 전체 학생들의 의견을 대표할 수 없으므로 건의함 설치라는 결론을 이끌어 낸 것은 타당하지 않다는 생각이 들어.

⑤ 학생들의 문제에 대해 많은 학생들이 공감할 수 있는 해결 방안이 나올 것이라는 말은 학생 자치회 활성화 공약을 잘 뒷받침하고 있어.

 서술형

4 이 연설에서 연설자의 궁극적인 주장이 무엇인지 (바)에서 찾아 4어절로 쓰시오.

3 면담

● 정답과 해설 31쪽

1 면담의 개념과 목적

면담은 일정한 목적을 이루기 위해 특정 대상을 직접 만나 이야기나 의견을 나누는 것이다.

```
설득을 위한 면담        상담을 위한 면담
            면담의
            목적
평가를 위한 면담        정보를 얻기 위한 면담
```

2 면담의 절차

면담 준비하기	• 면담의 목적과 주제, 면담 대상을 선정함. • 면담 대상과 면담 주제에 대한 사전 정보를 수집함. • 면담 대상을 섭외함. • 목적에 맞는 질문을 준비함. • 면담에 필요한 준비물(녹음기, 사진기, 기록용 공책 등)을 점검함.

↓

면담 진행하기	• 면담을 시작할 때 간단한 인사와 자기소개를 한 후, 면담의 목적을 밝힘. • 면담 대상에게 궁금한 내용을 구체적으로 질문하고 면담 내용을 기록함. • 면담을 마무리하며 감사 인사를 함.

↓

면담 결과 정리하기	면담한 내용을 면담의 목적에 맞게 정리함.

3 면담 시 유의할 점

• 정중한 태도로 예의 바르게 행동한다.
• 질문은 구체적이면서도 간결하게 한다.
• 면담 대상의 대답을 경청하고, 적절하게 반응한다.
• 녹음이나 촬영을 할 때에는 사전에 면담 대상에게 허락을 받는다.

더 알아 두기

◆ 면담의 특성
• 상대를 직접 만나서 대화를 주고받는 과정에서 정보를 얻을 수 있다.
• 필요하거나 궁금한 내용을 구체적으로 파악할 수 있다.
• 면담 대상이 경험한 내용을 생생하게 접할 수 있다.

◆ 면담 질문을 준비할 때 고려할 점
• 면담 목적에 맞는 질문을 마련한다.
• 면담 대상이 대답하기 곤란한 질문이나 예의에 어긋나는 질문은 피한다.
• 면담 대상과 면담 내용에 대한 사전 조사를 충분히 한 후 질문을 마련한다.

꼼꼼 확인 문제

1 면담은 일정한 □□을/를 이루기 위해 특정 대상을 만나 이야기를 나누는 것이다.

2 질문할 내용을 준비하고 질문지를 작성하는 것은 면담 □□하기 단계에서 해야 할 일이다.

3 면담 대상의 말을 녹음하거나 면담 대상을 촬영할 때에는 사전에 허락을 받아야 한다.
(○ , ×)

요리 예술사와의 면담

갈래	면담	성격	정보 전달적
제재	요리 예술사	주제	요리 예술사란 어떤 직업인가?
특징	• 면담 목적에 맞는 질문이 제시되어 있음. • 면담 대상에게 지켜야 할 예절이 잘 드러남.		

가 나라: 안녕하세요? 저는 행복 중학교 1학년 김나라입니다.

정우: 안녕하세요? 저는 전자 우편으로 인사드렸던 이정우입니다. 바쁘실 텐데 이렇게 면담을 허락해 주셔서 감사합니다.

요리 예술사: 학생들이 온다고 해서 기쁜 마음으로 기다리고 있었어요.

정우: 고맙습니다. 전자 우편으로 말씀드렸듯이 저희가 음식과 요리에 관심이 있다 보니 요리 예술사라는 직업이 어떤 직업인지 궁금한 점이 많습니다. 요리 예술사에 대한 정보를 얻기 위해 면담을 하려고 하니 진솔한 답변 부탁드립니다. 그리고 저희가 면담 내용을 녹음하고 중간에 사진도 찍으려고 하는데, 괜찮으신지요?
▶ 첫인사와 면담 목적 제시

나 나라: 고맙습니다. 그럼, 지금부터 질문드리겠습니다. 요리 예술사는 주로 어떤 일을 하나요? / 요리 예술사: 저는 요리 예술사를 '요리를 예술로 승화하는 요리의 예술가'라고 표현하고 싶어요. 요리를 아름답게 표현하여 상품 가치를 높이는 일을 한다고 생각하면 돼요.
_{어떤 현상이 더 높은 상태로 발전하는}

정우: 좀 더 자세히 알고 싶은데요, 요리 예술사의 활동 영역을 말씀해 주세요.

요리 예술사: 음식과 관련된 모든 분야에서 활동할 수 있어요. 광고나 잡지, 드라마, 영화 속의 음식 모양새 꾸미기는 물론이고 요즘은 행사 음식 기획이나 새로운 식단 개발 등 여러 방면에서 활동해요.
▶ 질문 ①: 요리 예술사가 하는 일과 활동 영역

다 나라: 활동 분야가 무척 넓군요. 요리 예술사가 되신 계기는 무엇인가요?

요리 예술사: 어려서부터 요리를 좋아해서 대학에서도 요리를 전공했어요. 학교에 다니면서 요리와 관련된 간단한 일들을 했는데요, 그때의 경험을 통해 요리에 아름다움을 더하는 요리 예술사란 직업에 관심이 생겼죠.
▶ 질문 ②: 요리 예술사가 된 계기

라 정우: 요리 예술사를 희망하는 학생들에게 해 주고 싶은 말씀이 있다면 무엇인가요? / 요리 예술사: 음식과 관련된 일을 하고 싶다면 적어도 편식하지 말아야겠죠? 여러 음식을 접해 보면서 식재료 고유의 맛과 요리 방법 등을 알아 가는 것이 중요해요. 또한 음식 관련 전시회, 도서, 자료 등에서 보고 배운 것들을 자기 것으로 소화할 수 있도록 꾸준히 공부하는 자세가 필요합니다. 앞서 말했듯이 체력적으로 힘든 부분이 많으므로 기초 체력을 쌓아 둘 필요도 있고요.
▶ 질문 ③: 요리 예술사를 희망하는 학생들에게 해 주고 싶은 말

마 나라: 그렇군요. 선생님 덕분에 요리 예술사가 어떤 직업인지 잘 알게 되었습니다. 친절하게 답변해 주셔서 감사합니다.
▶ 소감 및 감사 인사

지문 체크 ✓

1 '정우'는 사전에 전화로 면담을 요청하였다. (○ , ×)

2 '나라'는 요리 예술사의 답변 내용에 적절히 반응하며 면담을 진행하였다. (○ , ×)

3 '나라'와 '정우'는 요리 예술사라는 직업에 대한 질문을 모두 마친 후에 ☐☐ ☐☐을/를 하며 면담을 마무리하였다.

이 면담의 목적과 면담 내용

면담의 목적	요리 예술사에 대한 정보를 얻기 위해
면담 내용	• 요리 예술사가 하는 일 • 요리 예술사의 활동 영역 • 요리 예술사가 된 계기 • 요리 예술사를 희망하는 학생들에게 해 주고 싶은 말

1 이 면담의 목적을 고려할 때, 추가할 수 있는 질문으로 적절하지 <u>않은</u> 것은?

① 요리 예술사의 전망은 어떠한가요?

② 요리 예술사가 되려면 어떻게 해야 하나요?

③ 요리 예술사에게 필요한 능력은 무엇인가요?

④ 요리 예술사들이 즐겨 먹는 음식은 무엇인가요?

⑤ 요리 예술사 일을 하면서 힘든 점은 무엇인가요?

01 시인 할머니를 만나다 ①

핵심 콕콕
• 김초혜 시인을 면담한 목적 파악하기
• 면담 목적에 맞는 질문 파악하기

갈래	면담 글
성격	정보 전달적
제재	시인이 편지를 모아 출간한 책
주제	시인이 편지를 엮어 책으로 낸 사연
특징	• 면담자가 면담 목적에 맞는 효과적인 질문을 함. • 손자를 생각하는 면담 대상자의 마음이 잘 드러남.

┃ 김초혜 시인은 2008년, 당시 초등학교 2학년이던 큰손자에게 하루도 빠짐없이 매일 한 통씩 편지를 썼다. 그리고 그 편지를 간직하였다가 손자의 중학교 입학 선물로 주었고, 그 이듬해 『행복이』라는 책으로 펴냈다. 그 사연을 알기 위해 시인과 만나 이야기를 나누기로 하였다.

가 손자에게 편지를 써서 책으로 줄 생각을 어떻게 하시게 된 겁니까?

"제가 중학교 1학년 입학할 때 오빠에게 선물로 받은 톨스토이의 『인생독본』을 떠올리며 손자에게 편지 쓸 생각을 했습니다. 『인생독본』 또한 일기 형식으로 되어 있는데, 50년이 지나도록 책상 위에 놓아두고 제가 지혜를 구하고 있는 책입니다. 이제는 오래되어서 표지도 다 떨어지고 종이도 닳아 보기가 어렵게 됐지만 말입니다. 제가 공책을 특별히 맞춘 까닭이 여기 있습니다. 표지를 가죽으로 하고 내지도 튼튼한 것으로 했습니다. 손자가 오래 두고 읽기를 바라는 마음에서이죠. 손자에게 이렇게 말했습니다. "인간으로서 꼭 지켜야 할 것들을 써 두었으니 매년 해가 바뀌면 다시 읽도록 해라. 그리고 나중에 결혼해서 나를 증조할머니라고 부를 자식이 생기거든 입학식 선물로 이 책을 주어라."라고요."

나 ○선생님 집안에서 편지 쓰는 일은 특별한 일이 아닌 것으로 알고 있습니다. 조정래 선생님은 한 인터뷰에서 편지가 가정 교육의 근본이라는 말을 한 적도 있는데, 편지가 주는 이로움에는 어떤 것이 있습니까?

"우리 집은 아이들이 입학할 때, 졸업할 때, 생일, 어버이날은 물론이고 새해 덕담도 편지로 주고받습니다.
_{남이 잘 되기를 비는 말}
아주 자연스러운 일이지요. 말은 우리 인간의 마음에 품고 있는 생각과 감정을 7에서 8퍼센트(%)밖에 표현하지 못한다고 하는 심리학자들의 연구 결과가 있습니다. 우리는 말을 하면서 자기의 마음을 표현하기가 얼마나 어려운 것인가를 항상 느끼며 삽니다. 그 음성 언어의 부족함과 한계를 극복해서 자기 마음의 깊은 감정을 표현해 내는 것이 문자 언어의 효과입니다. 그래서 말로 다 할 수 없는 깊은 사랑을 전달할 수 있게 하고, 또 가족 간의 정을 더 깊게 해 줍니다. 부수적인 효과가 있다면 자기 감정을 구체적으로 묘사해 내는 문장 공부가 되는
_{주된 것이나 기본적인 것에 붙어서 따르는. 또는 그런 것}
것이지요."

다 손자에게 편지를 써서 강조하고 싶었던 것은 무엇입니까?

"첫째는 독서에 관해서입니다. 평생 책을 손에서 놓지 말라고 여러 차례 언급했습니다. 둘째로 인간관계의 중요성을 말했습니다. 손해 보는 인생을 사는 삶이 행복한 삶이라는 것과 인색하지 말라는 말을 여러 번 한 것
_{어떤 일을 하는 데 대하여 지나치게 박하지}
같습니다. 셋째는 노력해서 안 되는 일은 없다는 것을 강조했습니다. 그렇게 쓰다 보니 아이의 사고가 관념적으로 흐를 위험이 있는 것 같아 넷째로 건강을 지키는 구체적인 방법을 제시했습니다. 다섯째는 역사 인식을 심어 주려 했습니다. 역사를 망각하면 이 나라의 장래가 위험해지니까 역사의 중요성에 관해서 썼습니다."
_{어떤 사실을 잊어버리면}

콕콕 정리

◆ 이 면담에서 알 수 있는 면담 계획

면담 대상	시인 김초혜
면담의 목적	『행복이』의 작가인 김초혜 시인이 손자에게 쓴 편지를 엮어 책으로 낸 사연을 알기 위해
면담 대상에 대한 사전 정보	• 초등학교 2학년이던 큰 손자에게 매일 편지를 써서 이를 중학교 입학 선물로 줌. • 손자에게 쓴 편지를 『행복이』라는 책으로 엮어 발표함. • 남편이 소설가 조정래 선생임. • 면담 대상의 집안에서는 편지를 주고받는 일이 자연스러운 일임.

◆ 면담 질문과 답변 내용 ①

(가) 손자에게 편지를 써서 책으로 줄 생각을 하게 된 까닭

오래 곁에 두고 읽으면서 책에서 지혜를 구하기를 바라는 마음에서

(나) 시인이 생각하는 편지의 이로움

• 말로 다 할 수 없는 깊은 사랑을 전달할 수 있음.
• 가족 간의 정을 더 깊게 함.
• 자기 감정을 구체적으로 묘사해 내는 문장 공부가 됨.
→ 시인이 손자에게 전하고자 하는 말을 편지로 쓴 까닭

(다) 손자에게 편지를 써서 강조하고 싶었던 내용

• 독서의 중요성
• 인간관계의 중요성
• 노력의 중요성
• 건강의 중요성
• 역사 인식의 중요성

1 이 면담의 목적으로 알맞은 것은?

① 편지 쓰기를 생활화하는 것의 장점을 알기 위해
② 손자에게 쓴 편지를 모아 책으로 낸 사연을 알기 위해
③ 책에 실린 시인의 시 세계와 시의 내용을 이해하기 위해
④ 시인이라는 직업과 시인이 되기 위해 필요한 자질을 알기 위해
⑤ 우리가 살아가는 데 필요한 지침이 무엇인지에 대하여 상담하기 위해
생활이나 행동 따위의 지도적 방법이나 방향을 인도하여 주는 준칙

2 (나)로 미루어 보아, 시인이 손자에게 하고 싶은 말을 편지로 쓴 까닭으로 알맞은 것은?

① 말로 하기에는 너무 긴 내용이어서
② 손자에게 좋은 책을 추천해 주기 위해서
③ 자신의 마음을 말로 표현하기가 부끄러워서
④ 말로 표현하면 손자의 기분이 상할까 걱정되어서
⑤ 손자에 대한 말로 다 할 수 없는 깊은 사랑을 전달하기 위해서

3 (다)로 미루어 보아, 시인이 손자에게 썼을 편지의 내용으로 볼 수 없는 것은?

① 평생 책을 가까이해야 한다.
② 노력하면 안 되는 일이 없다.
③ 건강을 지키면서 생활해야 한다.
④ 역사의 중요성을 알고 바른 역사 인식을 지녀야 한다.
⑤ 인색해도 안 되지만 손해 보지 않는 인간관계도 중요하다.

4 ㉠을 통해 알 수 있는 면담 준비 방법으로 가장 알맞은 것은?

① 면담의 목적에 맞게 질문 순서를 구성한다.
② 면담의 목적에 맞는 적절한 대상을 선정한다.
③ 면담 대상에게 면담의 목적을 분명히 전달한다.
④ 면담 대상에 대해 미리 조사하여 효과적인 질문을 준비한다.
⑤ 면담 대상의 약점을 파악하여 대답하기 어려운 질문을 준비한다.

라 손자 사랑이 대단하시군요. 선생님께 손자는 어떤 존재입니까?

"자식에 대한 사랑과 손자에 대한 사랑이 조금은 다른 모양입니다. 사랑은 똑같지만 자식에 대한 사랑이 교육을 전제로 한 이성과 감성에 근거한 사랑이라고 한다면, 손자에 대한 사랑은 조건 없이 감성에 근거한 사랑
<u>어떠한 사물이나 현상을 이루기 위하여 먼저 내세우는 것</u>
입니다. 손자 사랑이 자식 사랑보다 그 농도와 밀도가 더 강하게 느껴지는 것은 아마도 삶의 황혼에 이른 노인
<u>어떤 성질이나 성분이 깃들어 있는 정도</u>   <u>내용이 얼마나 충실한가의 정도</u>
들의 본능이 강하게 작용하기 때문이 아닌가 생각합니다. 제가 보기에 노인들에게 손자라는 존재는 하늘이 준 마지막 삶의 선물입니다."

마 마찬가지로 자식 교육과 손자 교육은 다르지 않나요? 조부모가 손자 교육에 얼마나, 어디까지 개입해야 한다고 생각하십니까?

"옛날에 3대가 한집에 살 때는 손자가 말썽을 부리면 엄마, 아빠는 야단을 치고 종아리를 때리기도 했습니다. 손자는 울면서 할아버지 방으로 피신을 왔습니다. 그러면 할아버지는 종아리를 어루만져 주고 머리를 쓰다듬어 주면서 역성을 들어 주었습니다. 그리고 큰소리로 아들과 며느리를 나무라는 척했습니다. 이 정도가 가장
<u>옳고 그름에는 관계없이 무조건 한쪽 편을 들어 주는 일</u>
좋은 교육 방법이 아닐까 합니다. 엄마, 아빠가 아이의 버릇을 고치고 할아버지는 야단맞은 손자의 마음을 위로해 주는 것, 이것처럼 균형이 잘 맞는 자식 교육은 없다고 생각합니다."

바 작가이신 할아버지, 할머니로부터 당연히 손자가 책 읽기 습관에 영향을 많이 받았을 것 같은데 어떻습니까?

"책은 사람을 만드는 기본 영양과 같은 것이기 때문에 밥을 먹듯이 몸에 익히는 기본 습관이 되도록 해야 합니다. 그래서 손자를 위해 자식들에게 두 가지를 강조했습니다. 첫째는 시간 나는 대로 음악을 들려줄 일이요, 두 번째는 책을 읽어 주라고 했습니다. 그래서 우리 손자는 서너 살 때 우리 집에 와서 화장실에 갈 땐 나보고 화장실 앞에서 책을 읽어 달라고 했습니다. 나는 아이가 가지고 온 동화책을 펼쳐서 모든 감정을 담아 재미나게 읽어 주려고 애썼습니다."

사 요즘은 휴대 전화 폐해가 심각한데, 손자들은 어떻습니까?
<u>어떤 일이나 행동에서 나타나는 옳지 못한 경향이나 해로운 현상으로 생기는 해</u>

"중학교 2학년인 큰손자는 초등학교 5학년 어린이날에 휴대 전화를 사 주었고, 작은손자도 5학년인 올해 어린이날에 사 주기로 했으나 별로 필요하지 않다고 해서 휴대 전화가 없는 상태입니다. 휴대 전화를 갖게 된 날 밤에 큰손자가 침대에 누워서 제 엄마에게 "엄마, 오늘은 기분 좋은 일 한 가지와 기분 나쁜 일 한 가지가 있었어요."라고 하기에 그 까닭을 물으니, "기분 좋은 일은 휴대 전화를 갖게 된 것이고, 기분 나쁜 일은 나도 다른 애들처럼 평범하게 되었다는 사실이에요."라고 했답니다."

아 손자와 그 또래의 세대에게 당부하고 싶은 말씀이 있다면 들려주시지요.

"본인의 개성을 찾아서 스스로 하고 싶은 일을 즐겁게 해 나가면서 일평생 행복을 느끼며 살기를 바랍니다. 그것이 흔히 말하는 성공 중에서도 가장 참다운 성공이기 때문입니다. 부모란 으레 자식에게 기대를 걸게 마련이고, 자기보다도 훨씬 잘되기를 바라는 것이 부모의 본능적 욕구이고, 그래서 그 누구나 욕심이 과해지게 마련입니다. 부모님들은 그러한 욕심을 버리시고 우리 손주 세대들이 자기의 길을 찾아갈 수 있도록 충분히 배려해야 합니다. 그래서 저는 손자에게 평소에 "지금부터 너 스스로 너의 길을 찾아라."라고 늘 말하고는 합니다."

- 『여성중앙』 2014년 6월호

1 이와 같은 면담을 할 때 유의할 점으로 적절하지 <u>않은</u> 것은?

① 구체적이면서도 간결하게 질문한다.
② 면담 상황에 따라 면담의 목적을 바꾼다.
③ 면담 대상에게 면담의 목적을 미리 알린다.
④ 면담 대상의 대답을 경청하고, 적절한 반응을 한다.
⑤ 녹음이나 촬영을 할 때에는 사전에 면담 대상에게 허락을 받는다.

2 김초혜 시인이 손자와 그 또래 세대에게 당부하고 싶은 말로 알맞은 것은?

① 부모의 기대에 부응하는 삶을 살아가기를 바란다.
② 행복보다는 성공에 중점을 두고 살아가기를 바란다.
③ 자신의 개성을 찾아 스스로 하고 싶은 일을 해 나가기를 바란다.
④ 자신이 하고 싶은 일보다는 잘하는 일에 관심을 가지기를 바란다.
⑤ 사회에서 인정받는 직업을 선택하여 참다운 성공을 하기를 바란다.

3 (라)~(아)의 질문 중, 〈보기〉의 밑줄 친 부분에 해당하는 질문끼리 묶인 것은?

> **│보기│**
>
> 면담은 서로 대면하여 질문과 응답을 하는 것이므로, 면담 상황에 따라 계획했던 질문이 삭제되거나 <u>면담 내용에 따라 새로운 질문이 추가되기도 한다.</u>

① (라), (바) 　　　② (마), (사)
③ (바), (아) 　　　④ (마), (사), (아)
⑤ (라), (바), (아)

✎ **서술형**

4 김초혜 시인이 책 읽기의 중요성과 관련하여 지니고 있는 생각을 (바)에서 찾아 〈조건〉에 맞게 쓰시오.

> **조건**
>
> • 책 읽기가 중요한 이유를 포함할 것
> • '~해야 한다.' 형태의 한 문장으로 쓸 것

4 토의

차근차근 **개념 이해**

1 토의의 개념과 의의

토의는 공동의 문제에 대한 최선의 해결 방안을 찾기 위해 여러 사람이 의견을 나누는 과정을 말한다. 토의는 여러 사람이 협력하여 문제를 해결하는 데에 초점을 맞추기 때문에 일상생활에서 일어나는 문제들을 합리적으로 해결할 수 있다.

2 토의의 절차

논제 정하기	토의가 필요한 문제들을 탐색하고 그중 하나를 골라 토의의 주제(논제)로 정함.

↓

토의 내용 마련하기	논제에 대한 자신의 의견을 정리하고, 그 의견을 뒷받침할 수 있는 타당한 근거를 마련함.

↓

토의하기	각자의 역할에 충실하게 의견과 정보를 교환하여 최선의 해결 방안을 결정함.

↓

토의 내용 정리·평가하기	토의 과정과 결과를 간략하게 정리하고, 토의 활동을 평가함.

3 토의 참여자의 역할

사회자	• 토의 논제와 토의자를 소개함. • 토의자 간의 의견 조정을 유도하고 청중의 토의 참여를 이끌어 냄. • 토의 내용을 요약하고 결과를 정리함.
토의자	• 토의 논제에 대해 파악하고 토의를 준비함. • 자신의 의견을 타당한 근거를 들어 명확하게 제시함. • 자신이 제시한 의견의 장단점을 파악하여 다른 토의자나 청중의 질의에 대비함.
청중	• 토의자의 발표 내용을 경청함. • 토의 내용에 대해 궁금한 점을 기록해 두었다가 사회자에게 발언권을 얻어 질문함.

4 토의에 참여하는 올바른 태도

• 다른 사람의 의견을 경청하고 능동적으로 수용한다.
• 타당한 근거를 들어 자신의 생각을 조리 있게 이야기한다.
• 다른 토의 참여자들을 존중하고, 예의를 지키면서 토의에 참여한다.
• 토의의 목적이 협동적인 문제 해결임을 알고 적극적인 태도로 참여한다.

◆ 토의 논제의 개념과 요건

개념	함께 논의해야 할 문제, 즉 토의의 주제
요건	• 참여자와 청중 모두 관심을 가지고 있는 문제 • 여러 사람이 함께 논의할 만한 가치가 있는 문제 • 해결 방안을 찾아 실천할 수 있는 문제

◆ 토의의 유형

패널 토의	패널로 선정된 3~6명의 토의자가 논제에 대해 서로 의견을 교환한 후, 청중의 질문에 답하는 토의
원탁 토의	10명 내외의 소규모 집단이 논제에 대해 동등한 위치에서 자유롭게 의견을 나누는 토의
심포지엄	주로 학술적인 주제에 대해 각 분야의 전문가가 강연식으로 발표한 뒤, 청중의 질문에 응답하는 토의
포럼	문제에 대해 의견이 다른 토의자들이 자기 의견을 발표한 후, 청중과 적극적으로 의견을 주고받는 토의

꼼꼼 확인 문제

1 토의는 여러 사람과 협력하여 합리적으로 문제를 해결하는 것을 목적으로 한다. (○ , ×)

2 사회자는 토의 □□와/과 토의자를 소개하고, 토의 내용을 요약정리하는 역할을 한다.

3 다른 참여자들의 의견을 존중하고 협력적인 태도로 토의에 참여해야 한다. (○ , ×)

바로바로 개념 적용   농구 시합에 관한 학급 회의

갈래	드라마 대본	성격	일상적
제재	7반과의 농구 시합		
주제	반칙을 인정하고 재경기를 할 것인가의 여부		
특징	학생들이 일상에서 흔히 겪을 수 있는 문제 상황을 제시함.		

지문 체크

1 '욱'은 7반과의 농구 시합을 다시 하자는 안건을 제안하고 있다.   (○ , ×)

2 '순신'은 7반과 농구 시합을 다시 하면 이길 자신이 없다고 말하고 있다.   (○ , ×)

3 '욱'은 중요한 것은 스스로 당당하게 행동하는 것이라고 생각한다.   (○ , ×)

생략된 내용 >>> 8반과 7반이 농구 경기를 하는데, 8반은 반장인 '욱'의 3점 슛으로 역전승을 거둔다. 그런데 '욱'이 3점 슛 선을 밟은 영상이 발견되면서 7반 아이들이 재경기를 요구한다. '욱'은 8반의 학급 회의 시간에 7반과 농구 시합을 다시 하자고 안건을 제안한다.

욱: (담담히, 그러나 결연하게 약간 소리 높여) 그리고 제가 선을 밟은 동영상도 같이 공개를 했으면 합니다. / 하림: (옥림에게) 야! 네가 장욱 책임지고 맡으랬잖아!

세리: 다시 하긴 뭘 다시 해? 다 끝난 일인데!

정민: 잠깐만. 무슨 얘기야? 동영상이란 게 진짜로 있었어?

욱: (정민에게) 어. 내가 선 확실히 밟았고, 그게 카메라에 찍혔어.

　　정민처럼 몰랐던 반 아이들 예닐곱 명 웅성거리고, 정민도 멍하니 욱을 바라본다.

세리: (씩씩거리며) 야, 너 반장이라고 뭐든지 네 맘대로 해도 된다고 생각하나 본데, 왜 이러셔? 나도 부반장이야! 네 마음대로 7반 가서 사과하고 시합하려고? 나 그 꼴 못 봐. 아니, 안 봐!

욱: 그러니까 지금 너희들한테 동의를 구하는 거 아냐?

용우: 동의? 그래, 너 말 잘했다. 근데 우리 동의 못 해! 절대 못 해!

보비: 우리가 얼마나 힘들게 이겼는데, 그걸 걔네한테 그냥 갖다 바치자고?

욱: 그냥 엎자는 말이 아냐. 선 밟은 거 인정하고 재경기를 하자고.

하림: 재경기? 안 돼! 너 왜 그래 진짜? 우리 이번엔 그럼 못 이긴단 말이야!

욱: 7반 애들, 반칙으로는 이길 수 있고 정정당당히 하면 못 이긴다고 생각 안 해. 승산이 아예 없는 것도 아니고.

순신: 지금 우리가 농구 못해서 이러는 게 아니잖아. 다른 거 집어치우고, 너, 우리가 인정하면 7반 걔네들이 어떻게 나올 것 같냐? 7반 애들이 우리 반 멋지다 칭찬해 줄 줄 알아? 아니? "오리발 내밀더니 우리가 따지니까 결국 자백했네, 꼴좋네." 하며 난리 피울 거야, 분명히. 난 다른 건 몰라도 그 꼴은 절대 못 봐.

욱: 걔들이 어떻게 나오느냐가 중요한 게 아니잖아. 우리가 생각할 때 스스로 당당한 지 아닌지, 그게 중요한 거 아냐?

정민: 안 당당할 건 또 뭔데? 솔직히 말해서 7반 애들 공격자 반칙한 거, 팔꿈치로 용우랑 하림이 칠 때도 그렇고, 체육 선생님이 7반 애들 반칙도 못 보고 놓친 거 많아. 그렇게 하나하나 따지기 시작하면 완벽한 경기란 거, 세상에 없는 거 아냐?

▶ 7반과 재경기를 하자는 '욱'과 반대하는 반 아이들

학급 회의에 참여한 반 아이들의 태도

반 아이들은 7반과 재경기를 하자는 '욱'의 말에 반대함.

• '욱'의 의견은 존중하지 않고 자신의 의견만 말함.
• 회의에서 갖추어야 할 예의를 지키지 않음.
• '욱'의 의견에 감정적으로 대응함.

1 반 아이들의 말하기 태도에 대한 설명으로 알맞은 것은?

① 상대의 의견을 존중하고 있다.
② 상대에게 예의를 갖추며 말하고 있다.
③ 상대의 의견을 능동적으로 수용하고 있다.
④ 자신과 다른 의견에 감정적으로 대응하고 있다.
⑤ 협력적인 분위기 속에서 다른 사람들과 소통하고 있다.

01 축제 장터에서 무엇을 운영할까? ❶

핵심 콕콕 · 토의를 통해 문제를 해결하는 과정 파악하기
· 토의 참여자의 역할 및 바람직한 토의 태도 이해하기

토의 논제와 토의자 소개 **가** 사회자: 올해부터 학교 축제 기간에 장터를 열기로 하였습니다. 우리 반이 장터에서 무엇을 운영하면 좋을지 설문 조사를 한 결과, 벼룩시장과 먹거리 가게 그리고 사진 찍기 체험장을 운영하자는 의견이 많이 나왔습니다. 오늘은 지민이와 정우, 나라가 각 의견을 대표하는 토의자로 나와서 '축제 장터에서 무엇을 운영할까?'라는 주제로 토의해 보도록 하겠습니다. 그럼 지민이, 정우, 나라의 순서로 준비해 온 의견을 이야기해 주십시오.

갈래	패널 토의
논제	축제 장터에서 무엇을 운영할까?
특징	· 각 제안에 대한 타당한 근거가 제시됨. · 토의에 참여하는 올바른 태도를 생각하게 함.

토의자 제안 **나** 지민: 저는 벼룩시장을 열었으면 합니다. 여러분도 잘 알다시피 벼룩시장은 온갖 중고품을 사고파는 만물 시장을 말합니다. 벼룩시장은 판매할 물건들이 집에서 쓰던 것이어서 준비하는 데에 많은 돈이 들지 않습니다. 또한 잘 쓰지 않는 물건을 재활용하는 것이기 때문에 환경을 보호한다는 점에서도 가치가 있고, 새것만 찾는 친구들에게 절약 정신을 일깨워 줄 수 있다는 점에서도 가치가 있습니다.

정우: (지민이의 발표가 끝나고 잠시 후에) 축제는 우선 재미있어야 한다고 생각합니다. 그래서 저는 먹거리 가게를 제안합니다. 먹거리 가게는 우리들이 직접 음식을 만들어 팔기 때문에 다른 가게보다 훨씬 재미있고 추억에 남을 것입니다. 그리고 '금강산도 식후경'이라는 속담도 있듯이, 아무리 좋은 행사라도 먼저 배가 불러야
<small>아무리 재미있는 일이라도 배가 불러야 흥이 나지 배가 고파서는 아무 일도 할 수 없음을 비유적으로 이르는 말</small>
즐길 수 있는 법이죠. 맛이 좋은 음식을 판다면, 친구들의 배도 채워 주고 수익도 많이 낼 수 있다고 생각합니다.

나라: (지민이와 정우를 번갈아 보며) <u>㉠지민이와 정우의 의견 잘 들었습니다. 둘 다 좋은 의견이라고 생각합니다. 특히 축제는 재미있어야 한다는 정우의 생각에 저도 동의합니다.</u> 그런데 친구들이 즐겁게 참여하려면 개성 넘치는 가게를 운영하는 것이 좋지 않을까요? 그래서 저는 사진 찍기 체험장을 운영하는 것이 좋다고 생각합니다. 그리고 요즘 청소년들은 자신만의 특별한 사진을 갖고 싶어 한다는 내용의 신문 기사를 읽은 적이 있습니다. 평소에 입어 보기 힘든 옷이나 특이한 소품을 함께 준비해 놓으면 사진을 찍으러 오는 친구들이 많을 것입니다.

콕콕 정리

◆ 이 토의의 유형과 절차
- 토의 유형: 패널 토의
- 패널 토의의 절차

토의 논제와 토의자 소개
사회자가 토의 논제와 토의자(패널)를 소개함.

↓

토의자 제안
토의자들은 근거를 들어 의견을 제안함.

↓

토의자 간 의견 교환
제안된 의견을 바탕으로 토의자들이 자유롭게 생각을 주고받음.

↓

청중과의 질의응답
청중은 논제와 토의자들의 제안에 대해 질문하고, 토의자들은 이에 대해 응답함.

↓

토의 마무리
사회자는 토의자와 청중의 의견을 종합하여 토의를 마무리함.

◆ 사회자의 역할 ①

"오늘은 지민이와 정우, 나라가 각 의견을 대표하는 토의자로 나와서" → 토의자 소개

"'축제 장터에서 무엇을 운영할까?'라는 주제로 토의해 보도록 하겠습니다." → 논제 소개

◆ 토의자의 제안

토의자	제안
'지민'	벼룩시장
'정우'	먹거리 가게
'나라'	사진 찍기 체험장

---

1 이와 같은 유형의 토의에 대한 설명으로 알맞은 것은?

① 각 의견의 대표자들이 의견을 교환한 후에 청중의 질문에 답한다.
② 주제에 대한 권위자나 전문가 의견을 발표하여 해결책을 찾는다.
③ 열 명 내외의 토의자가 동등한 자격으로 참여해 자유롭게 의견을 나눈다.
④ 특별한 절차나 규칙을 정하지 않고 토의자 전원이 참여하여 의견을 나눈다.
⑤ 서로 의견이 다른 토의자들이 의견을 발표한 후에 청중과 적극적으로 의견을 주고받는다.

2 이와 같은 토의의 논제로 알맞지 않은 것은?

① 학교 누리집의 악성 댓글을 어떻게 줄일 수 있을까?
② 교실 자리 배치를 어떤 방법으로 바꾸는 것이 좋을까?
③ 체육 대회 등 학교 행사를 위해서 학급 티셔츠를 맞춰야 할까?
④ 학년별로 공평하게 운동장을 사용할 수 있는 방법은 무엇일까?
⑤ 학교 폭력이 없는 평화로운 학교를 만들기 위해서 어떻게 해야 할까?

3 토의자의 제안과 근거가 바르게 연결되지 않은 것은?

	제안	근거
①	벼룩시장	준비하는 데에 많은 돈이 들지 않음.
②	벼룩시장	절약 정신을 일깨워 줄 수 있음.
③	먹거리 가게	아무리 좋은 행사도 배가 불러야 즐길 수 있음.
④	먹거리 가게	직접 음식을 만들어 팔기 때문에 훨씬 재미있고 추억에 남을 것임.
⑤	사진 찍기 체험장	최근 학교에서 사진을 찍고 자랑하는 것이 유행임.

4 (가)에 나타난 사회자의 역할로 알맞은 것은?

① 논제와 토의자를 소개한다.
② 청중의 토의 참여를 이끈다.
③ 토의자 간의 갈등을 조정한다.
④ 토의 결과를 정리하고 요약한다.
⑤ 토의자 간의 의견 조정을 유도한다.

5 ㉠과 같은 말하기 태도에 대한 설명을 골라 바르게 묶은 것은?

ㄱ. 상대방의 의견을 능동적으로 수용하고 있다.
ㄴ. 다른 참여자의 의견을 듣고 자신의 생각을 바꾸고 있다.
ㄷ. 참여자들이 좋은 분위기 속에서 소통하는 데에 도움이 된다.
ㄹ. 상대방의 환심을 사서 자신의 의견에 동의하게 만드는 대화 전략이다.

① ㄱ, ㄴ　　② ㄱ, ㄷ　　③ ㄴ, ㄷ　　④ ㄴ, ㄹ　　⑤ ㄷ, ㄹ

토의자 간 의견 교환 **다** 사회자: 세 토의자의 의견 잘 들었습니다. 그러면 이제 토의자끼리 서로의 의견을 교환하겠습니다. 먼저 지민이의 제안에 질문해 주십시오.

정우: ㉠벼룩시장에서 판매할 물건은 어떻게 모을 계획인가요?

지민: 우리 반뿐만 아니라 다른 반 친구들과 선생님들께도 알려 다양한 물건을 기부받을 생각입니다. 관심을 두고 집 안을 살펴보면 잘 사용하지는 않지만 꽤 쓸 만한 물건들이 많을 것 같은데요? 예를 들어 사 놓고 미처 풀지 못한 문제집이나 깨끗한 장난감 같은 것들이 있을 것입니다.

나라: ㉡벼룩시장은 단순하게 물건을 사고팔기만 해서 다른 가게에 비해 친구들이 별로 흥미를 느끼지 못할 것 같은데요. 대책은 있나요?

지민: 네. 먼저 친구들이 좋아할 만한 물건들을 사진으로 찍어 벼룩시장 홍보물을 만들면 친구들의 관심을 끌 수 있을 것입니다. 그리고 축제 기간에 경품 추첨 행사를 함께 진행하는 방법도 생각하고 있습니다.

사회자: 이번에는 정우의 제안에 질문해 주시겠습니까?

나라: ㉢음식 재료를 준비할 돈은 어떻게 마련할 계획인가요?

정우: 그동안 모아 놓은 학급비로 음식 재료를 장만하려고 합니다. 돈이 모자라면 우리가 조금씩만 더 보태면 될 것입니다.

지민: 장터 수익금은 학생회에서 이웃 돕기 성금으로 기부한다던데……. 그러면 ㉣우리 반 학급비가 하나도 안 남을 것 같은데요?

정우: 재료비를 제외한 수익금을 기부한다고 합니다. 재료를 구입한 영수증을 학생회에 제출하면 그 금액만큼을 학급에 돌려준다고 합니다. 그러니 학급비를 돌려받고 기부금도 많이 내기 위해서는 우리가 더욱 노력해야겠죠.

사회자: 마지막으로 나라의 제안에 질문을 받겠습니다.

정우: ⓐ설문 조사 결과를 보면, 여학생들과 달리 남학생들은 사진 찍기 체험장에 관심이 적다는 것을 알 수 있습니다. 남학생들이 많이 찾아오지 않을 것 같은데 사진 찍기 체험장이 제대로 운영될까요?

나라: 네, 좋은 지적입니다. 우선 여학생들의 참여율이 매우 높을 것 같아 사진 찍기 체험장을 운영하는 데에는 큰 문제가 없을 것입니다. 남학생들에게는 더욱더 적극적으로 홍보하여 다 함께 즐길 수 있는 축제를 만들 생각입니다.

지민: ㉤독특한 의상과 소품은 어떻게 마련할 계획인가요?

나라: 대훈이 아버지께서 캐릭터 의상 대여점을 하시는데, 우리 반이 사진 찍기 체험장을 운영한다면 공주 드레스와 같은 의상이나 수염, 가발 등과 같은 소품들을 무료로 빌려주신다고 합니다.

콕콕 정리

◆ '지민'의 제안(벼룩시장)에 대한 의견 교환

질문 ①	판매할 물건을 모을 계획
답변 ①	다른 반 친구들과 선생님께도 알려 다양한 물건을 기부받을 생각임.
질문 ②	벼룩시장에 대한 친구들의 흥미를 높일 대책
답변 ②	홍보물을 만들 것이며, 경품 추첨 행사를 진행하는 방법도 고려하고 있음.

◆ '정우'의 제안(먹거리 가게)에 대한 의견 교환

질문 ①	음식 재료비를 마련할 계획
답변 ①	학급비로 재료를 장만하고 돈이 모자라면 조금씩 보탬.
질문 ②	학급비 부족에 대한 우려
답변 ②	학생회에서 재료비를 돌려줌.

◆ '나라'의 제안(사진 찍기 체험장)에 대한 의견 교환

질문 ①	남학생들의 참여가 적어 제대로 운영될지에 대한 염려
답변 ①	여학생의 참여율이 높아 운영에 문제가 없으며 남학생 대상으로 적극적으로 홍보할 계획임.
질문 ②	의상과 소품 마련 계획
답변 ②	'대훈'의 아버지께 의상과 소품을 무료로 빌리기로 함.

◆ 사회자의 역할 ②

· "그러면 이제 토의자끼리 서로의 의견을 교환하겠습니다. 먼저 지민이의 제안에 질문해 주십시오."
· "이번에는 정우의 제안에 질문해 주시겠습니까?"
· "마지막으로 나라의 제안에 질문을 받겠습니다."

↓

· 절차에 따른 토의 진행
· 토의자 간의 의견 조정 유도

---

1 이와 같은 토의를 평가하는 기준으로 적절하지 <u>않은</u> 것은?

① 토의자가 조리 있게 의견을 제시하였는가?
② 토의자가 예의를 지켜 상대의 말을 경청하였는가?
③ 사회자가 토의 절차에 따라 원활하게 진행하였는가?
④ 토의자가 다른 토의자들의 질문에 적절히 응답하였는가?
⑤ 토의자가 되도록 많은 발언 기회를 얻기 위해 노력하였는가?

2 (다)에 대한 설명으로 적절한 것은?

① 토의자들이 발언 순서와 상관없이 자유롭게 의견을 주고받고 있다.
② 토의자들이 논제에 대한 찬성과 반대 의견으로 나뉘어 논의하고 있다.
③ 토의자들이 다른 토의자의 의견과 비교하여 자기 의견을 강조하고 있다.
④ 토의자들은 최선의 선택을 하기 위해 협력적으로 의견을 교환하고 있다.
⑤ 토의자들은 문제 상황의 심각성을 강조하여 청중의 참여를 유도하고 있다.

3 ㉠~㉤에 대한 답변으로 적절하지 <u>않은</u> 것은?

① ㉠: 다른 반 친구들과 선생님께도 알려 많은 물건을 기부받을 것이다.
② ㉡: 판매 여부와 관계없이 유행하는 물건을 활용하여 홍보물을 만들 것이다.
③ ㉢: 학급비를 사용하고 모자란 경우 반 친구들이 조금씩 부담하면 된다.
④ ㉣: 학생회로부터 재료 구입비를 돌려받을 수 있다.
⑤ ㉤: '대훈'네가 운영하는 캐릭터 의상 대여점에서 무료로 빌릴 수 있다.

4 ⓐ에 대한 설명으로 적절한 것은?

① 구체적인 자료를 근거로 '나라'의 제안에 문제점을 제기하고 있다.
② 친구의 경험을 사례로 들어 다른 토의자들의 공감을 얻으려 하고 있다.
③ '나라'가 답변할 수 없는 질문을 하여 토의의 주도권을 가지려 하고 있다.
④ 자신의 개인적 취향을 일반화하여 '나라'의 의견을 반대하는 근거로 삼고 있다.
⑤ '나라'가 제안한 의견의 문제점을 지적함으로써 자신의 제안이 지닌 장점을 부각하고 있다.

 서술형

5 이 토의에서 〈보기〉와 같은 토의 태도를 지닌 토의자가 누구인지 쓰시오.

┌─ 보기 ┐
· 상대의 질문을 듣고, 자신이 제안한 의견의 문제점을 인정하고 있다.
· 자신의 의견을 보완할 대책을 제시하고 있다.
└─────┘

01 축제 장터에서 무엇을 운영할까? ❸

청중과의 질의응답 **라** 사회자: 토의자들의 의견 잘 들었습니다. 지금까지의 의견을 바탕으로 청중의 질문과 의견을 들어보겠습니다.

민재: 벼룩시장 행사가 끝나고 남은 물건은 어떻게 처리할 것인지 궁금합니다.

지민: 남은 물건은 우리 학교 근처에 있는 자선 단체에 모두 기증할 생각입니다.

사회자: 네, 벼룩시장 행사가 끝나고 남는 물건을 어떻게 처리할 것인지 잘 들었습니다. 또 다른 질문이나 의견 있습니까?

다혜: 먹거리 가게를 운영하려면 휴대용 가스레인지와 같은 취사도구가 필요한데, 좀 위험하지 않을까요?

정우: 부탄가스 사용은 학교에서 금지하고 있습니다. 그래서 집에서 준비해 온 재료들로 김밥이나 샌드위치를 만들어 판매하거나 전기 제품을 이용하여 간단하게 만들 수 있는 토스트와 같은 음식을 판매할 생각입니다.

유미: (짜증 섞인 말투로) 요즘 누가 김밥이나 샌드위치를 사 먹으러 먹거리 가게에 오겠습니까? 정말 어이가 없습니다.

슬기: (빈정거리며) 사실 저는 먹거리 가게를 희망했는데 김밥이나 판다고 하니 기가 막힙니다. 그럴 바에는 사진 찍기 체험장을 하는 게 훨씬 낫겠습니다.

사회자: 다른 친구들이 먹거리 가게를 어떻게 생각하고 있는지 잘 들었습니다. 또 다른 질문이나 의견이 있습니까?

수아: 대훈이 아버지께 공주 드레스 외에 다른 옷도 빌릴 수 있나요?

나라: 네, 더 빌릴 수 있다고 합니다. 자세한 것은 대훈이에게 직접 물어보면 어떨까요?

사회자: (대훈이를 쳐다보며) 그러면 대훈이의 이야기를 들어보겠습니다.

대훈: 아버지 가게에는 남학생들이 좋아하는 만화나 영화 주인공들의 의상뿐만 아니라 귀신과 같은 특수 분장을 할 수 있는 재료도 많이 있습니다. 아버지께서 우리가 의상과 소품을 깨끗이 쓴다면 빌려주실 수 있다고 하셨습니다.

하은: 그렇다면 저는 나라의 의견에 따르겠습니다. 사진 찍기 체험장에서 친구들과 재미있는 사진을 찍는다면 그 추억을 오랫동안 기억할 수 있을 것 같습니다.

지민: 저도 생각해 보니 사진 찍기 체험장을 운영해 보는 것이 평소에 쉽게 해 볼 수 없는 경험이라는 점에서 특별한 기억으로 남을 것 같습니다.

사회자: 먹거리 가게를 제안했던 정우의 생각은 어떻습니까?

정우: ㉠먹거리 가게를 운영하지 못해서 아쉽긴 하지만, 많은 친구가 사진 찍기 체험장을 희망한다면 저도 그 의견을 기쁘게 받아들이겠습니다.

사회자: (잠시 기다린 후에 청중을 둘러보며) 또 다른 의견이 없으면, 우리 반은 축제 장터에서 사진 찍기 체험장을 운영하는 것으로 결정해도 되겠습니까?

청중: (고개를 끄덕이며) 네.

토의 마무리 **마** 사회자: 지금까지 토의한 결과, 우리 반은 축제 장터에서 사진 찍기 체험장을 운영하기로 하였습니다. 자세한 운영 계획은 다음 시간에 다시 의논하기로 하겠습니다. 이것으로 오늘 토의를 모두 마치겠습니다.

콕콕 정리

◆ 청중과의 질의응답

'민재'와 '지민'	벼룩시장 행사가 끝나고 남은 물건을 처리할 방법에 대해 질의응답함.
'다혜'와 '정우'	먹거리 가게를 운영할 경우 취사도구 사용의 위험성에 대해 질의응답함.
'수아'와 '나라'	사진 찍기 체험장을 운영할 경우 공주 드레스 이외에 다른 옷도 빌릴 수 있는지에 대해 질의응답함.

◆ '유미'와 '슬기'의 토의 태도

"(짜증 섞인 말투로) 요즘 누가 김밥이나 ~ 정말 어이가 없습니다."
"(빈정거리며) 사실 저는 먹거리 가게를 ~ 훨씬 낫겠습니다."

'유미'와 '슬기'의 발언은 다른 참여자의 감정을 상하게 하고, 합리적인 해결 방안을 이끌어 내는 데 도움이 되지 않는다. 토의 참여자는 다른 사람의 의견을 수용하고 협력적으로 소통해야 한다.

◆ 사회자의 역할 ③

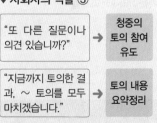

"또 다른 질문이나 의견 있습니까?" → 청중의 토의 참여 유도

"지금까지 토의한 결과, ~ 토의를 모두 마치겠습니다." → 토의 내용 요약정리

---

1 이 토의의 청중들에 대한 설명으로 적절하지 <u>않은</u> 것은?

① 하은: 자신이 공감하는 의견에 대해 지지 의사를 밝히고 있다.
② 다혜: 먹거리 가게를 운영할 때 예상되는 위험성에 대해 질문하고 있다.
③ 수아: 이미 알고 있는 사실을 다시 질문하여 '나라'의 의견에 반대하고 있다.
④ 민재: 벼룩시장 행사가 끝나고 남은 물건을 처리할 방법에 대해 질문하고 있다.
⑤ 대훈: 사진 찍기 체험장을 운영할 경우 의상과 소품을 지원받을 계획에 대해 설명하고 있다.

2 원활한 토의가 되도록 '유미'의 발언을 〈조건〉에 맞게 바꾸어 쓴 것은?

조건
• 김밥과 샌드위치 판매에 대한 입장은 유지하되 자신의 의견을 제시할 것
• 상대의 감정과 입장을 고려할 것

① 김밥과 샌드위치같이 간편한 음식을 파는 것은 너무 무성의해 보입니다.
② 조리 과정이 위험하지 않다면 김밥과 샌드위치를 파는 것도 좋다고 생각합니다.
③ 김밥과 샌드위치 같이 싼 음식을 파느니 차라리 벼룩시장을 운영하는 것이 나을 것 같습니다.
④ 저는 김밥과 샌드위치보다는 다른 음식을 팔았으면 좋겠지만, 다른 학생들이 동의하면 받아들이겠습니다.
⑤ 김밥과 샌드위치는 인기가 없을 것 같으므로 불을 쓰지 않고 만들 수 있으면서도 학생들이 좋아할 만한 음식을 개발해야 합니다.

3 ㉠에 대한 설명으로 적절한 것은?

① 자신의 의견을 끝까지 포기하지 못하고 있다.
② 다른 사람의 의견을 수용하여 최선의 해결책을 찾고 있다.
③ 여러 사람의 의견보다 자신의 감정을 중요하게 여기고 있다.
④ 다수결에 의해 결정된 사진 찍기 체험장 운영에 어쩔 수 없이 동의하고 있다.
⑤ 다른 사람을 의식하여 자신의 의견을 소신 있고 명확하게 제시하지 못하고 있다.

 서술형

4 이 토의의 결과를 한 문장으로 쓰시오.

누구와 면담할까?

탐구 목표

여러 사항을 고려하여 가장 적합한 면담 대상자를 선정해 보자.

탐구 과정 소개

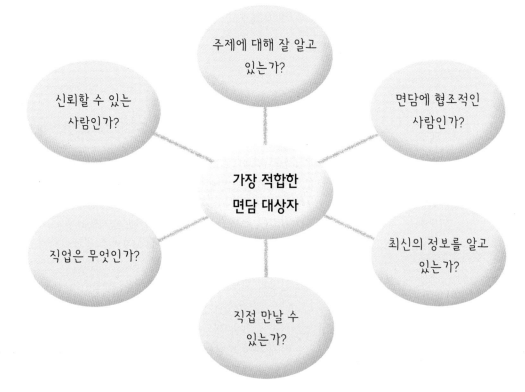

비상이의
탐구 활동 체험

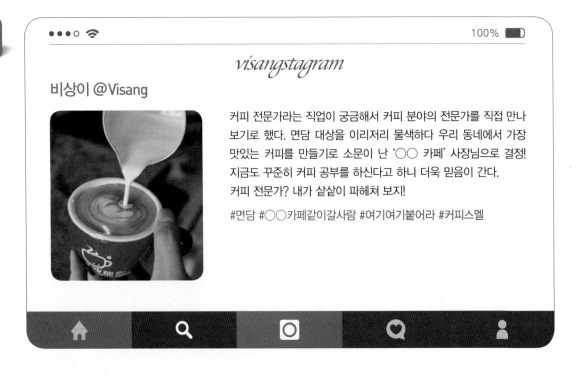

●●●○ 🤏   100% 🔋

visangstagram

비상이 @Visang

커피 전문가라는 직업이 궁금해서 커피 분야의 전문가를 직접 만나 보기로 했다. 면담 대상을 이리저리 물색하다 우리 동네에서 가장 맛있는 커피를 만들기로 소문이 난 '○○ 카페' 사장님으로 결정! 지금도 꾸준히 커피 공부를 하신다고 하니 더욱 믿음이 간다.
커피 전문가? 내가 샅샅이 파헤쳐 보지!

#면담 #○○카페같이갈사람 #여기여기붙어라 #커피스멜

문법

1 언어의 본질

차근차근 **개념** 이해

1 언어의 개념과 역할

(1) 언어의 개념

생각이나 느낌 등을 나타내거나 전달하기 위해 사용하는 음성 또는 문자 등의 수단을 뜻한다. 언어는 전달하려는 의미(내용)와 그것을 표현하는 말소리(형식)가 결합하여 이루어진다.

• 전달하고자 하는 의미(내용)
사람이나 동물이 추위, 더위, 비바람 따위를 막고 그 속에 들어 살기 위하여 지은 건물

• 내용을 표현하는 말소리(형식)
집[집]

(2) 언어의 역할

• 자신의 생각을 표현하고 다른 사람의 생각을 이해하는 수단이다.
• 사람들의 의사소통을 원활하게 하여 공동체를 유지하고 발달시킨다.

> 우리가 사용하는 언어가 사라진다면 어떻게 될까? 사람들은 자신이 표현하고 싶은 것을 표현하지 못하고 다른 사람이 전달하려는 내용을 이해하지 못해서 큰 어려움을 겪을 거야. 이렇듯 언어는 사람들 사이에 생각이나 느낌을 나타내거나, 정보를 전달하기 위해 꼭 필요한 수단이야.

2 언어의 본질

(1) 언어의 자의성

언어의 의미(내용)와 말소리(형식) 사이에는 <u>필연적인</u> 관련이 없다.
사물의 관련이나 일의 결과가 반드시 그렇게 될 수밖에 없는. 또는 그런 것

하늘[하늘]
sky[스카이]
天[티엔]

우리말로는 '하늘[하늘]'이라고 부르는 대상을, 영어로는 'sky[스카이]'로 부르고 중국어로는 '天[티엔]'이라고 부름.

> 우리는 '지평선이나 수평선 위로 보이는 무한대의 넓은 공간'을 '하늘[하늘]'이라는 말소리로 표현해. 같은 의미를 뜻하는 대상을 영어와 중국어로는 각각 다른 말소리로 표현하지. 이처럼 어떤 대상을 부르는 말이 언어마다 다른 이유는 의미와 말소리의 연결이 필연적이지 않고, 자의적이기 때문이야. '자의적'이라는 말이 '일정한 기준 없이 제멋대로 하는. 또는 그런 것'이라는 뜻을 지닌다는 것을 알면 언어의 자의성을 이해하기 쉬워.

---

(2) 언어의 사회성

언어는 그 언어를 사용하는 사람들 사이의 사회적 약속이다. 의미와 말소리는 자의적으로 연결되지만 그 말을 사회 구성원 모두가 사용하여 사회적 약속으로 굳어지면 개인이 함부로 바꿀 수 없다.

수박 주세요.　　(○)
달콤이 주세요.　(×)

'둥그렇게 생기고 검은 줄무늬가 있는 여름철 과일'을 '수박'이라 부르기로 사람들이 약속했으므로 개인이 다른 말로 바꾸어 부를 수 없음.

> 우리나라에서는 그림의 대상을 '수박'이라 부르기로 약속했지? 과일을 사러 가서 내 마음대로 '달콤이 주세요.'라고 말한다면 의사소통에 혼란이 생길 거야. 따라서 그림의 대상을 부를 때에는 모든 사람이 부르기로 약속한 '수박'이라고 불러야 해.

(3) 언어의 역사성

사회적 약속으로 굳어져 사용되는 말들도 시간의 흐름에 따라 끊임없이 새로 생기고, 사라지고, 변화한다.

새로 생긴 말	인공 지능, 스마트폰, 누리꾼 등	
사라진 말	즈믄('천(千)'의 옛말), 가람('강(江)'의 옛말)	
소리나 의미가 변화한 말	소리가 변한 말	나무(나모 → 나무)
	의미가 변한 말	어여쁘다(불쌍하다. → 예쁘다.)
	의미가 확대된 말	세수(손을 씻다. → 손이나 얼굴을 씻다.)
	의미가 축소된 말	얼굴(사람의 형체 → 머리의 앞면)

> 과거에 '어여쁘다'라는 말은 '불쌍하다'라는 의미였지만 오늘날에는 '예쁘다'라는 의미로 바뀌었지. 이렇게 사회적 약속으로 인식되던 언어도 시간의 흐름 등 여러 요인의 영향을 받아 변화할 수 있어.

(4) 언어의 창조성

사람들은 이미 아는 단어와 문장만 사용하는 것이 아니라 새로운 단어나 문장을 무한히 만들 수 있다.

꽃이 아주 예쁘다.
빨간 꽃이 예쁘다.

'꽃이 예쁘다.'라는 문장을 바탕으로 '꽃이 아주 예쁘다.', '빨간 꽃이 예쁘다.'처럼 많은 문장을 만들어 낼 수 있음.

> '안녕'이라는 말의 의미를 배운 어린아이는 '안녕하세요?', '안녕히 계세요.', '안녕히 주무세요.' 등 새로운 문장을 끊임없이 만들어 사용할 수 있어. 사람들은 자신이 가진 언어 지식을 바탕으로 새로운 말을 무한히 만들고 사용하는 것이지.

더 알아 두기

5 언어는 □□□ 약속이므로 한 개인이 자신의 마음대로 다른 말로 바꾸어 쓸 수 없다.

6 언어의 의미와 말소리의 관계는 자의적이므로 '시계'라는 대상을 '김치'라고 불러도 의사소통에 불편을 겪지 않는다. (○, ×)

7 언어가 시간의 흐름에 따라 끊임없이 새로 생기고, 사라지고, 변화하는 본질을 언어의 □□□(이)라고 한다.

8 '스마트폰', '공정 무역'은 새로운 대상이나 개념이 생기면서 새로 생겨난 말이다. (○, ×)

9 사람이 이미 알고 있는 말을 사용하여 상황에 따라 새로운 단어나 문장을 무한히 만들어 낼 수 있는 것은 언어의 □□□ 때문이다.

언어의 본질과
그 예 연결하기

시험에는 이렇게

1 언어의 본질에 대한 설명으로 알맞지 **않은** 것은?

① 역사성: 예전에는 '나무'를 '나모'라고 하였다.

② 창조성: '므지게'라고 부르던 말이 시간이 지나 '무지개'가 되었다.

③ 자의성: 우리말로 '집[집]'을 프랑스어로 'maison [메종]'이라고 한다.

④ 사회성: '코'를 '코'라고 하지 않고 '귀'라고 말하면 의사소통이 불가능해진다.

⑤ 자의성: 개가 짖는 소리를 한국에서는 '멍멍[멍멍]', 미국에서는 'bowwow[바우와우]'라고 한다.

1 다음 예와 관련된 언어의 본질을 바르게 연결해 보자.

(1) 사람은 '바람'이라는 단어를 활용해서 '바람이 분다.', '내 손은 바람을 그려요.' 와 같이 다양한 문장을 만들 수 있다.

(2) 한 학생이 '학교'를 '책상'으로 바꿔 부른다면 듣는 사람은 학생의 말을 제대로 이해할 수 없다.

(3) '고마워.'라는 뜻을 지닌 말소리를 영어에서는 'Thank you[생큐].', 중국에서는 '谢谢[셰셰].'라고 서로 다르게 말한다.

(4) '뿌리'라는 말은 옛날에는 '불휘'로 쓰이다가 현대에는 '뿌리'로 변하였다.

㉠ 자의성

㉡ 사회성

㉢ 역사성

㉣ 창조성

언어의 역사성을 보여 주는
예 분류하기

시험에는 이렇게

2 다음 단어들과 관련 있는 설명은?

스마트폰, 인공 지능

① 시간이 흐르면서 의미가 확대된 말

② 시간의 흐름에 따라 말소리가 변한 말

③ 시간이 흐르면서 점차 쓰이지 않게 된 말

④ 새로운 사물, 개념이 만들어지면서 새로 생긴 말

⑤ 대상이나 개념이 사라지면서 의미가 변하거나 없어진 말

2 '언어의 역사성'을 보여 주는 예를 〈보기〉에서 골라 그 기호를 써 보자.

언어의 변화 양상	예
(1) 새로운 사물이나 개념이 나타나면서 새로 생긴 말	
(2) 예전에는 쓰이다가 더 이상 쓰이지 않게 되어 사라진 말	
(3) 시간의 흐름에 따라 말소리가 변한 말	
(4) 시간의 흐름에 따라 뜻이 변한 말	

보기

㉠ 조선 시대에 '믈'이 오늘날에는 '물'로 불린다.

㉡ '뫼'는 '산(山)'을 이르는 옛말이나 지금은 거의 쓰이지 않는다.

㉢ '댓글', '누리집'은 인터넷 매체가 보급되면서 새롭게 만들어진 말이다.

㉣ '영감'은 '벼슬아치'를 이르는 말이었지만 지금은 '나이가 많아 중년이 지난 남자'를 이르는 말이다.

1 언어의 본질

1 다음 빈칸에 들어갈 알맞은 말을 쓰시오.

> □□□은/는 의미와 말소리가 결합하여 사람들이 서로 의사소통을 할 수 있게 해 주는 중요한 수단이다.

2 언어의 자의성을 뒷받침하는 자료로 알맞지 <u>않은</u> 것은?

① [문]이라는 말소리가 우리말과 영어에서 나타내는 의미가 다르다.
② '바람', '사람'이라는 단어를 활용하여 무한한 문장을 만들어 낼 수 있다.
③ '얼굴'이라는 단어와 유사한 의미를 지닌 '낯', '안면'이라는 단어가 있다.
④ '돼지'는 'pig[피그]', 'ぶた[부타]', 'schwein[슈바인]'과 같이 언어마다 그 말소리가 다르다.
⑤ '공을 차다.', '날씨가 차다.' '물이 가득 차다.'의 '차다'처럼 말소리는 같지만 의미가 다른 말이 있다.

3 다음 대화에서 ㉠과 같이 말한 이유로 알맞은 것은?

> 민지: 푸른 하늘 '사랑강' 하얀 쪽배에…….
> 아빠: 사랑강? 은하수가 맞는 가사 아니야?
> 민지: 견우직녀 이야기가 생각나서 은하수를 '사랑강'이라고 바꿨어요. 까막까치가 다리를 만들어 주어서 일 년에 한 번 은하수에서 만난다면서요. 전 이제 은하수를 '사랑강'으로 부를래요.
> 아빠: 민지야, ㉠그렇게 부르면 곤란한 상황이 벌어질 거야.

① 의미가 없는 소리를 반복하였기 때문에
② 언어가 지닌 규칙과 체계를 무시하였기 때문에
③ 시간의 흐름에 따라 의미가 달라진 언어를 사용하였기 때문에
④ 언어를 사용하는 사람들 사이의 사회적 약속을 무시하였기 때문에
⑤ 대상의 의미와 말소리 사이의 필연적인 연관성을 찾고자 하였기 때문에

4 언어가 변화하는 양상에 대한 설명으로 알맞지 <u>않은</u> 것은?

① 언어는 시간이 흐르면서 끊임없이 변한다.
② 새로운 대상이 생기면 새로운 말이 만들어진다.
③ 개인이 자유롭게 언어를 만들어 오랫동안 사용한다.
④ 사회적 약속으로 굳어진 말이라도 시간이 지나면서 그 의미가 바뀌기도 한다.
⑤ 원래 있었던 대상이나 개념이 사라지면 그것을 표현하던 언어가 사라지기도 한다.

5 다음 중 언어의 역사성을 보여 주는 예가 <u>아닌</u> 것은?

① 과거에 '곶'이라고 불린 대상이 오늘날에는 '꽃'이라고 불린다.
② '나무'는 영어로 'tree[트리]', 독일어로 'baum[바움]'이라고 한다.
③ '이메일', '컴퓨터'는 기존에 없던 대상이 생겨나 새롭게 만들어진 말이다.
④ '즈믄', '가람'은 예전에 사용되다가 시간이 흐르면서 사라진 말이다.
⑤ '어리다'는 과거에는 '어리석다.'라는 의미로 쓰였으나 현재에는 '나이가 적다.'라는 의미로 변화하였다.

6 〈보기〉와 같은 언어의 변화가 일어난 단어는?

> ┤보기├
> '다리(脚)'는 애초에 사람이나 짐승의 다리만을 가리키는 말이었지만 현재에는 '물체의 아래쪽에 붙어서 그 물체를 받치거나 직접 땅에 닿지 아니하게 하거나 높이 있도록 버티어 놓은 부분'이라는 뜻으로도 쓰이고 있다.

① 온(百)
② 세수(洗手)
③ 누리꾼
④ 수박(← 슈박)
⑤ 인공위성

서술형

7 〈보기〉와 관계있는 언어의 본질을 쓰시오.

┤보기├

　앵무새에게 '밥', '먹어' 등의 단어를 가르치면 배운 말만을 반복한다. 그러나 사람은 한정된 단어로 "밥 먹니?", "밥 먹을래?" 등과 같이 배우지 않은 말을 무한하게 만들어 사용할 수 있다.

8~9 다음 글을 읽고, 물음에 답하시오.

　「프린들 주세요」에서 호기심 많은 소년 '닉'은 '펜'을 '프린들'로 바꿔 부르기로 하고 친구들과 함께 '펜'을 '프린들'로 부르기 시작한다. 점점 그 말이 퍼져 마을 사람들도 '프린들'이라는 단어를 사용하게 되었다. 이에 '그레인저 선생님'은 '닉'이 사람들에게 혼란을 주고 있다고 말하며, ㉠'펜'은 깃털이라는 뜻의 라틴어 '피나'에서 온 말로, 깃털로 만든 펜이 최초의 필기도구였기 때문에 '피나'가 '펜'이라는 말이 된 것이라고 말한다. 그러나 '닉'은 ㉡'피나'라는 말 역시 누군가가 만든 말이며 그렇다면 '프린들'도 사용할 수 있다고 말한다.

8 ㉠에서 알 수 있는 언어의 본질로 적절한 것은?

① 언어의 내용과 형식의 관계는 임의적이다.
② 기존에 쓰던 말도 시간의 흐름에 따라 변한다.
③ 한정된 단어로 무수히 많은 문장을 만들어 낸다.
④ 정해진 규칙을 따르지 않으면 언어의 의미를 파악하기 어렵다.
⑤ 언어 사용자들이 그 언어를 사회적 약속으로 인정하여 함께 사용한다.

9 다음은 ㉡에 대한 설명이다. [   ]에 들어갈 알맞은 말을 순서대로 묶은 것은?

• '피나'도 누군가가 단어의 의미와 필연적인 관계 없이 [   ]적으로 붙인 이름이다.
• '프린들'은 '닉'이 새롭게 만든 이름이라는 점에서 언어의 [   ]성이 드러난다.

① 자의 – 창조　　② 자의 – 역사
③ 창조 – 역사　　④ 사회 – 창조
⑤ 역사 – 자의

10 다음을 언어의 본질과 관련지어 설명한 내용으로 알맞은 것은? (정답 2개)

　'자장면'은 1986년 외래어 표기법이 나오면서 표준어로 결정되었지만 국민들이 실제 언어생활에서 쓰지 않는다는 지적이 많았다. 2011년에 국립국어원은 '자장면'과 '짜장면'을 모두 표준어로 인정하며 현실을 반영해 표준어를 확대하였다고 발표하였다.

① '자장면'을 대신할 새로운 말을 만들었다는 점에서 언어의 창조성과 연관된다.
② '자장면'이 실제 언어생활에서 쓰이지 않았다는 지적에서 언어의 자의성이 드러난다.
③ '짜장면'이라는 말소리가 만들어지는 과정이 드러나는 것에서 언어의 창조성과 관련 있다.
④ '짜장면' 또한 표준어로 사용하자고 사회적 약속을 맺은 것에서 언어의 사회성과 관련된다.
⑤ 표준어가 아니었던 '짜장면'이 시간이 지나 표준어로 인정받도록 변화했다는 점에서 언어의 역사성이 나타난다.

서술형

11 다음 내용과 관련된 언어의 본질을 〈보기〉에서 골라 쓰시오.

┤보기├

자의성　　역사성　　사회성　　창조성

(1) 우리말 '나비[나비]'를 중국어로는 '蝴蝶[후디에]', 프랑스어로는 'papillon[파피용]'이라고 말한다.　　　　　　　　　　　（　　　　）
(2) '돈'이라는 단어를 한 개인이 '사과'라고 바꾸어 말한다면 그 사람은 다른 사람과 제대로 의사소통할 수 없다.　　　　　　　（　　　　）
(3) '기분'과 '좋다'라는 단어를 가지고 '기분이 좋아.', '좋은 기분', '기분 좋니?'와 같이 무한히 많은 문장을 만들어 사용할 수 있다.
　　　　　　　　　　　　　　（　　　　）
(4) '놈'은 옛날에는 일반적인 남자를 부르는 말이었지만 현대에는 남자를 낮추어 부르는 의미로 쓰이고 있다.　　　　　　　　（　　　　）

●● 언어의 개념과 역할

개념	생각이나 느낌을 표현하는 수단으로, 언어는 전달하고자 하는 의미(내용)와 그것을 담은 말소리(형식)가 결합하여 이루어짐.
역할	• 자신의 생각을 표현하고 다른 사람의 생각을 이해하는 수단임. • 사람들이 서로 원활하게 ❶□□□□할 수 있게 하여 공동체를 유지하고 발달시킴.

●● 언어의 본질

언어의 자의성

• 언어는 전달하고자 하는 의미(내용)와 말소리(형식) 사이에는 ❷□□□인 관계가 없음.
• 각 언어마다 같은 의미를 다른 말소리로 표현함.
예 우리말 – 하늘[하늘], 중국어 – 天[티엔], 영어 – sky[스카이]
　　우리말 – 사랑[사랑], 영어 – love[러브], 스페인어 – amor[아모르]

언어의 ❸□□□

• 언어는 사회 전체에 널리 쓰이게 되면 그 언어를 사용하는 사람들 사이의 사회적 약속으로 굳어짐.
• 사회적 약속으로 굳어진 말은 한 개인이 마음대로 바꿀 수 없음.
예 '은하수'라는 말을 한 개인이 '사랑강'이라는 말로 바꾸어 쓰면, 그 사람을 제외한 다른 사람은 '사랑강'의 의미를 알지 못하여 제대로 의사소통할 수 없음.

언어의 역사성

사회적 약속으로 굳어져 사용되는 말들도 ❹□□의 흐름에 따라 변화함.

새로 생긴 말	새로운 대상이나 개념이 생기면 그것을 표현하기 위해 새말이 만들어짐. 예 댓글, 스마트폰, 컴퓨터, 공정 무역
사라진 말	예전에는 사용하였던 말이지만 현재는 사용하지 않음. 예 온(백(百)), 즈믄(천(千)), 가람(강(江))
소리나 의미가 변화한 말	소리나 의미가 변하거나, 의미가 확대되거나 축소됨.

예	소리가 변한 말	나무(나모 → 나무)
	의미가 변한 말	어여쁘다(불쌍하다. → 예쁘다.)
	의미가 확대된 말	세수(손을 씻다. → 손이나 얼굴을 씻다.)
	의미가 축소된 말	얼굴(사람의 형체 → 머리의 앞면)

언어의 ❺□□□

새로운 말을 만들어 내거나, 습득한 언어를 바탕으로 상황에 맞게 무한히 많은 말을 만들어 냄.
예 '희망': '희망이 넘친다.', '꿈이 실현되기를 희망한다.'

V. 문법

2 품사의 종류와 특성

차근차근 **개념** 이해

1 품사의 개념과 분류 기준

(1) 품사의 개념

형태, 기능, 의미 등의 기준에 따라 묶어 놓은 낱말의 무리를 말한다. 우리말에는 명사, 대명사, 수사, 동사, 형용사, 관형사, 부사, 조사, 감탄사의 아홉 개 품사가 있다.

(2) 품사의 분류 기준

형태	문장에서 쓰일 때 형태가 변하느냐, 변하지 않느냐에 따라 가변어와 불변어로 분류함.
기능	문장에서 어떤 기능(역할)을 하느냐에 따라 체언, 용언, 수식언, 관계언, 독립언으로 분류함.
의미	낱말이 지닌 공통적인 의미가 무엇이냐에 따라 명사, 대명사, 수사, 동사, 형용사, 관형사, 부사, 조사, 감탄사로 분류함.

2 품사의 종류

(1) 형태를 기준으로 한 품사의 종류

불변어	문장에서 쓰일 때 형태가 변하지 않는 낱말로, 명사, 대명사, 수사, 관형사, 부사, 조사(서술격 조사 '이다' 제외), 감탄사가 이에 속함. 예 학교, 그녀, 둘, 모든, 몹시, 는, 아하 등
가변어	문장에서 쓰일 때 형태가 변하는 낱말로, 동사, 형용사, 서술격 조사 '이다'가 이에 속함. 예 먹다(먹고, 먹어서 등), 아름답다(아름답고, 아름다워서 등), 이다(이고, 이어서 등)

(2) 기능을 기준으로 한 품사의 종류

체언	문장에서 주로 주어, 목적어 등의 기능을 하는 낱말로, 명사, 대명사, 수사가 이에 속함. 예 새가 하늘을 날아간다. / 아무도 그를 못 보았다. / 사탕 하나를 얻었다.
용언	문장에서 주로 주어를 서술하는 기능을 하는 낱말로, 동사, 형용사가 이에 속함. 예 개미가 먹이를 나른다. / 빨간 꽃이 예쁘다.
수식언	다른 말을 꾸며 주는 기능을 하는 낱말로, 관형사, 부사가 이에 속함. 예 옛 친구를 만났다. / 나는 매우 피곤하다.
관계언	다른 말과의 문법적인 관계를 나타내는 낱말로, 조사가 이에 속함. 예 구름이 비가 된다. / 내일은 7시까지 가야 한다.
독립언	문장에서 독립적으로 쓰이는 낱말로, 감탄사가 이에 속함. 예 아, 그렇구나. / 우아! 멋지다.

꼼꼼 확인 문제

1 일정한 기준에 따라 묶어 놓은 낱말의 무리를 □□(이)라고 한다.

2 우리말의 낱말을 분류하는 기준에는 형태, 기능, 발음이 있다.
(○ , ×)

3 문장에서 쓰일 때 형태가 변하는 낱말을 □□□(이)라고 한다.

4 문장에서 주로 주어, 목적어 등의 기능을 하는 명사, 대명사, 수사를 □□(이)라고 한다.

5 독립언은 문장에서 다른 낱말들과 관계없이 독립적으로 쓰인다.
(○ , ×)

---

(3) 의미를 기준으로 한 품사의 종류

명사	사람이나 사물의 이름을 나타내는 품사 📵 자동차, 연필, 평화 등
대명사	사람, 사물, 장소 등의 이름을 대신 나타내는 품사 📵 너, 그녀, 이것, 여기 등
수사	사물의 수량이나 순서를 나타내는 품사 📵 둘, 셋째 등
동사	사람이나 사물의 움직임이나 작용을 나타내는 품사 📵 가다, 먹다, 놀다, 자다 등
형용사	사람이나 사물의 상태나 성질을 나타내는 품사 📵 예쁘다, 높다, 슬프다 등
관형사	문장에서 체언을 꾸며 주는 품사 📵 모든, 무슨, 아무런 등
부사	문장에서 용언이나 다른 부사, 문장 전체 등을 꾸며 주는 품사 📵 갑자기, 과연, 결코 등
조사	주로 체언 뒤에 붙어서 그 말과 다른 말과의 문법적 관계를 나타내거나 특별한 뜻을 더해 주는 품사 📵 이/가, 을/를, 이다, 에게, 처럼 등
감탄사	말하는 사람의 느낌이나 놀람, 부름, 대답 등을 나타내는 품사 📵 어머, 우아, 여보세요, 아니요 등

(4) 분류 기준에 따른 품사의 종류

형태	기능	의미	예
불변어 (서술격 조사 '이다' 제외)	체언	명사	
		대명사	
		수사	
	수식언	관형사	
		부사	
	관계언	조사	
	독립언	감탄사	
가변어 (서술격 조사 '이다' 포함)	용언	동사	
		형용사	

꼼꼼 확인 문제

6~8 다음 설명에 해당하는 품사를 〈보기〉에서 골라 쓰시오.

┌ 보기 ┐
명사, 대명사, 수사, 동사, 형용사, 관형사, 부사, 조사, 감탄사

6 사람, 사물, 장소 등의 이름을 대신 나타내는 품사이다.
(   )

7 문장에서 용언이나 문장 전체를 꾸며 주는 품사이다.
(   )

8 사람이나 사물의 성질이나 상태를 나타내는 품사이다.
(   )

9 관계언에 해당하는 품사는 '조사' 하나뿐이다. (○ , ×)

10 체언, 용언, 수식언, 관계언, 독립언은 의미를 기준으로 품사를 분류한 것이다. (○ , ×)

③ 품사의 개념과 특성 및 종류

(1) 체언

① 개념과 특성

꽃 — 명사　　그것 — 대명사　　하나 — 수사

- 개념: 문장에서 주로 주어, 목적어 등의 기능을 하는 명사, 대명사, 수사를 통틀어 이르는 말
- 특성:
  - 문장에서 쓰일 때 형태가 변하지 않음.
  - 문장에서 주로 주어나 목적어로 쓰임.
  - 주로 조사와 결합하여 쓰이며, 홀로 쓰이기도 함.

② 종류

명사	사람이나 사물의 이름을 나타내는 품사 예 꽃, 책상, 자유, 사랑 등
대명사	사람, 사물, 장소 등의 이름을 대신 나타내는 품사 예 너희, 그것, 여기 등
수사	사물의 수량이나 순서를 나타내는 품사 예 둘, 넷째, 서넛 등

> 주어는 문장에서 '누가/무엇이'에 해당하는 말이고, 목적어는 '누구를/무엇을'에 해당하는 말이지. 예를 들어 '민수가 밥을 먹었다.'에서 '민수가'는 주어이고, '밥을'은 목적어야. 이처럼 체언은 주로 문장에서 꼭 필요한 주어나 목적어로 쓰이지.

(2) 용언

① 개념과 특성

아름다운 꽃을 꺾다.
아름다운 — 형용사　　꺾다 — 동사

- 개념: 문장에서 주로 주어를 서술하는 기능을 하는 동사, 형용사를 통틀어 이르는 말
- 특성:
  - 문장에서 쓰일 때 형태가 변함(활용).
  - 문장에서 주로 주어를 서술하는 기능을 함.

② 종류

동사	사람이나 사물의 움직임이나 작용을 나타내는 품사 예 달리다, 먹다, 걷다, 숨다 등
형용사	사람이나 사물의 성질이나 상태를 나타내는 품사 예 빠르다, 맑다, 푸르다 등

11 명사, 대명사, ☐☐을/를 묶어서 체언이라고 부른다.

12 체언은 문장에서 홀로 쓰일 수 없다. (○ , ×)

13 사람이나 사물의 움직임이나 작용을 나타내는 품사를 ☐☐(이)라고 한다.

14 용언은 문장에서 주로 주어를 서술하는 동사, ☐☐☐을/를 통틀어 이르는 말이다.

15 용언은 문장에서 사용될 때 형태가 변하는데, 이를 ☐☐(이)라고 한다.

(3) 수식언

① 개념과 특성

꽃 한 송이가 매우 아름답다.
<u>한</u>   <u>매우</u>
관형사   부사

- 개념: 다른 말을 꾸며 주는 기능을 하는 관형사, 부사를 통틀어 이르는 말
- 특성:
  - 문장에서 쓰일 때 형태가 변하지 않음.
  - 문장에서 다른 말을 꾸며 주는 기능을 함.
  - 생략해도 문장이 성립함.

② 종류

관형사	문장에서 체언을 꾸며 주는 품사 예 헌, 어떤, 다른 등
부사	문장에서 용언이나 다른 부사, 문장 전체 등을 꾸며 주는 품사 예 갑자기, 과연, 일찍, 정말로 등

(4) 관계언

① 개념과 특성

나비가 꽃을 찾아 날아왔다.
     └조사┘

- 개념: 다른 말과의 문법적인 관계를 나타내는 기능을 하는 조사를 이르는 말
- 특성:
  - 서술격 조사 '이다'를 제외하고 문장에서 쓰일 때 형태가 변하지 않음.
  - 홀로 쓰일 수 없으나 단어로 인정함.

② 종류

조사	주로 체언 뒤에 붙어서 그 말과 다른 말과의 문법적인 관계를 나타내거나 특별한 뜻을 더해 주는 품사 예 이/가, 을/를, 도, 까지, 이다 등

(5) 독립언

① 개념과 특성

앗! 저런! 울타리가 부서졌네.
└감탄사┘

- 개념: 문장에서 독립적으로 쓰이는 말인 감탄사를 이르는 말
- 특성:
  - 문장에서 쓰일 때 형태가 변하지 않음.
  - 문장에서의 위치가 비교적 자유로움.

② 종류

감탄사	말하는 사람의 느낌이나 놀람, 부름, 대답 등을 나타내는 품사 예 어머나, 아이코, 네 등

16 ☐☐☐☐은/는 주로 체언을 꾸며 주는 역할을 하는 품사이다.

17 부사는 주로 동사, 형용사, 다른 부사, 문장 전체 등을 꾸며 주는 품사이다. (○ , ×)

18 조사는 홀로 쓰일 수 없으므로 단어로 인정하지 않는다. (○ , ×)

19 '나는 배가 부르다.'에 쓰인 조사는 총 ( )개이다.

20 감탄사는 다른 단어들과 관계없이 문장에서 독립적으로 쓰인다. (○ , ×)

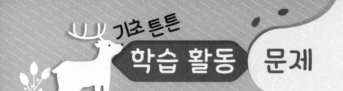
품사의 분류 기준 이해하기

1 단어들을 다음과 같이 분류한 기준으로 알맞은 것은?

> ㄱ. 화분, 몹시, 앗
> ㄴ. 가다, 맛있다

① 의미
② 기능
③ 형태 변화
④ 자립 여부
⑤ 사용 빈도

1 〈보기〉에 제시된 낱말들을 다음 세 가지 기준에 따라 나누어 보자.

┌ 보기 ┐
기쁘다　매우　설악산　달리다　구름　꽃　흔들다　예쁘다
└────┘

(1) 〈보기〉의 낱말을 형태가 변하는 낱말과 형태가 변하지 않는 낱말로 나누어 보자.

· 형태가 변하는 낱말:　　　　　· 형태가 변하지 않는 낱말:

(2) 다음 문장의 밑줄 친 낱말과 같은 기능을 하는 낱말을 〈보기〉에서 찾아 써 보자.

┌─────────────────────────────┐
　　　　풍경이 정말 아름다웠다.
└─────────────────────────────┘

· '풍경'과 같은 기능을 하는 낱말:　　· '정말'과 같은 기능을 하는 낱말:

(3) 다음에 제시된 의미에 따라 〈보기〉의 낱말을 나누어 보자.

· 움직임을 나타내는 낱말:

· 상태나 성질을 나타내는 낱말:

· 사람이나 사물의 이름을 나타내는 낱말:

명사, 대명사, 수사의 특성 알기

2 밑줄 친 단어 중, 수사가 아닌 것은?

① 둘이 함께 공부했다.
② 귤 다섯이 책상에 놓여 있다.
③ 수영 시합에서 셋째로 들어왔다.
④ 네가 가지고 싶은 것 중 하나를 주겠다.
⑤ 어른 두 명이 아이 셋을 데리고 다녀갔다.

2 다음 대화에서 밑줄 친 낱말들을 의미에 따라 분류해 보자.

> 지우: <u>윤서</u>야, 너 주말에 <u>약속</u> 있어? 약속 없으면 <u>영화</u> 볼래? / 윤서: 우리 <u>둘</u>이?
> 지우: <u>민호</u>도 불러서 <u>셋</u>이 같이 갈까? / 윤서: 좋아. 어떤 영화를 볼까?
> 지우: 골라 봐. <u>첫째</u>, <u>공포</u> 영화. <u>둘째</u>, <u>코미디</u> 영화.
> 윤서: 코미디 영화 보자. / 지우: 그럼 매일 만나는 <u>거기</u>서 모이자.

구체적인 대상의 이름을 나타내는 낱말		→ 명사
추상적인 대상의 이름을 나타내는 낱말		
사람이나 사물, 장소 등의 이름을 대신 나타내는 낱말		→ 대명사
수량을 나타내는 낱말		→ 수사
순서를 나타내는 낱말		

동사와 형용사의 특성 파악하기

3 다음 문장에서 용언을 모두 골라 쓰시오.

> 눈이 밤새 내려서 온 거리가 하얗다.

3 〈보기〉의 밑줄 친 단어를 다음과 같이 분류해 보자.

┌ 보기 ┐
· 은지는 날마다 책을 <u>읽는다</u>.　· 승민이는 일요일에도 일찍 <u>일어났다</u>.
· 오늘따라 골목 가로등이 <u>어둡다</u>.　· 어른들은 <u>조용한데</u>, 아이들은 <u>떠든다</u>.
└────┘

(1) 사람이나 사물의 움직임을 나타내는 단어	(2) 사람이나 사물의 상태나 성질을 나타내는 단어

시험에는 이렇게

4 밑줄 친 낱말 중, 품사가 다른 하나는?

① 태홍이가 <u>새</u> 옷을 샀다.
② 그는 <u>무척</u> 빠르게 달렸다.
③ 사진을 보니 <u>옛</u> 추억이 떠올랐다.
④ 회의에는 <u>모든</u> 사람이 참석했다.
⑤ 은행에 가려면 <u>어느</u> 길로 가야 하나요?

4 다음 문장의 빈칸에 들어갈 적절한 단어를 〈보기〉에서 찾아 쓰고, 그 단어를 분류해 보자.

┌ 보기 ┐

새   온   어떤   바짝   가장

(1) 나는 발표를 앞두고 입이 (   ) 말랐다.
(2) 나는 작년부터 (   ) 가방이 갖고 싶었다.
(3) 사람들이 (   ) 힘을 다해 차를 들어 올렸다.
(4) 너는 (   ) 과일을 (   ) 좋아하니?

체언을 꾸며 주는 단어	용언을 꾸며 주는 단어

시험에는 이렇게

5 다음 문장에 대한 설명으로 알맞지 **않은** 것은?

영희가 민수를 좋아한 것은 사실이다.

① 조사가 4개 쓰였다.
② '이다'는 문장에서 쓰일 때 형태가 변한다.
③ '가'와 '를'을 서로 바꾸어도 문장의 의미는 같다.
④ '가' 대신 '만'을 쓰면 민수를 좋아하는 사람이 영희뿐이라는 의미가 된다.
⑤ '를' 대신 '도'를 쓰면 영희가 민수 외의 다른 사람을 좋아하고 또한 민수를 좋아한다는 의미가 된다.

5 〈보기〉의 밑줄 친 조사를 아래와 같이 바꾸었을 때, 어떤 의미가 더해지는지 바르게 연결해 보자.

┌ 보기 ┐

민수<u>가</u> 노래를 부른다.

(1) 도 •   • ㉠ 노래를 부른 사람은 오직 민수이다.

(2) 만 •   • ㉡ 다른 사람과 마찬가지로 민수가 노래를 불렀다.

(3) 조차 •   • ㉢ 민수가 노래를 부를 것이라고 예상하지 못했지만 노래를 불렀다.

시험에는 이렇게

6 다음 문장 중, 감탄사가 쓰이지 **않은** 것은?

① 그래, 잘 알았어.
② 아이코, 큰일 났네.
③ 네, 부르셨습니까?
④ 준현아, 좀 도와줄래?
⑤ 여보세요, 수지 있나요?

6 밑줄 친 낱말을 다음과 같이 나누어 보자.

손님: <u>여보세요</u>, ○○ 식당이죠?
식당 주인: <u>네</u>, 그렇습니다. 무엇을 도와 드릴까요?
손님: 오늘 저녁 일곱 시에 자리를 예약하려고 합니다.
식당 주인: <u>이런</u>, 오늘은 주말이어서 자리가 벌써 다 찼습니다.

• 느낌이나 놀람을 나타내는 낱말:
• 부름을 나타내는 낱말:
• 대답을 나타내는 낱말:

2 품사의 종류와 특성

핵심 콕콕 • 품사의 분류 기준 이해하기
• 품사의 종류와 특성 파악하기

1 품사에 대한 설명으로 알맞지 <u>않은</u> 것은?

① 우리말은 아홉 개의 품사로 나뉜다.
② 형태 변화 여부에 따라 가변어와 불변어로 나뉜다.
③ 문장에서 어떤 기능을 하느냐에 따라 다섯 가지로 나뉜다.
④ 공통된 성질을 지닌 낱말들을 모아 분류해 놓은 갈래이다.
⑤ 품사를 알면 해당 낱말의 역사적 변화 과정을 알 수 있다.

2~3 〈보기〉를 보고, 물음에 답하시오.

┌─ 보기 ─────────────────────┐
│ 책상   돌아가다   희망   매우   작다 │
└──────────────────────────┘

2 〈보기〉의 낱말들을 형태를 기준으로 바르게 분류한 것은?

	형태가 변하는 낱말	형태가 변하지 않는 낱말
①	책상, 돌아가다	희망, 매우, 작다
②	책상, 희망, 작다	돌아가다, 매우
③	돌아가다, 작다	책상, 희망, 매우
④	책상, 작다	돌아가다, 희망, 매우
⑤	돌아가다, 희망	책상, 매우, 작다

3 〈보기〉의 낱말들을 의미를 기준으로 분류할 때, 같은 품사끼리 묶인 것은?

① 책상, 매우   ② 책상, 희망
③ 희망, 작다   ④ 돌아가다, 매우
⑤ 돌아가다, 작다

4 밑줄 친 낱말을 기능에 따라 분류할 때, 바르게 파악한 것은?

① 하늘이 <u>무척</u> 높다. → 관계언
② <u>앗</u>, 여권을 집에 두고 왔어. → 체언
③ 희수는 부산<u>에서</u> 나고 자랐다. → 수식언
④ <u>그</u>는 할머니 댁으로 출발했다. → 독립언
⑤ 해질녘 붉게 물든 바다가 <u>아름다웠다</u>. → 용언

5 다음 낱말들의 공통점으로 알맞지 <u>않은</u> 것은?

┌──────────────────────────┐
│   신발, 이것, 둘, 책   │
└──────────────────────────┘

① 체언에 해당한다.
② 홀로 쓰일 수 있다.
③ 낱말의 형태가 변하지 않는다.
④ 사람, 사물, 장소를 대신 가리킨다.
⑤ 문장에서 주로 주어, 목적어 등으로 쓰인다.

6 다음 낱말들을 의미에 따라 바르게 분류한 것은?

┌──────────────────────────┐
│ 셋, 사람, 그녀, 그곳, 서넛, 메아리, 칫솔 │
└──────────────────────────┘

①	셋, 서넛	그녀, 그곳	사람, 메아리, 칫솔
②	셋, 그곳	사람, 그녀, 서넛	메아리, 칫솔
③	셋, 그녀, 서넛	사람, 그곳	메아리, 칫솔
④	셋, 사람, 그녀	그곳, 서넛, 메아리	칫솔
⑤	셋, 메아리, 칫솔	사람, 서넛	그녀, 그곳

✏️ 서술형

7 다음 밑줄 친 낱말들을 구체적인 대상을 나타내는 낱말과 추상적인 대상을 나타내는 낱말로 나누어 쓰시오.

┌──────────────────────────┐
│   오후에 갑자기 <u>비</u>가 내려서 어떻게 집에 갈까 │
│ <u>걱정</u>을 하고 있는데 누리가 <u>우산</u>을 같이 쓰고 가 │
│ 자고 했다. 그런데 내 쪽으로 우산을 기울여 주느 │
│ 라 누리의 <u>가방</u>이 다 젖고 말았다. 나는 누리가 │
│ 너무 고마워서 가지고 있던 <u>사탕</u>을 가만히 주머 │
│ 니에 넣어 주었다. 누리는 웃으면서 내 손을 꼭 │
│ 잡았다. 나는 오늘 <u>우정</u>이 어떤 것인지 조금 느낄 │
│ 수 있었다. │
└──────────────────────────┘

• 구체적인 대상을 나타내는 낱말: (㉠   )
• 추상적인 대상을 나타내는 낱말: (㉡   )

8 밑줄 친 낱말 중, 대명사가 <u>아닌</u> 것은?

① <u>그</u>는 참 멋있다.
② <u>우리</u>는 학교에 도착했다.
③ <u>여기</u>는 우리나라 땅이다.
④ <u>이</u> 사람은 사촌 누나이다.
⑤ <u>저것</u>보다 더 큰 자동차는 없다.

9 다음 밑줄 친 낱말들의 공통점으로 알맞은 것은?

(정답 2개)

> 동생: 언니, 나 색연필 <u>하나</u>만 빌려 줘.
> 언니: 싫어. 이거 내가 아끼는 거야.
> 엄마: 너희 둘은 왜 만날 싸우니? 싸우지 않으려
> 면 <u>첫째</u>도 양보, 둘째도 양보라고 엄마가 항상
> 얘기하잖아.

① 조사와 결합할 수 있다.
② 수량이나 순서를 나타낸다.
③ 다른 낱말에 특별한 의미를 더해 준다.
④ 생략해도 문장의 의미는 변하지 않는다.
⑤ 문장에서 다른 말을 꾸며 주는 역할을 한다.

10 다음 밑줄 친 낱말의 공통점으로 알맞지 <u>않은</u> 것은?

> • 먼저 손을 깨끗이 씻고 <u>오세요.</u>
> • 장미가 아주 <u>붉고</u> 향기롭다.

① 부사의 수식을 받는다.
② 문장에서의 위치가 자유롭다.
③ 문장에서 주로 주어를 서술한다.
④ 문장에서 쓰일 때 형태가 변한다.
⑤ 사전에서 낱말 뜻을 찾을 때는 기본형으로 찾아
야 한다.

11 다음 문장에 쓰인 용언의 개수로 알맞은 것은?

> 학구열이 높은 보라는 밤을 새우면서 공부하다
> 가 늦게 일어나서 학교에 지각했다.

① 3개 ② 4개 ③ 5개
④ 6개 ⑤ 7개

12 다음 문장의 밑줄 친 부분과 그 품사에 대한 설명이
<u>잘못</u> 연결된 것은?

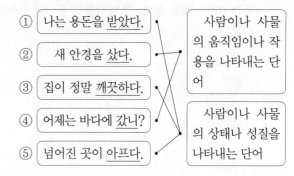

① 나는 용돈을 <u>받았다</u>.
② 새 안경을 <u>샀다</u>.
③ 집이 정말 <u>깨끗하다</u>.
④ 어제는 바다에 <u>갔니</u>?
⑤ 넘어진 곳이 <u>아프다</u>.

사람이나 사물의 움직임이나 작용을 나타내는 단어

사람이나 사물의 상태나 성질을 나타내는 단어

13 다음 단어들에 해당하는 품사로 알맞은 것은?

> 넓다 귀엽다 거칠다 시끄럽다

① 명사 ② 수사 ③ 부사
④ 형용사 ⑤ 관형사

14 다음 중 동사가 쓰인 문장은?

① 소나무가 푸르다.
② 빗방울이 제법 굵다.
③ 호두는 껍질이 단단하다.
④ 진주가 밥을 맛있게 먹는다.
⑤ 이번 여름은 유독 덥고 습하다.

15 밑줄 친 단어의 품사가 나머지와 <u>다른</u> 것은?

① 연이 하늘을 <u>날고</u> 있다.
② 언니는 머리카락을 <u>잘랐다</u>.
③ 아버지는 고무신을 <u>신으셨다</u>.
④ 어머니는 동생을 <u>업고</u> 계신다.
⑤ 우리 가족 중에 형이 키가 제일 <u>크다</u>.

16 다음 낱말 중 〈보기〉에 제시된 말을 붙여 활용했을 때 어색한 낱말을 찾고, 그 낱말들의 품사를 쓰시오.

> 걷다   예쁘다   가볍다   마시다

> ┤보기├
> • 현재를 나타내는 '-는다/-ㄴ다'
> • 명령을 나타내는 '-어라/-아라'
> • 청유를 나타내는 '-자'

17 다음 밑줄 친 낱말들의 공통점으로 알맞은 것은?

> ┤보기├
> • 오랜만에 <u>옛</u> 친구의 소식을 들었다.
> • <u>과연</u> 그녀가 올지 <u>아주</u> 궁금하다.

① 주로 주어를 서술한다.
② 문장에서 독립적으로 쓰인다.
③ 다른 말과의 관계를 나타낸다.
④ 문장에서 주어나 목적어의 역할을 한다.
⑤ 다른 낱말을 꾸며 주어 의미를 분명하게 한다.

18 〈보기〉에 대한 설명으로 적절하지 <u>않은</u> 것은?

> ┤보기├
> ㄱ. 어떤, 온갖, 아무런
> ㄴ. 분명히, 조용히, 엉금엉금

① ㄱ은 체언을 꾸며 주는 역할을 한다.
② ㄴ은 용언이나 부사를 꾸며 주는 역할을 한다.
③ ㄱ과 ㄴ은 문장에서 쓰일 때 형태가 안 변한다.
④ ㄴ에 비해 ㄱ은 문장 내에서의 위치가 비교적 자유롭다.
⑤ ㄱ의 뒤에는 조사가 붙을 수 없지만, ㄴ의 뒤에는 조사가 붙을 수도 있다.

19 빈칸에 공통으로 들어가기에 적절한 낱말의 품사는?

> • [　　　] 네가 잘 할 수 있을까?
> • 국어 선생님은 키가 [　　　] 크시다.

① 부사   ② 명사   ③ 동사
④ 관형사   ⑤ 대명사

20 다음 중 관형사가 쓰인 문장은?

① 개울물이 정말 맑다.
② 헌 구두가 오히려 정겹다.
③ 집에 가려면 아직 멀었다.
④ 산에서 바람이 솔솔 불어온다.
⑤ 이번 국어 시험은 너무 어려웠다.

21 〈보기〉에 대한 설명으로 알맞지 <u>않은</u> 것은?

> ┤보기├
> ㄱ. 가게의 물건이 마음에 들었다.
> ㄴ. 솔직히 그 가게의 모든 물건이 꼭 마음에 들었다.

① ㄱ에는 수식언이 사용되지 않았고, ㄴ에는 수식언이 네 개 사용되었다.
② ㄱ에 비해 ㄴ이 상황을 더 구체적이고 분명하게 전달한다.
③ ㄴ에서 '그'와 '모든'은 각각 '가게'와 '물건'을 꾸며 주는 관형사이다.
④ ㄴ에서 '솔직히'는 문장 전체를 꾸며 준다.
⑤ ㄴ에서 '꼭'은 '마음'을 꾸며 준다.

22 조사에 대한 설명으로 알맞지 <u>않은</u> 것은?

① 주로 체언 뒤에 붙어 쓰인다.
② 홀로 쓰일 수는 없지만 단어로 인정한다.
③ 앞말에 붙어서 특별한 뜻을 더해 주기도 한다.
④ 문장 안에서 다른 단어를 꾸며 주는 역할을 한다.
⑤ 서술격 조사 '이다'를 제외하고, 문장에서 쓰일 때 형태가 변하지 않는다.

23 다음 문장에 쓰인 조사의 개수로 알맞은 것은?

> 그녀는 언니와 함께 도서관에 갔다.

① 1개   ② 2개   ③ 3개
④ 4개   ⑤ 5개

24 〈보기〉에 대한 설명으로 알맞지 <u>않은</u> 것은?

┌ 보기 ┐
ㄱ. 나는 소희를 좋아해.
ㄴ. 나는 소희만 좋아해.
└────────┘

① ㄱ의 주체는 '나'이고, 대상은 '소희'이다.
② ㄱ에서 '는'과 '를'의 위치가 바뀌면 의미가 달라진다.
③ ㄴ은 '나'가 여러 사람 중 오직 '소희'를 좋아한다는 뜻이다.
④ ㄱ의 '를'과 ㄴ의 '만'은 모두 관계언에 속한다.
⑤ ㄱ의 '를'과 ㄴ의 '만'은 모두 특별한 뜻을 더해 주는 보조사이다.

25 감탄사에 대한 설명으로 적절하지 <u>않은</u> 것은?

① 형태가 변하지 않는다.
② 문장에서의 위치가 비교적 자유롭다.
③ 관형사나 부사의 수식을 받을 수 있다.
④ 문장에서 독립적으로 쓰여 독립언이라고 한다.
⑤ 생략해도 문장의 의미에 큰 영향을 주지 않는다.

26 밑줄 친 낱말 중, 〈보기〉에서 설명하는 품사에 해당하는 것은?

┌ 보기 ┐
• 말하는 사람의 느낌이나 놀람, 부름, 대답 등을 나타낸다.
• 문장 내에서 독립적으로 사용된다.
└────────┘

① <u>아</u>, 정말 잘했어.
② 차가 <u>천천히</u> 움직이네.
③ 나는 너<u>처럼</u> 참외를 좋아해.
④ <u>아차</u> 잘못하여 길에서 넘어졌어.
⑤ 아버지가 <u>집</u>에 강아지를 데리고 오셨어.

27 밑줄 친 낱말의 성격이 나머지와 <u>다른</u> 것은?

① 어머나, <u>깜짝</u>이야.
② <u>아니요</u>, 지금은 없습니다.
③ <u>너</u>, 철수지? 정말 오랜만이다.
④ <u>아이코</u>, 하마터면 넘어질 뻔했네.
⑤ <u>여보세요</u>, 김한끝 씨 휴대 전화 아닌가요?

28 다음 중 체언, 용언, 관계언만으로 이루어진 문장은?

① 그는 딸기를 몹시 좋아한다.
② 깜찍한 아이가 환하게 웃었다.
③ 네, 제가 명수에게 말하겠습니다.
④ 오전에 찾아왔던 사람이 바로 저 분입니다.
⑤ 승우는 추운 겨울에 예정일보다 빨리 태어났다.

29 ㄱ과 ㄴ에 대한 설명으로 알맞지 <u>않은</u> 것은?

┌ ┐
ㄱ. 어제는 새 운동화를 신고 학교에 갔다.
ㄴ. 아! 오늘은 날씨가 참 좋구나.
└────────┘

① ㄱ과 ㄴ에는 각각 3개의 체언이 있다.
② ㄱ과 ㄴ에는 각각 1개의 수식언이 있다.
③ ㄱ에는 독립언이 없지만, ㄴ에는 1개의 독립언이 있다.
④ ㄱ에는 2개의 용언이 사용되었고, ㄴ에는 1개의 용언이 사용되었다.
⑤ ㄱ에는 3개의 관계언이 사용되었고, ㄴ에는 2개의 관계언이 사용되었다.

30 다음 문장에 쓰인 품사를 바르게 분류한 것은?

┌ ┐
시냇물이 졸졸 흐르는 소리에 깜박 잠들었다.
└────────┘

① 부사: 흐르는   ② 대명사: 이, 에
③ 동사: 잠들었다   ④ 관형사: 졸졸, 깜박
⑤ 형용사: 시냇물, 소리

31 밑줄 친 낱말의 품사가 올바른 것은?

① 눈이 <u>펑펑</u> 내린다.: 조사
② 물고기가 <u>헤엄친다</u>.: 형용사
③ 너 오늘 <u>시험</u> 잘 봤구나.: 수사
④ 겨울이 <u>성큼</u> 다가왔다.: 관형사
⑤ <u>나</u>는 도시락을 가지고 왔어.: 대명사

32 다음 문장에 쓰이지 <u>않은</u> 품사는?

> 놀이공원에는 우리가 좋아하는 롤러코스터와 볼거리가 엄청 많다.

① 명사   ② 부사   ③ 대명사
④ 관형사   ⑤ 형용사

[33~34] 다음 대화를 읽고, 물음에 답하시오.

철수: 영희야, 지금 영수랑 ㉠둘이 점심 먹으러 ○○ 반점 갈 건데, 너도 ⓐ같이 갈래?

영희: 서점 앞 ⓑ새 건물에 ㉡생긴 중국집이지? ㉢그 중국집 가 보고 싶었어.

영수: ㉣거기 맞아. 너희는 ⓓ어떤 음식 먹을 거야?

영희: 나는 자장면. ㉤너희들은?

철수: 나도 자장면 먹을래.

영수: 두 ㉢명 모두 자장면이야? ㉣나는 짬뽕.

영희: 점심 먹고 우리 ㉠재미있는 영화㉢도 보자.

철수: 그래. '중1 시대' 어때? 요즘 거의 ⓔ모든 극장에서 상영한다더라.

33 ㉠~㉢을 의미에 따라 분류할 때, 같은 품사에 속하는 것끼리 묶은 것은?

① ㉠, ㉡, ㉤   ② ㉠, ㉢, ㉢
③ ㉡, ㉢, ㉢   ④ ㉢, ㉤, ㉣
⑤ ㉢, ㉣, ㉢

34 ⓐ~ⓔ 중, 품사가 <u>다른</u> 하나는?

① ⓐ   ② ⓑ   ③ ⓒ   ④ ⓓ   ⑤ ⓔ

✏️ 서술형
35 의미를 기준으로 품사를 분류할 때, 다음 문장에 어떤 품사가 몇 개씩 사용되었는지 쓰시오.

> 이 책장에서 낡은 소설책 하나를 꺼냈다.

36 다음 문장에 대한 설명으로 알맞지 <u>않은</u> 것은?

> 참, 너는 윤하 생일 선물로 무엇을 샀니?

① '참'은 관형사이다.
② '무엇'은 대명사이다.
③ 이 문장에 쓰인 조사는 3개이다.
④ 이 문장에 쓰인 체언은 5개이다.
⑤ 의미를 기준으로 낱말을 분류하면 총 5개의 품사가 쓰였다.

✏️ 서술형
37 ㉠~㉢ 중에서 품사가 다른 하나를 찾고, 그 낱말의 품사를 〈조건〉에 맞게 서술하시오.

> ㉠두 사람이 함께 길을 걸어가는데, 갑자기 사람 ㉡서넛이 다가와 ㉢둘에게 말을 걸었다. 오늘 아침에 이 근처에서 지갑 ㉣하나를 잃어버렸는데, 혹시 그것을 보았는지를 물었다. 그 지갑은 어머니께서 만들어 주신 세상에서 ㉤하나뿐인 지갑이라고 하였다.

조건
> 의미, 기능, 형태를 기준으로 분류했을 때의 품사를 각각 밝힐 것

38 다음 중 〈조건〉을 모두 만족시키는 속담으로 알맞은 것은?

조건
> • 사물의 수량이나 순서를 나타내는 낱말이 포함된 문장
> • 사람이나 사물의 성질이나 상태를 나타내는 낱말이 포함된 문장

① 미운 아이 떡 하나 더 준다
② 셋이 먹다가 둘이 죽어도 모른다
③ 평안 감사도 저 싫으면 그만이다
④ 가는 말이 고와야 오는 말이 곱다
⑤ 열 손가락 깨물어 안 아픈 손가락이 없다

● 정답과 해설 38쪽

●● 품사의 개념

| 품사 | 문장에서 쓰일 때 ❶□□가 변하는가, 어떤 기능(역할)을 하는가, 낱말이 지닌 공통적인 의미는 무엇인가에 따라 묶어 놓은 낱말의 무리 |

●● 품사의 종류와 특성

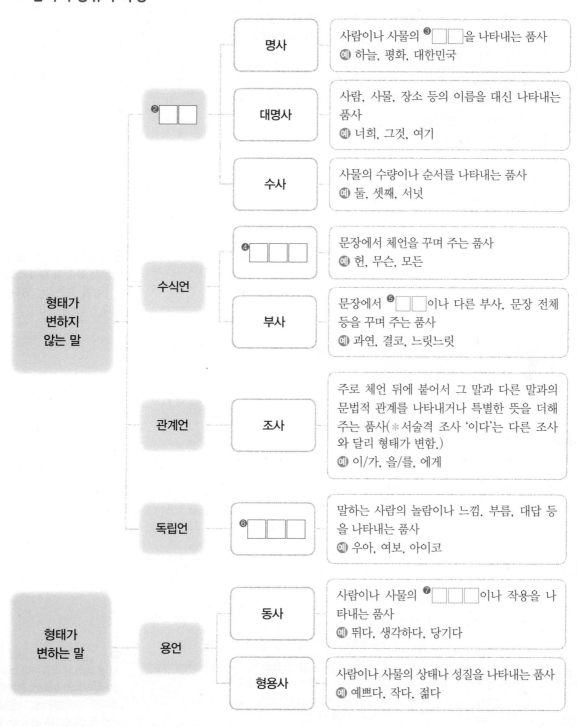

형태가 변하지 않는 말

❷□□

명사 — 사람이나 사물의 ❸□□을 나타내는 품사
예 하늘, 평화, 대한민국

대명사 — 사람, 사물, 장소 등의 이름을 대신 나타내는 품사
예 너희, 그것, 여기

수사 — 사물의 수량이나 순서를 나타내는 품사
예 둘, 셋째, 서넛

수식언

❹□□□ — 문장에서 체언을 꾸며 주는 품사
예 헌, 무슨, 모든

부사 — 문장에서 ❺□□이나 다른 부사, 문장 전체 등을 꾸며 주는 품사
예 과연, 결코, 느릿느릿

관계언

조사 — 주로 체언 뒤에 붙어서 그 말과 다른 말과의 문법적 관계를 나타내거나 특별한 뜻을 더해 주는 품사(＊서술격 조사 '이다'는 다른 조사와 달리 형태가 변함.)
예 이/가, 을/를, 에게

독립언

❻□□□ — 말하는 사람의 놀람이나 느낌, 부름, 대답 등을 나타내는 품사
예 우아, 여보, 아이코

형태가 변하는 말

용언

동사 — 사람이나 사물의 ❼□□□이나 작용을 나타내는 품사
예 뛰다, 생각하다, 당기다

형용사 — 사람이나 사물의 상태나 성질을 나타내는 품사
예 예쁘다, 작다, 젊다

3 어휘의 체계와 양상

1 우리말 어휘의 체계

어휘는 단어가 모인 것으로, 일정한 기준에 따라 다양하게 분류할 수 있다. 우리말 어휘는 어종에 따라 고유어, 한자어, 외래어로 분류할 수 있다.

(1) 고유어

개념	우리말에 본디부터 있던 말이나 우리말을 바탕으로 하여 만들어진 말 예 거울, 주머니, 하늘, 마음

특성	• 우리의 삶과 밀접한 관련을 맺으며 발달하였으므로 우리 민족 특유의 문화나 정서를 표현하는 말이 많음. 색채어, 의성어와 의태어, 농경 문화와 관련 있는 단어가 발달함.

빨간색을 나타내는 여러 가지 말	예 붉다, 빨갛다, 벌겋다, 불그스름하다, 새빨갛다, 발그레하다, 불긋불긋하다 등
비가 내리는 모양을 표현하는 여러 가지 말	예 주룩주룩, 부슬부슬, 소록소록, 추적추적 등

• 하나의 단어를 다양한 상황에서 사용할 수 있음.
예 가다
┌ 서울에 사는 삼촌에게 <u>간다</u>. → 한 곳에서 다른 곳으로 이동하다.
├ 새로운 팀의 코치로 <u>가게</u> 되었다. → 직책이나 자리를 옮기다.
└ 사탕을 안 먹겠다는 결심이 사흘도 못 <u>갔다</u>. → 어떤 현상이나 상태가 유지되다.

(2) 한자어

개념	한자에 기초하여 만들어진 말 예 책상(冊床), 안경(眼鏡), 친구(親舊), 식물(植物)

특성	고유어에 비해 분화되고 구체적인 의미를 지니고 있어 고유어를 보완하는 역할을 함.

예 고유어: 일	대응하는 한자어
그녀가 어려운 사람에게 좋은 <u>일</u>을 했다.	행동(行動)
도와 줄 사람이 없어 <u>일</u>이 참 딱하게 되었다.	사정(事情)
오늘 갑자기 <u>일</u>이 터져서 정신이 없었다.	문제(問題)
나는 부산에 갔다가 해운대에 들른 <u>일</u>이 있다.	경험(經驗)

(3) 외래어

개념	다른 나라에서 들어와 우리말처럼 쓰이는 말 예 버스, 햄버거, 커피, 텔레비전

특성	• 주로 다른 문화에서 유입된 새로운 사물이나 현상을 표현하기 위해 사용함. • 우리말의 어휘를 풍부하게 해 주지만 무분별한 사용은 우리 문화의 자긍심과 우리말의 정체성을 해칠 수 있으므로 순화하여 사용해야 함. 예 이 <u>컬러</u>로 사고 싶은데, 좀 더 큰 <u>사이즈</u>가 있나요? '색상'으로 순화함.　'치수', '크기'로 순화함.

2 우리말 어휘의 양상

같은 언어라 해도 지역적, 사회적 요인에 따라 사용되는 어휘의 양상이 달라지기도 한다. 지역적으로 격리되어 오랜 시간이 흐르면서 달라진 말을 지역 방언, 세대나 직업 등에 따라 다르게 쓰이는 말을 사회 방언이라 한다.

(1) 지역 방언

개념	지역에 따라 다르게 쓰는 말 例 감자 → 갱게(함경), 궁감자(경남), 지슬(제주) 등
특성	• 우리말의 어휘를 풍부하게 함. • 해당 지역의 고유한 문화와 정서를 느낄 수 있음. • 우리 옛말의 자취가 남아 있어 국어 연구를 위한 자료가 됨. • 같은 지역 사람끼리 지역 방언을 사용하면 친근감과 유대감을 느낄 수 있음.

> 표준어는 우리나라에서 공용어로 지정된 말이야. 지역 방언을 사용할 때의 장점도 있지만, 방송과 같은 공식적인 말하기 상황에서는 원활한 의사소통을 위해 공용어인 표준어를 사용해야 해. 이렇게 표준어와 지역 방언은 서로 보완하는 역할을 하고 있으니, 상황에 맞게 적절히 선택하여 사용하는 것이 중요해.

(2) 사회 방언
① 개념과 특성

개념	세대, 직업, 성별 등 사회적 요인에 따라 서로 다르게 쓰는 말 例 • 세대: 젊은 세대들은 '문상(문화 상품권)', '생파(생일 파티)'와 같은 준말을 즐겨 사용함. • 직업: 법정에서 '변론', '무고'와 같은 법률 용어를 사용함. • 성별: 여성은 해요체를, 남성은 하십시오체를 상대적으로 더 사용하는 경향이 있음.
특성	• 구성원들의 소속감을 강화하거나 구성원 간 의사소통의 효율성을 높임. • 의미를 모르는 사람에게는 소외감을 줄 수 있으므로 상황에 맞는 적절한 어휘를 선택하여 의사소통해야 함.

② 종류

	전문어	은어
개념	어떤 특정 분야에서 전문적인 개념을 표현하기 위해 쓰는 말 例 음악 분야 • 레가토(legato): 악보에서, 둘 이상의 음을 이어서 부드럽게 연주하라는 말 • 세뇨(segno): 서양 음악의 악보에 쓰는 기호의 하나로, 반복표로서 사용함.	다른 사람이 알아듣지 못하도록 특정 집단의 구성원끼리만 사용하는 말 例 청과물 시장 상인들이 숫자를 '먹주(일)', '대(이)'로 부름.
특성	• 뜻이 세밀하고 그에 대응하는 일반 어휘가 없음. • 전문적인 작업에서 원활하고 효과적으로 의사소통할 수 있음. • 일반인은 이해하기 어려우므로 일반인과 의사소통할 경우에는 쉽게 풀어서 사용해야 함.	• 비밀을 유지하는 데 효과적임. • 외부에 알려지면 새로운 은어로 변경되기도 함.

---

6 한 언어 내에서는 어느 지역에서든지 누구나 같은 어휘를 사용한다.　　　(○ , ×)

7 지역 방언은 국어의 역사적 정보를 간직하고 있는 말로, 공식적인 말하기 상황에서 사용하기 적절하다.　　　(○ , ×)

8 □□□은/는 특정 분야에서 일을 효율적으로 수행하기 위해 쓰이는 말로, 일반인은 그 의미를 알아듣기 어렵다.

9~11 다음에서 설명하는 내용을 〈보기〉에서 골라 쓰시오.

┤보기├
성별, 세대, 직업, 지역, 은어

9 '갑툭튀', '금사빠'와 같은 준말에서 알 수 있는 사회 방언의 요인이다.　　　(　　　)

10 특정 분야에서 전문어를 사용하는 것에서 알 수 있는 사회 방언의 요인이다.
　　　　　　　(　　　　　)

11 특정 집단 내에서 쓰이며 구성원의 결속을 강화하고, 외부로 알려지면 변하기도 하는 말이다.
　　　　　　　(　　　)

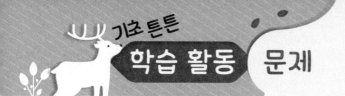

1 다음 단어들을 어종에 따라 분류해 보자.

치마	나물	볼펜	색연필
티셔츠	냉면	떡
체육복	지우개	아이스크림

• 고유어: _____
• 한자어: _____
• 외래어: _____

2 다음 단어들을 통해 알 수 있는 고유어의 특성을 정리해 보자.

> • 설날, 그네, 떡국, 쥐불놀이, 강강술래, 귀밝이술, 한가위
> • 파랗다, 새파랗다, 파릇파릇하다, 푸르스름하다 └─ 음력 정월 대보름날 아침에 마시는 술

우리 고유어에는 우리 민족의 정서와 문화가 담겨 있으며, ☐☐을/를 표현하는 말이 발
달하였다.

3 다음 활동을 통해 한자어의 특성을 알아보자.

(1) 다음 문장에서 '마음'과 바꾸어 쓸 수 있는 한자어를 〈보기〉에서 골라 써 보자.

┌ 보기 ┐
호감(好感)
│
마음
╱ │ ╲
의향(意向)   심정(心情)

• 영화 보러 갈 <u>마음</u>은 있니?
(   )

• 외삼촌은 그 사람에게 <u>마음</u>이 있어.
(   )

• 버스를 놓쳤을 때 네 <u>마음</u>은 어땠어?
(   )

(2) (1)에서 알 수 있는 한자어의 특성을 고유어와 비교하여 정리해 보자.

☐☐☐은/는 고유어보다 분화된 뜻을 지니고 있어서 고유어를 ☐☐하는 역할을 한다.

4 다음 대화에서 외래어를 찾아 고유어로 바꿀 수 있는지 생각해 보고, 이를 통해
알 수 있는 외래어의 특성을 정리해 보자.

> 수진: 배고프지 않니? 우리 햄버거 먹을까?
> 지연: 좋아. 인터넷으로 주문하자.

'☐☐☐', '인터넷'과 같은 외래어는 고유어로 바꾸기 (어렵다, 쉽다). 이를 통해 외래어는
고유어로 대체할 만한 말이 없는 경우가 많으며, 우리말처럼 사용된다는 것을 알 수 있다.

시험에는 이렇게

3 지역 방언에 대한 설명으로 알맞지 <u>않은</u> 것은?

① 우리말의 어휘를 풍부하게 한다.
② 국어의 역사를 연구하는 데 도움을 준다.
③ 같은 지역 사람들 사이의 유대감을 형성한다.
④ 지역의 고유한 정서와 문화를 간직하고 있다.
⑤ 공식적인 상황에서 의사소통의 효율성을 높인다.

5 (가)와 (나)의 상황을 보고, 표준어나 지역 방언을 사용하기에 적절한 상황을 정리해 보자.

> **가** 김비상(뉴스 진행자): 전국에 계신 시청자 여러분, 안녕하십니까? 방금 들어온 생생한 소식을 알려 드리겠습니다.

> **나** 어머니: 언제나 올라냐?
> 김비상: 이번 주에는 내려갈당께요.
> 어머니: 듣던 중 반가운 소리다잉.
> 김비상: 어매는 그만 보채고, 맛있는 거나 많이 맨들어 놓으소잉.

공식적인 말하기 상황에서는 모두가 알아들을 수 있는 (표준어 , 지역 방언)을/를 사용하고, 비공식적인 말하기 상황에서는 같은 지역 사람끼리 친밀감을 나타낼 수 있는 (표준어 , 지역 방언)을/를 사용하는 것이 적절하다.

시험에는 이렇게

4 다음 [ ] 안에 들어갈 알맞은 단어를 쓰시오.

> [ ]은/는 주로 특정 전문 분야의 일을 효과적으로 수행하기 위해 사용하는 말로, 그 어휘의 의미를 모르는 일반인들은 이해하기 어렵다.

6 다음 상황을 보고, 밑줄 친 어휘의 특성을 생각해 보자.

> • 크레아틴(Creatine) 수치: 신장의 기능을 가늠할 수 있는 대표적 혈액 검사 수치
> • 하이퍼텐션(Hypertension): 고혈압

밑줄 친 어휘는 의학계에서 사용하는 전문어이다. 전문어는 뜻이 정밀하고 다의성이 적기 때문에 전문 분야의 업무를 효과적으로 수행하게 한다. 하지만 해당 분야에 대한 지식이 없으면 어휘의 의미를 알기 어려우므로 전문가와 전문가가 아닌 사람의 [ ][ ][ ][ ]에는 어려움을 줄 수 있다.

시험에는 이렇게

5 〈보기〉와 같은 현상이 나타나는 원인이 된 요인은?

> **보기**
> 할머니: 자네 자당은 별고 없으신가?
> 은희: 자당은 무슨 말을 줄인 거예요?

① 세대　　② 직업
③ 지역　　④ 성별
⑤ 학력

7 다음 대화에서 손녀와 할아버지가 사용한 어휘를 살펴보고, 두 사람이 의사소통에 어려움을 겪은 요인이 무엇인지 알아보자.

> 할아버지: 얼마 전에 치른 시험은 어땠니?
> 손녀: 네. 이번에는 열공했어요. 성적이 오르면 삼촌이 생선으로 구두를 사 준다고 했거든요.
> 할아버지: 뭘 했다고? 구두를 생선 주고 사?
> 손녀: ……

손녀는 '열공', '생선'과 같이 청소년층이 주로 쓰는 줄인 말을 사용하고 있어 할아버지와 원활한 대화를 하지 못하고 있다. 이처럼 우리말에는 [ ][ ]에 따라 사용하는 어휘가 다른 양상이 나타난다.

3 어휘의 체계와 양상

핵심 콕콕 · 고유어, 한자어, 외래어로 이루어진 우리말의 체계 알기
· 지역 방언과 사회 방언의 양상 파악하기

1 고유어에 대한 설명으로 알맞지 <u>않은</u> 것은?

① '눈', '땅', '사람' 등을 예로 들 수 있다.
② 한자어에 비해 전문 분야에 자주 사용된다.
③ 모양, 색채 등을 표현하는 감각적인 어휘가 많다.
④ 우리 민족이 지닌 고유한 정서와 문화를 담은 말이다.
⑤ 우리말에 본디부터 있던 말이나 그것에 기초하여 만들어진 말이다.

2 한자어에 대한 설명을 골라 바르게 묶은 것은?

> ㄱ. 젊은 세대들이 주로 사용한다.
> ㄴ. 고유어에 비해 분화된 의미를 가지고 있다.
> ㄷ. 다른 고유어나 외래어로 바꾸어 쓰기 어렵다.
> ㄹ. 추상적인 개념을 표현하는 어휘가 발달하였다.

① ㄱ, ㄴ   　② ㄱ, ㄷ   　③ ㄴ, ㄷ
④ ㄴ, ㄹ   　⑤ ㄷ, ㄹ

3 다음 단어들의 공통적인 특성으로 적절한 것은?

> 테니스, 모델, 라디오

① 우리 문화에 대한 자긍심을 높인다.
② 우리말에 본디부터 있던 말로 민족의 정서를 표현한다.
③ 전문적인 지식이 없는 사람들은 의미를 이해하기 어렵다.
④ 어휘를 보충함으로써 우리말을 풍부하게 하는 기능을 한다.
⑤ 서로 다른 지역의 사람들이 의사소통할 때 대화의 효율성을 위해 사용하는 어휘이다.

4 밑줄 친 고유어를 한자어로 바꾸어 쓴 것으로 적절하지 <u>않은</u> 것은?

① 무너진 지붕을 <u>고쳤다</u>. → 정정(訂正)했다
② 아버지가 구두를 <u>고쳤다</u>. → 수선(修繕)했다
③ 부엌을 신식으로 <u>고쳤다</u>. → 개량(改良)했다
④ 의사가 심장병을 <u>고쳤다</u>. → 치료(治療)했다
⑤ 글의 내용을 새롭게 <u>고쳤다</u>. → 수정(修訂)했다

5 다음 표와 같이 어휘를 분류하였을 때, ㉠~㉢에 들어갈 말을 바르게 나열한 것은?

㉠	㉡	㉢
고뿔	감기	인플루엔자

	㉠	㉡	㉢
①	고유어	외래어	한자어
②	고유어	한자어	외래어
③	한자어	고유어	외래어
④	한자어	외래어	고유어
⑤	외래어	고유어	한자어

6 〈보기〉의 밑줄 친 단어를 바르게 분류한 것은?

> **┤보기├**
> <u>일요일 아침</u>이 되었다. 어젯밤 늦게까지 <u>게임</u>을 했지만 엄마가 깨우는 <u>소리</u>에 일찍 일어났다. 얼른 <u>샤워</u>를 하고 <u>친구</u>와 약속한 장소로 출발했다.

	고유어	한자어	외래어
①	아침, 소리	일요일, 친구	게임, 샤워
②	아침, 샤워	소리, 게임	일요일, 친구
③	일요일, 아침	소리, 친구	게임, 샤워
④	일요일, 샤워	아침, 게임	소리, 친구
⑤	게임, 친구	일요일, 샤워	아침, 소리

7 다음은 제시어의 유형과 같은 유형의 단어를 정리한 것이다. 적절하지 <u>않은</u> 것은?

	제시어	유형	같은 유형의 단어
①	말	고유어	머리, 오늘, 마음
②	바람	고유어	연세, 하늘, 우유
③	기억	한자어	칠판, 역사, 문화
④	카페	외래어	버스, 택시, 주스
⑤	피아노	외래어	피자, 그래프, 아파트

8 〈보기〉에서 알 수 있는 무분별한 외래어 사용의 문제점으로 알맞은 것은?

├ 보기 ├
　우리말 오염 현상이 심각하다. 일반인들은 물론 공공 기관에서조차 외래어를 무분별하게 사용한다. 또한 분야를 막론하고 그 뜻을 이해하기 힘든 외래어가 결합한 합성어를 어렵지 않게 발견할 수 있다.

① 우리말의 정체성을 위협한다.
② 외국인과의 의사소통에 방해가 된다.
③ 우리말의 문법 체계와 어울리지 않는다.
④ 영어를 모르는 사람에게 소외감을 준다.
⑤ 새로운 개념이나 사물을 정확하게 표현할 수 없다.

9 각 빈칸에 들어갈 말로 적절하지 <u>않은</u> 것은?

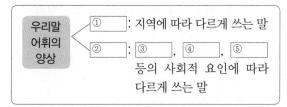

① 지역 방언　　　② 사회 방언
③ 세대　　　　　④ 직업
⑤ 국적

10 〈보기〉를 통해 알 수 있는 내용으로 알맞은 것은?

├ 보기 ├
　여성은 남성에 비해 감정을 표현하는 어휘를 더 많이 사용한다. 또한 여성은 해요체, 남성은 하십시오체를 상대적으로 더 많이 사용하는 경향이 있다.

① 우리말에는 말하는 사람의 성별에 따라 다르게 사용되는 말이 있다.
② 특정 집단의 구성원들끼리만 제한적으로 사용하는 어휘가 존재한다.
③ 우리말 어휘는 어종에 따라 고유어, 한자어, 외래어 등으로 나눌 수 있다.
④ 지역 간의 교류가 어려운 상태가 지속되면 사용하는 언어가 서로 달라질 수 있다.
⑤ 의사소통의 상황이 공식적인지 비공식적인지에 따라 사용하는 어휘가 달라질 수 있다.

11 〈보기〉를 통해 알 수 있는 전문어의 특성으로 적절한 것은?

├ 보기 ├
요리사 1: 수강생들은 당근을 쥘리엔으로 준비해 주세요.
요리사 2: 호박은 콩카세로 하면 됩니다.
수강생: 요리사님, 무슨 말씀이신지 모르겠어요.

① 집단 구성원 간의 친밀감을 높여 준다.
② 적절히 사용하면 신선하고 독특한 느낌을 준다.
③ 비슷한 세대끼리의 의사소통을 원활하게 한다.
④ 관련 지식이 없는 일반인들에게는 생소한 느낌을 준다.
⑤ 표현의 효과가 강하고 비유적으로 쓰이는 경우가 많다.

12 다음 ㄱ과 ㄴ에 대한 설명으로 알맞은 것은?

ㄱ. 경골(脛骨), 좌창(挫創), 산제(散劑)
ㄴ. 크루프(croup), 트립신(trypsin)

① ㄱ과 ㄴ은 추상적인 정보를 표현하는 말이다.
② ㄱ과 ㄴ은 암호의 성격을 띠며, 외부로 알려지면 제 기능을 못하게 된다.
③ ㄱ은 우리말에 본디부터 있던 말이고, ㄴ은 외국에서 들어와 우리말처럼 사용되는 말이다.
④ ㄱ은 우리 민족 특유의 정서를 표현하고, ㄴ은 많은 정보를 함축적으로 표현하는 데 쓰인다.
⑤ ㄱ은 한자어, ㄴ은 외래어로 모두 특정 분야에서 전문적인 개념을 표현하기 위해 쓰는 말이다.

🖊 서술형

13 다음 대화에서 의사소통이 원활하게 이루어지지 않은 이유를 사회적 요인과 연결 지어 쓰시오. ('~때문에'로 끝맺을 것)

학생: 엄마, 저 오늘 문상 받았어요.
어머니: 문상이라고? 누가 돌아가신 모양이구나.

14 (가)와 (나)에 대한 설명으로 알맞지 <u>않은</u> 것은?

> **가** 〈회의실〉
> 김비상: 저는 방수 기능을 갖춘 제품들이 소비자
> 들의 마음을 끌 것이라고 예상합니다.
> 이소망: 방수 기능이 추가된다면 제품 가격도 높
> 아지므로 소비자들에게 부담이 되지 않을까요?
> **나** 〈회의실 밖 복도〉
> 김비상: 아따, 거기 소망이 아닌가?
> 이소망: 아! 친구구마잉. 참말로 나가 자네 볼라고
> 아까부텀 기다렸당게.

① (가)에서 사용한 말은 여러 사람들과의 의사소
통을 원활하게 해 준다.

② (가)에서 사용한 말은 주로 제한된 집단 안에서
특수한 경우에만 쓴다.

③ (나)에서 사용한 말은 해당 지역의 고유한 정서
와 문화를 지니고 있다.

④ (가)에서 사용한 말은 (나)에 비해 공식적인 상
황에서 쓰기에 적합하다.

⑤ (나)에서 사용한 말은 (가)에 비해 서로에게 친
근감을 느끼도록 해 준다.

15 다음은 심마니들이 사용하는 어휘이다. 이에 대한
설명으로 적절하지 <u>않은</u> 것은?

┌ 산삼을 캐는 것을 직업으로 하는 사람

곰	밥	칼
넙대	무림	도자
안개	호랑이	태양
데팽이	산개	노래기

① 심마니들 사이에서 암호처럼 사용되는 말이다.

② 다른 사람들의 흥미를 유발하기 위해 사용한다.

③ 심마니들끼리 소속감, 친밀감을 형성하는 데 기
여한다.

④ 심마니들 사이에서 의사소통의 효율성을 높일
수 있다.

⑤ 다른 사람들에게 알려지면 새로운 어휘로 교체
되기도 한다.

16 〈보기〉의 대화에 대한 설명으로 적절하지 <u>않은</u> 것은?

> ┌ 보기 ┐
> 고객: 컴퓨터가 고장이 났어요. 전원을 누르면 켜
> 지는 듯하다가 꺼져 버려요. 왜 그런 거죠?
> 상담원: 네, 고객님. 바이오스에서 로그 설정을 잘
> 못하셨거나 로그인 로더가 테마와 맞지 않기
> 때문에 생긴 문제입니다. └ 컴퓨터의 가장 기본적인 기능을
> 처리해 주는 프로그램의 집합
> 고객: 네? 그게 무슨 말이에요?

① '바이오스', '로그', '로더'는 컴퓨터 관련 전문어
에 해당한다.

② 상담원이 사용하는 말은 해당 분야에서 업무의
효율성을 위해 쓰는 어휘이다.

③ 상담원이 사용한 어휘들은 각 말에 대응하는 일
반적인 단어가 없는 경우가 많다.

④ 상담원은 전문 지식이 없는 고객의 이해를 돕기
위해서 쉬운 말로 풀어서 설명해야 한다.

⑤ 상담원이 집단 내부의 비밀을 유지하기 위해 쓰
는 말을 사용하여 의사소통에 장애가 발생하였
다.

17 (가)와 (나)의 밑줄 친 단어의 공통점으로 가장 적절
한 것은?

> **가** 지휘자: 지금 여러분이 들으신 곡은 4분의 4
> 박자로 연주되지만 <u>알라 브레베</u> 느낌이 나는
> 것이 특징입니다.
> 관객: 무슨 말이지?
> **나** 학생: 엄마, 내일 친구가 <u>생파</u>를 한대요. <u>생선</u>
> 사게 용돈 좀 주세요.
> 어머니: 생파? 생선? 그게 무슨 말이니?

① 해당 언어가 사용되는 시대의 상황을 표현할 수
있다.

② 한 분야의 일을 효과적으로 수행하는 데 도움을
줄 수 있다.

③ 오감으로 느끼는 자극이나 정서를 감각적으로
표현할 수 있다.

④ 같은 언어를 사용하는 집단 외의 다른 집단에게
정보를 숨길 수 있다.

⑤ 같은 언어를 쓰는 집단에 속하지 않은 사람들에
게 정서적 소외감을 줄 수 있다.

●● 우리말 어휘의 체계

	❶□□□	한자어	❷□□□
뜻	우리말에 본디부터 있던 말이나 그것에 기초하여 만들어진 말	한자를 바탕으로 만들어진 말	다른 나라에서 들어왔지만 우리말처럼 쓰이는 말
특성	• 모양, 소리, 색채 등을 감각적으로 표현하는 어휘가 발달함. • 일상생활에서 자주 쓰이다 보니 대개 하나의 낱말이 지닌 의미의 폭이 넓음. • 우리 민족 특유의 문화와 정서가 반영됨.	일반적으로 고유어에 비해 그 뜻이 분화된 경우가 많아 고유어를 보완하는 역할을 함.	• 외국과의 문화적 교류 과정에서 많이 들어옴. • 우리말의 어휘를 풍부하게 해 주기도 하지만, 지나치게 사용할 경우 문화적 자긍심이 손상되고 국어의 정체성마저 위협받게 됨.
예	무지개, 마음, 비빔밥 등	학교, 책상, 친구 등	버스, 햄버거, 피아노 등

●● 우리말 어휘의 양상

	지역 방언	❸□□ 방언
뜻	지역에 따라 다르게 쓰는 말	사회적 요인(세대, 성별, 직업 등)에 따라 다르게 쓰는 말
특성	• 해당 지역의 고유한 정서와 문화를 반영함. • 우리 옛말의 모습이 남아 있어 국어 역사를 연구하는 데 도움을 줌. • 비공식적인 상황에서 같은 지역 사람들끼리는 지역 방언을 사용하는 경우가 많음. • 같은 지역 사람들끼리 사용하면 친근감과 유대감을 느낄 수 있음.	• 같은 집단 내에서 의사소통의 효율성을 높이며, 구성원 간의 소속감을 강화함. • 같은 집단에 속하지 않은 사람들과 대화할 때 사용하면 의사소통에 어려움이 생길 수 있음.
예	나무 → 냉기, 남구, 낭, 낭구 등	• 세대: 문상, 열공 등 • 성별: 해요체와 하십시오체 • 직업: 재정 증인, 심문 등(법률 용어)

❹□□□	❺□□
어떤 특정 분야에서 전문적인 개념을 표현하기 위해 쓰는 말 예 음악 분야: 레가토(legato), 세뇨(segno)	다른 사람이 알아듣지 못하도록 특정 집단의 구성원끼리만 사용하는 말 예 청과물 시장 상인들이 숫자를 '먹주(일)', '대(이)' 등으로 부름.
• 뜻이 세밀하고 대응하는 일반 어휘가 없음. • 전문적인 분야에서 원활하고 효과적으로 의사소통할 수 있음. • 일반인은 이해하기 어려우므로 일반인과 의사소통할 때는 쉽게 풀어서 사용해야 함.	• 비밀을 유지하는 데 효과적임. • 외부에 알려지면 새로운 은어로 변경되기도 함.

나만의 국어사전에 실릴 단어는 무엇일까?

탐구 목표

의미 있는 단어를 골라 새롭게 뜻을 풀이하여 나만의 국어사전을 만들어 보자.

탐구 과정 소개

나만의 국어사전 만들기

❶ 나에게 의미 있는 단어를 고른다.
❷ 고른 단어의 뜻을 국어사전에서 찾는다.
❸ 고른 단어를 들었을 때 떠오르는 느낌이나 경험을 적어 본다.
❹ 고른 단어의 유의어와 반의어를 찾는다.
❺ ❷~❹를 바탕으로 고른 단어의 뜻을 새롭게 풀이해 본다.

컴퓨터: ① 시작하면 시간이 순식간에 지나가 버리는 요물.
② 시험 기간 내 최대의 적.
독서: 다른 사람의 삶을 살아 보는 것.

비상이의 탐구 활동 체험

visangstagram

비상이 @Visang

비상(飛上)
[명사] 내 이름

– 「비상이의 국어사전」 중

나만의 국어사전을 만들었는데, 요거요거 생각보다 재밌네? 뜻풀이를 하다 보면 시를 쓰는 것 같기도 하고. 이참에 2권도 한번 만들어 봐?

#나만의국어사전만들기 #꿀잼 #시인_비상

부록

교과서에는
어떤 작품이 실렸나

교과서에는 어떤 작품이 실렸나

비상

| 1학기 |

단원		제재 / 활동	저자	갈래
1. 마음을 움직이는 글 [문학] [읽기]	(1) 비유 표현	유성	오세영	현대시
		봄은 고양이로다	이장희	현대시
	(2) 상징 표현	우리가 눈발이라면	안도현	현대시
		오우가	윤선도	시조
	(3) 자료를 찾으며 책 읽기	모둠별로 책을 선정하고 자료를 찾아 참고하면서 책을 읽는 활동		
2. 헤아려 읽고, 맞추어 쓰고 [읽기] [쓰기]	(1) 예측하며 읽기	관계는 첫인상부터 시작된다	이철우	설명하는 글
		더위가 알려 준 진짜 충격	김산하	주장하는 글
	(2) 통일성 있는 글 쓰기	독도의 가치에 대한 글	집필	설명하는 글
3. 재미있는 낱말 탐험 [문법]	(1) 품사의 종류와 특성	여러 가지 대화와 글을 통해 품사의 종류와 특성을 파악하는 활동		
	(2) 어휘의 체계와 양상	여러 가지 대화와 글을 통해 어휘의 체계와 양상을 파악하는 활동		
4. 갈등을 넘어 소통으로 [문학] [듣기·말하기]	(1) 갈등하는 삶	자전거 도둑	박완서	현대 소설
		홍길동전	허균	고전 소설
	(2) 배려하며 말하기	여러 가지 대화와 글을 통해 언어폭력의 문제점과 배려하며 말하기의 중요성을 알아보는 활동		

| 2학기 |

단원		제재 / 활동	저자	갈래
1. 비판적으로 듣고, 매체로 표현하고 [듣기·말하기] [쓰기]	(1) 타당성 판단하며 듣기	'청소년의 연예계 진출을 제한해야 한다.'라는 논제의 토론	집필	토론문
		학생회장 선거 연설	집필	연설문
	(2) 인터넷 매체로 표현하기	학생의 영상 제작·발표 과정을 통해 인터넷 매체의 특성과 소통 방법을 알아보는 활동		
	(3) 책 읽고 영상으로 표현하기	단계별로 영상을 제작하는 활동		
2. 간추리는 재미, 만나는 즐거움 [읽기] [듣기·말하기]	(1) 요약하며 읽기	사계절의 땅 원천강 오늘이	지은이 모름 / 신동흔 옮김	설화
		마을 학교에서 '마을학교'로	이희수	설명하는 글
		먹을거리 문제, 농장 시장으로 해결하자	류강선	주장하는 글
	(2) 질문을 준비하여 면담하기	요리 예술사와의 면담	집필	면담문
3 생각을 나누는 삶 [문법] [듣기·말하기]	(1) 언어의 본질	언어의 본질	집필	설명하는 글
		프린들 주세요	앤드루 클레먼츠	현대 소설
	(2) 문제 해결을 위한 토의	축제 장터에서 무엇을 운영할까?	집필	토의문
4. 성장으로 가는 길 [문학] [쓰기]	(1) 문학 작품을 통한 삶의 성찰	빨간 호리병박	차오원쉬엔 지음 / 양태은 옮김	현대 소설
		풀잎에도 상처가 있다	정호승	현대시
	(2) 경험을 바탕으로 글 쓰기	엄마의 눈물	장영희	현대 수필

| 1학기 |

단원		제재 / 활동	저자	갈래
1. 새로운 만남 [듣기·말하기] [읽기]	(1) 면담하기	영양 선생님, 안녕하세요	집필	만화
	(2) 한 권의 책 읽기	도서관에서 보물 찾기	집필	대화문
2. 나를 표현하라 [문학] [쓰기]	(1) 비유와 상징	별처럼 꽃처럼	오세영	현대시
		나는 나비	박태희 작사 / 작곡	노랫말
		토끼전	지은이 모름	고전 소설
	(2) 매체로 표현하기	길 고양이를 미워하지 마세요	집필	대화문
3. 언어는 내 친구 [문법] [듣기·말하기]	(1) 언어란 무엇일까	꾹 이야기	집필	이야기
		프린들 주세요	앤드루 클레먼츠	현대 소설
	(2) 배려하며 말하기	마음의 멍, 언어폭력	한국방송공사	영상
4. 우리들의 성장 이야기 [문학] [쓰기]	(1) 문학을 읽는 보람	자전거 도둑	박완서	현대 소설
		성장	이시영	현대시
	(2) 경험을 담은 글 쓰기	잊지 못할 사진 한 장	집필	일기문

| 2학기 |

단원		제재 / 활동	저자	갈래
1. 읽기의 즐거움 [읽기]	(1) 예측하며 읽기	지구에서 인간이 사라진다면	김정훈	설명하는 글
	(2) 요약하며 읽기	고추, 김치의 색깔을 바꾸다	전국지리교사 모임	설명하는 글
		텔레비전을 끄자	강창현	기사문
		주몽 신화	일연	신화
2. 갈등을 넘어서 [문학] [듣기·말하기]	(1) 문학 속의 갈등	촌놈과 떡장수	이금이	현대 소설
		세 얼간이	라지쿠마르 히라니 외	시나리오
	(2) 문제 해결을 위한 토의	스마트폰 과다 사용 문제, 어떻게 해결할까	집필	토의문
3. 빛깔이 있는 우리말 [문법]	(1) 우리말의 품사	품사 탐험대	집필	설명하는 글
		우산	윤석중 작사 / 이계석 작곡	노랫말
	(2) 우리말의 어휘	우리말 어휘의 풍경	집필	설명하는 글
4. 현명한 판단 [듣기·말하기] [쓰기]	(1) 타당성 판단하며 듣기	팔랑귀 가족	집필	일화
	(2) 통일성을 갖춘 글 쓰기	스케이트보드 안전하게 타기	집필	발표문 / 설명하는 글

금성

| 1학기 |

단원		제재 / 활동	저자	갈래
1. 비유와 상징을 찾아서 [문학]	(1) 비유적 표현의 재미를 찾아서	북	최승호	현대시
		떨어져도 튀는 공처럼	정현종	현대시
		교실	이삼남	현대시
	(2) 상징적 표현의 의미를 찾아서	까마귀 싸우는 골에~	영천 이씨	시조
		까마귀 검다 하고~	이직	시조
		막내의 야구 방망이	정진권	현대 수필
2. 예측하고 요약하고 [읽기]	(1) 예측하며 읽기	로봇도 권리가 있을까	한기호	주장하는 글
		마녀의 빵	오 헨리	현대 소설
	(2) 요약하며 읽기	토끼는 용궁에서 살아 돌아올 수 있었을까	최원석	설명하는 글
		소에 미친 화가, 이중섭	엄광용	전기문
3. 능동적인 언어생활 [듣기·말하기]	(1) 판단하며 듣기	길거리 쓰레기통에 대한 토론	집필	토론문
		청소년은 열대어입니다	이하연	강연
	(2) 토의로 문제 해결하기	토의를 통해 문제를 해결해 보는 활동		
4. 갈등을 넘어 감동으로 [문학] [쓰기]	(1) 문학과 갈등	자전거 도둑	박완서	현대 소설
		그대로도 괜찮아	박범수, 홍경철	드라마 대본
	(2) 감동을 주는 글 쓰기	선물	성석제	현대 수필
5. 언어의 세계에서 놀다 [문법] [듣기·말하기]	(1) 언어의 본질	여러 가지 대화와 글을 통해 언어의 본질을 파악하는 활동		
	(2) 배려하며 말하기	'너는……' 대신에 '나는……'으로 말 트기	정채봉	현대시
		반대말	정철	만평

| 2학기 |

단원		제재 / 활동	저자	갈래
1. 읽기와 쓰기, 자료와 만나다 [읽기] [쓰기]	(1) 책 한 권을 읽자	만화를 참고하여 책을 선정하고 읽는 방법을 알아보는 활동		
	(2) 글 한 편을 쓰자	북극곰과 지구 온난화	집필	주장하는 글
		나의 꿈, 환경을 지키는 디자이너	집필	소개문
2. 단어의 탐구 [문법]	(1) 어휘의 세계	여러 가지 대화와 글을 통해 어휘의 체계와 양상을 파악하는 활동		
	(2) 단어의 갈래	여러 가지 대화와 글을 통해 품사의 종류와 특성을 파악하는 활동		
3. 성장을 부르는 문학 [문학]	(1) 성장의 기록을 만나다	소나기	황순원	현대 소설
		혜살	구병모	현대 소설
		성장	이시영	현대시
	(2) 나의 삶을 비추어 보다	빌리 엘리엇	리 홀	시나리오
		네모난 수박	정호승	현대 수필
4. 마음으로 만나고, 오감으로 펼치다 [듣기·말하기] [쓰기]	(1) 면담을 기록하다	청소년 심리 상담 선생님과의 면담	집필	면담문
	(2) 매체로 소통하다	학생의 영상 제작·발표 과정을 통해 인터넷 매체의 특성과 소통 방법을 알아보는 활동		

| 1학기 |

단원		제재 / 활동	저자	갈래
1. 마음을 울리는 표현 [문학]	(1) 시로 이해하는 비유와 상징	봄은 고양이로다	이장희	현대시
		네 잎 클로버	박영신	노랫말
		우리가 눈발이라면	안도현	현대시
	(2) 소설로 이해하는 비유와 상징	연	이청준	현대 소설
2. 언어의 세계 [문법]	(1) 언어의 본질	여러 가지 대화와 글을 통해 언어의 본질을 파악하는 활동		
	(2) 품사의 종류와 특성	여러 가지 대화와 글을 통해 품사의 종류와 특성을 파악하는 활동		
3. 우리의 삶과 글 [문학] [쓰기]	(1) 삶을 성찰하며 한 권의 책 읽기	나비	헤르만 헤세	현대 소설
	(2) 감동과 즐거움을 주는 글 쓰기	괜찮아	장영희	현대 수필
4. 어떻게 읽고 표현할까 [읽기] [쓰기] [듣기·말하기]	(1) 요약하며 읽기	인류의 오랜 적, 모기	김정훈	설명하는 글
		인권이 뭘까요	정용주	주장하는 글
	(2) 상대를 배려하며 매체로 표현하기	당신의 언어 습관을 기록합니다	국립국어원	영상

| 2학기 |

단원		제재 / 활동	저자	갈래
1. 읽는 즐거움, 쓰는 기쁨 [읽기] [쓰기]	(1) 자료 참고하며 한 편의 글 읽기	왜 그때 소나기가 내렸을까	조지욱	설명하는 글
	(2) 통일성을 갖춘 글 쓰기	우리 식탁 위의 살아 있는 지혜, 발효 식품	집필	설명하는 글
2. 적절한 어휘, 원활한 소통 [문법] [듣기·말하기]	(1) 어휘의 체계와 양상	여러 가지 대화와 글을 통해 어휘의 체계와 양상을 파악하는 활동		
	(2) 타당성 판단하며 토의하기	학교 축제 때 학급 활동으로 무엇을 할 것인가	집필	토의문
3. 삶을 이해하는 창, 문학 [문학]	(1) 소설 속의 갈등	동백꽃	김유정	현대 소설
	(2) 무대 위의 갈등	수일이와 수일이	김우경 원작 / 광대 각색	희곡
4. 능동적으로 읽고 말하고 [읽기] [듣기·말하기]	(1) 예측하며 읽기	특명! 석유를 사수하라	이은희	주장하는 글
		밝은 빛 때문에 생태계가 아파요	김시원	기사문
	(2) 면담하기	방송 피디(PD)와의 면담	집필	면담문

미래엔

| 1학기 |

단원		제재 / 활동	저자	갈래
1. 표현의 즐거움 [문학] [쓰기]	(1) 햇비	햇비	윤동주	현대시
		여우비	박목월	현대시
		내 마음의 희망등	이순원	현대 수필
		희망을 달려서	이기, 용배 작사	노랫말
	(2) 고래를 위하여	고래를 위하여	정호승	현대시
		어린 왕자	생텍쥐페리	현대 소설
	(3) 감동과 즐거움을 주는 글 쓰기	우리 할머니는 외계인	김송기(학생)	현대 수필
2. 읽고 대화하고 [읽기] [듣기·말하기]	① 마음이의 독서 일기	마음이의 독서 일기	집필	일기문
	② 책 읽고 대화하기	홍길동전을 읽은 후의 대화를 통해 주장의 근거와 타당성을 판단하는 활동		
3. 능동적인 언어생활 [읽기] [문법]	(1) 예측하며 읽기	우리 몸은 단맛을 사랑해	이은희	설명하는 글
		해양 쓰레기 발생 원인과 쓰레기 분해 시간	해양 환경 관리 공단	설명하는 글
	(2) 어휘의 세계	여러 가지 대화와 글을 통해 어휘의 체계와 양상을 파악하는 활동		
4. 성장의 시간 [문학] [듣기·말하기]	(1) 보리 방구 조수택	보리 방구 조수택	유은실	현대 소설
	(2) 면담하기	소방관과의 면담	집필	면담문

| 2학기 |

단원		제재 / 활동	저자	갈래
1. 독서와 연극 [문학] [읽기]	① 갈등이 드러난 소설 읽기	하늘은 맑건만	현덕	현대 소설
	② 갈등을 연극으로 표현하기	토끼와 자라	엄인희	희곡
		토끼전	작자 미상	고전 소설
2. 간추리고 쓰고 [읽기] [쓰기]	(1) 요약하며 읽기	남극과 북극, 어떤 점에서 다를까	고현덕 외	설명하는 글
		극지 연구가 지니는 의미	김예동	주장하는 글
		오봉산의 불	작자 미상 / 이만기 엮음	민담
		경제 활동	조영달 외	설명하는 글
	(2) 통일성 있는 글 쓰기	종이 신문을 읽자	집필	주장하는 글
3. 언어의 세계 [문법]	(1) 언어의 본질	여러 가지 대화와 글을 통해 언어의 본질을 파악하는 활동		
	(2) 단어의 갈래	여러 가지 대화와 글을 통해 품사의 종류와 특성을 파악하는 활동		
4. 다양한 의사소통 [듣기·말하기] [쓰기]	(1) 토의하기	우리 학교 급식 시간에 발생하는 음식물 쓰레기를 줄이려면 어떻게 해야 할까	집필	토의문
	(2) 매체로 표현하기	학생의 영상 제작·발표 과정을 통해 인터넷 매체의 특성과 소통 방법을 알아보는 활동		

지학사

| 1학기 |

단원		제재 / 활동	저자	갈래
1. 봄, 비, 사람 [문학] [듣기·말하기]	(1) 포근한 봄	포근한 봄	오규원	현대시
	(2) 소나기	소나기	황순원	현대 소설
		묏버들 가려 꺾어~	홍랑	시조
	(3) 시인 할머니를 만나다	손주에게 쓴 편지	김초혜	편지글
		김초혜 시인과의 면담	여성중앙	면담문
2. 언어 세계, 품사 나라 [문법]	(1) 언어의 본질	여러 가지 대화와 글을 통해 언어의 본질을 파악하는 활동		
	(2) 국어의 품사	여러 가지 대화와 글을 통해 품사의 종류와 특성을 파악하는 활동		
3. 문학에서 길 찾기 [문학] [읽기]		한 학기에 한 권의 책을 읽는 활동		
		마당을 나온 암탉	황선미	현대 소설
4. 내다보고, 엮어 보기 [읽기] [쓰기]	(1) 생명의 그물 함부로 끊지 말아요	생명의 그물을 함부로 끊지 말아요	최재천	주장하는 글
	(2) 은행 문은 왜 안쪽으로 열릴까	은행 문은 왜 안쪽으로 열릴까	이재인	설명하는 글
	(3) 통일성 있는 글 쓰기	짧은 즐거움 – 달개비	학생 글	설명하는 글
		민들레의 아름다움	학생 글	설명하는 글
5. 갈등, 함께 풀어 보아요 [문학] [듣기·말하기]	(1) 홍길동전	홍길동전	허균 지음 / 김일렬 풀이	고전 소설
	(2) 문제 해결을 이끄는 토의 활동	반올림	홍자람	드라마 대본
		'반올림'과 관련한 토의	집필	토의문

| 2학기 |

단원		제재 / 활동	저자	갈래
1. 별, 하늘, 사람 [문학] [쓰기]	(1) 서시	서시	윤동주	현대시
		동주	신연식 각본 / 이준익 연출	시나리오
		잊지 못할 윤동주의 일들	정병욱	전기문
	(2) 하늘은 맑건만	하늘은 맑건만	현덕	현대 소설
	(3) 괜찮아	괜찮아	장영희	현대 수필
2. 세상을 담은 말, 마음을 담은 말 [문법] [듣기·말하기]	(1) 우리말의 어휘	여러 가지 대화와 글을 통해 어휘의 체계와 양상을 파악하는 활동		
	(2) 배려하는 말하기	안녕! 우리말 — 3부 ㅂㅅ	한국교육방송공사	영상
		그래 우린 친구야	전국교사연극모임	희곡
3. 책 속에서 꿈 찾기 [읽기] [쓰기]		한 학기에 한 권의 책을 읽는 활동		
		사라져 가는 북극곰	남종영	설명하는 글
4. 간추리고, 따져 보고 [읽기] [듣기·말하기]	(1) 열두 살에 나라를 세우다	열두 살에 나라를 세우다	일연 지음 / 김원중 옮김	신화
	(2) 동양의 그림과 서양의 그림	동양의 그림과 서양의 그림	전성수	설명하는 글
	(3) 로봇, 친구가 될 수 있을까	로봇, 친구가 될 수 있을까	한재권	강연문
5. 독서는 폭넓게, 표현은 다양하게 [쓰기] [읽기]	(1) 천국의 아이들	천국의 아이들	박흥식 각본, 연출	시나리오
	(2) 포기하고 싶을 때 딱 한 걸음만 더 나아가라	포기하고 싶을 때 딱 한 걸음만 더 나아가라	이정현	주장하는 글

창비

| 1학기 |

단원		제재 / 활동	저자	갈래
1. 우리는 중학생이다 [문학] [읽기]	(1) 비유와 상징	나는 지금 꽃이다	이장근	현대시
		새로운 길	윤동주	현대시
	(2) 예측하며 읽기	시간은 어떻게 인간을 지배하게 됐을까?	안광복	설명하는 글
		톰과 제리	MGM	영상
2. 마음을 담은 언어 [듣기·말하기] [문법]	(1) 배려하며 말하기	말로 때리면 더 아프고 오래간다	국립국어원	영상
	(2) 어휘의 세계	어휘의 세계	집필	설명하는 글
3. 나는 날마다 자란다 [문학] [쓰기]	(1) 성장과 성찰	야, 춘기야	김옥	현대 소설
		성장	공익광고협의회	광고
	(2) 감동과 즐거움을 주는 글 쓰기	나의 경험을 글로 표현하는 즐거움	집필	대화문
4. 정보를 요리합니다 [읽기] [쓰기]	(1) 요약하며 읽기	사람들은 왜 모바일 게임을 즐길까?	집필	설명하는 글
		재주꾼 세 사람	서정오	옛이야기
	(2) 통일성 있게 글 쓰기	한슬기 기자, 떡볶이 특집 기사를 쓰다	집필	기사문

| 2학기 |

단원		제재 / 활동	저자	갈래
1. 세상에 말을 걸다 [읽기] [듣기·말하기]	(1) 한 권 책 읽기	책 읽기, 설레는 첫걸음	집필	만화
	(2) 목적에 맞게 면담하기	청소년 지도사를 만나다	집필	면담문
2. 우리가 만드는 학교 [듣기·말하기] [쓰기]	(1) 타당성을 판단하며 듣기	나를 뽑아 줘!	집필	연설문
	(2) 매체 특성을 고려하여 표현하기	영상으로 말하고 인터넷으로 통하다	집필	대화문
		에스엔에스(SNS)의 '좋아요.' 좋아요, 안 좋아요?	파이낸셜 뉴스	기사문
3. 더불어 사는 지혜 [문학] [듣기·말하기]	(1) 갈등과 삶	하늘은 맑건만	현덕	현대 소설
	(2) 토의하여 문제 해결하기	자리를 어떻게 바꿀까?	집필	토의문
4. 우리말과 친해지기 [문법]	(1) 언어의 본질	언어의 본질	집필	설명하는 글
		언어의 특성 2, 3부	EBS 배움 너머	영상
		개는 어떻게 말하는가	스탠리 코렌	설명하는 글
	(2) 품사의 종류와 특성	여러 가지 대화와 글을 통해 품사의 종류와 특성을 파악하는 활동		

천재(노)

| 1학기 |

단원		제재 / 활동	저자	갈래
1. 새로운 시작 [문학]	(1) 시의 아름다움	빗방울	서정숙	현대시
		포근한 봄	오규원	현대시
		새로운 길	윤동주	현대시
	(2) 산문의 향기	꿩	이오덕	현대 소설
	선택 학습	버터플라이	강현민, 이재학 작사 / 이재학 작곡	노랫말
		사막을 같이 가는 벗	양귀자	현대 수필
2. 세상과 함께 자라는 꿈 [읽기] [쓰기]	(1) 자료 찾으며 책 읽기	만화와 포장지도 예술이 되지	전성수	설명하는 글
	(2) 통일성 있게 글 쓰기	아시아의 보물을 찾아 떠나는 여행	집필	설명하는 글
	선택 학습	책만 읽는 바보	이덕무	고전 수필
3. 언어랑 국어랑 놀자 [문법]	(1) 언어의 본질과 국어 생활	여러 가지 대화와 글을 통해 언어의 본질을 파악하는 활동		
	(2) 우리말의 아홉 품사	여러 가지 대화와 글을 통해 품사의 종류와 특성을 파악하는 활동		
4. 더불어 살아가기 [문학] [듣기·말하기]	(1) 문학과 갈등	하늘은 맑건만	현덕	현대 소설
	(2) 토의하기	빈곤 국가 학교 짓기 후원, 어떻게 할까?	집필	토의문
	선택 학습	개를 훔치는 완벽한 방법	김성호, 신연식 각본 / 바버라 오코너 원작	시나리오
		학교 급식에서 발생하는 음식물 쓰레기를 줄이는 방법은 무엇인가?	집필	토의문

| 2학기 |

단원		제재 / 활동	저자	갈래
1. 함께 성장하는 우리 [문학] [쓰기]	(1) 나를 키우는 문학	딱지	이준관	현대시
		공작 나방	헤르만 헤세	현대 소설
	(2) 삶이 담긴 글 쓰기	마음의 키가 자라는 행복	집필	현대 수필
	선택 학습	슴슴한 그대	민예지, 김태희	시나리오
		라디오 프로그램 사연	김은희	사연 글
2. 소통으로 여는 세상 [듣기·말하기] [쓰기]	(1) 면담하기	태권도 부원과의 면담	집필	면담문
	(2) 매체 특성에 맞게 표현하기	학생의 영상 제작·발표 과정을 통해 인터넷 매체의 특성과 소통 방법을 알아보는 활동		
	선택 학습	웹툰 작가와의 면담	집필	면담문
		재희의 사회 관계망 서비스(SNS) 글	집필	SNS
3. 능동적인 언어생활 [읽기] [듣기·말하기]	(1) 예측하며 읽기	고래들의 따뜻한 동료애	최재천	설명하는 글
		군사들에게 종이 옷을 보낸 인조	조희진	설명하는 글
	(2) 타당성 판단하며 듣기	우리나라의 나이 계산법을 통일하자는 내용의 발표	집필	발표문
		'장 튼튼 건강 음료' 방송 광고	집필	광고
		우리나라의 비만 기준에 대한 방송 보도	조동찬	방송 보도
	선택 학습	여유당전서	정약용	편지글
		모든 과목을 공부해야 한다는 내용의 발표	집필	발표문
4. 생활 속의 글과 표현 [읽기] [문법] [듣기·말하기]	(1) 요약하며 읽기	독도에는 무엇이 있을까	집필	설명하는 글
		모두가 즐거운 착한 여행	장미정	주장하는 글
	(2) 상황에 맞는 어휘와 표현	여러 가지 대화와 글을 통해 어휘의 체계와 양상을 파악하는 활동, 언어폭력의 문제점과 배려하며 말하기의 중요성을 알아보는 활동		
	선택 학습	오늘이	지은이 모름	옛이야기

천재(박)

| 1학기 |

단원		제재 / 활동	저자	갈래
1. 문학과 표현 [문학] [쓰기]	(1) 나무들의 목욕 / 오우가	나무들의 목욕	정현정	현대시
		변비	김대현 작사 (노라조 노래)	노랫말
		마스크로 안 아픈 예방 접종하세요.	공익광고협의회	광고
		오우가	윤선도	시조
	(2) 고무신	고무신	오영수	현대 소설
	(3) 감동이나 즐거움을 주는 글 쓰기	목소리	김윤경(학생)	현대 수필
2. 요약과 판단 [읽기] [듣기·말하기]	(1) 요약하며 읽기	조상의 슬기가 낳은 석빙고의 비밀	이광표	설명하는 글
		아침을 먹어야 하는 이유	서울신문	기사문
	(2) 판단하며 듣기	귀가 얇아서 큰일이야	집필	만화
3. 언어의 세계 [문법]	(1) 언어의 본질	여러 가지 대화와 글을 통해 언어의 본질을 파악하는 활동		
	(2) 품사의 종류와 특성	여러 가지 대화와 글을 통해 품사의 종류와 특성을 파악하는 활동		
4. 예측하며 읽기와 토의 [읽기] [듣기·말하기]	(1) 예측하며 읽기	내가 버린 전기, 전자 제품의 행방은?	장미정	설명하는 글
	(2) 토의하기	깨끗한 교실, 어떻게 만들까?	집필	토의문

| 2학기 |

단원		제재 / 활동	저자	갈래
1. 진로 탐색을 위한 국어 활동 [읽기] [듣기·말하기] [쓰기]	(1) 자료를 참고하며 읽기	이타적 디자인으로 사람을 살리다	공규택	설명하는 글
	(2) 면담하기	꿈을 찾아서 – 경찰관과의 면담	집필	면담문
	(3) 통일성을 갖춘 글 쓰기	꿈이 열리는 글쓰기 – 내가 만들고 싶은 로봇을 소개하는 글 쓰기 활동		
2. 문학과 성찰 [문학]	(1) 동해 바다	동해 바다	신경림	현대시
	(2) 하늘은 맑건만	하늘은 맑건만	현덕	현대 소설
3. 바람직한 언어생활 [문법] [듣기·말하기]	(1) 어휘의 체계와 양상	여러 가지 대화와 글을 통해 어휘의 체계와 양상을 파악하는 활동		
	(2) 배려하며 말하기	참 힘센 말	정진아	현대시
		이럴 땐 어떻게 말하는 것이 좋을까	집필	만화
		도 넘은 청소년 언어폭력	세계일보	기사문
4. 연극과 매체 표현 [문학] [쓰기]	(1) 함께 하는 연극	소녀, 두드리다	양지윤(학생)	희곡
	(2) 매체의 특성을 고려하여 표현하기	영상 제작 분투기	집필	대화문
		볼륨을 낮춰요	남병관 외(학생)	영상

◆ 〈한끝 중등 국어 통합편 1-1〉은 다음 저작물을 인용하여 개발하였습니다.

대단원	소단원	교재 쪽	제재	저자	출처
I 시가 문학	바로바로 개념 적용	014쪽	봄은 고양이로다	이장희	『한국 현대시를 찾아서』(김흥규 엮음, 한샘 출판주식회사, 1993)
		015쪽	묏버들 가려 꺾어~	홍랑	『고시조 대전』(고려대학교 민족문화연구원, 2012)
	토닥토닥 실력 쌓기	016쪽	유성	오세영	『적멸의 불빛』((주)문학사상사, 2001)
		018쪽	포근한 봄	오규원	『나무 속의 자동차』(문학과지성사, 2009)
		020쪽	나무들의 목욕	정현정	『씨앗마중』(21문학과문화, 2005)
		022쪽	우리가 눈발이라면	안도현	『그대에게 가고 싶다』((주)도서출판 푸른 숲, 1991)
		024쪽	고래를 위하여	정호승	『너를 사랑해서 미안하다』(랜덤하우스 중앙, 2005)
		026쪽	새로운 길	윤동주	『하늘과 바람과 별과 시』(미래사, 2001)
		028쪽	오우가	윤선도	『고시조 산책』(성낙은 엮음, 국학자료원, 1996)
II 산문 문학	바로바로 개념 적용	036쪽	꿩	이오덕	『꿩』(효리원, 2005)
	토닥토닥 실력 쌓기	038쪽	하늘은 맑건만	현덕	『현덕 전집』(역락, 2009)
		048쪽	고무신	오영수	『오영수 단편집』(오태호 엮음, 지식을만드는지식, 2012)
		058쪽	자전거 도둑	박완서	『자전거 도둑』(도서출판 다림, 1999)
		068쪽	보리 방구 조수택	유은실	『만국기 소년』(창비, 2007) .
		078쪽	홍길동전	허균 / 김일렬 풀이	『한국고전문학전집 25』(고려대학교 민족문화연구소, 1996)
	바로바로 개념 적용	088쪽	토끼와 자라	엄인희	『아동과 청소년을 위한 희곡』(북스토리, 2002)
	토닥토닥 실력 쌓기	090쪽	수일이와 수일이	김우경 원작 / 광대 각색	『수일이와 수일이』(극단 문화 모임 광대, 2009)
	바로바로 개념 적용	102쪽	괜찮아	장영희	『살아온 기적 살아갈 기적』((주)샘터사, 2009)
	토닥토닥 실력 쌓기	104쪽	사막을 같이 가는 벗	양귀자	『삶의 묘약』(샘터사, 1998)
III 비문학	바로바로 개념 적용	112쪽	은행 문은 왜 안쪽에서 열릴까	이재인	『건축 속 재미있는 과학 이야기』(시공사, 2007)
	토닥토닥 실력 쌓기	114쪽	조상의 슬기가 낳은 석빙고의 비밀	이광표	『손 안의 박물관』(효형출판, 2006)
		118쪽	관계는 첫인상부터 시작된다	이철우	『관계의 심리학』(경향미디어, 2008)
		122쪽	독도의 가치	집필진	『중학교 국어 1-1』(비상교육, 2017)
	바로바로 개념 적용	126쪽	극지 연구가 지니는 의미	김예동	『국제신문』(2016. 2. 22)
		127쪽	인권이 뭘까요	정용주	『역사 속 인권 이야기』(리젬, 2015)
	토닥토닥 실력 쌓기	128쪽	더위가 알려 준 진짜 충격	김산하	『김산하의 야생 학교』(갈라파고스, 2016)
		132쪽	생명의 그물을 함부로 끊지 말아요	최재천	『생명, 알면 사랑하게 되지요』(더큰아이, 2015)

대단원	소단원	교재 쪽	제재	저자	출처
Ⅳ 다양한 언어생활	바로바로 개념 적용	139쪽	그래 우린 친구야	전국교사연극모임	『우리 '연극'해요 ②』(작은숲, 2016)
	토닥토닥 실력 쌓기	140쪽	다큐멘터리를 본 감상	집필진	『중학교 국어 1-1』(비상교육, 2017)
		140쪽	라이벌	권기경	반올림(한국방송공사(KBS), 2004. 6. 5. 방송)
	바로바로 개념 적용	143쪽	우리나라의 비만 기준에 대한 방송 보도	조동찬	에스비에스(SBS) 〈8 뉴스〉 2016년 1월 11일 자
	토닥토닥 실력 쌓기	144쪽	학생회장 선거 연설	집필진	『중학교 국어 1-2』(비상교육, 2017)
	바로바로 개념 적용	147쪽	요리 예술사와의 만남	집필진	『중학교 국어 1-2』(비상교육, 2017)
	토닥토닥 실력 쌓기	148쪽	시인 할머니를 만나다	여성중앙	『여성중앙』(2014년 6월호)
	바로바로 개념 적용	153쪽	반올림	홍자람	반올림(한국방송공사(KBS), 2004. 5. 22. 방송)
		154쪽	축제 장터에서 무엇을 운영할까?	집필진	『중학교 국어 1-2』(비상교육, 2017)

한끝 정답과 해설

한번에 끄~읕!

통합편
중등 국어
1·1

📖 **책 속의 가접 별책** (특허 제 0557442호)

정답과 해설'은 본책에서 쉽게 분리할 수 있도록 제작되었으므로
유통 과정에서 분리될 수 있으나 파본이 아닌 정상제품입니다.

visang

우리는 남다른 상상과 혁신으로
교육 문화의 새로운 전형을 만들어
모든 이의 행복한 경험과 성장에 기여한다

ABOVE IMAGINATION

우리는 남다른 상상과 혁신으로
교육 문화의 새로운 전형을 만들어
모든 이의 행복한 경험과 성장에 기여한다

한끝

정답과 해설

통합편

중등 **국어 1-1**

010쪽	**1** 말하는 이	**2** ○	**3** 비유	
011쪽	**4** 은유법	**5** 의인법	**6** 상징	
012쪽	**7** 반복	**8** 3	**9** 시각	
013쪽	**10** ○	**11** 운율	**12** ○	
014쪽	**1** ○	**2** ○	**3** 시각	

이 시에 사용된 비유 표현 ▶ **1** ④

| 015쪽 | **4** 시조 | **5** × | **6** × | |

'윗버들'이 상징하는 의미 ▶ **2** ②

| 017쪽 | **1** ⑤ | **2** ① | **3** ④ | **4** ④ |

5 빗나간 야구공 하나

| 019쪽 | **1** ② | **2** ① | **3** ① | **4** ④ |

5 봄빛, 새끼 고양이의 눈

| 021쪽 | **1** ④ | **2** ① | **3** ③ | **4** ③ |

5 비유한 시어: 공중목욕탕, 표현 방법: 직유법

| 023쪽 | **1** ④ | **2** ① | **3** ③ | **4** ① |

5 편지, 새살

| 025쪽 | **1** ④ | **2** ① | **3** ③ | **4** ② |

5 푸른 바다

| 027쪽 | **1** ⑤ | **2** ③ | **3** ③ | **4** ⑤ |

5 ㄱ: 내, 고개, ㄴ: 숲, 마을

| 029쪽 | **1** ⑤ | **2** ④ | **3** ④ | **4** ① |

5 포용하는 태도와 과묵한 태도

032쪽	**1** 사건	**2** ○	**3** 내적	
033쪽	**4** ×	**5** 절정	**6** 결말	
034쪽	**7** ×	**8** 1인칭 관찰자 시점	**9** ○	
035쪽	**10** ○	**11** ×	**12** ○	
036쪽	**1** ○	**2** ○	**3** 머슴	

'꿩'이 상징하는 의미 ▶ **1** ⑤

| 037쪽 | **4** ○ | **5** 꿩 | | |

'용이'와 아이들의 갈등 양상 ▶ **2** ④

| 038쪽 | 발단 – 거스름돈 | | | |
| 039쪽 | **1** ④ | **2** ④ | **3** ④ | **4** ④ |

5 거리에서 보고 지내던 온갖 가지고 싶고 해 보고 싶은 가지가지를 한번 모조리 돈으로 바꾸어 보자.

040쪽	전개 1 – 수만	전개 2 – 삼촌		
041쪽	**1** ①	**2** ④	**3** ②	**4** ②
042쪽	전개 3 – 돈	위기 1 – 숙모		
043쪽	위기 2 – 점순		**1** ②	**2** ③

3 ② **4** 도적질

| 044쪽 | 절정 – 교통사고 | 결말 – 삼촌 | | |
| 045쪽 | **1** ⑤ | **2** ④ | **3** ⑤ | **4** ③ |

5 하늘

| 046쪽 | **1** ④ | **2** ⑤ | **3** ③ | **4** '문기'는 |

(붙장 안에 있던) '숙모'의 돈을 훔쳤다.

047쪽	**5** ③	**6** ②	**7** ③	**8** ⑤
048쪽	발단 – 엿장수			
049쪽	**1** ②	**2** ⑤	**3** ④	**4** ④

5 • 공간적 배경: (바다와 시가지 일부가 한꺼번에 내다보이는) 산기슭 마을 • 계절적 배경: 봄

| 051쪽 | **1** ③ | **2** ⑤ | **3** ④ | **4** '남이'와 |

만나고(마주치고) 싶어서

| 052쪽 | 전개 – 고무신 | | | |
| 053쪽 | 위기 – 남이 | | **1** ④ | **2** ① |

3 ④ **4** 어느 날 저녁녘에 우연히도 남이 아버지가 찾아왔다.

| 054쪽 | 절정 – 엿 | 결말 – 울음 고개 | | |
| 055쪽 | **1** ② | **2** ② | **3** ③ | **4** ①, ③ |

5 정든 마을과 '엿장수', 주인집 가족을 두고 떠나고 싶지 않다.

056쪽	**1** ②	**2** ⑤	**3** ⑤	**4** 벌
057쪽	**5** ③	**6** ②	**7** ③	**8** ①
058쪽	발단 – 주인 영감			
059쪽	**1** ⑤	**2** ④	**3** ⑤	**4** ③

5 육친애

| 060쪽 | 전개 – 물건값 | | | |
| 061쪽 | **1** ② | **2** ⑤ | **3** ④ | **4** ④ |

5 ⑤

| 062쪽 | 위기 – 자전거 | | | |
| 063쪽 | **1** ④ | **2** ② | **3** ⑤ | **4** ④ |

5 도둑놈 꼴(이다)

| 064쪽 | 절정 – 거부감(혐오감) | 결말 – 아버지 | | |
| 065쪽 | **1** ① | **2** ② | **3** ④ | **4** ① |

5 '수남'은 자신을 도덕적으로 견제해 줄 '아버지'가 계신 고향으로 돌아가기로 하였다.

| 066쪽 | **1** ⑤ | **2** ⑤ | **3** ⑤ | **4** 쾌감 |
| 067쪽 | **5** ④ | **6** ② | **7** ④ | **8** ⑤ |

9 (자신에게) 손해가 안 났기 때문에

| 069쪽 | **1** ③ | **2** ② | **3** ① | **4** ② |

5 ③

| 070쪽 | 발단 – 수택 | | | |
| 071쪽 | **1** ④ | **2** ⑤ | **3** ② | **4** ③ |

5 보리밥, 양은 도시락, 허연 깍두기

| 072쪽 | 전개 – 깍두기 | | | |
| 073쪽 | **1** ① | **2** ② | **3** ② | **4** ⑤ |

5 '수택'이 혼자서 밥을 먹는 상황을 바꾸기 위해서

| 074쪽 | 위기 – 소문 | 절정 – 신문 | 결말 – 수택 | |
| 075쪽 | **1** ③ | **2** ② | **3** ③ | **4** '수택'과 |

'나'가 사귀지 않는다는 사실을 증명하려(보여 주려) 한다.

| 076쪽 | **1** ③ | **2** ① | **3** ⑤ | **4** ④ |
| 077쪽 | **5** ② | **6** ⑤ | **7** ⑤ | **8** ④ |

9 깍두기를 나눠 먹지 않고, 신문을 '수택'의 서랍에 도로 넣었다.

151쪽 1 ②   2 ③   3 ②   4 책은 사람을 만드는 기본 영양과 같은 것이기 때문에 책 읽기가 기본 습관이 되도록 해야 한다.

152쪽 1 ○   2 논제   3 ○

153쪽 1 ○   2 ×   3 ○
학급 회의에 참여한 반 아이들의 태도▶ 1 ④

155쪽 1 ①   2 ③   3 ⑤   4 ①
5 ②

157쪽 1 ⑤   2 ④   3 ②   4 ①
5 나라

159쪽 1 ③   2 ⑤   3 ②   4 축제 장터에서 사진 찍기 체험장을 운영하기로 하였다.

162쪽 1 언어   2 ○   3 필연적   4 자의성

163쪽 5 사회적   6 ×   7 역사성   8 ○
9 창조성

164쪽 1 (1) – ㉣ (2) – ㉤ (3) – ㉠ (4) – ㉢
2 (1) ㉢ (2) ㉤ (3) ㉠ (4) ㉡
시험에는 이렇게▶ 1 ②   2 ④

165쪽 1 언어   2 ②   3 ④   4 ③
5 ②   6 ②

166쪽 7 (언어의) 창조성   8 ②   9 ①
10 ④, ⑤   11 (1) 자의성, (2) 사회성, (3) 창조성, (4) 역사성

167쪽 ❶ 의사소통   ❷ 필연적   ❸ 사회성
❹ 시간   ❺ 창조성

168쪽 1 품사   2 ×   3 가변어   4 체언
5 ○

169쪽 6 대명사   7 부사   8 형용사   9 ○
10 ×

170쪽 11 수사   12 ×   13 동사   14 형용사
15 활용

171쪽 16 관형사   17 ○   18 ×   19 2
20 ○

172쪽 1 (1) ・형태가 변하는 낱말: 기쁘다, 달리다, 흔들다, 예쁘다 ・형태가 변하지 않는 낱말: 매우, 설악산, 구름, 꽃 (2) ・'풍경'과 같은 기능을 하는 낱말: 설악산, 구름, 꽃 ・'정말'과 같은 기능을 하는 낱말: 매우 (3) ・움직임을 나타내는 낱말: 달리다, 흔들다 ・상태나 성질을 나타내는 낱말: 기쁘다, 예쁘다 ・사람이나 사물의 이름을 나타내는 낱말: 설악산, 구름, 꽃
2 ・구체적인 대상의 이름을 나타내는 낱말: 윤서, 영화, 민호 ・추상적인 대상의 이름을 나타내는 낱말: 주말, 약속, 공포 ・사람이나 사물, 장소 등의 이름을 대신 나타내는 낱말: 너, 우리, 거기 ・수량을 나타내는 낱말: 둘, 셋 ・순서를 나타내는 낱말: 첫째, 둘째
3 (1) 읽는다, 일어났다, 떠든다 (2) 어둡다, 조용한데
시험에는 이렇게▶ 1 ③   2 ⑤   3 내려서, 하얗다

173쪽 4 (1) 바짝 (2) 새 (3) 온 (4) 어떤, 가장
・체언을 꾸며 주는 단어: 새, 온, 어떤
・용언을 꾸며 주는 단어: 바짝, 가장
5 (1) – ㉡ (2) – ㉠ (3) – ㉢   6 ・느낌이나 놀람을 나타내는 낱말: 이런 ・부름을 나타내는 낱말: 여보세요 ・대답을 나타내는 낱말: 네
시험에는 이렇게▶ 4 ②   5 ③   6 ④

174쪽 1 ⑤   2 ③   3 ②   4 ⑤
5 ④   6 ①   7 ㉠: 비, 우산, 가방, 사탕 ㉡: 걱정, 우정

175쪽 8 ④   9 ①, ②   10 ②   11 ④
12 ①   13 ④   14 ④   15 ⑤

176쪽 16 예쁘다, 가볍다 / 형용사   17 ⑤
18 ④   19 ①   20 ②   21 ⑤
22 ④   23 ③

177쪽 24 ⑤   25 ③   26 ①   27 ③
28 ②   29 ④   30 ③   31 ⑤

178쪽 32 ④   33 ④   34 ①   35 명사: 2개, 수사: 1개, 형용사: 1개, 동사: 1개, 관형사: 1개, 조사: 2개   36 ①   37 ㉠~㉤ 중에서 품사가 다른 낱말은 ⑤('두')이다. '두'는 의미를 기준으로 관형사, 기능을 기준으로 수식언, 형태를 기준으로 불변어에 속한다.   38 ①

179쪽 ❶ 형태   ❷ 체언   ❸ 이름   ❹ 관형사
❺ 용언   ❻ 감탄사   ❼ 움직임

180쪽 1 ○   2 고유어   3 모양   4 ○
5 외래어

181쪽 6 ×   7 ×   8 전문어   9 세대
10 직업   11 은어

182쪽 1 ・고유어: 치마, 나물, 떡, 지우개 ・한자어: 색연필, 냉면, 체육복 ・외래어: 볼펜, 티셔츠, 아이스크림   2 색채   3 (1) 의향, 호감, 심정 (2) 한자어, 보완   4 햄버거, 어렵다
시험에는 이렇게▶ 1 ③   2 ⑤

183쪽 5 표준어, 지역 방언   6 의사소통   7 세대
시험에는 이렇게▶ 3 ⑤   4 전문어   5 ①

184쪽 1 ②   2 ④   3 ④   4 ①
5 ②   6 ①   7 ②

185쪽 8 ①   9 ⑤   10 ①   11 ④
12 ⑤   13 세대에 따라 사용하는 어휘가 다르기 때문에(학생이 청소년 세대가 주로 쓰는 줄인 말을 사용했기 때문에)

186쪽 14 ②   15 ②   16 ⑤   17 ⑤

187쪽 ❶ 고유어   ❷ 외래어   ❸ 사회   ❹ 전문어
❺ 은어

시가 문학

시/시조

1 말하는 이	**2** ○	**3** 비유	**4** 은유법	**5** 의인법
6 상징	**7** 반복	**8** 3	**9** 시각	**10** ○	**11** 운율
12 ○				

◆ 봄은 고양이로다

• **작품 설명:** 이 시는 고양이의 모습에 봄의 이미지를 대입하여 생명력이 가득하며 포근하고 따뜻한 봄의 속성을 감각적이면서도 참신하게 표현한 작품이다. 유사한 문장 구조를 반복하고 '-도다', '-아라'와 같은 영탄적 어조를 반복함으로써 운율을 형성하고 있다.

• **핵심 보기**

표현 방법	시구	원관념	보조 관념
은유법	봄은 고양이로다	봄	고양이
직유법	꽃가루와 같이 부드러운 고양이의 털에	고양이의 털	꽃가루
	금방울과 같이 호동그란 고양이의 눈에	고양이의 눈	금방울

◆ 묏버들 가려 꺾어~

• **작품 설명:** 이 시조는 조선 시대 기생이었던 홍랑이 한양으로 떠나는 임(최경창)에게 보냈다고 전해지는 작품이다. 임에 대한 사랑의 증표이자 말하는 이 자신의 분신을 상징하는 '묏버들'을 통해 자신을 잊지 말아 달라는 간절한 바람을 드러내고 있다.

• **핵심 보기**

자연물	상징적 의미
묏버들	• 임과 함께하고 싶은 말하는 이의 분신 • 임에게 보내는 순수한 사랑의 증표 • 말하는 이의 마음을 임에게 전하는 매개체

지문 체크 **1** ○ **2** ○ **3** 시각 **4** 시조 **5** ×
6 ×

이 시에 사용된 비유 표현	**1** ④
'묏버들'이 상징하는 의미	**2** ②

1 2연에서는 직유법을 사용하여 크고 동그랗게 빛나는 '고양이의 눈'을 '금방울'에 빗대어 표현하였다.

2 '묏버들'은 말하는 이가 임에게 보내는 자연물로, 임에 대한 말하는 이의 사랑을 상징하며 자신을 잊지 말라는 말하는 이의 간절한 바람을 담은 소재이다.

• **작품 설명:** 이 시는 다양한 비유 표현과 심상을 활용하여, 밤하늘을 가득 메운 별들의 풍경과 그 사이로 떨어지는 유성의 모습을 감각적으로 노래한 작품이다. 이 시의 말하는 이는 반짝이는 별들이 가득한 밤하늘을 아이들이 뛰어놀고 있는 '운동장'에, 유성이 떨어지는 모습을 '빗나간 야구공'에 빗대어 표현함으로써 밤하늘의 풍경을 생동감 있게 그리고 있다.

• **핵심 보기**

표현 방법	시구	효과
은유법	밤하늘은 별들의 운동장	반짝거리는 별들이 떠 있는 밤하늘의 모습을 생동감 있게 표현함.
	빗나간 야구공 하나	별들 사이로 떨어지는 유성의 모습을 역동적으로 표현함.
의인법	오늘따라 별들 부산하게 바자닌다. 운동회를 벌였나 아득히 들리는 함성.	별들이 반짝이는 모습을 사람이 움직이는 것처럼 표현하여 생동감을 줌.

1 ⑤ **2** ① **3** ④ **4** ④ **5** 빗나간 야구공 하나

1 이 시는 별들로 가득 찬 밤하늘의 모습을 은유법과 의인법을 활용하여 참신하고 생동감 있게 표현하였다.

오답 풀이 ❶ 이 시는 비슷한 문장 구조를 반복하고 있지 않다.
❷ 이 시에는 놀람이나 느낌, 부름, 응답 등을 나타내는 말인 감탄사가 사용되지 않았다.
❸ 이 시의 시간적 배경은 밤이지만 별들이 가득한 밤하늘과 유성의 모습을 노래하고 있으므로 어두운 이미지를 드러낸 것은 아니다.
❹ 이 시를 통해서는 말하는 이가 밤하늘의 별을 바라보고 있다는 사실만 알 수 있을 뿐, 말하는 이가 누구인지는 알 수 없다.

2 이 시에서는 은유법을 활용하여 반짝이는 별들이 가득한 '밤하늘'을 아이들이 뛰어노는 '운동장'에 빗대어 표현하였다.

3 ㉠은 의인법을 활용하여 밤하늘에 반짝이는 별들을 사람이 움직이는 것처럼 표현하였다. ④도 의인법을 활용하여 꽃잎이 지는 모습을 사람이 행동하는 것처럼 표현하였다.

오답 풀이 ❶ 은유법을 사용하여 '내 마음'을 '호수'에 빗대어 표현하고 있다.
❷ '요람에서 무덤까지'는 '태어나서 죽을 때까지'를 의미하는 말로, 대유법이 사용되었다. 대유법은 사물의 한 부분이나 특징 등을 들어 그 자체나 전체를 나타내는 표현 방법을 말한다.
❸ 직유법을 사용하여 '새살'을 '딱정벌레 날개'에 빗대어 표현하고 있다.
❺ 반복법을 사용하여 '꽃 피네', '꽃이 피네'처럼 유사한 시구를 반복함으로써 의미를 강조하고 있다.

4 ㉡은 귀로 소리를 듣는 듯한 청각적 심상을 활용하여 '유성'이 나타나는 순간을 표현한 것이다.

5 이 시에서는 별들 사이로 떨어지는 '유성'의 모습을 '빗나간 야구공 하나'에 비유하여 '유성'의 모습을 역동적으로 표현하였다.

018~019쪽

- **작품 설명:** 이 시는 봄눈을 봄빛과 새끼 고양이의 눈에 빗대어 봄눈이 포근하고 부드럽게 내리는 풍경을 생생하고 효과적으로 묘사한 작품이다. 동일한 시어('봄눈')와 동일한 문장 구조('~위에 쌓이는 봄눈')를 반복하여 운율을 형성하고 말하는 이가 전하고자 하는 의미를 강조하고 있다.

- **핵심 보기**

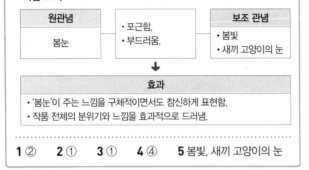

1 ②　　2 ①　　3 ①　　4 ④　　5 봄빛, 새끼 고양이의 눈

1 이 시는 말하는 이의 시선 이동(담장 → 나무 → 마당 → 새끼 고양이의 눈)에 따라 마당 곳곳에 '봄눈'이 내리는 모습을 참신하고 생생하게 표현하였다.

   오답 풀이　❶ 3연에서 새끼 고양이가 마루에서 졸다가 깬 눈을 하고 앉아 있다고 하였으므로, 새끼 고양이의 활발한 움직임에서 봄의 생기를 느꼈다는 설명은 적절하지 않다.
   ❸ 이 시의 계절적 배경은 봄으로, 말하는 이는 봄에 내리는 봄눈의 포근한 느낌을 그리고 있다.
   ❹ 이 시는 봄눈을 새끼 고양이의 눈에 비유하여 봄눈이 지닌 부드러운 느낌을 생생하게 드러내고 있다.
   ❺ 이 시는 시각적, 촉각적 심상을 통해 봄눈의 느낌을 감각적으로 표현하고 있다. 후각적 심상은 드러나지 않는다.

2 2연에서 '~위에 쌓이는 봄눈'이라는 동일한 문장 구조를 반복하며 운율을 형성하고 있다. 이 외에도 '봄눈'이라는 시어를 반복하여 운율을 형성하고 있다.

3 이 시는 따스한 봄에 내리는 눈의 포근하고 부드러운 느낌을 비유적으로 표현함으로써 봄눈의 정취를 그리고 있다.

4 ㉠은 '~처럼'이라는 연결어를 사용하여 '눈'을 '봄빛'에 빗대어 표현한 직유법이 사용되었다. ④도 '~같은'이라는 연결어를 사용하여 '논길'을 '가르마'에 빗대어 표현한 직유법이 사용되었다.

   오답 풀이　❶ '나'를 '나룻배'에, '당신'을 '행인'에 빗대어 'A는 B이다.'의 형식으로 표현한 은유법이 사용되었다.
   ❷ 의인법을 사용하여 사람이 아닌 '풀'이 사람처럼 눕고 울었다고 표현하였다.
   ❸ 의인법을 사용하여 사람이 아닌 '배추'에게 마음이 있다고 표현하였다.
   ❺ '구름'을 '한 다발 장미'에 빗대어 'A는 B이다.'의 형식으로 표현한 은유법이 사용되었다.

5 이 시에서는 '봄눈'을 '봄빛'과 '새끼 고양이의 눈'에 빗대어 '봄눈'이 주는 포근함과 부드러움을 생생하고 감각적으로 표현하였다.

020~021쪽

- **작품 설명:** 이 시는 다양한 비유 표현을 활용하여 색색의 꽃을 피우는 나무들로 가득한 봄 산의 풍경을 참신하고 생동감 있게 표현한 작품이다. 더불어 시인은 나무들이 꽃을 피우는 것은 새로운 생명(씨앗)을 맞이하기 위한 소중한 일임을 일깨우고 있다.

- **핵심 보기**

표현 방법	시구	효과
의인법	나무들이 샤워하고 있다	나무들이 꽃을 피우는 모습을 사람이 행동하는 것처럼 샤워(목욕)한다고 표현하여 참신한 느낌을 줌.
	깨끗이 씻은 자리 씨앗 마중하려고 부지런히 목욕 중이야	
은유법	진달래는 분홍 거품이 조팝나무는 하얀 거품이 영산홍은 빨강 거품이 보글보글 일고 있잖아	나무들에 색색의 꽃이 핀 봄 산의 풍경을 생동감 있게 표현함.
직유법	온 산이 공중목욕탕처럼 색색의 거품으로 부글거리고 있어.	나무들이 부지런히 색색의 꽃을 피우는 봄 산의 모습을 생생하게 떠올리게 함.

1 ④　　2 ①　　3 ③　　4 ③　　5 비유한 시어: 공중목욕탕, 표현 방법: 직유법

1 이 시는 색색의 꽃을 피우는 나무들과 그런 나무들로 가득한 산의 풍경을 노래한 시로, 나무들이 꽃을 피우는 것은 씨앗을 마중하기 위한 것이라고 하였다. 이를 통해 시인은 나무들이 꽃을 피우는 것은 새로운 생명을 맞이하려는 소중한 일임을 말하고자 하였다.

2 이 시는 '저것 봐', '~있잖아', '~이야', '~있어' 등과 같이 말을 건네는 듯한 어조를 사용하여 친근감을 드러내고 있다.

3 ㉠은 꽃을 피우는 나무들의 모습을 사람이 행동하는 것처럼 샤워를 한다고 표현한 것이다. 의인법은 사람이 아닌 대상을 사람처럼 표현하는 방법이다.

4 [A]는 나무들에 핀 색색의 꽃을 '거품'에 비유하여 표현하고 있고(은유법), 〈보기〉는 비유 표현을 사용하지 않고 표현하려는 대상인 꽃을 직접 설명하였다. 비유 표현을 사용한 [A]는 대상을 있는 그대로 표현한 〈보기〉에 비해 참신하고 생생한 느낌을 준다.

   오답 풀이　❶ 표현하려는 대상인 꽃들을 사실적으로 전달한 것은 〈보기〉이다.
   ❷ 비유 표현을 사용한 [A]보다 일상적인 언어로 표현한 〈보기〉가 시인이 말하고자 하는 바를 더 분명하게 드러낸다고 볼 수 있다.
   ❹ 유사한 문장 구조는 [A]와 〈보기〉 모두에서 반복되고 있다. [A]는 '~은(는) ~ 거품이'가, 〈보기〉는 '~은(는) ~ 꽃이'가 반복되고 있다.
   ❺ [A]는 은유법을 사용하여 표현한 것으로, 비유 표현을 사용하지 않은 〈보기〉에 비해 참신한 느낌을 준다.

5 이 시의 5연에서는 직유법을 사용하여 꽃이 활짝 핀 온 산의 모습을 거품이 부글거리는 '공중목욕탕'에 비유함으로써 봄 산의 모습을 생생하게 떠올리게 하고 나아가 봄의 생동감과 왕성한 생명 활동을 표현하고 있다.

• **작품 설명:** 이 시는 상징적 의미가 대비되는 시어를 사용하여 힘들고 외로운 이웃과 더불어 따뜻한 삶을 살고자 하는 소망을 드러낸 작품이다. 이 시의 말하는 이는 가장 낮은 곳으로 내리는 '따뜻한 함박눈', '잠 못 든 이'에게 전하는 '편지', 상처 위에 돋는 '새살'과 같이 고단하고 외로운 삶을 사는 사람들에게 희망을 주는 따뜻한 존재가 되고 싶은 바람을 드러내고 있다. 이러한 바람은 '함박눈'과 '진눈깨비'의 대비를 통해 더욱 분명하게 드러난다.

• **핵심 보기**

긍정적 의미의 시어		부정적 의미의 시어
• 함박눈 • 편지 • 새살	↔	• 진눈깨비 • 바람 • 깊고 붉은 상처
위로, 격려, 희망 등을 상징함.		무관심, 고통, 슬픔 등을 상징함.

1 ④ **2** ① **3** ④ **4** ① **5** 편지, 새살

1 이 시의 말하는 이는 '~되지 말자', '~되어 내리자', '~되자'라는 청유형 문장을 반복하여 '진눈깨비'처럼 부정적 존재가 되지 말고 '함박눈'처럼 따뜻한 존재가 되자는 자신의 바람을 드러내는 동시에 독자도 자신의 바람에 함께할 것을 유도하고 있다.

오답 풀이 **❶** '함박눈'과 '진눈깨비'는 각각 시인이 긍정적, 부정적 의미를 부여한 시어이다. '눈'을 보며 말하는 이가 과거를 되돌아보는 모습은 드러나지 않는다.
❷ 이 시는 '~자'라고 끝나는 청유형 문장을 반복하여 운율을 형성하고 있다.
❸ 이 시의 말하는 이는 어려운 이웃과 더불어 따뜻한 삶을 살고 싶은 소망을 전하고 있을 뿐, 자신이 겪은 일을 바탕으로 시상을 전개하고 있지는 않다.
❺ 대상의 특성을 강조하기 위해 문장의 어순을 의도적으로 바꾸어 표현하는 방법을 도치법이라고 하는데, 이 시에는 도치법이 사용되지 않았다.

2 이 시의 말하는 이는 가장 낮은 곳으로 내리는 '함박눈', '잠 못 든 이'에게 전하는 '편지', 상처 위에 돋는 '새살'이 되자고 말하면서 어려운 이웃과 더불어 살고자 하는 바람을 드러내고 있다.

3 이 시에서 말하는 이가 되지 말자고 하는 '진눈깨비'는 사람이 사는 마을까지 내려오지 않고 허공에서 흩날린다. 즉 '진눈깨비'는 어려운 이웃에게 무관심한 존재이다. 반면에 말하는 이가 되자고 하는 '함박눈'은 마을의 가장 낮은 곳까지 내리는 눈으로, 힘들고 어려운 사람들에게 위로와 희망을 주는 존재이다.

4 ⓐ는 삭막하고 고달픈 현실의 어려움 때문에 잠을 이루지 못할 정도로 괴로워하고 고통받는 사람이자 상처 받고 소외된 이웃을 의미한다.

5 '편지'와 '새살'은 '함박눈'과 마찬가지로 현실의 어려움으로 고통받는 이웃들에게 위로와 희망이 되는 존재를 의미한다.

• **작품 설명:** 이 시는 '고래', '푸른 바다' 등의 시어에 상징적 의미를 부여하여 청(소)년들이 꿈과 이상을 품고 사랑하며 살아가기를 바라는 마음을 노래한 작품이다.

• **핵심 보기**

시어	상징적 의미
푸른 바다	꿈을 키우고 목표를 세워야 하는 젊은 시절(청소년기의 삶)
고래	꿈과 목표를 추구하는 존재이며, 바다를 가치 있게 만드는 존재
별	꿈과 목표, 희망과 이상

1 ④ **2** ③ **3** ③ **4** ② **5** 푸른 바다

1 이 시의 시인은 '푸른 바다', '고래', '별' 등 상징적 의미의 시어를 활용하여 청소년들에게 사랑하면서 꿈을 이루기를 당부하고 있다.

2 '푸른 바다에 고래가 없으면 / 푸른 바다가 아니지', '마음속에 푸른 바다의 / 고래 한 마리 키우지 않으면 / 청년이 아니지'라는 시구에서 '고래'가 꿈과 목표, 이상을 추구하는 존재를 상징한다는 것을 이해할 수 있다.

3 ㉠은 추상적인 대상을 구체적인 사물을 통해 전달하는 상징이 사용된 표현이고, 〈보기〉는 상징이 사용되지 않은 표현이다. ㉠과 같이 표현하면 〈보기〉에 비해 시어를 다양한 의미로 해석할 수 있어 작품의 의미가 풍부해진다.

오답 풀이 **❶** 독자의 다양한 해석이 가능한 것은 〈보기〉가 아니라 상징 표현을 사용한 ㉠이다.
❷ 〈보기〉는 일상어로 표현하여 의미가 직접적으로 전달된다. 말하고자 하는 바가 간접적으로 전달되는 것은 〈보기〉가 아니라 상징 표현을 사용하여 표현한 ㉠이다.
❹ ㉠은 추상적 개념을 구체적 사물로 표현하는 상징이 사용되었다.
❺ ㉠은 상징 표현을 사용한 시구이기 때문에 사전적 의미대로 해석하면 시인이 전달하려는 의미를 제대로 파악할 수 없다.

4 이 시의 시인은 이상과 꿈을 추구하는 존재를 '고래'로 상징하여 표현하였고, 고래가 바라보는 '별'은 추구하고자 하는 꿈, 이상, 소망을 의미한다. ㉡을 통해 시인은 청소년들이 '별' 즉 꿈과 이상을 추구하며 살아가기를 바라는 마음을 드러내고 있다.

5 이 시에서 '푸른 바다'는 꿈과 목표, 이상을 세워야 하는 청소년기의 삶을 상징하는 시어이다.

보충 자료

비유와 상징의 차이	
비유	• 원관념과 보조 관념이 함께 나타남. • 원관념과 보조 관념의 의미 관계가 '1 : 1'임. • 원관념과 보조 관념 사이의 유사성이 큼.
상징	• 원관념이 드러나지 않고 보조 관념만 나타남. • 원관념과 보조 관념의 의미 관계가 '다수 : 1'임. • 원관념과 보조 관념 사이의 유사성이 적거나 없음.

실력 쌓기 06 새로운 길

026~027쪽

• **작품 설명**: 이 시는 언제나 새로운 마음으로 삶을 살고자 하는 시인의 의지를 고백적 어조로 표현한 작품이다. 시인은 길에 인생이라는 상징적 의미를 부여하여 날마다 새로운 마음으로 끊임없이 길을 걸어가겠다는 의지를 효과적으로 드러내고 있다.

• **핵심 보기**

시어	상징적 의미
길	삶, 인생
내, 고개	고난, 어려움
숲, 마을	희망, 평화
민들레, 까치, 아가씨, 바람	길에서 만나는 다양한 존재로, 삶에 대한 희망을 주는 존재

1 ⑤ **2** ③ **3** ③ **4** ⑤ **5** ㄱ: 내, 고개 ㄴ: 숲, 마을

1 이 시의 말하는 이는 지금까지 걸어온 길을 늘 새로운 마음으로 계속 걸어가겠다는 의지를 드러내고 있으며, 이를 통해 말하는 이의 미래 지향적인 태도를 엿볼 수 있다.

　오답 풀이 ❶ 이 시의 내용으로 시가 창작된 당시의 시대 상황을 알 수 없으며, 말하는 이는 자신의 처한 상황을 담담하게 그리고 있다.
　❷ 말하는 이는 길을 걷고 있으며 이별 상황은 드러나지 않는다.
　❸ 2연에서 말하는 이는 자신이 지금까지 길을 걸어왔음을 말하고 있지만, 과거를 돌아보며 반성하는 태도를 보이지는 않는다.
　❹ 말하는 이는 늘 새로운 마음으로 고난과 어려움을 헤치고 희망과 평화가 있는 곳으로 나아가겠다는 의지를 드러내고 있다.

2 이 시에서 사람이 아닌 것을 사람인 것처럼 표현하는 의인법은 사용되지 않았다.

　오답 풀이 ❶ 1연과 5연에서 '~를 ~서 ~로'의 문장 구조를 반복하고 있다.
　❷ 3연에서 나열하고 있는 '민들레', '까치', '아가씨', '바람'은 길에서 만난 다양한 존재로, 삶에 대한 희망을 주는 존재이다.
　❹ 1연과 3연에서는 각 연의 1행과 2행에 유사한 문장 구조의 시구를 나란히 배열한 대구법이 사용되었다.
　❺ 추상적인 개념을 구체적인 대상으로 표현하는 것을 '상징'이라고 한다. 이 시에서는 '인생'이라는 추상적 개념을 '길'이라는 구체적 대상으로 표현하였다.

3 이 시는 1연을 마지막 연인 5연에서 다시 반복하는 수미 상관의 구조를 통해 운율을 형성하고 있다.

　오답 풀이 ❶ 4음보의 율격은 정형시인 시조에서 나타나는 운율이다. 이 시는 자유시로 내재율이 드러난다.
　❷ 말의 순서를 바꾸어 변화를 주는 도치법은 사용되지 않았다.
　❹ '~를 ~서 ~로'와 같이 유사한 소리와 유사한 문장 구조가 반복되고 있기는 하지만, 모든 연에서 반복되는 것은 아니다.
　❺ 이 시는 각 연 안에서 행마다 음절의 수가 대체로 비슷하다.

4 ㉢은 시의 전체적인 맥락으로 볼 때, 오늘도, 내일도 새로운 길을 향해 나아가겠다는 내용이 생략되었다고 볼 수 있다. 따라서 ㉢에는 미래를 향해 나아가려는 말하는 이의 의지가 담겨 있다고 볼 수 있다.

5 이 시에서 '내'와 '고개'는 말하는 이가 삶의 길에서 겪게 되는

고난과 어려움을 의미하고, '숲'과 '마을'은 말하는 이가 가고자 하는 평화로운 공간, 즉 희망과 평화를 의미한다.

실력 쌓기 07 오우가

028~029쪽

• **작품 설명**: 이 시조는 조선 시대의 문신인 윤선도의 작품으로 물, 바위, 소나무, 대나무, 달을 벗 삼아 살고자 하는 마음을 노래하고 있다. 시인은 각 자연물에 상징적 의미를 부여하여 자연물이 지닌 덕을 예찬하였다.

• **핵심 보기**

자연물	속성과 상징적 의미
물	• 깨끗함(청렴함). 　• 그치지 않음(영원성).
바위	• 변하지 않음(불변성).
소나무	• 꿋꿋함(지조와 절개).
달	• 온 세상을 다 비춤(포용성). 　• 보고도 말이 없음(과묵함).

1 ⑤ **2** ④ **3** ④ **4** ① **5** 포용하는 태도와 과묵한 태도

1 이 시조에는 주로 시각적 심상이 드러난다.

　오답 풀이 ❶ 이 시조는 자연물인 물, 바위, 소나무, 대나무, 달을 자신의 친구라고 하며 사람처럼 표현하고 있다.
　❷ 제1수의 초장에서 스스로 묻고 답하며 다섯 벗을 소개하고 있다.
　❸ 자연물이 지닌 속성을 지조와 절개 같은 유교의 이념과 연결 지어 예찬하고 있다.
　❹ 제2수의 초장과 중장, 제3수의 초장과 중장에서 유사한 구조의 시구를 짝 지어 표현하고 있다(대구법). 또한 제3수의 중장, 제4수의 중장에서 잘 알고 있는 사실을 의문문 형식으로 표현하고 있다(설의법).

2 '물'은 그치지 않는 속성 즉, 영원성과 지속성을 지니는 대상으로 볼 수 있다. 반면, '구름'과 '바람'은 쉽게 변하는 속성(가변성)을 지니고 있다.

3 '바위'와 '솔(소나무)'은 가변성을 지닌 '꽃', '풀', '잎'과 달리 변함없이 한결같은 모습으로 지조와 절개를 지키는 존재들이다.

4 〈보기〉에서는 국화를 의인화하여 추운 겨울을 이겨 내고 꽃을 피우는 절개를 예찬하고 있다. 이 시조에서도 물, 바위, 소나무, 달 등의 자연물을 의인화하여 자연물이 지닌 속성을 예찬하고 있으므로, 자연물에 대한 예찬이 드러난다는 것이 두 작품의 공통점이라고 할 수 있다.

5 제6수에서 '달'은 만물을 비추는 넓은 마음(포용성)과 보고도 말을 하지 않는 과묵한 태도를 지녔다고 노래하고 있다.

보충 자료

| 오우가 〈제5수〉 |

나무도 아닌 것이 풀도 아닌 것이
곧기는 누가 시켰으며 속은 어이 비었는고
저렇게 사철에 푸르니 그를 좋아하노라.

1 소설

차근차근 개념 이해
032~035쪽

1 사건	2 ○	3 내적	4 ×	5 절정	6 결말
7 ×	8 1인칭 관찰자 시점	9 ○	10 ○	11 ×
12 ○

바로바로 개념 적용 _ 꿩
036~037쪽

• **작품 설명:** 이 소설은 머슴의 자식이라는 이유로 부당한 대우를 받아 오던 소년 '용이'가 꿩이 날아오르는 모습을 보고 용기를 얻어 자신을 괴롭히던 아이들에게 당당하게 맞서는 과정을 그리고 있다. '꿩'은 '용이'의 심리와 행동에 변화를 불러온 소재로 용기와 자유, 생명력, 자신감 등을 상징한다.

• **핵심 보기**

'용이'는 책 보퉁이를 들라는 아이들의 부당한 요구를 참고 들어줌.	→ 태도 변화 →	'용이'는 아이들의 책 보퉁이를 던져 버리고 당당한 태도로 아이들에게 맞섬.
	힘차게 날아오르는 꿩의 모습을 보고, 자신감과 용기를 얻음.	

지문 체크 1 ○ 2 ○ 3 머슴 4 ○ 5 꿩

'꿩'이 상징하는 의미 1 ⑤
'용이'와 아이들의 갈등 양상 2 ④

1 '용이'는 부당한 요구를 거절하지 못하고 아이들의 책 보퉁이를 들어 주었다. 그러나 꿩을 본 후 새로운 힘을 얻고 아이들에게 맞서기로 하였으므로 꿩은 용기, 자신감, 생명력 등을 상징한다고 볼 수 있다.

2 (마)에서 '용이'가 책 보퉁이를 도로 가져오라는 아이들에게 당당히 맞서자 아이들은 '용이'의 기운에 눌려 자신들의 책 보퉁이를 찾으러 가며 갈등이 해결된다.

토닥토닥 실력 쌓기 _ 01 하늘은 맑건만 ❶
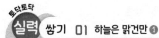
038~039쪽

• **작품 설명:** 이 소설은 소년 '문기'가 고깃간에서 거스름돈을 잘못 받은 뒤 일어나는 사건 속에서 다양한 갈등을 겪는 모습을 담고 있다. 순간적인 욕심 때문에 양심에 어긋난 행동을 한 '문기'가 겪는 내적 갈등과 외적 갈등, 그리고 심리 변화를 구체적으로 묘사하여 양심을 지키는 삶의 중요성을 강조하고 있다.

• **핵심 보기**

'문기'는 잘못 받은 거스름돈을 '수만'과 함께 씀.	→	'삼촌'에게 훈계를 듣고 자신의 행동에 대해 반성함.	→	'문기'는 공과 쌍안경을 버리고 남은 돈을 고깃간 집 안마당에 던짐.	→
기쁨		부끄러움		후련함	

'수만'에게 남은 돈을 내놓으라는 협박을 받음.	→	'숙모'의 돈을 훔쳐 '수만'에게 주고, 이 일로 '점순'이 누명을 쓴 사실을 알게 됨.	→	'삼촌'에게 모든 잘못을 자백함.
불안함		죄책감		홀가분함

소주제 발단 거스름돈

1 ④	2 ④	3 ④	4 ④	5 거리에서 보고 지내던 온갖 가지고 싶고 해 보고 싶은 가지가지를 한번 모조리 돈으로 바꾸어 보자.

1 (가)는 이 소설의 발단 부분으로, 발단에는 사건의 실마리가 드러난다. (가)에서 '문기'는 며칠 전 고깃간으로 심부름을 갔다가 거스름돈을 잘못 받은 일을 회상하고 있다. 이 일은 앞으로 '문기'가 겪게 되는 사건의 실마리가 된다.

오답 풀이 ❶ 갈등이 시작되는 구성 단계는 전개이며, (가)에 인물 간의 대화는 드러나 있지 않다.
❷, ❺ 갈등이 심화되고 긴장감과 위기감이 드러나는 구성 단계는 위기이며, (가)에서 예상하지 못한 사건이 일어나거나 긴장감과 위기감이 느껴지지는 않는다.
❸ 사건 해결의 실마리가 제시되는 구성 단계는 절정이다.

2 ①, ⑤는 1930년대 일제 강점기의 화폐와 화폐 단위이다. ②, ③은 예전에는 사용하였으나 현재는 사용하지 않는 말이다. ④는 현재에도 사용하는 말로 이 글의 시대적 배경을 알 수 있는 말이 아니다.

3 '수만'은 '문기'가 거스름돈을 더 많이 받은 것을 알고, '문기'에게 '숙모'를 시험하는 행동을 시키며 거스름돈을 함께 쓰자고 한다. '문기'는 '수만'의 제안에 머뭇거리면서도 '수만'이 시키는 대로 '숙모'에게 잔돈만 내어놓고 남은 돈을 함께 쓰기로 한다. 이를 통해 '문기'의 수동적이고 우유부단한 성격을, '수만'의 대담하고 영악한 성격을 알 수 있다.

4 [A]에서 '문기'는 '수만이가 시키는 대로 하기만 하면 남이 하래서 하는 것이니까 어떻게 자기 책임은 없는 듯싶었다.'라고 생각한다. 이는 '문기'가 잘못에 대한 책임을 '수만'에게 미루며 자신의 행동을 합리화하고 있는 모습이다.

오답 풀이 ❶ '숙모'가 '문기'가 건넨 거스름돈을 두 번이나 자세히 세어 보고 아무 말 없이 고기를 씻는 모습으로 보아 '숙모'가 돈을 잘못 준 것이 아님을 짐작할 수 있다.
❷ 돈은 '수만'이 가져온 것이 아니라 '문기'가 가져온 것이다. '수만'이 자기 책임이 없다고 합리화하는 근거가 바로 '문기'가 가져온 돈을 쓴다는 것이다.
❸ '문기'는 돈을 쓰자는 '수만'의 꾐에 돈을 쓰면 어떻게 하냐고 머뭇거린다. 이 모습을 통해 '문기'가 더 받은 거스름돈을 쓰는 것이 잘못된 행동이라는 것을 알고 있음을 짐작할 수 있다.
❺ '고깃간 주인'이 돈을 잘못 거슬러 준 것은 사실이지만 '문기'가 이 때문에 자신에게 책임이 없다고 생각한 것은 아니다.

5 '수만'은 '숙모'가 '문기'에게 준 돈이 얼마인지 알아본 후 잘못 받은 거스름돈으로 거리에서 보고 지내던 온갖 것을 해 보자고 하였다.

실력 쌓기 01 하늘은 맑건만 ❷
040~041쪽

소주제 전개1 수만   전개2 삼촌

1 ①   **2** ④   **3** ②   **4** ②

1 (라)에서 '문기'는 '수만'과 함께 잘못 받은 거스름돈을 쓰면서 기뻐하고 있다. 그러나 (마)에서 '삼촌'에게 훈계를 들으면서 죄책감과 부끄러움을 느끼게 되고, (바)에서는 이로 인해 내적 갈등을 겪는다. 마침내 (사)에서 쌍안경과 공을 버리고 남은 돈을 고깃간에 돌려주고 나서야 내적 갈등을 해결하며 홀가분함을 느낀다.

2 (마)~(바)에서 '문기'는 '삼촌'에게 훈계를 듣고 난 후 '삼촌'을 속인 사실과 써서는 안 될 돈을 쓴 것에 대해 양심의 가책을 느끼며 내적 갈등을 겪는다.

오답 풀이 ㄱ. (마)에서 '문기'는 '삼촌'에게 훈계를 듣는다. '문기'는 '삼촌'의 말씀에 자신의 잘못을 깨닫고 있으며 따라서 '삼촌'과 '문기'의 외적 갈등은 나타나지 않는다.

ㄷ. 이 글에서는 '삼촌'의 갈등이 드러나 있지 않고, 주인공인 '문기'의 갈등이 뚜렷하게 드러난다. '문기'가 겪는 내적 갈등은 쌍안경과 공을 버리고 남은 돈을 고깃간에 던짐으로써 일시적으로 해소된다.

3 '삼촌'은 '문기'가 어떤 잘못을 했는지 정확하게 알지는 못한다. 다만 '문기'가 수상한 행동을 보이자 '문기'에게 관심을 가지고 생활 태도에 대해 훈계하고 있다.

오답 풀이 ❶ '삼촌'이 "네 입으로 수만이가 줬다니 네 말이 옳겠지. 설마 네가 날 속이기야 하겠니."라고 말하는 것으로 보아 '문기'를 믿고 있음을 알 수 있다.

❸ '삼촌'이 '문기'의 어머니와 아버지에 대해 이야기하고, "난 너 하나는 어디까지든지 공부도 시키구 사람을 만들어 주려구 애쓰는데"라고 말한 것으로 보아 '문기'의 처지가 어려워 '삼촌'의 집에서 살고 있음을 짐작할 수 있다.

❹ '삼촌'의 "아버지는 저 모양이시구, 앞으로 집안을 일으킬 사람은 너 하나야."라는 말과 '삼촌'의 집에서 살고 있는 '문기'의 처지로 보아 '문기'의 아버지는 '문기'를 돌보는 가장의 역할을 제대로 하지 못함을 알 수 있다.

❺ '삼촌'은 '문기'를 데리고 살면서 공부도 시키고 잘못된 길로 빠질까 봐 훈계도 해 주는 인물로 '문기'의 부모 대신에 '문기'가 바르게 자라도록 애쓰는 인물이다.

4 '문기'는 '삼촌'의 훈계를 듣고 난 후 자신의 허물을 깨닫고 양심의 가책을 느낀다. ㉠~㉢은 죄책감에 시달리던 '문기'가 자신의 내적 갈등을 해결하기 위해 하는 행동이다.

실력 쌓기 01 하늘은 맑건만 ❸
042~043쪽

소주제 전개3 돈   위기1 숙모   위기2 점순

1 ②   **2** ③   **3** ②   **4** 도적질

1 (아)~(차)에는 자신의 잘못을 바로잡고 싶은 '문기'와 그런 '문기'를 협박하는 '수만'의 외적 갈등이 드러나 있다. '수만'과의 외적 갈등을 해결하기 위해 '문기'는 '숙모'의 돈을 훔치고, 이 행동은 또 다시 '문기'의 내적 갈등을 불러일으키고 있으므로 '문기'의 행동은 불완전한 갈등 해결 방안임을 알 수 있다.

오답 풀이 ㄴ. 이 글에는 주인공인 '문기'의 내적 갈등이 두드러지게 나타나지만, '문기'는 사회적 편견에 맞서 저항하는 인물이 아니다.

ㄷ. 하나의 갈등이 해결되기 전에 또 다른 갈등이 발생하여 사건이 얽히고 있는 것이 아니라 갈등을 해결하기 위해 한 행동이 또 다른 갈등을 불러일으키고 있다.

2 (차)에서 '문기'는 '수만'의 협박에 대꾸하지 않고 못 들은 척하지만, 이는 '수만'에게 잘못을 상기시키려는 행동이 아니라 '수만'이 정말 자신의 잘못을 폭로할까 봐 두려워하며 어떻게 하면 좋을지 고민하는 행동으로 볼 수 있다.

오답 풀이 ❶ (아)에서 쓰고 남은 거스름돈을 고깃간에 던져서 이제 돈이 없다고 말하는 '문기'의 말에 '수만'은 '문기'가 혼자 돈을 쓰려고 거짓말을 한다고 생각하며 돈을 달라고 요구하고 있다.

❷ (자)에서 '수만'은 교실 칠판에 '문기'를 압박하는 글귀를 써 놓고, 골목에서 '문기'를 쫓아다니며 남은 돈을 가져오라고 '문기'를 협박하였다. 이러한 '수만'의 행동에 '문기'는 자신의 잘못이 알려질까 봐 초조해하고 있다.

❹ (카)에서 '문기'는 '숙모'가 '점순'이 돈을 가져갔다고 말하자 속으로 돈을 갚으면 그만이라고 생각하고 있다.

❺ (타)에서 자신 때문에 누명을 쓰고 쫓겨난 '점순'이 우는 소리를 듣고 '문기'가 밤을 뜬눈으로 새우는 것으로 보아 죄책감을 느끼고 있음을 알 수 있다.

3 (차)에서 '문기'는 '수만'의 협박을 견디지 못하고 '숙모'의 돈을 훔친다. '문기'의 행동은 더 받은 거스름돈을 썼던 잘못이 알려질까 두려워 또 다른 잘못을 저지른 것으로, 오히려 문제를 더 커지게 한 것이므로 어리석다고 평가할 수 있다.

4 '수만'은 남은 거스름돈을 받아 내기 위해 '문기'가 도적질을 했다고 사람들에게 알리겠다며 '문기'를 협박하고 있다.

실력 쌓기 01 하늘은 맑건만 ❹
044~045쪽

소주제 절정 교통사고   결말 삼촌

1 ⑤   **2** ④   **3** ⑤   **4** ③   **5** 하늘

1 (더)에서 '문기'는 '삼촌'에게 자신의 잘못을 숨김없이 말하고 후련해하며 내적 갈등을 해결하였다. '삼촌'이 '문기'의 잘못을 다 알게 되었으나 이로 인한 '삼촌'과 '문기'의 갈등은 드러나 있지 않다.

오답 풀이 ❶ (파)에서 '문기'는 수신 시간에 '선생님'이 정직이 얼마나 중요한 것인가를 말씀하시며 자기를 쳐다볼 때마다 '선생님'이 자기 속을 다 들여다보고 하는 말인 것 같다고 느낀다.

❷ (거)에서 '문기'는 '담임 선생님'께 자신의 잘못에 대해 모두 자백할 결심으로 찾아가지만, 결국 아무것도 실토하지 못하고 돌아온다.

❸ (너)에서 '문기'는 '선생님' 집에서 나와 집에 가는 길에 '숙모'와 '삼촌', '점순'에 대한 두려움에 내적 갈등을 하다 자동차가 자신에게 달려오는 것도 인지하지 못하고 교통사고를 당한다.

❹ (더)에서 '문기'는 교통사고를 당한 것이 자신이 마땅히 받아야 할 벌을 받은 것이라고 말한다.

2 '문기'는 자신의 잘못에 양심의 가책을 느끼며 괴로워하다 '삼촌'에게 자신의 잘못을 솔직하게 말하고는 죄책감에서 벗어난다. 이러한 상황에 처한 '문기'에게 누구나 잘못을 저지를 수 있으나 잘못을 솔직하게 고백한다면 죄책감과 양심의 가책으로 힘든 시간을 보내지 않을 수 있으며, 그것이 진정한 용기라고 조언할 수 있다.

3 ㉠~㉣은 모두 죄책감에 시달리는 '문기'의 모습으로, 이를 통해 '문기'의 내적 갈등이 고조되었음을 알 수 있다. ㉤은 자동차가 오는 것을 보지 못한 '문기'가 교통사고를 당해 정신을 잃는 모습이다.

오답 풀이 ❶ ㉠은 '숙모'에게 훔친 돈을 갚기 위해 밥을 덜 먹는 것이 아니라 죄책감으로 인해 입맛이 없어서 밥을 덜 먹는 것이다.
❷ 수신 시간에 정직의 중요성을 말하며 '선생님'이 학생들을 훑어보다가 시선이 우연히 '문기'에게 머문 것이지만, 잘못한 일이 있는 '문기'가 자신의 잘못을 떠올리며 ㉡과 같이 죄책감을 느끼고 있다.
❸ ㉢은 다른 사람은 아무 의도 없이 등을 친 것인데도 '문기'가 자신의 잘못 때문에 괴로워하며 소스라치게 놀라는 모습이다.
❹ ㉣은 몸은 집으로 향해 가고 있지만 자신의 잘못에 대한 죄책감으로 인해 마음은 집과 멀어지고 있다고 표현한 것이다.

4 '문기'는 '삼촌'에게 자신의 잘못을 모두 말한 후 죄책감에서 벗어나 마음이 맑아지고 몸도 가든해지는 것을 느낀다.

5 (하)에서 '문기'는 양심을 속이고 잘못을 저지른 자신이 맑은 하늘을 바라볼 자격이 없다고 하였고, (더)에서 '삼촌'에게 자신의 잘못을 모두 고백한 후에는 하늘을 떳떳하게 바라볼 수 있을 것이라고 하였다. 이로 미루어 보아 '하늘'은 양심, 정직 등을 상징하는 소재라고 할 수 있다.

실전문제 01 하늘은 맑건만
046~047쪽

1 ④ 2 ⑤ 3 ③ 4 문기는 (붙장 안에 있던) 숙모의 돈을 훔쳤다. 5 ③ 6 ② 7 ③ 8 ⑤

1 이 작품의 배경은 일제 강점기인 1930년대로, 당시에 쓰인 화폐나 물건이 등장한다. 하지만 이 소재들을 통해 당시의 암울한 시대적 분위기를 드러내지는 않는다. 이 작품에서는 인물이 겪는 갈등과 심리 묘사에 주목하고 있다.

오답 풀이 ❶ 이 글은 주인공인 '문기'가 겪는 내적 갈등과 외적 갈등을 통해 사건이 전개되고 있다.
❷ (나)에는 '삼촌'의 훈계에 죄책감을 느끼는 '문기'의 모습이, (다)에는 공을 버리고 남은 돈을 고깃간 안마당에 던짐으로써 후련함을 느끼는 '문기'의 모습이 드러난다.
❸ 이 작품은 전지적 작가 시점으로, 작품 밖에 있는 서술자가 사건의 이면이나 인물의 내면 심리를 자세히 전달하고 있다.

❺ 이 작품은 주인공인 '문기'가 갈등을 해결하는 과정을 통해 성장하는 모습을 담고 있다.

2 '문기'는 고깃간 주인에게서 거스름돈을 잘못 받았지만 이를 되돌려 주지 않은 일 때문에 갈등을 겪게 된다.

3 '수만'이 '문기'를 쫓아다니며 도적질을 한 사실을 밝히겠다고 하는 것은, '문기'의 잘못을 지적하여 '문기'의 양심을 회복하도록 하기 위한 것이 아니라 남은 돈을 받아내기 위해 '문기'를 협박하는 것이다.

오답 풀이 ❶ (마)에서 '수만'은 '문기'를 협박해서 결국 '문기'에게서 돈을 받아 낸다.
❷ (나)에서 '문기'는 자신의 잘못에 대한 죄책감에 시달리다가 (다)에서와 같이 공을 버리고 남은 돈을 돌려주었다.
❹ (나)에서 '문기'는 자신의 잘못을 될 수 있는 대로 생각하지 않으려고 했지만 자신의 허물을 마주하고 잘못을 깨닫고 있다.
❺ '문기'는 내적 갈등에 시달리다가 공을 버리고 남은 돈을 고깃간 안마당에 던짐으로써 내적 갈등에서 일시적으로 벗어난다. 그러나 남은 돈을 내놓으라는 '수만'과의 외적 갈등을 겪게 되고, 이를 해결하기 위해 '숙모'의 돈을 훔친다. 이 행동이 후에 '문기'가 또 다른 내적 갈등을 겪는 원인이 될 것임을 짐작할 수 있다.

4 '문기'는 돈을 내놓지 않으면 도적질한 사실을 알리겠다는 '수만'의 협박을 견디지 못하고 결국 붙장 안에 있는 '숙모'의 돈을 훔친다.

5 이 작품의 제목은 맑고 푸른 하늘과 달리 양심을 속이고 잘못을 고백하지 못한 주인공 '문기'의 죄책감과 괴로움을 드러내고 있다.

6 작가는 자신의 잘못을 고백하여 양심의 가책에서 벗어나는 '문기'의 모습을 통해 정직한 삶의 중요성과 양심적으로 행동하는 용기의 중요성을 전달하고 있다.

7 (다)에서 '문기'는 용기가 없어 '선생님'께 잘못을 고백하지 못한다. '선생님'은 '문기'의 허물을 알지 못하므로 '문기'와 '선생님' 간의 외적 갈등은 드러나지 않는다.

오답 풀이 ❶ (가)에서 '점순'의 울음소리에 '문기'가 밤을 뜬눈으로 새운 것으로 보아 자신 때문에 누명을 쓴 '점순'에 대한 죄책감으로 인해 '문기'의 내적 갈등이 심화되었음을 알 수 있다.
❷ (나)에서 하늘은 '문기'의 어둡고 무거운 마음과 대조적으로 맑고 푸르러서 잘못을 한 '문기'는 떳떳한 얼굴로 하늘을 쳐다볼 수 없다고 생각한다. 이런 '문기'의 생각으로 보아 죄책감과 두려움을 느끼며 '문기'의 내적 갈등이 심화되었음을 알 수 있다.
❹ (다)에서 '선생님'에게 자신의 잘못을 고백하러 갔지만 용기를 내지 못해 아무 말도 하지 못하고 돌아오면서 '문기'의 괴로움과 내적 갈등이 최고조에 달한다.
❺ (마)에서 '문기'가 '삼촌'에게 자신의 잘못을 고백하자 마음속의 어둠이 차차 사라지며 맑아지는 것을 느낀다는 것으로 보아 '문기'의 내적 갈등이 해결되었음을 알 수 있다.

8 ㉠에서 '문기'는 자신의 잘못 때문에 '점순'이 누명을 쓰게 된 사실을 알고 죄책감과 미안함에 잠을 이루지 못하고 있다. ㉡에서 '문기'는 교통사고를 당한 후 '삼촌'에게 자신의 모든 잘못을 털어놓으며 죄책감에서 벗어나 홀가분함을 느끼고 있다.

• **작품 설명:** 이 소설은 산기슭 마을에 찾아온 봄을 배경으로 식모 살이를 하는 '남이'와 마을에 드나드는 '엿장수'의 애틋한 사랑을 다룬 작품이다. 작가는 '고무신'과 '벌'을 계기로 맺어지는 남녀의 순수한 사랑을 서정적으로 그리고 있다. 두 사람은 '남이 아버지'의 등장으로 갑작스러운 이별을 맞이하게 되는데, '엿장수'가 준 것으로 추측되는 옥색 고무신을 신고 마을을 떠나가는 '남이'의 뒷모습을 '엿장수'가 울음 고개에서 지켜보는 마지막 장면은 독자들에게 긴 여운을 남긴다.

• **핵심 보기**

사건 전개	'고무신'의 역할
'남이'가 애지중지하는 옥색 고무신을 아이들이 엿과 바꿔 먹음. → '남이'가 '엿장수'에게 고무신을 돌려 달라고 함.	'남이'와 '엿장수'가 만나는 계기가 됨.(만남의 매개체)
'남이'가 '엿장수'가 선물한 옥색 고무신을 신고 아버지를 따라 떠남.	'남이'와 '엿장수' 간의 사연을 짐작하게 함.

↓

'고무신'의 의미
• '남이'와 '엿장수'의 추억 • '남이'와 '엿장수'의 애정의 징표 • '남이'와 '엿장수'의 이별의 상징

소주제 발단 엿장수

1 ②   **2** ⑤   **3** ④   **4** ④   **5** •공간적 배경: (바다와 시가지 일부가 한꺼번에 내다보이는) 산기슭 마을 •계절적 배경: 봄

1 발단의 '보리밭 이랑에~이별이 있었다.'에 앞으로 전개될 사건이 요약적으로 제시되어 있다. 이를 통해 봄을 배경으로 한 안타까운 이별 이야기가 전개될 것임을 알 수 있다.

오답 풀이 ❶ 이 글의 사건은 시간적 순서에 따라 전개되고 있다.
❸ (나)와 (다)에 제시된 인물의 말이나 대화에 비속어가 사용되지 않았다. (다)의 '철수'의 대사에서 '아지마'와 같은 사투리가 사용되었으나 이러한 사투리의 사용 때문에 대화를 직접 보는 듯한 현장감이 느껴진다고 볼 수 없다.
❹ 이 글의 시점은 전지적 작가 시점으로 작품 밖에 있는, 모든 것을 아는 서술자가 사건과 인물에 대해 서술하고 있다.
❺ 마을 사람들이 가난한 삶을 살고 있는 것은 맞지만 사회나 현실에 대한 비판을 담고 있지는 않다.

2 '귀환 동포'라는 말을 통해 일제 강점기에 고향을 떠났다가 광복 후 고향으로 돌아온 사람들이 있었음을 알 수 있고(ㄹ), '식모아이'라는 말을 통해 형편이 어려운 집안의 소녀들이 다른 집에서 숙식하며 집안일을 맡아 하는 식모살이를 하였음을 알 수 있다(ㄷ).

오답 풀이 ㄱ. (가)에서 마을 사람들이 가난뱅이 월급쟁이 아니면 날품팔이라고 하였으므로 당시 사람들의 삶이 팍팍했다는 것을 알 수 있다. 그러나 사람들이 옷차림에 신경을 썼는지는 알 수 없다. '남이'가 고무신을 명절이나, 심부름을 갈 때와 같은 특별한 경우에만 아껴신은 이유는 고무신이 '남이'의 처지에서는 쉽게 가질 수 없는 소중한 물건이었기 때문이다.
ㄴ. 이 글의 배경은 광복 직후인 1940년대 후반으로 산업화가 시작되기 이전이다.

3 철수네는 '남이'를 식모아이로 두고 있지만 (가)에서 알 수 있듯이 '철수 내외'는 가난뱅이 월급쟁이이다. 또한 (라)에서 '남이'에게 옥색 신을 무리해서 사 주었다는 내용으로 볼 때 부유한 형편이 아니라는 것을 알 수 있다. 이 작품의 배경인 1940년대 후반에는 경제적으로 여유가 있는 사람뿐만 아니라 가정 형편이 넉넉하지 않은 집에서도 식모를 두기도 했다.

오답 풀이 ❶ '남이'는 철수네에서 집안일을 하고 철수네 아이들인 '영이'와 '윤이'를 돌보는 식모아이이다.
❷ (라)에 '남이'가 작년 팔월에 추석치레로 '철수'에게 받은 옥색 고무신을 매우 아끼는 모습이 드러난다.
❸ (나)에서 무료한 마을 아이들의 단 하나의 즐거움이 날마다 단골로 찾아오는 젊은 '엿장수'라는 서술이 나타난다.
❺ '남이'가, 자신의 아이들인 '영이'와 '윤이'를 때리고 꼬집었음에도 '철수'는 아이들이 잘못하여 '남이'가 그렇게 행동했을 것이라고 생각한다. 이로 보아 '철수'는 '남이'를 온전히 믿고 있음을 알 수 있다.

4 아이들이 '남이'가 애지중지하던 옥색 고무신을 엿과 바꾸었다는 내용으로 미루어 볼 때, '남이'가 옥색 고무신을 찾기 위해 '엿장수'와 만날 것임을 짐작할 수 있다.

5 '발단'의 '바다와 시가지 일부가 한꺼번에 내다보이는'과 '산기슭 마을'에서 공간적 배경이, '귀환 동포'라는 말에서 1940년대 후반이라는 시대적 배경이, '올봄'이라는 말에서 계절적 배경이 나타난다.

1 ③   **2** ⑤   **3** ④   **4** '남이'와 만나고(마주치고) 싶어서

1 '남이'는 '엿장수'가 벌에 쏘여 앙감질을 하는 행동이 우스꽝스럽다고 여겨 웃기만 할 뿐, 벌에 쏘인 것이 자기 때문이라고 생각하거나 '엿장수'를 안쓰러워하지는 않는다.

오답 풀이 ❶ (마)에서 '엿장수'는 '남이'에게 호감을 느껴 자신에게 화를 내는 '남이'를 공손하고 부드럽게 대한다.
❷ (마)에서 '남이'는 '영이'와 '윤이'가 '엿장수'에게 가져다 준 자신의 옥색 고무신을 돌려받기 위해 '엿장수'에게 항의하고 있다.
❹ (사)에서 '남이'는 벌에 쏘인 '엿장수'를 웃으며 보고 있다가 '엿장수'가 자신을 바라보자 부끄러워 눈을 피한다.
❺ (바)에서 '엿장수'는 '남이'의 저고리 앞섶에 붙은 벌을 잡으려다 '남이'의 가슴패기에 손이 닿아 민망해하고 있다.

2 ㉠과 ㉡에는 직유법이 사용되었으나 ㉢에는 직유법과 의인법이 함께 사용되었고 ㉣에는 의인법이 사용되었다.

오답 풀이 ❶ ㉠은 '남이'의 날카로운 목소리를 가시에 빗대어 표현함으로써 자신의 옥색 고무신이 없어져 화가 난 '남이'의 심리를 구체적이고 생생하게 드러내고 있다.
❷ ㉡은 '남이'가 화를 내고 있음에도 불구하고 계속 웃는 '엿장수'의 모습을 봄바람을 맞는 수양버들에 빗대어 표현함으로써 '남이'가 따지는 것을 오히려 좋아하는 '엿장수'의 심리를 생생하게 드러내고 있다.
❸ ㉠과 ㉡은 직유법을 사용하여 인물의 심리를 구체적이고 생생하게 표현하였다.

④ ㉢은 아지랑이 때문에 산이 어른어른해 보이는 것을 선잠 깬 여인의 눈시울에 빗대어 표현하였고 수양버들을 사람인 것처럼 표현하였다. ㉣은 민들레를 사람인 것처럼 표현하였다. ㉢과 ㉣은 날씨 좋은 봄날의 풍경을 비유적 표현을 활용하여 생동감 있게 전달하고 있다.

3 '남이'는 자신이 아끼던 옥색 고무신을 되찾기 위해 '엿장수'를 만나게 되므로 옥색 고무신은 '남이'와 '엿장수'를 만나게 하는 매개체라고 할 수 있다. 또한 '남이'가 '엿장수'에게 항의를 하는 도중에 난데없이 나타난 벌을 '엿장수'가 잡는 과정에서 두 인물 사이에 미묘한 감정이 싹트게 되므로 '벌'은 두 인물이 서로 관심을 가지게 되고 가까워지는 계기라고 할 수 있다.

4 벌 사건 이후로 '엿장수'는 '남이'에게 연정이 생겼다. 그래서 '남이'를 빨리 보기 위해 일찍 마을에 오고, 또 오랫동안 마을에 머무르며 '남이'를 만날 기회를 얻고 싶어 한다.

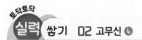

실력 쌓기 02 고무신 ❸   052~053쪽

<소주제> 전개 고무신   위기 남이

1 ④   2 ①   3 ④   4 어느 날 저녁녘에 우연히도 남이 아버지가 찾아왔다.

1 (카)에는 '남이'의 의사와는 상관없이 '남이 아버지'가 '남이'의 결혼 문제를 결정하고 통보하는 내용이 담겨 있다. 이를 통해 당시에는 가장이 가족의 문제에 대해 강력한 결정권을 가지는 가부장적 질서가 확고하고, 봉건적인 결혼 제도가 남아 있었음을 알 수 있다.

2 (카)에서 '남이 아버지'는 자신의 나이가 칠십이라며 언제 죽을지 모르기 때문에 빨리 딸의 짝을 맞춰 주려고 한다고 말하고 있다.

3 밤에 개들이 요란하게 짖는 이유는 '엿장수'가 '남이'를 보기 위해 동네로 찾아왔기 때문이라고 짐작할 수 있다. '엿장수'와 '남이'의 사랑에 변화가 생길 것을 암시하는 사건은 '남이 아버지'의 등장이다.

<오답 풀이> ❶ 완연한 봄날 풍경을 묘사함으로써 봄 새싹이 돋듯 '엿장수'와 '남이'의 마음에도 사랑이 싹트고 있음을 간접적으로 보여 주고 있다.
❷ '남이'를 본 날에는 벙글벙글 웃고 아이들에게 엿을 나누어 주는 반면, '남이'를 보지 못한 날에는 덤덤히 앉았다가 엿을 나누어 주지도 않고 돌아가는 '엿장수'의 모습으로 보아, '남이'를 만나느냐 만나지 못하느냐에 따라 '엿장수'의 기분이 달라짐을 확인할 수 있다.
❸ '엿장수'가 외모에 신경을 쓰고 좋은 옷을 입고 다니는 이유는 '남이'에게 잘 보이기 위해서이다.
❺ 밤에 동네에 나타난 도둑놈은 '엿장수'이다. 도둑놈이 발견되었다는 개울 빨래터나 동네 우물가 등은 '남이'가 자주 가거나 갈 만한 장소이며 '엿장수'는 '남이'를 보기 위해 이러한 장소를 찾아다녔음을 짐작할 수 있다.

4 '엿장수'의 사랑이 깊어지고 봄기운도 무르익을 무렵 '남이 아버지'가 등장하면서 새로운 사건이 벌어질 것을 예고한다.

실력 쌓기 02 고무신 ❹   054~055쪽

<소주제> 절정 엿   결말 울음 고개

1 ②   2 ②   3 ③   4 ①, ③   5 정든 마을과 '엿장수', 주인집 가족을 두고 떠나고 싶지 않다.

1 이 작품은 따뜻한 봄을 배경으로 하여 식모아이인 '남이'와 마을에 찾아오는 '엿장수'의 순수한 사랑과 애틋한 이별을 서정적으로 그리고 있다.

2 이 작품은 전지적 작가 시점으로 서술되었으나 사건의 이면이나 인물의 심리를 직접적으로 제시하기보다 인물의 행동과 대화를 통해 제시하고 있다. 또한, 사건을 생략하여 서술하고 사건의 단서만 독자에게 보여 주고 있다. 이러한 서술상 특징은 독자의 호기심을 불러일으키고 상상력을 자극하여 독자로 하여금 생략된 사건을 상상하게 만든다.

3 '엿장수'는 평소와 다른 '남이'의 모습을 보며 무엇인가 이상하다고 생각하며 불안감을 느끼지만 꽃놀이를 가는 것일 거라며 상황을 애써 좋게 해석해 보려 한다.

4 결말에서 '남이'가 신고 가는 옥색 고무신은 '엿장수'가 새로 사 준 것이라고 추측되는 소재로, '남이'와 '엿장수'의 추억, 사랑과 이별을 상징하는 소재이다.

<오답 풀이> ❷ '철수 내외'는 '남이'가 신고 있는, 한 번도 신지 않은 옥색 고무신을 보고 의아해한다. 이를 통해 '남이'가 신고 가는 옥색 고무신이 '남이'가 원래 가지고 있던 것(아이들이 엿과 바꿔 먹었던 것)이 아니라 '엿장수'가 사 준 것임을 짐작할 수 있다.
❹ '옥색 고무신'은 '남이'와 '엿장수'의 사랑과 이별을 상징하고 있을 뿐 두 사람이 다시 만날 것을 암시하지는 않는다.
❺ '엿장수'가 자신을 잊기를 바라는 '남이'의 마음은 드러나지 않는다.

5 '남이'는 짐을 싸 주는 '철수 아내'의 말을 듣는 둥 마는 둥 하고, 설거지를 하겠다거나 물을 길어 오겠다며 시간을 끌고 떠나기 싫은 마음을 내보이고 있다.

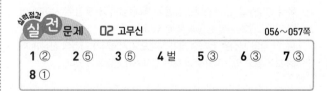

실전 문제 02 고무신   056~057쪽

1 ②   2 ⑤   3 ⑤   4 벌   5 ③   6 ③   7 ③
8 ①

1 '영이'와 '윤이'가 '남이'의 고무신을 엿과 바꿔 먹은 일은 '남이'가 '엿장수'와 만나고 연정이 싹트는 사건이 일어나는 계기가 된다.

<오답 풀이> ❶ (가)에서는 공간적 배경인 산기슭 마을과 그곳에 사는 '철수 내외'가 소개되고 있다.
❸ (다)에서는 '남이'가 옥색 고무신을 얼마나 아꼈는지를 요약적으로 제시하고 있다.
❹ (라)에는 고무신을 내놓으라며 앙살을 부리는 '남이'와 이러한 '남이'에게 신이 도가에 없으면 사서라도 주겠다며 달래는 '엿장수'의 대화가 제시되어 있다. '엿장수'는 처음부터 '남이'의 신발인 줄 알았으면

가져가지 않았을 것이라는 뜻을 전달하기 위해 말끝을 흐리고 있으므로 인물 간의 갈등이 드러나거나 심화되는 양상이 나타나지 않는다.
❺ (마)에서는 벌을 잡다가 쏘이는 '엿장수'와 이러한 모습을 보고 웃어버리는 '남이'의 행동을 서술하고 있다.

2 (마)에서 '남이'는 '엿장수'가 벌에 쏘이자 우스워서 킥킥하고 웃다가 '엿장수'와 눈이 마주치자 부끄러워하며 시선을 피한다. '엿장수'는 벌에 쏘여 아프지만 웃는 '남이'가 예쁘다고 생각하며 설렘을 느끼고 있다.

3 '엿장수'가 울상인 것은 손바닥을 벌에 쏘여 아팠기 때문이고 웃는 상인 것은 자신을 보고 웃는 '남이'를 보고 웃음이 나왔기 때문이다.

> **오답 풀이** ❶ 가난한 월급쟁이거나 날품팔이를 하는 사람들이 모여 사는 모습을 누더기에 빗대어 표현함으로써 가난한 사람들이 모여 사는 동네의 모습을 효과적으로 표현하고 있다.
> ❷ ⓒ에서 '철수'는 '영이'와 '윤이'가 '남이'에게 잘못을 했기 때문에 '남이'가 아이들을 때리고 꼬집었을 것이라고 짐작하고 있다.
> ❸ 신을 한번 신으면 비누로 씻는 '남이'의 모습에서 신을 애지중지한다는 것을 알 수 있다.
> ❹ 고무신이 '남이'의 물건이라는 것을 알았으면 가져가지 않았을 것이라는 뜻을 내비치며 고분고분하게 말하는 모습에서 '엿장수'의 순박함을 알 수 있다.

4 '남이'에게 붙은 '벌'을 '엿장수'가 떼어 주는 사건을 겪으며 두 사람은 서로 가까워지고 미묘한 감정을 느끼게 된다.

5 (나)에서 '남이 아버지'는 '남이'의 의사와 상관없이 신랑을 정해 놓고 '남이'를 시집보내려 한다. 이러한 내용에서 당시 봉건적, 가부장적 사회 분위기를 알 수 있으나 이에 대한 비판적인 시선이 드러나기보다는 '남이'와 '엿장수'의 애틋한 사랑과 이별에 초점을 맞추고 있다.

> **오답 풀이** ❶ 이 작품의 배경은 산기슭 마을이며 (나)에서와 같이 사투리가 사용되어 향토적인 분위기가 드러난다.
> ❷ 이 소설은 '남이'와 '엿장수'의 만남과 이별을 시간 순서에 따라 전개하고 있다.
> ❹ '남이'가 '엿장수'에게 옥색 고무신을 언제 어떻게 받았는지에 대한 내용이 소설에는 생략되어 있다. 독자들은 '남이'가 마을을 떠날 때 새 옥색 고무신을 신고 간다는 내용을 통해 '남이'와 '엿장수' 사이에 어떤 일이 있었는지를 상상해 볼 수 있다.
> ❺ 이 글의 시점은 전지적 작가 시점으로 서술자가 사건의 진상에 대해 모두 알고 있으며 인물의 내면 심리까지 전달하고 있다.

6 '철수 내외'는 '남이'가 아직 어려 결혼은 이르다고 생각하고 있으므로 ③과 같은 반응은 적절하지 않다.

7 철수네 집을 떠나는 날 아침에 '엿장수'와 마주치자 '남이'의 눈에 어두운 그림자가 지나간 것으로 보아 '남이'가 자신이 마음에 두고 있는 '엿장수'와의 이별에 슬퍼하고 있음을 알 수 있다.

8 ⓐ는 '엿장수'가 '남이'에게 사 주었을 것으로 짐작되는 고무신으로 '남이'와 '엿장수'의 애정의 징표이자 이별을 상징하는 소재이다. ⓑ는 '엿장수'와 '남이'의 이별을 상징하는 장소이다.

토닥토닥
실력 쌓기 03 자전거 도둑 ❶
058~059쪽

- **작품 설명:** 이 소설은 도시화와 산업화 과정에서 '수남'이라는 소년이 겪는 다양한 갈등을 그린 작품이다. 소년의 시선을 통해 물질적 이익만 추구하는 도시 사람들의 부도덕하고 비양심적인 모습을 비판하고 있다.

- **핵심 보기**

외적 갈등	'수남'과 '××상회 주인'	물건값을 받으려는 '수남'과 주지 않으려는 '××상회 주인'
	'수남'과 '신사'	'수남'의 자전거가 넘어지면서 자신의 차에 흠집을 내자 수리비를 요구하는 '신사'와 돈을 주지 않으려는 '수남'
'수남'의 내적 갈등		자전거를 들고 도망치면서 쾌감을 느낀 것에 대해 내적 갈등을 겪는 '수남'

↓

갈등 해결	자신을 도덕적으로 견제해 줄 아버지가 계신 고향으로 내려가기로 결심함.

> **소주제** 발단 주인 영감

1 ⑤　**2** ④　**3** ⑤　**4** ③　**5** 육친애

1 (나)에서 '수남'은 점원 셋이 감당할 일을 홀로 하느라 온종일 눈코 뜰 새 없이 바쁘게 일한다고 하였다.

> **오답 풀이** ❶ (나)에서 '수남'은 혹사당하여 억울하다는 생각은 전혀 없고 오히려 '주인 영감'에게 고마움을 느끼고 있다. 이처럼 '수남'은 자신에게 점원 셋이 할 정도의 일을 맡겨 이익을 얻는 '주인 영감'의 이기적이고 인색한 면모를 모르고 있다.
> ❷ (나)에서 점원이 적어도 세 명은 있어야 해낼 가게 일을 '수남' 혼자서 해내고 있기 때문에 벅차다고 설명하고 있다. '수남'의 건강이 나쁘다는 내용은 이 글에 드러나 있지 않다.
> ❸ '운영하다'는 '사업체 따위를 운용하고 경영하다.'라는 의미이다. '수남'은 전기용품 도매상의 점원일 뿐이므로 전기용품점을 운영한다는 설명은 적절하지 않다.
> ❹ (가)에서 '수남'의 어린아이 같은 외양과 숙성한 목소리에 대해 묘사하였다. '수남'의 외모는 아이 같지만 목소리는 전화선을 타면 점잖고 떨떠름한 늙은이 목소리로 들린다고 하였다.

2 (나)에서 '수남'에게 고되게 일을 시키면서도 점원을 더 쓰지 않으려 하는 모습으로 보아 '주인 영감'이 인색하고 이기적인 인물임을 알 수 있다. (다)에서 매일 아침 제일 먼저 가게 문을 열고 '주인 영감'이 오기 전에 가게 정리와 몸단장까지 마치는 모습으로 보아 '수남'이 부지런하고 성실한 성격임을 알 수 있다.

3 (가)~(라)는 이 소설의 '발단' 부분으로, 등장인물인 '수남'과 '주인 영감'의 성격과 처지를 제시하고 소설의 공간적 배경을 설명하고 있다.

> **오답 풀이** ❶은 '전개', ❷는 '위기', ❸과 ❹는 '절정'에 대한 설명이다.

4 '주인 영감'은 '수남'의 순진함을 지켜 준다는 이유로 점원을 더 쓰지 않고 점원 셋이 할 일을 '수남'에게 시키고 있다. 그러나 그 속내는 인건비를 절약하여 금전적 이익을 남기기 위함이다.

5 '수남'은 집을 떠나 가게에서 일하며 홀로 생활하고 있는 어린 소년이다. 아직 어린 나이이기에 자신이 혹사당하고 있다는 것을 알아채지 못하고 '주인 영감'의 칭찬과 따뜻한 손길에서 육친애를 느끼고 있다.

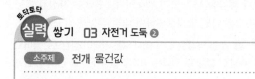

실력 쌓기 03 자전거 도둑 ❷　　　　060~061쪽

소주제　전개 물건값

1 ②　　2 ④　　3 ④　　4 ④　　5 ⑤

1 (사)에서 '××상회 주인'은 장사가 되지 않는다며 물건값을 주지 않으려고 하고, '수남'은 어떻게든 물건값을 받으려 버티고 있다.

2 (자)에서 차의 생채기를 찾아내고는 환성을 지르는 행동과 팔짝팔짝 뛰면서 '수남'에게 흠집을 확인시키는 행동에서 '신사'가 자신의 손해에만 민감하게 반응하는 경망스럽고 인정이 없는 사람임을 알 수 있다.

3 (자)에서 '수남'의 자전거가 바람에 밀려 쓰러지면서 '신사'의 차에 생채기를 내게 된다. 이와 같은 사건 전개를 보았을 때, 세차게 부는 바람은 스산한 분위기를 조성하는 한편 앞으로 '수남'에게 불길한 사건이 일어날 것임을 암시하는 역할을 하는 소재라는 것을 알 수 있다.

　오답 풀이　❶ '향토적'이라는 말은 '고향이나 시골의 정취가 담긴. 또는 그런 것.'이라는 의미이다. '바람'은 도시의 흉흉하고 을씨년스러운 분위기를 조성한다.
❷ 이 글은 1970년대를 시대적 배경으로 하고 있지만, 바람 부는 날씨가 시대적 배경을 드러내지는 않는다.
❸ '수남'은 을씨년스러운 도시의 바람 부는 날씨를 보며, 시골의 아름다운 바람 부는 풍경을 떠올리고 고독감을 느낀다.
❺ (자)에서 '바람'에 쓰러진 자전거가 '신사'의 자동차에 흠집을 내는 사건이 발생하므로 '바람'은 인물 간의 갈등을 일으키는 역할을 한다.

4 '주인 영감'이 ⓛ과 같이 말한 이유는 '수남'의 실수로 사고가 나서 자신에게 금전적인 손해가 날까 봐 염려스럽기 때문이다.

　오답 풀이　❶ ⓛ에서 '누구 못할 노릇'이란 '주인 영감'에게 해가 되는 일을 의미한다. '주인 영감'은 '수남'을 걱정하는 것이 아니라 사고가 나서 자신에게 손해가 발생하지 않을까를 걱정하고 있다.
❷ (바)에서 '수남'이 형광 램프 상자를 밧줄로 꼼꼼히 묶는 것으로 보아 '수남'이 꼼꼼한 성격임을 알 수 있다.
❸ (바)에서 '수남'이 자전거를 잘 탄다고 하였다.
❺ ⓛ에는 배달이 늦어질까 봐 걱정하는 내용이 아니라 '수남'이 사고를 내어 자신이 손해를 입을까 봐 걱정하는 내용이 담겨 있다.

5 ⓐ에는 '××상회 주인'에게 물건값을 받기 위해 정확한 말의 의미도 모르면서 거짓말을 하는 '수남'의 모습이 드러나고, ⓑ에는 '××상회 주인'의 비위를 맞춰 돈을 받아 내려는 '수남'의 모습이 드러난다. 이처럼 ⓐ와 ⓑ에는 도시 생활에 물들어 저도 모르게 장사꾼처럼 행동하는 '수남'의 모습이 드러나 있다.

실력 쌓기 03 자전거 도둑 ❸　　　　062~063쪽

소주제　위기 자전거

1 ④　　2 ②　　3 ⑤　　4 ④　　5 도둑놈 꼴(이다)

1 '신사'는 '수남'의 자전거를 탐내는 것이 아니라 '수남'이 차 수리비 오천 원을 물어내지 못할 것 같자 자전거를 자물쇠로 묶고는 오천 원을 가져올 때까지 잡아 두려 한 것이다.

2 (차)에서 '신사'는 차 수리비를 받아 내기 위해 '수남'의 자전거를 잡아 두려고 한다. '수남'은 돈을 지킬 생각만 했지 자전거를 빼앗길 줄 몰랐기에 막막하고 당황스러워서 어찌해야 할지 모르고 ⓛ과 같이 서 있었다.

　오답 풀이　❶ (차)의 '신사'의 말에서 '신사'가 차 수리비로 오천 원을 요구한 것을 알 수 있다. '수남'은 ××상회에서 물건값으로 받은 돈을 가지고 있어 그 돈을 수리비로 빼앗길까 봐 걱정하면서 두려워하고 있다.
❸ "토껴라 토껴. 그까짓 것 갖고 토껴라."라는 구경꾼들의 말이 '수남'에게는 악마의 속삭임처럼 은밀하고 감미로웠으며, 그 말을 듣고는 그대로 하고 싶은 생각이 들어 가슴이 뛴 것이다.
❹ '수남'은 자전거를 들고 도망치는 것이 구경꾼들의 부추김 때문이라며 자신의 행동을 합리화하고 있다.
❺ 자전거를 들고 도망치면서 자전거가 조금도 무겁지 않게 느껴지고 자전거를 타고 달릴 때보다 더 신난 이유는 해방감과 쾌감을 느꼈기 때문이다.

3 '주인 영감'은 자전거를 들고 도망친 '수남'을 나무라지 않고 오히려 칭찬한다. ⓐ는 시골에서 온 '수남'이 도시 생활에 어울리게 약삭빠르게 행동하여 자신이 아무런 금전적 손해를 보지 않게 된 것에 대한 만족감을 표현한 것이다. '수남'은 이런 '주인 영감'에게 실망하여 혐오감을 느끼게 된다.

　오답 풀이　❶, ❷ 자전거에서 자물쇠를 분해하는 '주인 영감'의 모습이 '도둑놈 두목'처럼 보이고 얼굴이 '누런 똥빛'인 것을 깨달아 속이 메스껍다는 '수남'의 생각에서 '주인 영감'을 좋아하였던 '수남'의 태도가 변하였음을 알 수 있다.
❸, ❹ '주인 영감'은 자전거를 들고 도망쳐 온 '수남'의 행동을 칭찬하고 있다. 이렇게 '수남'의 잘못된 행동을 단지 자신에게 손해가 나지 않았다는 이유만으로 칭찬을 하는 '주인 영감'은 이기적이고 비양심적인 인물임을 알 수 있다.

4 '수남'은 잘못을 저지른 자신을 오히려 칭찬하는 '주인 영감'의 모습에서 '주인 영감'이 도덕적 양심보다 금전적 이익을 중요하게 생각하는 사람임을 깨닫고는 '주인 영감'에게 실망하고 혐오감을 느꼈다. 그래서 평소 자신이 좋아하였던 '주인 영감'의 손길에 거부감을 느끼고 있다.

5 (타)에서 '도둑놈 꼴'이라는 말이 '수남'의 가슴에 가시처럼 걸렸다고 한 것으로 보아 이 말이 '수남'의 죄책감을 불러일으켰음을 알 수 있다. 이처럼 '수남'은 "네놈 꼴이 영락없이 도둑놈 꼴이다"라는 '주인 영감'의 말에 자전거를 들고 도망친 자신의 행동이 도덕적으로 옳은 일이었는지를 생각하며 양심에 가책을 느낀다.

실력 쌓기 03 자전거 도둑 ④

소주제 **절정** 거부감(혐오감) **결말** 아버지

1 ① **2** ② **3** ④ **4** ① **5** '수남'은 자신을 도덕적으로 견제해 줄 '아버지'가 계신 고향으로 돌아가기로 결심하였다.

1 (하)에서 '수남'의 형은 돈을 벌려고 집을 나갔다가 2년 만에 돌아왔다고 하였고, '수남' 역시 형처럼 돈을 벌기 위해 집을 떠났다고 하였다.

오답 풀이 ❷ '수남'이 아니라 형이 2년 만에 집으로 돌아와 읍내에서 도둑질을 하여 잡힌 적이 있다고 하였다.
❸ (하)에서 '아버지'는 돈을 벌기 위해 서울로 가겠다는 '수남'을 말리지 않고 다만 도둑질만 하지 말라고 당부하였다.
❹ '아버지'가 화병이 난 것은 '수남의 형'이 도둑질을 하여 잡혀 들어간 일 때문으로, '수남'이 고향이 떠나오기 전의 일이다. '수남'이 고향으로 내려가기로 한 것은 도덕성과 양심을 되찾기 위함이며 병든 '아버지'의 간호와는 관계가 없다.
❺ (파)에서 '수남'은 '낮에 내가 한 짓은 옳은 짓이었을까?'라며 자신의 행동을 되돌아본다. 그리고 죄책감보다 쾌감을 더 짙게 느꼈다는 것을 떠올리며 내적 갈등을 겪고 있다.

2 '수남'은 자신이 도둑질을 하며 쾌감을 느꼈던 것과 도둑질만은 하지 말라던 '아버지'의 당부를 어긴 것 때문에 내적 갈등을 겪고 있다.

3 (거)에서 '수남'은 물질적인 가치를 중시하는 '주인 영감'을 떠나 자신을 도덕적으로 견제해 줄 '아버지'가 계신 고향으로 돌아가기로 결정하고 도덕성(양심)을 회복한다. 이를 통해 작가는 도덕성(양심) 회복의 중요성을 강조하고, 도덕적 양심보다 물질적 이익을 중시하는 세태를 비판하고 있다.

4 ㉠은 자전거를 들고 도망치는 부도덕한 '수남'의 모습을, ㉡은 집으로 돌아가겠다고 결심하고 본래의 순수함과 도덕성을 회복한 모습을 의미한다.

5 내적 갈등 끝에 '수남'은 고향으로 돌아가기로 결심한다. 고향에는 자신에게 도덕적인 경계심을 심어 주는 '아버지'가 계시기 때문이다.

실전 문제 03 자전거 도둑

1 ⑤ **2** ⑤ **3** ⑤ **4** 쾌감 **5** ④ **6** ② **7** ④
8 ④ **9** (자신에게) 손해가 안 났기 때문에

1 이 글은 작가가 현실에서 있을 법한 일을 꾸며 쓴 소설이다.

오답 풀이 ❶ 사건이 전개됨에 따라 주인공인 '수남'이 주변 인물과 겪는 외적 갈등과 '수남'의 내적 갈등이 드러난다.
❷ 전지적 작가 시점은 서술자가 인물의 행동뿐만 아니라 내면 심리까지 구체적으로 서술한다. 이 소설의 서술자는 사건의 양상뿐만 아니라 그에 따른 '수남'의 심리를 구체적으로 서술하고 있다.
❸, ❹ 소년 '수남'이 가게 점원으로 일하면서 겪는 사건들을 통해서 도시 사람들의 이기적이고 비양심적인 세태를 비판하고 있다.

2 사건이 전개됨에 따라 갈등이 최고조에 달하는 부분은 소설의 구성 단계 중 '절정'에 해당한다. 이 글에서는 '수남'의 내적 갈등이 최고조에 달하는 (마)가 절정에 해당한다.

3 (마)에서 '수남'이 갈등하는 이유는 자전거를 들고 도망치면서 죄책감보다 쾌감을 더 느꼈기 때문이다. '수남'은 자신의 행동이 잘못된 것은 아닌지 괴로워하며 내적 갈등을 겪고 있다.

오답 풀이 ❶ '주인 영감'은 질이 좋지 않은 사람이 점원으로 들어오면 순진한 '수남'이 물들 수 있다는 핑계를 들어 점원을 더 쓰지 않고 있다.
❷ '수남'은 은행 막는다는 말의 의미를 모르면서도 물건값을 받기 위해 장사꾼 같은 수를 쓰고 있다.
❸ '신사'는 어린 소년인 '수남'에게 차 수리비로 많은 돈을 요구하는 야박하고 이기적인 인물이다.
❹ '수남'은 '신사'가 차 수리비를 받아 내기 위해 자신의 자전거를 잡아두자 그 상황을 모면하기 위해 자전거를 들고 도망쳤다.

4 (마)에서 '수남'은 자전거를 들고 도망치면서 죄책감보다 쾌감을 느낀 일을 떠올리며 자신의 내면에 있는 부도덕성을 깨닫고 고민하고 있다.

5 〈보기〉의 내용은 '내적 갈등'에 대한 것이다. (라)에는 자전거를 들고 도망친 일을 되돌아보며 자신이 한 일이 과연 옳은 일인가를 고민하며 내적 갈등을 겪는 '수남'의 모습이 드러나 있다.

6 (다)에서 '수남'은 '도둑놈 꼴'이라는 '주인 영감'의 말을 듣고 자전거를 들고 도망친 일에 대해 죄책감을 느낀다. (라)에서는 자전거를 들고 도망친 일을 돌아보며 초조해하고 불안해한다. (마)에서 '수남'은 고향에 돌아가기로 결정하고 내적 갈등을 해결하여 후련함을 느낀다.

7 다친 아가씨보다 치료비를 부담해야 할 전선 도매집 주인을 동정하는 것으로 보아 사람들이 물질 만능주의적인 가치관을 지니고 있음을 알 수 있다.

8 '수남'에게 '아버지'는 '주인 영감'과 대조되는 존재로, '수남'을 도덕적으로 이끌어 줄 어른이다.

오답 풀이 ❶ '바람' 때문에 치료비를 물어야 하는 일이 생겼다는 의미로, '바람'에 대한 도시 사람들의 부정적 인식이 담겨 있다.
❷ 정당하게 주어야 할 물건값인데도 주기 싫어하는 '××상회 주인'의 인색함과 이기적인 태도가 드러난다.
❸ '수남'은 낮의 일을 돌이켜 보면서 도덕성과 부도덕성 사이에서 갈등하고 있다. 자신의 행동이 잘못된 것이 아닐지도 모른다며 자신의 잘못된 행동을 감싸는 마음은 '수남'의 부도덕한 측면이라고 볼 수 있다.
❺ '누런 똥빛'은 부도덕성을 의미하고, '소년다운 청순함'은 양심의 회복을 의미하므로 ㉤은 '수남'의 내적 갈등이 해결되었음을 의미한다.

9 '수남'이 '신사'에게 차 수리비를 주지 않았을 뿐만 아니라 자전거까지 들고 도망쳐서 '주인 영감'은 손해를 보지 않았다. 그랬기에 '주인 영감'은 자전거를 들고 도망친 '수남'의 행동을 칭찬한 것이다.

- **작품 설명**: 이 소설은 어른이 된 '나'가 학창 시절 '수택'과 짝이 되면서 겪은 일을 독자에게 이야기를 들려주듯이 서술한 작품이다. 친구들의 놀림 때문에 '수택'에게 상처를 준 것을 후회하는 '나'의 모습에 공감하면서 자신의 삶을 돌아볼 수 있다.

- **핵심 보기**

과거의 사건	지저분한 외모와 냄새 때문에 아이들이 모두 꺼리는 '수택'과 '나'가 짝이 됨. → '나'와 '수택'은 깍두기와 신문을 나누며 서로 친밀해짐. → '수택'과 '나'가 사귄다고 놀리는 친구들 때문에 화가 난 '나'는 '수택'이 준 신문을 태워 버림.

↓

'나'의 깨달음	• 친구들의 놀림 때문에 신문을 태워 버렸지만 자신의 행동을 돌이켜 보며 '수택'에게 상처를 주었음을 깨달음. • '수택'이 그날의 상처를 잊고 잘 살아가기를 바람.

1 ③　　**2** ②　　**3** ①　　**4** ②　　**5** ③

1 선생님이 마음에 드는 여자아이 옆에 앉으라고 하였으므로 '수택'이 '나'에게 호감이 있어 '나'의 옆에 앉았을 것임을 짐작할 수 있다. 이 글에서 '수택'의 눈이 나쁜지는 알 수 없을 뿐만 아니라 (나)에 '나'가 반에서 제일 도수가 높은 안경을 쓴 아이라고 제시되었으므로 눈이 나쁜 사람은 '나'라는 사실을 알 수 있다.

　오답 풀이　❶ (가)에서 '나'는 키가 작아서 첫 줄에 앉아 있었다고 하였다.
　❷ (가)에서 저번에는 여자아이들이 마음에 드는 남자아이 옆에 앉는 방식으로 짝을 바꾸었고 이번에는 남자아이들이 여자아이들 옆에 가서 앉는 방식으로 짝을 바꾸기로 했다는 것으로 보아 선생님이 짝을 바꿀 때 여러 가지 방식을 사용하였다는 사실을 알 수 있다. 또한 (가)에 삼월부터 매달 짝을 바꾸었다는 설명이 드러난다.
　❹ '수택'이 '나'의 옆에 앉자 여자아이들이 안심을 하며 귀엣말을 주고받는 모습이 (다)에 드러난다.
　❺ 남자아이들이 마음에 드는 여자아이 옆에 가서 앉는 방식으로 짝을 바꾸기로 했는데 선뜻 결정하지 못하고 교실 앞에서 쭈뼛거리는 남자아이들의 모습이 (가)에 드러난다.

2 이 글의 서술자는 작품 속에 등장하는 '나'이다. 서술자는 자신이 겪은 과거의 일을 회상하여 독자에게 이야기를 들려주듯이 서술하고 있다.

　오답 풀이　❶ (가)~(다)에서는 인물 간의 대화보다는 작품의 주인공인 서술자가 구체적으로 인물의 생각을 서술하는 방식으로 심리를 드러내고 있다.
　❸ (가)~(다)에서는 과거에 일어난 사건만 제시되었을 뿐, 현재 '나'가 겪은 사건을 제시하지 않았다.
　❹ 서술자가 과거를 회상하고 있는 것은 맞지만, 과거의 사건이 현재까지 이어지고 있는지는 알 수 없다.
　❺ 어른이 된 서술자가 학창 시절의 이야기를 서술하고 있으며, 사건 전개에 참신성을 부여한 내용은 드러나지 않는다.

3 (가)~(다)는 이 소설의 '발단' 부분이다. '발단'에서는 중심인물과 배경이 소개되고 앞으로 벌어질 사건과 갈등의 실마리가 제시된다. (가)~(다)에는 중심인물인 '나'와 '수택'이 소개되고 초등학교 교실이라는 배경이 드러나며, 갈등의 실마리인 '나'와 '수택'이 새롭게 짝이 된 사건이 발생한다.

4 석간신문을 배달한다는 것은 '수택'의 집안 형편이 어려워서 초등학생임에도 신문 배달을 해야 한다는 사실을 알려 줄 뿐, 그 때문에 반 아이들이 '수택'을 싫어한다고 볼 수는 없다.

5 '나'는 처음에는 옆에 누가 앉을지 궁금해하고 기대를 하기도 했지만, 모두가 싫어하는 '수택'이 옆에 앉자 숨이 막혀 버릴 정도로 당황하였다. 그리고 반 아이들이 '수택'과 짝이 된 '나'를 놀리는 것 같아서 창피함을 느꼈다.

소주제 발단 수택

1 ④　　**2** ⑤　　**3** ②　　**4** ③　　**5** 보리밥, 양은 도시락, 허연 깍두기

1 '나'는 '수택'과 짝을 하기 싫었지만 대놓고 싫다는 내색을 하지 못한다. 이와 같은 행동을 통해 '나'가 소극적인 성격임을 짐작할 수 있다. 또한 짝을 바꾸겠다고 했을 때 반 아이들이 자신이 착하지 않다고 수군댈까 봐 걱정하는 것으로 보아 '나'가 다른 사람의 평가에 신경을 쓰는 성격임을 알 수 있다.

2 '나'는 짝을 바꿔 달라고 말하고 싶었다. 하지만 '착한 어린이 상'을 탄 이후로 착한 어린이답게 행동하고 싶었고, '착한 어린이 상'을 탄 자신이 '수택'과 짝을 안 하겠다고 하면 반 아이들이 자신을 좋지 않게 볼까 봐 걱정이 되었기에 짝을 바꿔 달라고 하지 않았다.

　오답 풀이　❶ (마)에서 '나'는 일 학기에 '착한 어린이 상'을 탔다고 하였으나 앞으로 '나'가 그 상을 타고 싶어하는지는 제시되지 않았다.
　❷ '나'도 다른 아이들처럼 지저분한 '수택'을 꺼리고 있으며, (라)에서 '수택'이 번번이 혼자 앉겠다고 말하는 것을 알면서도 이에 대해 안쓰러워하거나 마음 아픈 감정을 느끼고 있지 않다.
　❸ (라)에서 '수택'과 짝이 된 아이들이 짝을 바꿔 달라고 하면 선생님은 그 말을 들어주지 않았다고 하였다. 그러나 '나'가 '수택'과 짝을 하는 것을 견뎌 보겠다고 결심한 것은 반 아이들에게 '착한 어린이 상'을 받은 아이답게 보이고 싶었기 때문이다.
　❹ (라)에서 '수택'은 짝이 된 아이들이 싫어하는 기색을 보이면 스스로 뒷자리에 혼자 앉겠다고 선생님께 말하였다고 하였다. '나'는 '수택'과 짝이 되기로 결심하였으므로 '수택'이 먼저 선생님께 혼자 앉겠다고 말하기를 기다린다는 것은 적절하지 않다.

3 다른 아이들이 삼삼오오 모여 점심을 먹을 때 '수택'은 늘 혼자서 점심을 먹었으므로 그러한 모습에서 안타까움을 느낄 수 있다.

4 '선생님'은 '수택'과 짝이 된 아이들이 짝을 바꿔 달라고 하면 '수택'을 생각해서 이를 들어 주지 않았다. '수택'은 짝이 된 반 아이들이 자신을 싫어하는 기색을 보이면 교실 맨 뒤에 혼자 앉겠다고 '선생님'께 말하곤 하였다. '선생님'은 '수택'이 혼자 앉으려는 이유를 알기 때문에 말리지 못하고 이를 허락한 것이지 '수택'을 아껴서 맨 뒤에 혼자 앉게 하는 것이 아니다.

❶ '수택'은 짝이 된 아이가 자신과 짝이 된 것을 싫어하는 눈치를 보이면 혼자 앉기 편하다는 핑계를 들어서 '선생님'께 혼자 앉겠다고 하였다.

❷ '선생님'은 '수택'이 자신과 앉기 싫어하는 짝을 위해 혼자 앉겠다고 한 것을 알지만, '수택'의 마음을 이해하기에 아무런 말도 할 수 없었던 것이다.

❹ ⓓ처럼 '조수택'이라는 이름을 몰라 반문하는 것으로 보아 '수택'이 이름보다는 '보리 방구'라는 별명으로 더 알려져 있다는 것을 알 수 있다.

❺ '수택'은 보온 도시락이 아닌 양은 도시락에 담긴 쌀보다 보리가 더 많이 들어간 보리밥과 허연 깍두기를 먹는 자신의 처지가 부끄러웠을 것이다. 그래서 ⓔ와 같이 어깨를 움츠리고 왼팔로 도시락과 깍두기 통을 가리면서 먹었던 것이다.

5 쌀보다 보리가 더 많은 보리밥, 보온 도시락이 없어 들고 온 양은 도시락, 양념을 제대로 하지 않은 허연 깍두기는 모두 '수택'의 어려운 집안 사정을 짐작하게 한다.

소주제 전개 깍두기

1 ① **2** ② **3** ② **4** ⑤ **5** '수택'이 혼자서 밥을 먹는 상황을 바꾸기 위해서

1 (차)는 구성 단계상 갈등이 고조되고 긴장감이 높아지는 '위기'에 해당한다. '수택'이 '나'에게 신문을 주는 것을 본 아이들이 '나'와 '수택'을 놀리고 이 때문에 '나'는 힘든 시간을 보내게 된다.

❷ '수택'이 자신의 가난한 형편을 부끄러워하고 있는 것은 맞지만, 이러한 내용이 (차)에 드러나 있지는 않다. 또한, '수택'은 이 때문에 내적 갈등을 겪고 있지는 않다.

❸ 아이들이 '나'와 '수택'이 사귄다며 놀리고는 있지만, '수택'이 이에 대해 어떤 반응을 했는지 서술되어 있지 않다. (차)에는 아이들의 놀림에 화가 난 '나'의 반응만이 제시되어 있다.

❹ '나'가 '수택'이 주는 신문을 받아서 소문이 난 것이므로 '나'가 신문을 거절하려고 한다는 설명은 적절하지 않다.

❺ '수택'과 '나'가 '깍두기'와 '신문'을 주고받으며 가까워진 것은 사실이다. 그러나 '나'가 '수택'이 자신에게 신문을 준다는 사실을 다른 아이들이 알게 될까 봐 염려하고 있는 상황이므로, '나'가 '수택'을 괴롭히는 아이들과 대립한다는 내용은 적절하지 않다.

2 (아)에서 '나'의 깍두기를 받은 '수택'이 받아본 적 없는 배려에 처음에는 깜짝 놀라 멍하니 있다가 깍두기를 조금씩 아껴 먹는 모습에서 '나'에게 고마움을 느끼고 있음을 짐작할 수 있다. 또한 (자)에서 깍두기를 나눠 먹은 후 이에 대한 보답으로 어린이 신문을 '나'에게 주는 것에서도 '나'에 대한 고마움이 드러난다.

3 '나'는 신문을 건네주는 '수택'의 동상 걸린 손을 보고 안쓰러움을 느껴 '수택'의 호의를 거절할 수 없었다.

4 '나'가 '수택'에게 '깍두기'를 나눠 주면서 두 사람은 가까워졌다. '수택'은 고마움의 표시로 '어린이 신문'을 '나'에게 주었는데 그것을 본 누군가가 둘이 사귄다는 소문을 내고 '나'는 이 소문 때문에 괴로워했다.

5 제자리에서 밥을 먹으면 모두가 짝과 같이 먹게 되기 때문에 혼자서 밥을 먹던 '수택'도 짝과 함께 밥을 먹을 수 있다.

소주제 위기 소문 절정 신문 결말 수택

1 ③ **2** ② **3** ③ **4** '수택'과 '나'가 사귀지 않는다는 사실을 증명하려(보여 주려) 한다.

1 이 글의 '나'는 어린 시절 상대방의 처지와 마음을 헤아리지 못하고 상처를 준 일을 후회하고 있다. 그러므로 독자는 이 글을 읽은 후 주변 인물과의 관계에서 상대방을 배려하지 못한 경험을 떠올리고 이를 성찰해 볼 수 있다. ③에서 친구의 잘못을 여러 사람에게 알리는 것은 다른 사람의 처지와 심정을 헤아리는 태도와 관계가 없으므로 이와 같은 반응은 적절하다고 볼 수 없다.

2 (하)에서 '나'는 '수택'이 준 신문을 태워 버린 사건 이후로 신문을 보며 오랫동안 '수택'을 떠올린다. '나'는 '수택'의 호의를 거절하고 무시한 자신의 행동을 후회하고 있으며, '수택'에게 상처를 준 것에 대해 미안해하고 있다.

❶ (하)에서 '나'는 어른이 된 후에도 '수택'을 떠올리며, '수택'에게 그날의 상처가 생각나지 않았으면 좋겠다고 하면서 생각이 나더라도 너무 고통스러워하지 않았으면 좋겠다는 바람을 전하고 있다.

❸, ❹, ❺ (하)에서 '나'는 신문을 보면 그날 태워 버린 신문이 자꾸 떠오르고 신문 재가 목구멍을 막고 있는 것처럼 답답함을 느낀다고 하였다. 이를 통해 '나'가 그날 자신의 행동을 후회하고 '수택'에게 미안함을 느끼고 있음을 알 수 있다.

3 ㉢에서 아이들은 '수택'이 옆에 있는데도 '수택'을 무시하고 자기들 마음대로 신문을 꺼내 보았다.

❶ '나'가 '수택'에게 깍두기를 나누어 주고 '수택'이 '나'에게 신문을 주는 것을 본 아이들이 '수택'과 '나'가 사귄다는 소문을 낸 것이므로 '나'는 '수택'과의 연결 고리를 없애기 위해 ㉠과 같이 행동하였다.

❷ '수택'은 다른 아이들과 달리 자신과 짝을 해 주고 깍두기를 나누어 준 '나'에게 고마움을 느낀다. 그래서 '나'가 쌀쌀맞게 굴어도 자신이 줄 수 있는 신문을 주며 고마움을 표시한다. 그러나 '나'는 '수택'이 자신의 말을 무시하고 신문을 계속 주자 화가 나 '수택'에게 으름장을 놓게 된다.

❹ 어깨를 떨고 있는 모습을 통해 아이들의 놀림과 자신을 무시하는 행동 때문에 '수택'이 괴로움과 노여움을 느끼고 있음을 알 수 있다.

⑤ 초등학교를 졸업한 뒤에도 난로 속에 무엇인가를 집어넣는 것만 보아도 그날 일이 생각났다는 것이므로 '나'가 '수택'과의 일을 오랫동안 마음에 담아 두고 있었음을 알 수 있다.

4 '나'는 '수택'과 사귄다며 놀리는 아이들과 신문을 주지 말라는 자신의 말에도 계속 '나'의 책상 서랍 속에 신문을 넣는 '수택'에게 몹시 화가 난다. 그래서 '수택'이 준 신문을 태워 '수택'의 마음을 무시하는 행동을 함으로써 반 아이들에게 '수택'과 자신이 아무 상관도 없다는 것을 보여 주고 있다.

076~077쪽

실전문제 **04 보리 방구 조수택**

1 ③ **2** ① **3** ⑤ **4** ④ **5** ② **6** ⑤ **7** ⑤
8 ④ **9** 깍두기를 나눠 먹지 않고, 신문을 '수택'의 서랍에 도로 넣었다.

1 '착한 어린이 상'을 받은 사람은 '수택'이 아니라 '나'이다. (나)에 일 학기가 끝나갈 무렵 아이들의 투표로 '나'가 착한 어린이 상을 받게 되었다는 내용이 제시되어 있다.

2 '나'는 '수택'과 처음 짝이 되었을 때 너무 싫었지만 '착한 어린이 상'을 받았기 때문에 짝을 바꿔 달라는 말을 하지 못한다. 그러나 시간이 지나면서 점심시간에 깍두기를 나누어 먹는 등 점차 '수택'과 가까워진다.

오답 풀이 ② '나'가 '수택'의 더러운 모습에 놀라는 내용은 제시되지 않았으며, '나'는 '수택'을 피하지 않고 짝이 되었다.
③ '나'는 처음에 '수택'과 친하지 않았을 뿐만 아니라 '수택'을 싫어하였다. 그러나 짝이 된 이후 깍두기와 신문을 주고받으면서 점차 '수택'과 가까워진다.
④ '수택'에게 신문을 받기 전, '나'는 '수택'의 모습이 안쓰러워 깍두기를 나누어 주었으므로 '수택'에게 무관심했다고 보기는 어렵다. 또한 '나'가 깍두기를 나누어 준 것에 대한 보답으로 '수택'이 '나'에게 신문을 준 것이므로 '수택'이 '나'를 고마운 존재로 여겼다고 볼 수 있다.
⑤ '나'가 '수택'을 놀리는 모습은 이 글에 나타나지 않으며, '나'는 '수택'의 튼 손을 보고 안쓰러움을 느낀다.

3 ㉠은 양념이 제대로 되어 있지 않은 반찬으로 '수택'의 가난한 집안 형편을 드러낸다. ㉡은 주눅이 든 채 밥을 먹는 '수택'에게 '나'가 준 반찬으로 '수택'에 대한 '나'의 배려가 담겨 있으며, 이를 통해 '수택'은 '나'에게 고마움을 느끼게 된다.

오답 풀이 ① (가)~(마)는 '나'와 '수택'이 갈등을 겪기 전이므로 ㉠과 ㉡은 갈등 양상과 관련이 없다.
② ㉠은 '수택'이 싸 온 것이지만 '수택'이 직접 만든 것인지는 알 수 없다.
③ ㉠은 '수택'의 가난한 가정 형편이 드러나는 소재이다. ㉡은 '나'의 반찬으로, '나'의 가정 형편이 '수택'보다 낫다는 것은 알 수 있지만 ㉡ 때문에 '나'가 아이들에게 인정받는다는 서술은 적절하지 않다.
④ (가)에서 '수택'에게서는 시궁창 냄새가 난다고 하였으나 이는 잘 씻지 못하고 옷을 세탁하지 않은 탓이지 ㉠ 때문이 아니다. ㉡은 '나'가 '수택'에게 건넨 반찬으로 '나'와 '수택'을 가깝게 만드는 소재이다.

4 '수택'은 늘 혼자였기 때문에 '나'가 반찬을 나누어 주자 놀라고 당황하여 ⓓ와 같이 반응한 것이다. 따라서 '수택'이 거부감을 느꼈다는 설명은 적절하지 않다.

오답 풀이 ① '수택'이 지저분한 데다가 냄새가 지독한 방귀를 뀌므로 아이들은 '수택'이 가까이 오는 것도 싫어한다.
② '나'는 '수택'이 자신을 짝으로 정하자 숨이 멎을 듯이 놀랐다고 하였다. 이를 통해 다른 아이들과 마찬가지로 '나'도 '수택'을 싫어하였음을 알 수 있다.
③ '나'는 '착한 어린이 상'을 받은 후 그 상에 걸맞게 행동하고 싶어서 짝을 바꿔 달라고 말하지 않았다.
⑤ (라)에서 '나'가 준 깍두기를 먹은 '수택'은 이러한 '나'의 배려에 고마워하며 신문을 가져다 주었다.

5 이 글은 작품 속 인물인 '나(서술자)'가 자신의 이야기를 서술하는 1인칭 주인공 시점이다. ②는 관찰자 시점에 대한 설명이다.

오답 풀이 ① (마)에서 '나'가 시간이 많이 흐른 뒤에 '수택'과 있었던 어린 시절의 이야기를 회상하여 서술한 것임을 알 수 있다.
③ 이 글의 서술자는 '나'이며 사건이 진행됨에 따라 달라지는 자신의 심리와 행동을 섬세하고 구체적으로 서술하고 있다.
④ 이 글의 주요 사건인 '나'와 '수택'이 겪은 일은 초등학교 교실을 배경으로 한다.
⑤ (라)와 (마)에서 '나'는 과거에 '수택'이 준 신문을 난로에 던져 버린 자신의 행동을 반성하면서 성찰하고 있다.

6 이 글의 '나'는 '수택'에게 상처를 주었던 자신의 행동을 반성하며 정신적으로 성장한 모습을 보여 주고 있다. 〈보기〉와 같이 감상한 독자는 '나'의 모습을 통해 자신의 삶을 성찰하고 있다.

7 '수택'이 겨울 방학 때 시골 친척 집으로 이사를 간 것은 사실이지만 '나'의 행동에 상처를 입어서 이사를 간 것인지는 알 수 없다.

8 '나'는 '수택'과 사귀지 않는다는 것을 증명하기 위해 난로에 신문을 던져 버린다. 아이들이 '나'를 놀렸기 때문에 '나'가 이와 같은 행동을 하게 된 것이며, '나'와 아이들의 따뜻한 우정과는 관련이 없다. 또한, '난로'는 '나'가 신문을 태운 도구이며 계절적 배경을 드러내는 소재이다.

오답 풀이 ① (가)에서 아이들 사이에 퍼진 '수택'과 '나'가 사귄다는 소문 때문에 '나'는 몹시 괴로워하고 (나)에 제시된 것처럼 '수택'을 멀리하려 하였다.
② 겨울 방학은 '나'가 학교에 오지 않아도 되는 기간으로, '수택'과 아이들을 만나지 않을 수 있는 시간이다. '수택'과의 소문으로 힘들어하는 '나'는 빨리 겨울 방학이 되어 '수택'과 더 이상 짝을 하지 않고, 소문이 가라앉게 되기를 바라고 있다.
③ (다)에서 '수택'이 입은 '어깨솔기가 터진 스웨터', '누렇게 바랜 내복'은 '수택'의 어려운 가정 형편을 보여 준다.
⑤ '나'에게 '신문지'는 '수택'에게 상처를 주었던 어린 시절의 일을 떠올리게 하는 소재이다.

9 '수택'에게 깍두기를 주고, 신문을 받은 사실이 친구들에게 알려져 '나'와 '수택'이 사귄다는 소문이 났으므로 그 일을 하지 않았다.

정답과 해설

실력 쌓기 05 홍길동전 ❶

078~079쪽

• **작품 설명:** 이 소설은 조선 시대를 배경으로 서자인 '길동'이 적서 차별 제도 인하여 겪는 갈등과 갈등의 해결 과정을 그리고 있다. 비범한 능력을 지녔지만 서자라는 이유로 차별받던 '길동'이 스스로 자신의 이상을 실현해 가는 모습을 통해 신분에 따라 차별하던 당대 현실을 비판하고 있다.

• **핵심 보기**

갈등 원인	갈등 양상	
적자와 서자를 차별하는 사회 제도	'길동'의 내적 갈등	• 호부호형하고 싶음. • 자신의 능력을 인정받아 입신양명하고 싶음.
	'길동'과 '홍 판서'의 갈등	'길동'은 '홍 판서'에게 자신의 처지를 한탄하지만 '홍 판서'는 '길동'이 현실에 순응하기를 바람.
	'길동'과 조정의 갈등	'길동'이 관리들이 부정하게 축적한 재물을 빼앗자 조정은 '길동'을 잡아들이고자 함.

갈등 해결	'길동'이 벼슬을 받고 조선을 떠남.

1 ②　**2** ④　**3** ⑤　**4** ⑤　**5** 소인, 대감

1 (나)의 '대장부가 세상에 나서 공맹을 본받지 못할 바에야, 차라리 병법이라도 익혀 대장인을 허리춤에 비스듬히 차고 동정서벌하여'라는 대목에서 공맹을 본받는다는 것은 문관으로 벼슬을 한다는 의미이고, 병법을 익혀 대장인을 허리춤에 차겠다는 것은 무관으로 벼슬을 한다는 의미이다. 문관이 되지 못한다면 무관이라도 되겠다는 '길동'의 말에서 당시에는 무관보다 문관이 우대받았음을 짐작할 수 있다.

　　오답 풀이 ❶, ❸ (나)의 '길동'의 말에서 공자와 맹자의 학문을 배우는 것을 중시하는 유교적 가치관과 나라에 공을 세워 이름을 알리는 입신양명을 가치 있게 여겼다는 것을 알 수 있다.
❹ (다)의 '공'의 말에서 '길동'이 천한 종에게서 태어난 아들이며, '길동'과 비슷한 처지의 사람들이 많았다는 사실이 드러난다. 이를 통해 당시 사회에서는 본처 이외에 첩을 둘 수 있었음을 알 수 있다.
❺ (가)에서 '길동'이 종들로부터도 천대를 받았다고 하였고, '길동' 자신도 양반인 아버지와 신분이 다른 것으로 보아 출생에 따라 신분이 정해지는 신분 제도가 존재하였음을 알 수 있다.

2 '길동'이 갈등하고 있는 근본적인 원인은 적자와 서자를 차별하는 적서 차별 제도 때문이다. '길동'은 이러한 사회 제도 때문에 가정 안에서도 차별을 당하고 사회적으로 입신양명하는데에도 한계를 느끼고 있다.

　　오답 풀이 ❶ (나)에서 '길동'이 검술을 익히고 있는 모습이 드러난다.
❷ (가)에서 '길동'이 비범한 인물임이 드러난다. '길동'은 타고난 재능은 출중하지만 서자의 신분으로 태어나 출세할 수 없는 신분의 한계를 느끼기 때문에 사회 제도와 갈등을 겪는 인물이다.
❸ '길동'은 아버지를 아버지라고, 형을 형이라고 부르고 싶지만 부를 수 없다. 그러나 그 근본적인 원인은 '길동'이 첩의 자식으로 태어난 서자이기 때문이다.
❺ '길동'은 길러 주신 부모님과 함께 생활하고 있다.

3 '공(홍 판서)'은 '길동'의 처지와 마음을 이해하고 있지만, 당시

의 적서 차별 제도를 따라야 했기 때문에 어쩔 수 없이 '길동'을 꾸짖고 있다.

4 (다)에는 적자와 서자를 차별하는 사회 제도에 대한 불만을 '공(홍 판서)'에게 하소연하는 '길동'과 이러한 '길동'을 꾸짖는 '공'의 갈등이 드러난다. 그러나 ⓜ은 '공'과 '길동'의 외적 갈등 이후 신분의 한계 때문에 고민하는 '길동'의 내적 갈등이 행동으로 표현된 것이다.

　　오답 풀이 ❶ ⓐ은 '길동'이 매우 총명한 인재라는 의미이다. 이처럼 비범한 인물이 등장하는 것은 고전 소설의 특징 중 하나이다.
❷ 처량한 달빛과 맑은 바람은 쓸쓸한 분위기를 조성하여 '길동'의 내적 갈등을 심화하는 역할을 하는 자연물이다.
❸ 고전 소설에서는 아무런 인과 관계 없이 사건이 우연히 발생하는 특징이 나타난다. ⓒ에서도 검술을 익히는 '길동'을 우연히 '공(홍 판서)'이 보았다고 하였다.
❹ ⓓ을 통해 당시 양반의 첩에서 태어난 서자들이 많았음을 알 수 있다.

5 '소인'은 '길동'과 '공(홍 판서)'의 신분적 차이를 드러낸 말로, '길동'은 서자이기 때문에 비록 아버지 앞이지만 자신을 '소자'라고 칭할 수 없으며, 마찬가지 이유로 아버지를 '대감'이라고 불러야 한다.

보충 자료

| '소인'과 '소자'의 의미 |
• **소인:** 신분이 낮은 사람이 자기보다 신분이 높은 사람에게 자기를 낮추어 이르는 말
• **소자:** 아들이 부모에게 자기를 낮추어 이르는 말

실력 쌓기 05 홍길동전 ❷

080~081쪽

　소주제 발단 서자

1 ④　**2** ①　**3** ②　**4** ④　**5** ③

1 '길동'은 적자와 서자를 차별하는 사회 제도를 비판하며 이에 반발하여 집을 떠나 자신의 이상을 펼치고자 한다. '길동의 어미'는 '재상가의 천생이 너뿐이 아닌데'라고 하면서 신분에 따른 차별을 인정하며 이에 순응하는 태도를 보이고 있다.

2 (라)에서 '길동'은 어머니에게 출가의 뜻을 밝히는데, 주된 이유는 서자로서의 한을 풀고 자신의 이상을 이루기 위함이다. ①과 같은 걱정을 하는 인물은 곡산댁이다.

　　오답 풀이 ❷ 천한 종의 몸에서 태어나 서자로 살면서 품은 한이 깊음을 토로하고 있다.
❸ 근간에 곡산댁이 상공의 사랑을 잃을까 두려워 '길동'과 '길동의 어미'를 원수같이 알고 있어 이에 큰 화를 입을까 걱정된다고 말하였다.
❹ 서자로 태어나 남의 천대를 받음이 불가하다고 이야기하고 있으므로 적서 차별 제도라는 사회 제도에 저항하기 위해 출가를 결심한 것을 알 수 있다.
❺ 길산도 천생이지만 후세에 이름을 널리 알린 것처럼 '길동' 역시 서자인 신분적 한계를 뛰어넘기 위해 집을 떠나려고 하고 있다.

3 (마)에서 '길동'은 기절한 '홍 판서'를 보고 눈물을 흘리며 환약으로 정신을 들게 하는데 여기에 효 사상이 드러난다. 그리고 (바)의 '길동'이 '임금' 앞에서 자신을 '신(臣)'이라고 칭하며 자신의 한을 호소하는 데에서 임금에 대한 충 사상을 지니고 있음을 알 수 있다.

오답 풀이 ❶ (라)의 '모친과 더불어 전생연분이 중하여 금세에 모자가 되었으니'라는 '길동'의 말에서 불교적 윤회 사상이 드러난다. 그러나 (마), (바)에는 이러한 내용이 드러나지 않았다.

❸ (바)에서 스스로 집을 나와 도적의 무리에 참여했다는 것에서 '길동'이 자신의 삶을 운명에 맡기지 않고 스스로의 능력을 바탕으로 개척하였음을 알 수 있다.

❹ (바)에서 '길동'이 집을 나와 도적의 무리에 참여했다고 했으나 이것은 입신양명의 꿈을 이룰 수 없기에 한 일이지 재물을 중시하여 한 일이 아니다.

❺ (바)에서 '길동'은 자신의 아버지가 나라(임금)의 은혜를 입었다고 말하고, 자신이 한 도적질이 실상은 백성을 위한 것이었음을 고하였다.

4 여덟 명의 '길동'이 등장한다는 점, 그리고 여덟 명의 '길동' 모두 풀로 만든 허수아비였다는 점에서 비현실적인 사건이 전개된다는 고전 소설의 특징이 드러난다. 또한 끝내 누구도 치료하지 못한 '홍 판서'를 여덟 명의 '길동'이 환약을 먹여 일으키고, 풀로 여덟 명의 '길동'을 만들었다는 점에서 '길동'이 비범한 능력을 가진 인물임을 알 수 있다.

5 ⓐ, ⓑ, ⓓ, ⓔ는 모두 '길동'을 가리키는 말이고, ⓒ는 앞에 나온 장충의 아들 길산을 가리키는 말이다.

보충 자료

|「홍길동전」과 장길산 |

허균이 「홍길동전」을 지은 시기는 조선 광해군 때이지만 장길산이 도둑 집단의 우두머리로 활동했던 때는 조선 숙종 때로, 「홍길동전」이 완성되고 한참 후의 일이다. 그럼에도 「홍길동전」에 장길산의 이름이 등장하게 된 것은 후대에 이 소설을 필사하던 사람이 의도를 담아 덧붙인 것이라고 짐작할 수 있는데, 장길산은 천한 신분으로 태어나 서얼, 승려 출신 세력 등과 함께 봉기하여 큰 뜻을 펼치고자 하였던 인물이기 때문이다.

실력 쌓기 05 홍길동전 ❸ 082~083쪽

소주제 위기 조선

1 ① **2** ③ **3** ⑤ **4** 사회 제도(적서 차별 제도) 때문에 이루지 못한 입신양명의 꿈을 이루기 위해서이다.

1 조정(임금과 신하들)에서는 '길동'을 잡으려 하고 있고, '길동'은 병조 판서 벼슬을 내린다면 잡히겠다고 하여 갈등하고 있다.

오답 풀이 ❷ (사)에서 '임금'이 병조 판서를 제수하면 잡히겠다는 '길동'의 글을 보고 신하들을 모아 의논하기는 하지만, 이와 같은 상황을 두고 고민한 것은 아니다.

❸ (아)에서 '길동'의 형인 '경상 감사'는 스스로 잡히겠다며 나타난 '길동'을 보고 애달파하며 눈물을 흘린다. 그러나 망설이지 않고 '임금'의 명대로 '길동'을 잡아 서울로 데려간다.

---

❹ (사)에서 '임금'은 '길동'에게 벼슬을 주는 일이 알려지면 이웃 나라에도 창피스럽다는 신하들의 말에 수긍하여 '길동'을 잡아들이라고 명령하였다.

❺ 천한 신분인 '길동'이 병조 판서 벼슬을 원하는 것에서 '길동'이 신분 제도에 저항하고 있음을 알 수 있다. 기존의 사회 제도를 유지하려는 측은 조정 측이며, 사회 제도에 저항하는 측이 '길동'이다.

2 '길동'은 서자로 태어나 차별을 받으며 살아 왔다. 이렇듯 신분 제도에서 비롯된 차별로 벼슬길에 오르지 못하고 부조리한 사회 제도를 원망하던 '길동'은 입신양명하지 못한 한을 풀기 위해 '임금'에게 병조 판서 벼슬을 요구하였다. 결국 병조 판서 벼슬을 받은 '길동'은 평생에 맺혔던 한을 풀고 조선을 떠났다.

3 [A]에서 '길동'은 병조 판서 벼슬을 받자 조선을 떠난다. 입신양명(立身揚名)하고자 했던 '길동' 자신의 꿈은 이루었으나 적서 차별 제도라는 신분 제도에 의한 차별은 없어지지 않았기에 근본적인 문제 해결은 이루지 못했다고 보는 것이 적절하다.

4 '길동'은 뛰어난 능력이 있으나 적자와 서자를 차별하는 사회 제도 때문에 벼슬을 할 수 없었다. 이러한 자신의 한을 풀고 입신양명의 꿈을 이루기 위해 병조 판서 벼슬을 원한 것이다.

실전 문제 05 홍길동전 084~085쪽

1 ④ **2** ⑤ **3** ⑤ **4** ⓐ: 소자, ⓑ: 아버지 **5** ④
6 ② **7** ④ **8** ③

1 이 글은 고전 소설로 현실에서 일어날 수 없는 비현실적 사건이 일어나기도 하지만 제시된 부분에는 이러한 사건이 제시되지 않았다. 또한 이 글의 비현실적 사건은 '길동'의 비범한 능력을 드러내기 위해 제시되므로 이를 익살스럽거나 우습게 표현하지 않는다.

2 (다)에서 '길동'이 출가의 뜻을 내비치자 '길동의 어미'가 슬퍼하는 모습으로 보아 '길동'의 출가를 적극적으로 권한다고 보기는 어렵다.

오답 풀이 ❶ (나)에서 '공(홍 판서)'은 서자라는 이유로 차별받는 것에 대해 한탄하는 '길동'을 보고 불쌍하다는 생각을 하고 있다.

❷ (다)에서 '길동의 어미'는 "재상가의 천생이 너뿐이 아닌데, 어찌 마음을 좁게 먹어 어미 간장을 태우느냐?"라고 하며 사회 제도에 순응하는 모습을 보이고 있다.

❸ (나)에서 '공(홍 판서)'은 신분적 한계 때문에 서러워하는 '길동'을 보고 안타까워하지만 신분 제도라는 부당한 사회 제도에 순응하기 때문에 '길동'을 꾸짖는다.

❹ '길동'은 서자로 태어나 차별을 겪는 것에 대해 괴로워하고, 적서 차별 제도라는 사회 제도에 적극적으로 저항하기 위해 출가를 결심한다.

3 ㉢은 길산이 집을 떠나 이름을 후세에 널리 알렸듯이 '길동' 자신도 집을 떠나 세상에 나아가 스스로의 능력을 펼치겠다는 의미이다.

4 (나)에서 '길동'은 서자이기에 아버지인 '홍 판서' 앞에서 자신을 '소인'이라고 칭하고, 아버지를 '대감'이라고 부르고 있다. 제시된 글에서 '길동'은 '홍 판서'로부터 호부호형을 허락받으면서 자신을 칭할 때에도 부모 앞에서 자신을 낮추는 말인 '소자'를 사용할 수 있게 되고, '대감' 대신 아버지라고 부를 수 있게 된다.

5 (가)의 '길동'의 말에서 드러나듯이 백성들의 삶이 어려웠던 이유는 각 읍의 수령들이 백성들을 들볶아 착취하여 재물을 빼앗았기 때문이다. '길동'이 이끈 도적의 무리들은 관리들이 부정한 방법으로 축적한 재물을 빼앗았지 백성들을 괴롭히지는 않았다.

6 조선 시대는 적자와 서자를 차별하여 대우하는 사회였다. 서자로 태어난 '길동'은 호부호형도 못하고 입신양명의 길에도 제한이 있었기 때문에 결국 집을 떠나 활빈당의 우두머리가 되어 조정과 갈등을 일으킨다.

7 (다)에서 병조 판서를 제수받은 '길동'은 입신양명하고 싶은 자신의 한을 풀었다며 인사를 전하고 홀연히 사라졌다.

8 ㉢의 병조 판서 벼슬을 주면 잡히겠다는 말과 (다)의 병조 판서를 제수받고는 '임금'에게 평생의 한을 풀었다고 한 '길동'의 말에서 벼슬길에 오르는 것이 '길동'이 이루고자 한 꿈이었음을 짐작할 수 있다.

2 극

• **작품 설명:** 이 희곡은 잘 알려진 고전 소설 「토끼전」을 각색한 작품으로, 고전 소설을 현대적 감각으로 재구성하였다. 인간을 동물에 빗대어 인간 사회를 풍자하고 교훈을 전달하는 동시에 등장인물의 대사와 행동을 통해 해학적인 재미를 주고 있다.

• **핵심 보기**

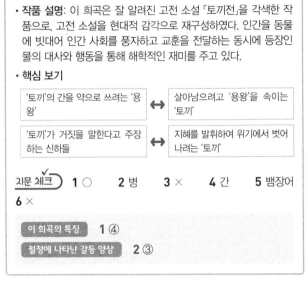

'토끼'의 간을 약으로 쓰려는 '용왕'	↔	살아남으려고 '용왕'을 속이는 '토끼'
'토끼'가 거짓을 말한다고 주장하는 신하들	↔	지혜를 발휘하여 위기에서 벗어나려는 '토끼'

1 이 글은 무대 상연을 목적으로 하는 희곡으로, 등장인물의 수나 배경에 제약이 많아 장면 전환이 자유롭지 못하다.

2 (라)~(바)는 절정 부분으로, 등장인물 간의 갈등이 최고조에 이른다.

• **작품 설명:** 이 희곡은 평범한 중학생이 일상생활에서 겪는 갈등을 그린 작품이다. 주인공 '수일'은 공부 문제로 '엄마'와 사사건건 갈등하던 중, 쥐에게 자신의 손톱을 먹여 또 다른 '수일'을 만들고자 한다. 이처럼 이 글은 사람의 손톱을 먹고 사람이 된 들쥐 이야기를 차용하고 있으며, 등장인물들이 겪는 갈등을 대사와 행동을 통해 효과적으로 나타내고 있다.

• **핵심 보기**

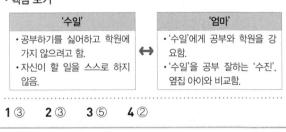

'수일'		'엄마'
•공부하기를 싫어하고 학원에 가지 않으려고 함. •자신이 할 일을 스스로 하지 않음.	↔	•'수일'에게 공부와 학원을 강요함. •'수일'을 공부 잘하는 '수진', 옆집 아이와 비교함.

1 이 글은 무대 상연을 전제로 한 연극 대본인 희곡으로, 등장인물의 대사와 행동을 통해 사건을 전달한다. 서술자가 이야기를 전달하는 것은 소설이다.

2 이 글에서는 학원에 가기 싫어하는 '수일'과 '수일'을 학원에 보내려는 '엄마'가 갈등을 일으키고 있다. 등장인물과 등장인물 간의 갈등이므로 갈등의 유형은 외적 갈등이다.

3 [A]는 등장인물의 동작, 표정, 말투 등을 지시하거나 조명이나 무대 장치, 음향 효과 등을 나타내는 지시문이다. 방백은 대사의 한 종류로, 관객에게는 들리지만 무대 위 다른 등장인물에게는 들리지 않는다고 약속하고 하는 말이다. 지시문은 배우의 연기나 무대의 모습으로 보여지는 것이지 대사로 관객에게 전달되는 것이 아니다.

4 '수일'은 '엄마'가 컴퓨터 선을 뽑아 간 것에 대해 짜증을 내고 있고, '엄마'는 '수일'이 학원에 가지 않아서 화가 난 상태이다.

소주제	발단 갈등

1 ③　　**2** ③　　**3** ②

1 '아빠'는 '엄마'에게 학원이 쉰다는 정보를 '수일'에게 전해 주었는지를 묻고, '엄마'는 그러한 이야기를 들은 적이 없다고 말하고 있다. 이러한 두 사람의 대화 내용으로 볼 때, 말다툼을 한 것이라고 보기는 어렵다.

> **오답 풀이** ❶ (다)에서 '수진'은 백 점 맞은 시험지를 '엄마'에게 보여 주고 있다.
> ❷ (라)에서 '수일'은 자신이 축구를 잘한다는 사실과 함께 축구 선수가 되고 싶다는 바람을 말하고 있다.
> ❹ (라)에서 '수일'은 학원이 쉬는 날인지 모르고 학원에 갔다가 헛걸음을 하고 화를 내며 집으로 돌아왔다.
> ❺ (다)에서 '엄마'는 정우가 백 점 맞았다는 소식을 전하는 정우 엄마의 전화를 받고 언짢아하고 있다.

2 방문을 열지 않으면 저녁밥을 주지 않겠다는 '엄마'의 말은 ㉠의 뒤에 한 말이며 실제로 '엄마'가 '수일'에게 저녁밥을 주지 않았는지는 알 수 없다.

> **오답 풀이** ❶ '수일'은 자신이 컴퓨터를 하지 못하도록 컴퓨터 선을 뽑아 간 '엄마'에게 화가 났다.
> ❷ 옆집 정우는 수학 시험에서 백 점을 맞았다며, 정우와 '수일'을 비교하는 '엄마'의 말을 듣고 '수일'은 화를 냈다.
> ❹ '엄마'가 "축구가 밥 먹여 줘?", "축구 선수가 되는 것은 쉽니?"라고 말하며 '수일'의 생각을 존중해 주지 않고, '수일'을 무시하는 태도를 보이자 '수일'은 아들을 그렇게 못 믿는다며 상처를 받았다.
> ❺ '엄마'가 학원에 가기 싫다는 '수일'을 억지로 학원에 보내고, 공부에 대한 잔소리를 지속적으로 하고 있는 것에 '수일'은 불만을 가지고 있다.

3 '아빠'는 '수일'에게는 '엄마'를 이해하라고 말하고, '엄마'에게는 '수일'을 너무 나무라지 말라고 말하고 있다. 이는 '아빠'가 '수일'과 '엄마' 사이를 중재하려고 노력하는 것이라고 할 수 있다.

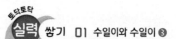
실력 쌓기　**01** 수일이와 수일이 ❸　　094~095쪽

1 ⑤　　**2** ①　　**3** ②　　**4** 하기 싫은 건 다 그놈 시키고, 나는 매일 놀기만 할 텐데.

1 가족들이 대청소를 할 때 '수진'에게 장난을 치고, 쥐를 무서워하는 '수진'에게 걸레를 던져 놀라게 하는 것으로 보아 '수일'이 장난치는 것을 좋아함을 알 수 있다.

> **오답 풀이** ❶ 집 안으로 들어온 쥐를 잡으려고 쫓는 것으로 보아 '수일'이 겁이 없는 성격임을 알 수 있다.
> ❷ 쥐를 무서워하는 동생에게 걸레를 던지며 놀라게 하는 것으로 보아 '수일'이 동생을 잘 보살피지 않는다는 것을 알 수 있다.
> ❸ 학원에 가기 싫어하는 점, 가족들이 모두 청소를 하고 있는데도 청소는 하지 않고 장난을 치는 점 등을 볼 때 '수일'이 성실하지 않다는 것을 알 수 있다.
> ❹ '수일'이 욕심을 부리거나 냉정하게 행동하는 장면은 나타나지 않는다.

2 살아 있는 쥐를 연극 무대 위에 풀어 놓고 연기하도록 하는 것은 불가능한 연출이다.

> **오답 풀이** ❷ 이 희곡은 '거실'을 주 배경으로 하여 사건이 전개되고 있으나, '수일'네 가족이 집 안팎 대청소를 하는 장면에서는 '방'과 '정원'도 배경으로 설정되어 있다.
> ❸ '엄마'가 거실 벽에 백 점 만점에 이십 점을 맞은 '수일'의 성적표를 붙여 놓았다고 하였으므로, 관객들이 볼 수 있게 크게 확대해 붙이는 것은 적절한 연출이다.
> ❹ '수진'은 쥐를 보지 못한 상태이고 쥐는 소파 밑에 숨어 있는 상황이므로 음향 효과로 처리하는 것이 적절하다. 또한 '아빠'는 무대 밖에서 '수일'을 부르는 것이므로 무대에 등장하지 않는 것이 적절하다.
> ❺ '엄마'와 '수진' 역을 맡은 배우가 쥐를 피해 우왕좌왕하는 모습을 큰 동작과 목소리로 연기하여 쥐의 등장을 관객들에게 인상 깊게 알릴 수 있다.

3 ㉠과 같이 말하는 것으로 보아 '수일'이 실제로 쥐에게 손톱을 먹일 것이라고 예측할 수 있다. 또한 이를 통해 '수일'이 쥐에게 손톱을 먹여서라도 공부와 학원을 강요받는 현실에서 벗어나고 싶어 한다는 것을 알 수 있다.

4 '수일'은 자신과 똑같은 사람을 만들어 하기 싫은 일을 대신 시키려고 하고 있다.

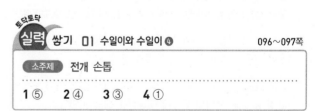
실력 쌓기　**01** 수일이와 수일이 ❹　　096~097쪽

소주제	전개 손톱

1 ⑤　　**2** ④　　**3** ③　　**4** ①

1 이 글은 쥐가 사람의 손톱을 먹고 그 손톱의 주인과 똑같은 사람으로 변한다는 옛날이야기를 차용하여 '수일'과 '가짜 수일'의 이야기를 전개하고 있다. 주인공 '수일'이 자신과 똑같은 사람을 만들어 낸다는 점에서 비현실적이며, '수일'이 '가짜 수일'에게 하기 싫은 일을 대신 시킴으로써 주인공의 바람을 실현시킨다는 설정을 취하고 있다.

2 '수일'은 스스로 자기의 손톱을 쥐에게 먹여 '가짜 수일'을 만들었으므로 이미 '가짜 수일'이 쥐임을 알고 있다.

3 '수진'은 '수일'과 달리 공부를 잘하여 '엄마'로부터 칭찬을 받고, 청소도 열심히 하는 등 여러 가지 면에서 '수일'과 비교되는 인물이다.

> **오답 풀이** ❶, ❺ '수진'은 '가짜 수일'의 존재를 모를뿐더러, '수일'이 '가짜 수일'을 만든 사실도 알지 못한다.
> ❷ 쥐가 나타난 것은 '수진' 때문이 아니다.
> ❹ '수진'이 '수일'을 자신의 방에 들어오지 못하게 했다는 내용은 찾을 수 없다.

4 이 장면에서 무대의 조명을 끄는 것은 연극의 장면을 바꾸기 위한 것이다.

실전 문제 01 수일이와 수일이   098~099쪽

1 ②   **2** ⑤   **3** ②   **4** ⑤   **5** ⑤   **6** ④   **7** 쥐에게 자신의 손톱을 먹여 자신과 똑같은 사람으로 만들려고 한다.

1 ㉠은 희곡의 처음 부분에 제시되어 등장인물과 장소 등을 설명하는 해설, ㉡은 배우에게 표정과 말투 등을 지시하는 지시문, ㉢은 등장인물이 하는 말인 대사이다.

2 '아빠'가 '엄마'와 '수일' 사이를 중재하려고 노력한 것은 맞지만, '엄마'와 '수일'에게 화를 내는 모습은 이 글에서 찾아볼 수 없다.

3 '수일'은 처음에 자신과 똑같이 생긴 '가짜 수일'을 보고 놀랐으나 곧 흥미를 갖게 되고, '가짜 수일'이 다시 쥐로 돌아가고 싶다고 하자 이내 의기양양해져서는 자신이 시키는 대로 할 것을 요구하고 있다.

4 이 글은 무대 상연을 목적으로 하는 희곡이다. 희곡과 소설은 갈등과 대립의 문학으로, 등장인물이 겪는 갈등과 그 해결 과정을 통해 주제를 전달한다.

> **오답 풀이** ❶ 극 문학(희곡, 시나리오)에 대한 설명이다.
> ❷ 소설에 대한 설명이다. 희곡은 시간과 장소의 제약을 많이 받는다.
> ❸ 극 문학과 소설 모두 작가가 꾸며 낸 이야기이다.
> ❹ 소설에 대한 설명이다. 극 문학은 주로 대사와 지시문으로 표현된다.

5 '엄마'는 성적을 중시할 뿐이며 '수일'을 통해 자신이 이루지 못한 꿈을 이루고자 하는지는 확인할 수 없다.

6 (가)에는 '수일'과 '엄마'의 외적 갈등이 나타난다. 외적 갈등의 유형 중 인물 사이의 갈등에 해당하는 예는 ④이다.

> **오답 풀이** ❶ 지진은 자연재해에 해당하므로 자연과 인간의 외적 갈등에 해당한다.
> ❷, ❸ 사회와 개인의 외적 갈등에 해당한다.
> ❺ 개인의 내적 갈등에 해당한다.

7 '수일'은 자신과 똑같은 모습을 한 가짜를 만들어 가짜에게 자신이 하기 싫은 일을 대신 시키려고 하고 있다.

---

3   수필

개념 이해   100~101쪽

1 ×   **2** ×   **3** 중수필   **4** ○   **5** ○   **6** ×

개념 적용   괜찮아   102~103쪽

• **작품 설명:** 이 수필은 다리가 불편한 글쓴이가 어린 시절의 경험을 회상하여 쓴 글로, 다른 사람의 처지를 이해하고 배려하는 자세의 중요성에 대해 말하고 있다. 몸이 불편하여 놀이에 낄 수 없었던 글쓴이에게 역할을 만들어 주며 함께했던 친구들의 배려와 깨엿 장수에게 들은 "괜찮아."라는 말을 통해 세상이 살 만한 곳이라고 깨닫는 과정을 진솔하게 전달하고 있다. 또한 '괜찮아'라는 말의 의미를 용기를 북돋아 주는 말, 용서의 말, 격려의 말, 나눔의 말, 부축의 말이라고 정리하면서 위로와 희망을 주는 말의 가치를 말하고 있다.

• **핵심 보기**

			이 글이 주는 감동이나 즐거움
글쓴이의 경험	• 초등학교 시절 친구들이 '나'를 배려했던 일 • 깨엿 장수에게 '괜찮아'라는 말을 들었던 일	→	• 힘든 상황 속에서도 긍정적으로 생각하며 희망을 잃지 않는 글쓴이의 태도 • 어린 시절, 글쓴이를 배려하는 친구들의 행동에서 느껴지는 따뜻함과 위로 • 여러 가지 일화에 드러난 다른 사람을 배려하고 위로하는 태도의 중요성
글쓴이의 깨달음	세상은 살 만한 곳이며, 선의와 사랑, 용서와 너그러움이 있는 곳이라고 믿게 됨.		

지문 체크   **1** ○   **2** 어머니   **3** ×   **4** ×   **5** ×
6 괜찮아

이 글에 드러난 글쓴이의 경험과 깨달음	**1** ⑤
이 글이 주는 감동이나 즐거움	**2** ④

1 이 글에서 글쓴이는 자신의 어린 시절 경험을 소재로 하여 긍정적 삶의 태도를 지니게 된 계기를 밝히고 있다. 글쓴이는 자신이 직접 겪은 일을 서술하였을 뿐 전문가의 의견을 제시하지는 않았다.

> **오답 풀이** ❶ (다)에서 어렸을 때 친구들은 방과 후 골목에서 술래잡기, 사방치기, 공기놀이, 고무줄놀이 등을 하고 놀았고, 글쓴이는 대문 앞 계단에 앉아 친구들이 노는 것을 지켜보았다고 하였다.
> ❷ 글쓴이는 다리가 불편한 자신의 처지를 진솔하게 드러내고 있다.
> ❸, ❹ (마)와 (바)에서 글쓴이는 깨엿 장수에게 "괜찮아."라는 말을 들었던 일을 소개하면서 이 경험을 통해 세상을 긍정적으로 바라보게 되었음을 말하고 있다.

2 어린 시절 친구들의 배려, 깨엿 장수의 말, 다른 사람의 처지를 배려하는 여러 가지 일화를 통해 위로와 희망을 주는 말의 중요성과 다른 사람의 처지를 이해하고 배려하는 태도의 필요성을 깨달을 수 있다.

- **작품 설명**: 이 수필은 글쓴이가 학창 시절 신학기에 느꼈던 외로움을 회상하며 쓴 글이다. 험난한 인생을 살아갈 때 진정한 벗이 필요하다는 점과 진정한 벗이 되기 위해 먼저 노력하는 자세가 중요하다는 깨달음을 전달하고 있다.

- **핵심 보기**

이 글에 쓰인 문학적 표현	의미
망망대해	고난과 어려움이 가득한 삶
홀로 헤치는 파도	인생에서 마주치는 고난과 어려움
사막	고독한 삶
• 내가 먼저 쌓아야 할 탑 • 내가 밭을 경작해서 맺어야 할 열매	자신이 먼저 노력하여 진정한 벗이 되어야 함.

↓

우리 인생에서 삶의 고난을 함께 이겨 낼 진정한 벗이 필요하며, 우리가 먼저 진정한 벗이 되고자 노력해야 함.

소주제 처음 친구

1 ③　**2** ⑤　**3** ④　**4** ③　**5** 망망대해

1 이 글은 글쓴이가 일상의 경험을 통해 얻은 생각이나 느낌을 자유롭게 쓴 수필이다. 수필은 특정 독자를 대상으로 하는 글이 아니며, 글을 쓰는 직업을 가진 사람이 아니어도 누구나 쓸 수 있는 비전문적인 글이다.

오답 풀이 ❶ 수필은 글쓴이가 실제로 경험한 일을 생각이나 느낌과 함께 적은 고백적인 글이다.
❷ 수필은 일정한 형식의 제약 없이 자유로운 형식으로 쓸 수 있는 글이다.
❹ 수필은 글쓴이 주변에서 일어나는 여러 가지 일들을 소재로 삼을 수 있는 신변잡기적 성격의 글이다.
❺ 수필은 글쓴이의 가치관, 인생관, 생활 방식, 정서 등 글쓴이의 독특한 개성이 녹아 있는 글이다.

2 처음 부분에서 글쓴이는 학창 시절 신학기를 맞이할 때마다 친했던 친구들과 흩어지고, 새로운 친구를 쉽게 사귀지 못해 소외감과 외로움을 겪은 경험을 제시하였다. 그리고 이 경험과 연관 지어 성인이 된 후의 나날은 어린 시절에 느꼈던 외로움, 소외감과 비할 수 없이 두렵고 힘든 나날임을 서술하고 있다.

3 글쓴이는 신학기에 친했던 친구들과 헤어지는 과정에서 속상함과 외로움을 느꼈다. 그리고 어느새 서로 친해져 밥도 함께 먹고 이야기를 나누는 다른 친구들을 보면서 혼자만 외톨이로 겉돈다는 생각에 소외감도 느꼈다.

4 ㉠의 앞에서 힘든 인생을 망망대해(茫茫大海)에 빗대어 표현한 것으로 볼 때, '홀로 헤치는 파도'는 고난, 시련과 같은 인생에서 겪는 어려움을 의미한다.

5 '망망대해(茫茫大海)'는 한없이 크고 넓은 바다를 뜻한다. 인생을 살아가는 것을 망망대해를 헤매는 것 같다고 하였으므로 '망망대해'는 고난과 어려움이 가득한 삶을 의미한다고 볼 수 있다.

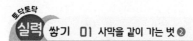
소주제 가운데 우정　끝 벗

1 ④　**2** ③　**3** ⑤　**4** ⑤　**5** 탑, 열매

1 이 글은 '망망대해', '파도', '사막', '탑', '열매' 등 문학적 표현을 사용하여 힘든 삶에서 진정한 우정이 필요함을 말하고 있다.

오답 풀이 ❶ 이 글은 글쓴이가 경험을 통해 얻은 생각이나 느낌을 진솔하게 표현한 수필이다. 글쓴이의 주장은 드러나지 않는다.
❷ 힘든 인생살이에서의 친구의 중요성을 말하기 위해 다양한 소재를 활용하고 있지만 대조적 의미를 지니는 소재는 나타나지 않는다.
❸ 처음 부분에서 학창 시절의 경험을 보여 주고 있지만, 현재에서 다시 과거로 돌아가지는 않는다.
❺ 글쓴이의 경험에 사회적 문제는 드러나지 않는다.

2 이 글에서 글쓴이는 친구는 많지만 진정으로 벗이라 부를 만한 이가 몇이나 되는지 한 번쯤 되새겨 보라고 하였다. 이는 친구의 수가 중요한 것이 아니라 진정한 친구의 사귐이 필요하다는 뜻이다.

오답 풀이 ❶ 글쓴이는 (사)에서 진정한 벗이라 부를 만한 이가 몇이나 되는지 한 번쯤 되새겨 보며 살아야 한다고 하였다.
❷ 글쓴이는 이 글에서 험난한 인생을 살아갈 때 돈독한 우정을 나눌 수 있는 친구가 필요하다고 하였다.
❹ 글쓴이는 (바)에서 힘든 일을 겪고 있는 친구에게 힘이 되어 준, 돈독한 우정을 가꾸는 이들의 사례를 소개하며 그러한 우정의 중요성을 이야기하고 있다.
❺ 글쓴이는 (마)에서 목소리나 눈짓을 통해 친구가 무엇을 원하는지 알아채는 우정을 돈독한 우정이라고 말하며, 돈독한 우정을 나누고 있는 이들이라면 적어도 실패한 삶은 아니라고 말하였다.

3 글쓴이는 (사)에서 진정한 친구를 사귀려면 스스로가 먼저 상대에게 참다운 벗이 되기 위해 노력해야 한다고 말하였다.

4 글쓴이는 (마)에서 험난한 삶을 같이 겪고 있다는 동지애를 느끼게 해 주는 친구, 따뜻한 동반자라는 느낌을 주는 친구와 함께한다면 힘든 세상도 살아 볼 용기가 솟는다고 말하였다.

5 (사)에서 글쓴이는 우정은 상호 간의 교류가 있어야 하는데, 이는 스스로의 노력을 통해 이룰 수 있다고 하였다. 먼저 쌓아야 할 '탑'과 내가 밭을 경작해서 맺어야 할 '열매'는 자신이 먼저 노력하여 이루어야 하는 우정을 뜻한다.

Ⅲ 비문학

1 설명하는 글

차근차근 개념 이해   110~111쪽

1 처음   **2** 일반화   **3** ○   **4** ○   **5** 주제   **6** ×

바로바로 개념 적용 은행 문은 왜 안쪽으로 열릴까   112~113쪽

- **지문 설명:** 이 글은 문이 열리는 방향을 결정하는 요인과 문이 열리는 방향에 담긴 건축의 원리를 설명하였다. 주택의 현관문과 아파트의 현관문, 방문, 은행 문 등이 열리는 방향이 어떻게 결정되는지를 구체적 사례와 함께 알기 쉽게 설명하고 있다.

- **핵심 보기**

현관문	• 주택의 현관문은 공간 활용 측면에서 밖으로 열림. • 아파트의 현관문은 비상시의 대피가 수월하도록 밖으로 열림.
방문	방문은 공간 활용과 행동 과학 측면에서 안쪽으로 열림.
은행 문	은행 문은 도난으로부터의 안전을 우선시하여 안쪽으로 열림.

지문 체크   **1** ×   **2** ×   **3** ×   **4** 대피   **5** 거실
6 도난, 안쪽

이와 같은 글을 요약하는 방법	**1** ③
이 글의 통일성 판단	**2** ③

1 이 글은 설명하는 글로, 설명하는 글을 요약할 때에는 설명 대상에 대한 정보를 중심으로 내용을 간추려야 한다. 주장과 근거를 중심으로 한 요약은 주장하는 글의 요약 방법이다.

2 글이 통일성을 갖추기 위해서는 주제에 적합한 자료를 선정하는 것이 중요할 뿐, 다양한 종류의 매체에서 수집한 자료를 활용했는가는 중요하지 않다.

토닥토닥 실력 쌓기 **01** 조상의 슬기가 낳은 석빙고의 비밀 ❶   114~115쪽

- **지문 설명:** 이 글은 석빙고의 얼음 저장 과정과 원리를 설명하였다. 석빙고에 담긴 과학적 원리를 밝히고 여기에 우리 조상들의 슬기가 담겨 있음을 강조하고 있다.

- **핵심 보기**

석빙고의 얼음 저장 과정과 원리	
냉각	**저온 유지**
석빙고의 출입문 옆에 설치한 날개벽에 부딪힌 찬 바람이 소용돌이로 변하여 석빙고 내부까지 들어감.	더운 공기를 에어 포켓에 가두어 환기구를 통해 내보내는 천장 구조와 배수로, 방수층, 단열재, 잔디 등을 이용함.

소주제 처음 석빙고

1 ②   **2** ②   **3** ②   **4** ①, ②   **5** ③

1 이 글을 설명하는 글이므로 글에 담긴 정보를 중심으로 읽어야 한다. 글쓴이의 개성적 표현이 드러나는 글은 수필이다.

2 석빙고는 겨울에 채취한 얼음을 여름까지 보관하는 장소였지 얼음을 만드는 장소는 아니었다.

오답 풀이 ❶ (가)를 통해 냉장고가 없던 옛날에도 겨울에 채취한 얼음을 석빙고에 보관하여 여름에 사용하였음을 알 수 있다.
❸ (다)에서 경주 석빙고의 겨울철 내부 온도는 평균 영상 3.9도, 건물의 지하실 내부 평균 온도는 영상 15도 안팎이라고 하였다.
❹ (라)에서 날개벽을 이용하여 석빙고 내부를 냉각하는 원리를 설명하고 있다.
❺ (나)와 (마)에서 석빙고의 얼음 저장 과정의 두 번째 단계는 저온 상태 유지라고 하였다.

3 ㉠, ㉡, ㉢은 독자의 흥미를 유발하기 위한 부분으로 중심 내용이 아니다. ㉠은 현대인들이 얼음을 구하기 위해 냉장고를 사용한다는 내용이고, ㉡은 옛사람들도 ㉠의 현대인들처럼 여름에 얼음을 사용했다는 내용이다.

4 (마)를 요약하기 위해 첫 번째 문장을 선택하고, 이 문장에서 덜 중요한 부분을 삭제해서 좀 더 간결하게 요약하고 있다.

5 석빙고의 얼음 저장 과정이 두 단계로 나뉜다고 서술한 것으로 볼 때, 두 단계를 차례대로 설명할 것임을 예측할 수 있다.

토닥토닥 실력 쌓기 **01** 조상의 슬기가 낳은 석빙고의 비밀 ❷   116~117쪽

소주제 가운데 저장   끝 슬기

1 ③   **2** ④   **3** ⑤   **4** ⑤   **5** 조상(들)의 슬기

1 글쓴이는 석빙고의 얼음 저장 과정에 담긴 과학적 원리를 설명하면서 석빙고에 담긴 우리 조상들의 지혜를 알리고 있다.

2 (바)에서 에어 포켓에 더운 공기를 가두어 놓았다가 위쪽에 설치된 환기구를 통해 그 공기를 밖으로 빼내었다고 하였다.

3 (바)~(아)는 설명하는 글이므로 글에 제시되어 있는 정보를 중심으로 내용을 요약하는 것이 적절하다.

오답 풀이 ❶ 주장하는 글을 요약하는 방법이다.
❷, ❹ 이야기 글을 요약하는 방법이다.
❸ 주장하는 글 가운데, '문제-해결 방안'의 구조로 이루어진 글을 요약하는 방법이다.

4 (바)에서는 석빙고가 저온 상태를 유지할 수 있었던 이유를 천장 구조와 연결 지어 설명하고 있으므로 이를 중심으로 내용을 요약한다. (사)에서는 석빙고가 저온 상태를 유지하는 데 도움을 주는 여러 가지 요소를 설명하고 있으므로 이 요소들을 포함하여 내용을 요약한다.

5 글쓴이는 겨울철에 석빙고에 저장한 얼음을 한여름까지 보관할 수 있었던 원리를 설명하며 이러한 과학적 원리를 이용한 우리 조상들의 슬기를 강조하고 있다.

실력 쌓기 02 관계는 첫인상부터 시작된다 ❶   118~119쪽

• **지문 설명**: 이 글은 '가설 검증 바이어스'의 개념을 구체적인 사례를 들어 설명하고 있다. 글쓴이는 사람들이 제한된 정보로 형성한 첫인상을 바꾸려 하지 않는 까닭이 '가설 검증 바이어스' 때문이라고 지적하면서, '가설 검증 바이어스'를 버리고 상대의 실제 모습을 보아야 한다고 당부하고 있다.

• **핵심 보기**

'가설 검증 바이어스'의 개념	자신의 판단이 옳다는 것을 증명하는 정보만을 선택적으로 받아들이고 그렇지 않은 정보는 무시하는 경향

↓

'가설 검증 바이어스'는 편견과 선입견의 원인이 되므로 '가설 검증 바이어스'를 버리고 지속적인 관계를 통해 상대의 실제 모습을 보아야 함.

소주제 처음 첫 만남

1 ③   **2** ③   **3** ⑤   **4** 가설 검증 바이어스

1 (다)의 중심 내용은 '자신의 경험과 지식을 기준으로 상대의 첫인상을 결정하는 사람들'로, 마지막 문장에 드러나 있다.

2 ㉠은 '관계는 첫인상부터 시작된다'라는 제목을 바탕으로 글쓴이가 글을 쓴 의도를 미루어 짐작하고 있는 내용이다.

3 ㉡은 글에 제시된 구체적인 정보와 맥락을 근거로 하여 '가설 검증 바이어스'에 대한 글쓴이의 생각이 부정적이라는 것을 예측하고 있다.

4 사회 심리학 용어인 '가설 검증 바이어스'에 대한 설명으로, (마)에 제시되어 있다.

실력 쌓기 02 관계는 첫인상부터 시작된다 ❷   120~121쪽

소주제 가운데 가설 검증 바이어스   끝 당부

1 ②   **2** ④   **3** ⑤   **4** ③   **5** ②

1 (사)에서는 '혈액형 성격학'이 들어맞는 것처럼 생각하는 이유가 '가설 검증 바이어스' 때문이라고 밝히고 있다. 그러나 '혈액형 성격학'이 인간관계를 맺는 데 도움을 준다는 내용은 찾아볼 수 없다.

오답 풀이 ❶ (바)에서 사회 심리학자인 '스나이더'와 '스완'이 대학생을 대상으로 한 실험을 통해 '가설 검증 바이어스'를 입증하였음을 알 수 있다.
❸ (사)에서 '가설 검증 바이어스'는 첫인상뿐만 아니라 우리 생활 전반에 영향을 미치고 있다고 하였다.
❹ (바)를 통해 '스나이더'와 '스완'이 실시한 실험에 참가한 대학생들이 앞으로 만나게 될 사람의 성격을 판단하는 질문 26개를 받았다는 사실을 확인할 수 있다.
❺ (자)에서 첫인상은 여러 측면이 있을 수 있는 상대의 성격을 제한된 정보뿐인 자기의 잣대로 재단하여 마음대로 형성한 것이기에 위험하다고 하였다.

2 글쓴이는 (자)에서 '가설 검증 바이어스'의 위험성을 지적하면서 '가설 검증 바이어스'를 버리고 지속적인 관계를 통해 상대의 실제 모습을 보아야 한다고 당부하고 있다.

3 ㉠은 글 속에 나타난 내용을 활용하여 앞으로 이어질 내용을 예측한 것이다.

4 (자)는 글의 끝부분으로 '가설 검증 바이어스'의 위험성과 지속적인 관계를 통해 상대의 실제 모습을 보아야 한다는 글쓴이의 당부가 제시되어 있다.

5 ㉡의 예를 통해 사람의 성격은 상황에 따라 다르게 나타나며, 사람의 성격에는 여러 가지 측면이 있을 수 있다는 사실을 알 수 있다.

실력 쌓기 03 독도의 가치   122~123쪽

• **지문 설명**: 이 글은 독도에 대한 정보를 전달하기 위해 쓴 글의 일부분이다. '독도의 가치'에 대해 설명하고 있으며 통일성을 고려하여 수정해야 할 부분이 있다.

• **핵심 보기**

(가)	독도의 경제적 가치
(나)	독도의 환경·생태학적 가치
(다)	독도에 살았던 강치 → 통일성을 깨뜨리므로 삭제해야 함.
(라)	독도의 위치적 가치

1 ①   **2** ②   **3** ③   **4** ㉤을 (라) 문단으로 이동해야 한다.

1 (다)에서 독도 강치는 일제 강점기 때 무자비한 포획으로 멸종되었다고 하였다.

오답 풀이 ❷ (나)를 통해 독도에 희귀한 동물과 식물이 살고 있음을 알 수 있다.
❸ (가)에서 독도 주변의 바다는 한류와 난류가 만나는 조경 수역이기 때문에 어류의 먹이가 풍부하여 겨울과 봄에는 명태 어장이, 여름과 가을에는 오징어 어장이 형성된다고 하였다.
❹ (나)에서 독도는 여러 단계의 화산 활동으로 만들어져서 다양한 암석과 지형, 지질 구조를 관찰할 수 있다고 하였다.
❺ (라)에서 독도는 우리나라의 가장 동쪽에 있기 때문에 배타적 경제 수역 설정에서 중요한 역할을 한다고 하였다.

보충 자료

| **배타적 경제 수역** |
배타적 경제 수역은 영해 기선으로부터 200해리에 이르는 수역 중 영해를 제외한 수역으로, 우리나라는 일본, 중국과 배타적 경제 수역이 겹치기 때문에 어업 협정을 체결하여 겹치는 수역을 공동으로 관리하고 있다.

2 이 글은 독도의 가치에 대해 설명하고 있다. (다)는 독도에 살았던 강치에 대해 서술하고 있으므로 이 글의 주제와 관련이 없다. 그러므로 이 글의 통일성을 고려할 때 삭제해야 한다.

3 글이 통일성을 갖추기 위해서는 문단을 구성하는 문장이 각 문단의 중심 내용을 뒷받침해야 한다. (나)에서는 독도의 환경·생태학적 가치를 말하고 있는데 @는 중심 내용과 반대되는 내용이므로 삭제해야 한다.

4 (가)는 독도가 지니고 있는 경제적 가치를 설명하고 있다. 그러나 ⓑ은 독도의 위치를 설명하고 있으므로 독도의 위치적 가치를 설명하고 있는 (라)로 이동하는 것이 적절하다.

2 주장하는 글

개념 이해
124~125쪽

1 본론 **2** 설득 **3** ○ **4** × **5** 기억, 집중 **6** 목적

개념 적용
126~127쪽

◆ **극지 연구가 지니는 의미**

• **지문 설명:** 이 글은 극지 연구에 정부 차원의 장기적인 투자가 필요하다는 주장을 펼치고 있는 글로, 구체적인 근거를 제시하여 극지 연구의 필요성을 강조하고 있다.

• **핵심 보기**

| • 극지는 인류에게 필요한 자원을 많이 보유하고 있음. |
| • 극지는 지구 환경 변화를 연구하는 데 매우 중요함. |

↓

| 극지 연구에 정부 차원의 장기적인 투자가 필요함. |

◆ **인권이 뭘까요**

• **지문 설명:** 이 글은 모든 사람들의 인권을 지키기 위해 우리의 노력이 필요하다는 주장을 펼치고 있는 글로, 인권을 지키기 위해 우리가 가져야 할 태도를 제시하여 주장을 구체화하고 있다.

• **핵심 보기**

| 인권을 지키기 위해 우리가 가져야 할 구체적인 태도 | • 인권은 인간이 갖는 보편적인 권리이므로 누구에게나 적용되어야 한다는 것을 인식해야 함.
• 약자의 인권에 관심을 가져야 함.
• 인권이 책임을 동반한 권리라는 것을 명심해야 함. |

지문 체크 **1** × **2** ○ **3** 기초 과학 **4** 보편적 **5** ○
6 책임

| 정보나 읽기 맥락을 바탕으로 한 이 글의 내용 예측 | **1** ② |
| 구조에 따른 이 글의 내용 요약 | **2** ⑤ |

1 (가)에서는 극지 연구의 현황에 대해 서술하고, (나)와 (다)에서는 극지의 중요성에 대해 제시하고 있다. 이를 통해 글쓴이가 극지 연구의 필요성을 주장할 것임을 예측할 수 있다.

2 (마)에서는 자신과 타인의 인권을 모두 소중히 여겨 모든 사람들의 인권을 지키기 위해 노력해야 한다고 이야기하고 있다.

실력 쌓기 01 더위가 알려 준 진짜 충격 ❶
128~129쪽

• **지문 설명:** 이 글은 기후 변화가 심각한 사회 문제임을 인식하고, 이를 해결하기 위해 노력해야 한다는 주장을 담고 있다. 글쓴이는 기후 변화가 우리의 삶과 밀접하게 관련되어 있음을 인식하도록 유도하고, 통계 자료를 제시하여 기후 변화 문제가 심각해지고 있음을 밝히면서 태도를 바꾸지 않는 우리의 모습을 비판하고 있다.

• **핵심 보기**

서론	더위가 불러일으키는 근본적인 고민, 기후 변화
본론	기후 변화 문제가 계속 심각해지고 있는데도 변하지 않는 우리의 태도
결론	기후 변화 문제의 심각성에 대한 인식과 이를 해결하기 위한 노력의 필요성

소주제 서론 기후 변화

1 ① **2** ③ **3** ④ **4** ⑤ **5** 더위의 고통은 (잠시 있다가 떠날 것이 아니며, 오히려) 가면 갈수록 심해질 것이 분명하기 때문이다.

1 이 글의 서론에서 더위를 통해 기후 변화 문제의 심각성을 제기하고, 본론에서 기관의 통계 자료를 활용하여 기후 변화 문제가 계속 심각해지고 있음을 보여 준다. 기후 변화 문제에 대한 서로 상반된 연구 결과는 제시되어 있지 않다.

오답 풀이 ❷ 글쓴이는 기후 변화에 대한 문제를 제기한 후, 이 문제가 전 지구적 문제이자 끝내 외면할 수 없는 생존의 문제라고 말하며 문제의 심각성을 강조하고 있다.
❸ (라)에서 미국 국립 해양 대기청의 통계 자료를 제시하여 신뢰성을 높이고 있다.
❹ (가)에서 '더위. 이보다 우리를 압도하는 것이 있을까?'와 같이 화제와 질문을 던짐으로써 독자의 관심을 끌고 있다.
❺ '더위'라는 실생활과 밀접한 소재로부터 기후 변화라는 사회적 문제를 이끌어 내고 있다.

2 〈보기〉는 글쓴이가 해 온 활동, 즉 글쓴이에 대한 정보를 통해 이 글의 전반적인 내용을 예측한 것이다.

3 (라)에서 글쓴이는 지구의 연평균 기온이 계속 상승하는 추세를 보인다고 서술하고 이를 구체적으로 보여 주는 그래프를 제시하여 문제의 심각성을 부각하고 있다.

4 (다)에서 글쓴이는 더위가 더 이상 단순 기상 현상이 아니라고 하였다.

오답 풀이 ❶ (나)에서 더위는 모든 이의 피부에 와 닿는 가장 심각한 전 지구적 문제이며 누구도 외면할 수 없는 생존의 문제라고 하였다.
❷ (가)에서 더위 앞에 나약해지는 사람들을 보며 아무리 훌륭하고 똑똑한 척을 해도 사람은 결국 하나의 생물일 뿐이라고 하였다.
❸ (가)에서 여름의 무더위에 세상만사가 귀찮아질 정도이니 온도 몇 도의 차이가 대단한 것임을 알 수 있다고 하였다.
❹ (다)에서 우리가 겪기 시작한 유례없는 무더위는 우리 문명이 그동안 쌓아 올린 빚더미의 맛보기에 불과하다고 하였다.

5 글쓴이는 더위로 인한 고통이 갈수록 심해질 것이기 때문에 다음 세대와 그 이후를 생각하면 우리가 오히려 행운아라고 하였다.

실력 쌓기 01 더위가 알려 준 진짜 충격 ② 130~131쪽

소주제 본론 기후 변화 결론 인식

1 ⑤ **2** ④, ⑤ **3** ④ **4** 지속적으로 발전할 수 있는 녹색 성장을 준비해야 한다.

1 이 글은 글쓴이가 독자에게 기후 변화 문제가 심각하다는 점을 일깨우는 동시에 이를 해결하기 위한 노력(자원 아껴 쓰기, 녹색 성장 준비하기)이 필요하다는 주장을 펼치기 위해 썼다.

2 (바)에서는 지구의 일 년 치 자원을 12월 31일에 다 쓰는 것으로 가정하였을 때 실제로 지구의 1년 치 자원이 모두 소모되는 날('지구 생태 용량 과용의 날')을 측정한 결과를 제시하고 있다. (바)를 통해 해가 갈수록 1년 치 자원이 모두 소모되는 날이 앞당겨지고 있고, 에너지 사용량과 그 증가량이 심각하다는 것을 알 수 있다.

오답 풀이 ❶ (바)에서는 여름이 시작되는 시기에 대해서는 언급하지 않았다.
❷ 우리나라가 현재처럼 자원을 소비하면서 자원을 지속적으로 사용할 수 있는 상태를 유지하려면 지구가 3.3개 필요하다는 것이지 자원 고갈의 속도가 3.3배 빨라졌다는 것은 아니다.
❸ (바)에서 설명하는 '지구 생태 용량 과용의 날'은 지구의 일 년 치 자원을 12월 31일에 다 쓰는 것으로 가정하여 자원이 모두 소모되는 날을 측정하는 것이다. 이는 실제 지구의 자원이 1년 치밖에 남지 않았다는 뜻이 아니다.

3 (사)에서 글쓴이는 더위 자체보다 사람들이 기후 변화 문제의 심각성을 인식하지 못하고 있는 것이 진짜 충격이라고 하였다.

4 글쓴이는 지금부터라도 기후 변화가 중요한 문제임을 인식하고 자원을 아껴 사용해야 하며, 녹색 성장을 준비해야 한다고 주장하고 있다.

실력 쌓기 02 생명의 그물을 함부로 끊지 말아요 ① 132~133쪽

• 지문 설명: 이 글은 인간이 생태계에 함부로 개입하여 생태계의 질서를 파괴하면 안 된다는 주장을 담은 글이다. 글쓴이는 인간의 개입으로 인해 생태계가 훼손된 다양한 사례를 들어 생태계 보호의 필요성과 생태계에 함부로 개입하는 일의 위험성을 부각하고 있다.

• 핵심 보기

인간의 개입으로 생태계의 질서가 파괴된 예
• 카이밥 고원의 사례
• 미국 과학자들의 실험
• 클리어 레이크의 사례

↓

생명의 그물을 지켜 내는 것이 우리 스스로를 지키는 길임을 깨달아야 함.

소주제 서론 생태계

1 ② **2** ② **3** ④ **4** 포식 동물이 사라지자 저희끼리 먹이를 두고 경쟁이 심해졌기 때문이다.

1 이 글은 카이밥 고원과 과학자들의 실험을 사례로 제시하여 자연 현상에 인간이 개입하여 생태계에 혼란이 생긴 상황을 보여 주고 있다.

2 (나)와 〈보기〉를 통해 인간의 개입 후 사슴의 수가 늘어났다가 다시 줄어들었음을 알 수 있다. 이로 미루어 볼 때, 이어질 내용에는 사슴의 수가 늘어났다가 줄어든 이유가 제시될 것임을 예측할 수 있다.

오답 풀이 ❶ 이 글은 주장하는 글로 글쓴이의 경험은 드러나지 않는다.
❸ 〈보기〉는 포식 동물을 없앤 후의 사슴 수 변화를 나타낸 그래프이므로 포식 동물의 수를 나타낸 그래프가 제시될 것이라는 예측은 적절하지 않다.
❹ 그래프를 통해 글쓴이가 카이밥 고원을 예로 제시한 이유는 추측할 수 없다.
❺ 글쓴이는 인간이 생태계에 함부로 개입하는 것의 위험성을 지적하면서 생태계 질서를 지켜 내야 한다고 주장하고 있다.

3 과학자들은 바다의 포식 동물인 불가사리를 없애고 물웅덩이에 어떤 변화가 일어나는지 관찰하였다. ㉣의 소제목이 '과학자들의 실험'이지만 전체적인 글의 흐름으로 보아 과학자들의 실험 설계 방법과 실험의 어려움에 대한 내용과는 거리가 멀다.

4 검은꼬리사슴은 늑대 같은 포식 동물이 있어 굶어 죽지 않고 살아갈 만큼 적당한 수를 유지할 수 있었던 것이다.

실력 쌓기 02 생명의 그물을 함부로 끊지 말아요 ② 134~135쪽

소주제 본론 1 실험 본론 2 살충제 결론 생명의 그물

1 ② **2** ④ **3** ② **4** 생명의 그물

1 글의 내용을 예측하며 읽는다고 해서 글을 빨리 읽을 수 있는 것은 아니다.

2 글쓴이는 인간이 자연의 질서에 개입해 생태계에 혼란을 가져온 사례를 제시하고, 이를 통해 생명의 그물에 손을 대기보다는 생명의 그물을 지켜 내는 것이 우리 스스로를 지키는 길임을 깨달아야 한다고 주장하고 있다.

3 하루살이를 없애기 위해 살충제를 뿌렸던 자신의 경험을 바탕으로 이어질 내용을 예측하고 있다.

4 글쓴이는 생태계를 복잡하고 거대하게 얽힌 '생명의 그물'이라고 표현하였다.

Ⅳ 다양한 언어생활

1 대화

개념 이해 138쪽

1 대화 **2** 언어폭력 **3** ○

개념 적용 그래 우린 친구야 139쪽

• **작품 설명:** 이 희곡은 현재 학교 현장에서 일어나고 있는 학생들의 이야기를 극으로 표현한 작품으로, 청소년들이 학교라는 공간에서 부딪히고 화해하며 성장하는 이야기가 담겨 있다. 또한 청소년들의 일상생활을 잘 담고 있어 학생들의 언어 습관을 엿볼 수 있는데, 수록된 부분에서는 폭력적인 언어를 사용하는 청소년들의 모습이 드러나 있다.

• **핵심 보기**

이 글에 나타난 언어폭력	
비속어	주둥이
비아냥대는 말	노래는 아무나 하는 건 줄 알아?
비난하는 말	넌 노래를 말로 하냐?
차별하는 말	꿀 먹은 벙어리라도 되었니?
상대가 싫어하는 말	나가수

↓

언어폭력은 언어폭력을 당한 '예림', 언어폭력을 가한 학급 친구들, 그리고 학급 전체에도 부정적인 영향을 끼침.

지문 체크 **1** × **2** ○ **3** 예림

이 대화에 나타난 언어폭력 **1** ⑤

1 이 글에서와 같이 언어폭력이 지속되면 언어폭력을 가하거나 당하는 사람뿐만 아니라 그러한 언어를 사용하는 집단에도 부정적인 영향을 끼친다.

실력 쌓기 **01** 다큐멘터리를 본 감상 / 친구 간의 대화 140~141쪽

◆ (가) 다큐멘터리를 본 감상

• **지문 설명:** 이 글은 말의 영향력을 실험한 다큐멘터리를 본 후에 쓴 감상문이다. 글쓴이는 긍정적인 말과 부정적인 말이 쌀밥에 미치는 영향을 알고 난 후 언어가 큰 힘을 지니고 있음을 깨닫고 자신의 언어생활을 반성하고 있다.

• **핵심 보기**

쌀밥에 긍정적인 말과 부정적인 말을 들려준 후 변화를 관찰한 실험	말은 그 자체로 힘을 지니고 있음.
긍정적인 말을 들려준 쌀밥과 부정적인 말을 들려준 쌀밥의 상태가 서로 다름. →	

◆ (나) 친구 간의 대화

• **작품 설명:** 이 글은 드라마 대본 『라이벌』 중 일부분이다. '옥림'과 '세리'가 서로의 기분을 배려하지 않고 이야기하여 둘의 갈등이 깊어지고 있다. 이와 같은 대화를 통해 폭력적인 언어가 갈등을 조성하고 인간관계에 좋지 않은 영향을 미친다는 것을 알 수 있다.

• **핵심 보기**

'옥림'과 '세리'의 대화	언어폭력은 갈등을 일으키고 인간관계에 부정적인 영향을 미침.
상대의 기분을 고려하지 않고 서로를 깎아내리는 말을 하여 갈등이 깊어짐. →	

1 ⑤ **2** ③ **3** ④ **4** ⑤

1 (가)의 실험은 긍정적인 말은 긍정적인 영향을, 부정적인 말은 부정적인 영향을 끼친다는 것을 보여 주고 있고, (나)의 대화는 상대의 기분을 배려하지 않는 부정적인 말이 두 사람의 관계를 해치고 있음을 보여 주고 있다.

2 (가)에 제시된 쌀밥 실험은 긍정적인 말과 부정적인 말이 각각 어떤 영향을 끼치는지 알아보기 위한 실험이다.

3 '옥림'과 '세리'는 상대의 실력을 깎아내려서 서로의 감정을 상하게 하여 의사소통을 제대로 하지 못하고 있다.

4 '옥림'과 '세리'가 관계를 회복하기 위해서는 서로를 배려하는 태도로 상대방의 입장에서 대화를 나누어야 한다. ⑤에서 '옥림'은 '세리'의 연습이 부족하다며 '세리'의 기분을 배려하지 않은 채 말하였고, '세리'도 '옥림'의 연습이 부족하다며 '옥림'을 배려하지 않는 태도로 말하였다.

---

2 방송 보도/연설

개념 이해 142쪽

1 ○ **2** 연설 **3** ×

개념 적용 우리나라의 비만 기준에 대한 방송 보도 143쪽

• **지문 설명:** 이 방송 보도는 아시아인의 비만 기준에 대한 논란을 화제로 제시하여 우리나라의 비만 기준을 올려야 한다고 주장하고 있다. 국적이 다른 두 한국계 여성의 사례와 최근의 연구 결과, 전문가의 의견 등을 근거로 제시하여 주장을 뒷받침하고 있다.

• **핵심 보기**

주장	우리나라의 비만 기준을 올려야 함.
근거	• 러시아보다 우리나라의 비만 기준이 엄격하게 적용됨. • 동양인의 비만 지수는 1980년대 연구 결과를 바탕으로 함. • 우리나라의 비만 기준에서 정상 체중인 사람들은 근육량이 적음.

↓

방송 보도의 타당성 판단	근거와 주장 간에 연관성이 있고, 근거로부터 주장을 이끌어 내는 과정에 오류가 없으므로 방송 보도의 내용은 타당함.

이 방송 보도의 타당성 판단　1 ⑤

1 이 방송 보도에서는 우리나라의 비만 기준을 올려야 한다는 주장을 뒷받침하기 위해 국적이 다른 두 한국계 여성의 사례, 최근의 연구 결과, 전문가의 의견을 근거로 들고 있다. 내분비내과 교수의 의견은 우리나라 기준으로 정상 체중인 사람들이 근육량이 적어 뼈가 약해진 사례가 많다는 내용을 덧붙여 설명하고 있다. 즉 우리나라 기준으로 날씬한 사람들이 골밀도가 좋지 않다는 교수의 의견은 보도의 주장을 뒷받침하는 타당한 근거이다.

실력 쌓기 01 학생회장 선거 연설 144~145쪽

• 지문 설명: 이 담화는 학생들이 학교생활 중 접할 수 있는 주제의 연설로, 학생회장 후보자의 공약 발표 연설이다. 연설자는 네 가지의 공약을 내세우면서 공약마다 근거를 함께 제시하고 있다.

• 핵심 보기

공약	타당성 판단	판단의 근거
공약 1: 의형제·의자매 제도 실시	타당하지 않음.	주장과 근거 사이에 연관성이 없음.
공약 2: 건의함 설치	타당하지 않음.	적은 사례를 일반화하고 있어 다수의 의견을 대표한다고 볼 수 없음.
공약 3: 매일 아침 식사 제공	타당하지 않음.	실천 불가능함.
공약 4: 학생 자치회 활성화	타당함.	근거가 주장을 논리적으로 뒷받침함.

1 ②　　2 ③　　3 ③　　4 최준서에게 반드시 투표해 주십시오.

1 이 담화의 종류는 연설로, 연설에는 말하는 이의 주장이나 의견이 명확히 드러나 있다. 그러므로 담화에 드러난 주장(의견)과 근거를 파악하고 그것의 타당성을 판단하며 들어야 한다.

2 이 연설의 처음 부분인 (가)에서 연설자는 자신을 소개하면서 질문을 던져 듣는 이의 흥미를 유발하는 한편, 자신이 생각하는 학생회장으로서의 자세를 밝히고 있다. 학생회장으로서의 계획인 공약은 소개 인사를 하고 포부를 밝힌 후에 제시하였다.

오답 풀이　❶ (바)에서 '저는 이 자리에 서기에 아직 부족합니다.'와 같이 겸손한 태도를 보이고 있다.
❷ (가)에서 연설자는 낙타 이야기를 제시하여 학생회장이 된다면 낙타와 같이 섬김의 자세로 학생들을 위해 일하겠다고 말하였다.
❹ 연설자는 공약을 제시할 때, '첫째', '둘째', '셋째', '마지막으로'의 순서를 붙여 청중에게 각 공약을 명확하게 전달하고 있다.
❺ 연설의 시작 부분에서 '여러분! 여러분은 낙타라고 하면 어떤 말이 가장 먼저 떠오르십니까?'라고 청중에게 질문을 던져 청중이 연설에 집중하게 만들고 청중의 흥미를 불러일으키고 있다.

3 아침 식사가 건강에 좋다는 다큐멘터리 자체는 믿을 수 있는 정보이다. 하지만 학생회장 후보자가 내세운 매일 아침 식사를 제공한다는 공약은 학생 수준에서 실천할 수 없으므로 타당하지 않다.

오답 풀이　❶ 의형제·의자매 제도를 실시하면 다른 학년의 선후배들과 서로 돕고 지낼 가능성은 높아질 것이다.
❷ 의형제·의자매 제도는 선후배 간의 친목을 도모할 수 있지만 같은 반 친구들과의 단합을 도모하기에는 적합하지 않다. 의형제·의자매 제도의 실시는 반 친구들과의 단합과는 관계가 없으므로 주장과 근거 사이에 연관성이 없다.
❹ 건의함 설치 공약의 근거로 세 명의 학생들이 누리소통망에 의견을 제시한 것을 들었다. 세 명이라는 적은 사례를 일반화하여 마치 학교 전체 학생들의 의견인 것처럼 주장하였으므로 이 공약은 타당하지 못하다.
❺ 어떤 집단의 문제는 그 집단에 속한 사람들이 함께 고민해야 많은 사람이 공감할 수 있는 해결 방안이 나올 가능성이 높다. 그러므로 학생 자치회를 활성화하여 학생들의 문제를 논의하겠다는 공약과 근거 사이에 연관성이 있다.

4 이 연설의 연설자는 학교 학생들을 대상으로 자신을 학생회장으로 뽑아 달라고 말하기 위해 다양한 공약과 근거를 제시하고 있다.

3 면담

개념 이해 146쪽

1 목적　　2 준비　　3 ○

개념 적용 요리 예술사와의 면담 147쪽

• 지문 설명: 이 글은 요리 예술사라는 직업에 대한 정보를 얻기 위해 면담한 내용을 정리한 것으로, 실제 면담하는 방법이나 면담할 때 지켜야 할 예절 등이 잘 나타나 있다.

• 핵심 보기

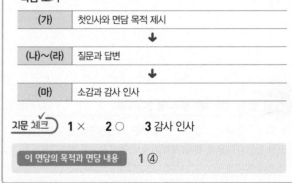

(가)	첫인사와 면담 목적 제시
(나)~(라)	질문과 답변
(마)	소감과 감사 인사

이 면담의 목적과 면담 내용　1 ④

1 이 면담은 요리 예술사라는 직업에 대한 정보를 얻기 위한 목적으로 진행된 면담이다. 그런데 ④는 요리 예술사라는 직업과는 관련이 없는 질문이다.

실력 쌓기 [01] 시인 할머니를 만나다 ❶ 148~149쪽

• **지문 설명**: 이 글은 손자에게 쓴 편지를 모아 『행복이』라는 책을 펴낸 김초혜 시인을 면담한 내용을 정리한 것이다. 시인이 손자에게 편지를 쓰게 된 사연을 알기 위한 목적으로 진행된 면담이며, 면담 목적에 맞는 질문이 제시되어 있다.

• **핵심 보기**

면담 목적	김초혜 시인이 손자에게 쓴 편지를 엮어 책으로 낸 사연을 알고 싶음.
질문 내용	• 손자에게 편지를 써서 책으로 줄 생각을 하게 된 까닭 • 시인이 생각하는 편지의 이로움 • 손자에게 편지를 써서 강조하고 싶었던 내용 • 시인이 생각하는 손자라는 존재 • 시인이 생각하는 자식 교육과 손자 교육의 차이 • 손자가 책 읽기 습관을 형성하는 데에 조부모에게 받은 영향 • 손자들의 휴대 전화 사용 • 손자와 그 또래 세대에게 전하는 시인의 당부

1 ②   **2** ⑤   **3** ⑤   **4** ④

1 이 면담은 면담 대상인 김초혜 시인이 손자에게 쓴 편지를 엮어 책으로 낸 사연이 무엇인지 알아보고자 진행되었다.

2 (나)에서 시인은 편지를 주고받음으로써 말(음성 언어)로 다 할 수 없는 깊은 사랑을 전할 수 있고, 가족 간의 정을 더 깊게 해 준다고 하였다.

3 (다)에서 시인은 편지를 통해 손자에게 손해를 보는 삶이 행복한 삶이라는 것과 다른 이에게 인색하지 말 것을 강조하였다고 하였다.

> **오답 풀이** ❶ 시인은 평생 책을 손에서 놓지 말라고 여러 차례 언급하며 독서의 중요성을 강조하였다.
> ❷ 시인은 노력해서 안 되는 일이 없다는 것을 강조하였다.
> ❸ 시인은 건강을 지키는 구체적인 방법을 제시하며 건강의 중요성을 강조하였다.
> ❹ 시인은 역사를 망각하면 나라의 장래가 위험하다고 생각하여 올바른 역사 인식의 중요성을 강조하였다.

4 ㉠은 면담 대상인 김초혜 시인의 집안 분위기와 시인의 남편에 대한 정보를 사전에 조사하여 질문할 내용을 준비한 것이다.

실력 쌓기 [01] 시인 할머니를 만나다 ❷ 150~151쪽

1 ②   **2** ③   **3** ②   **4** 책은 사람을 만드는 기본 영양과 같은 것이기 때문에 책 읽기가 기본 습관이 되도록 해야 한다.

1 면담을 할 때는 먼저 면담의 목적을 정하고 그 목적에 맞는 질문을 해야 한다. 면담 상황에 따라 계획했던 질문의 내용이나 질문 순서를 바꾸는 것은 가능하지만 면담의 목적을 바꿀 수는 없다.

2 (아)에서 김초혜 시인은 손자와 그 또래 세대들이 자신의 개성을 찾아서 스스로 하고 싶은 일을 즐겁게 하며 행복을 느끼길 바란다고 하였다.

> **오답 풀이** ❶ 시인은 부모들에게 자식에 대한 기대와 욕심을 버리고 자식들이 자기의 길을 찾아갈 수 있도록 배려해야 한다고 하였다.
> ❷ 시인은 자신이 하고 싶은 일을 하며 행복을 느끼는 것이 참다운 성공이라고 하였다.
> ❹ 시인은 자신이 잘하는 일이 아니라 하고 싶은 일을 스스로 찾는 것을 중요하게 생각하고 있다.
> ❺ 시인은 본인의 개성을 찾아 스스로 하고 싶은 일을 즐겁게 해 나가는 것이 참다운 성공이라고 하였다.

3 이 면담은 김초혜 시인이 손자에게 편지를 쓰게 된 사연을 알고자 진행되었다. 이러한 면담 목적을 고려했을 때, 자식 교육과 손자 교육의 차이점((마))과 손자들의 휴대 전화 사용에 대한 질문((사))은 면담 과정에서 면담 대상의 대답에 따라 추가된 질문이라고 추측할 수 있다.

4 (바)에서 김초혜 시인은 손자의 책 읽기 습관에 대한 질문에 책은 사람을 만드는 기본 영양이므로 책 읽기는 밥을 먹듯이 몸에 익히는 기본 습관이 되도록 해야 한다고 대답하였다.

4 토의

개념 이해 152쪽

1 ○   **2** 논제   **3** ○

개념 적용 농구 시합에 관한 학급 회의 153쪽

• **작품 설명**: 이 글은 청소년 드라마 『반올림』의 대본 중 일부이다. 제시된 부분에는 학교 안팎에서 학생들이 흔히 겪을 수 있는 문제 상황이 나타나 있다. 문제를 해결하기 위한 학급 회의 장면을 통해 학생들의 회의 참여 태도를 엿볼 수 있다.

• **핵심 보기**

반 아이들의 말하기 태도
상대의 의견을 존중하지 않고 자신의 의견만 말할 뿐만 아니라 회의에서 갖추어야 할 예의를 지키지 않음.

문제 해결 방안을 찾기 위해 서로의 의견을 존중하고 협력하는 말하기를 해야 함.

지문 체크 **1** ○   **2** ×   **3** ○

> 학급 회의에 참여한 반 아이들의 태도   **1** ④

1 반 아이들은 7반과 재경기를 하자는 '욱'의 의견을 존중하지 않고 자신들의 의견만 말하고 있다. 또한 회의에서 갖추어야 할 예의를 지키지 않고 '욱'의 의견에 감정적으로 대응하고 있다.

- **지문 설명:** 이 담화는 '축제 장터에서 무엇을 운영할까?'라는 논제로 진행된 패널 토의이다. 세 명의 토의자가 각자 준비해 온 의견을 제시하고, 토의자 간 의견 교환과 청중의 질의응답을 거쳐 최종 결론을 이끌어 내고 있다.
- **핵심 보기**

토의 논제와 토의자 소개	• 논제: 축제 장터에서 무엇을 운영할까? • 토의자: '지민', '정우', '나라'
토의자 제안	• '지민': 벼룩시장 • '정우': 먹거리 가게 • '나라': 사진 찍기 체험장
토의자 간 의견 교환	'지민', '정우', '나라'가 각자의 제안에 대해 서로 의견을 교환함.
청중과의 질의응답	청중인 '민재', '다혜', '수아'는 각각 '지민', '정우', '나라'에게 질문을 하고 답을 받음.
토의 마무리	축제 장터에서 사진 찍기 체험장을 운영하기로 결정함.

1 ① **2** ③ **3** ⑤ **4** ① **5** ②

1 패널 토의는 패널로 선정된 3~6명의 토의자가 논제에 대해 서로 의견을 교환한 후, 청중의 질의에 응답하고 의견을 정리하는 토의 유형이다.

> **오답 풀이** ❷ 주로 학술적인 주제에 대해 권위자나 전문가가 의견을 발표한 뒤 청중의 질문에 답하는 토의 유형은 심포지엄이다.
> ❸, ❹ 특별한 절차나 규칙을 정하지 않고 10명 내외의 소규모 집단이 논제에 대해 동등한 위치에서 자유롭게 의견을 나누는 토의 유형은 원탁 토의이다.
> ❺ 어떤 문제에 대해 서로 다른 의견을 지닌 토의자들이 자기 의견을 발표한 후, 청중과 적극적으로 의견을 주고받는 토의 유형은 포럼이다.

2 토의는 공동의 문제에 대한 최선의 해결 방안을 찾기 위한 의사소통 과정이므로 ③과 같이 찬성과 반대의 의견을 묻는 주제는 토의의 논제로 적절하지 않다.

3 '나라'는 축제 장터에서 사진 찍기 체험장을 운영할 것을 제안하면서 친구들이 즐겁게 참여하려면 개성 넘치는 가게를 운영하는 것이 좋고 요즘 청소년들은 자신만의 특별한 사진을 갖고 싶어 한다는 점을 근거로 제시하였다.

> **오답 풀이** ❶, ❷ '지민'은 벼룩시장은 판매할 물건들이 집에서 쓰던 것이기 때문에 준비하는 데 많은 돈이 들지 않는다고 하였으며, 새 것만 찾는 친구들에게 절약 정신을 일깨워 줄 수 있다고 하였다.
> ❸, ❹ '정우'는 '금강산도 식후경'이라는 속담을 제시하여 아무리 좋은 행사여도 먼저 배가 불러야 즐길 수 있다는 점을 이야기하며, 직접 음식을 만들어 파는 먹거리 가게는 다른 가게보다 훨씬 더한 재미를 줄 수 있다고 하였다.

4 사회자는 토의를 시작하면서 '축제 장터에서 무엇을 운영할까?'라는 논제와 토의자로 참여할 세 학생을 소개하고 있다.

5 '나라'는 토의 과정에서 ㉠과 같이 상대의 의견을 능동적으로 수용하여 서로 다른 의견을 가진 토의자들이 좋은 분위기 속에서 협력적인 소통을 하는 데 도움이 되는 말하기 태도를 보이고 있다.

| 토의와 토론의 차이 |

	토의	토론
목적	문제 해결 방안 모색	주장과 설득을 통한 문제 해결
담화 방법	다양한 의견을 자유롭게 제시	찬성과 반대로 나뉘어 주장 제시
상호관계	상호 협력적	상호 경쟁적
핵심 사고력	문제 해결적·협력적 사고	논리적·비판적 사고

1 ⑤ **2** ④ **3** ② **4** ① **5** 나라

1 토의자는 사회자의 진행에 따라 발언권을 얻어 발언해야 하며, 사회자는 토의자들이 고루 발언할 수 있도록 토의를 진행해야 한다. 토의를 평가할 때에는 토의 과정에서 이러한 점들이 잘 지켜졌는지 판단해야 한다.

2 토의는 공동의 문제에 대한 최선의 해결 방안을 얻기 위해 여러 사람들이 협력적으로 의논하는 의사소통 과정이다. (다)는 제안된 의견에 대하여 토의자들이 생각을 교환하는 단계로, '지민', '정우', '나라'는 서로의 제안에 대한 의견이나 궁금한 점을 말하며 협력적으로 의사소통하고 있다.

> **오답 풀이** ❶ 사회자가 '먼저 지민이의 제안에 질문해 주십시오.'와 같이 토의자들의 발언 순서를 제시하고 있다.
> ❷ 토의는 문제에 대한 최선의 해결 방안을 찾기 위해 여러 사람이 모여 협력하는 말하기이다. 찬성과 반대 의견으로 나누어 논의하는 것은 토론에 대한 설명이다.
> ❸, ❺ (다)의 토의자들은 '축제 장터에서 무엇을 운영할까?'라는 문제에 대해 각자가 제안한 내용을 바탕으로 다른 토의자들과 의견을 교환하고 있다. 각 토의자들은 상대의 질문에 대해 근거를 들어 답변하고 있을 뿐 자신의 제안과 상대의 제안을 비교하거나 문제 상황을 강조하고 있지 않다.

3 ㉡은 벼룩시장에 대한 친구들의 흥미를 높일 대책이 무엇인지에 대한 질문이다. '지민'은 흥미를 높이기 위해 친구들이 좋아할 만한 물건들을 사진으로 찍어 벼룩시장 홍보물을 만들 것이라고 대답하고 있다. 판매하지 않는 물건을 활용하여 홍보물을 만든다고 하지는 않았다.

4 '정우'는 여학생들과 달리 남학생들이 사진 찍기 체험장에 관심이 적다는 설문 조사 결과를 근거로 들어 '나라'의 제안에 문제점을 제기하고 있다.

5 '나라'는 '정우'의 질문을 듣고 '좋은 지적'이라고 인정하고 있다. 또한 '정우'와 '지민'의 질문에 대해 남학생들을 대상으로 홍보를 진행할 것이며 '대훈'의 아버지를 통해 의상과 소품을 마련할 것이라는 대책을 제시하고 있다.

문법

토닥토닥
실력 쌓기 **01** 축제 장터에서 무엇을 운영할까? ❸ 158~159쪽

1 ③ **2** ⑤ **3** ② **4** 축제 장터에서 사진 찍기 체험장을 운영하기로 하였다.

1 '수아'는 '나라'에게 사진 찍기 체험장을 운영할 경우 공주 드레스 외에 다른 옷도 더 빌릴 수 있는지 물어보고 있다. 이 내용은 '나라'가 이전에 설명하지 않은 내용이므로 '수아'가 이미 알고 있는 사실이라고 보기 어렵다. 또한, '수아'는 '나라'의 의견에 반대하는 것이 아니라 '나라'의 제안에 대한 구체적인 정보를 얻고자 질문한 것이다.

> 오답 풀이 ❶ '하은'은 "그렇다면 저는 나라의 의견에 따르겠습니다."라고 말하며 '나라'의 의견에 대해 지지 의사를 밝히고 있다.
> ❷ '다혜'는 "먹거리 가게를 운영하려면 휴대용 가스레인지와 같은 취사도구가 필요한데, 좀 위험하지 않을까요?"라고 말하며 '정우'에게 먹거리 가게 운영 시 예상되는 위험성에 대해 질문하고 있다.
> ❹ '민재'는 '지민'에게 "벼룩시장 행사가 끝나고 남은 물건은 어떻게 처리할 것인지 궁금합니다."라고 말하였다.
> ❺ '대훈'은 아버지가 운영하시는 가게에 만화나 영화 주인공들의 의상뿐만 아니라 특수 분장을 할 수 있는 재료도 많이 있다고 이야기하면서, 아버지께서 그러한 소품들을 빌려주실 수 있다고 한 이야기를 친구들에게 전하였다.

2 '유미'는 김밥과 샌드위치를 판매하는 것에 반대하고 있으나 자신의 의견을 말하는 데에 있어 올바른 토의 태도를 지니지 못해 다른 사람의 감정을 상하게 하고 있다. 김밥과 샌드위치 판매에 반대하는 입장은 유지하면서 자신의 생각을 제시하고, 상대의 감정을 상하지 않게 하는 발언은 ⑤이다.

> 오답 풀이 ❶ 김밥과 샌드위치 판매에 반대하는 입장은 유지하고 있으나 자신이 의견을 제시하지 않고 있다.
> ❷ 김밥과 샌드위치 판매에 반대하는 입장을 유지하지 않고 있다.
> ❸ 상대의 감정과 입장을 고려하는 말하기가 아니다.
> ❹ 김밥과 샌드위치 판매에 반대하는 입장을 유지하지 않고 있다.

3 '정우'는 자신의 의견이 채택되지 않았지만 다른 사람의 의견을 기쁘게 수용하고 있다. 이러한 태도는 토의를 통해 최선의 해결책을 찾는 데에 도움이 된다.

4 토의자 간 의견 교환과 청중과의 질의응답 끝에 축제 장터에서 사진 찍기 체험장을 운영하는 것으로 결정을 내렸다.

V 문법

1 언어의 본질

차근차근
개념 이해 162~163쪽

1 언어 **2** ○ **3** 필연적 **4** 자의성 **5** 사회적 **6** ×
7 역사성 **8** ○ **9** 창조성

기초 튼튼
학습 활동 문제 164쪽

1 (1)-② (2)-ⓒ (3)-ⓐ (4)-ⓑ **2** (1) ⓒ (2) ⓑ (3) ⓐ
(4) ②

시험에는 이렇게 **1** ② **2** ④

1 '므지게'라고 부르던 말이 시간이 지나 '무지개'가 된 것은 말소리가 변한 것으로, 언어의 역사성과 관련이 있다. 언어의 창조성은 새로운 낱말이나 문장을 끊임없이 만들 수 있는 특성을 말한다.

2 '스마트폰'과 '인공 지능'은 새롭게 생긴 대상과 개념을 나타내기 위해 새로 생겨난 말이다. 이는 언어의 역사성과 관련이 있다.

토닥토닥
실력 쌓기 165~166쪽

1 언어 **2** ② **3** ④ **4** ③ **5** ② **6** ② **7** (언어의) 창조성 **8** ② **9** ① **10** ④, ⑤ **11** (1) 자의성 (2) 사회성 (3) 창조성 (4) 역사성

1 언어는 사람들이 생각이나 느낌을 나타내거나 전달하기 위해서 사용하는 수단으로, 의미(내용)와 그것을 표현하는 말소리(형식)로 표현된다.

2 자의성은 말소리와 의미의 관계가 필연적이지 않다는 것이다. 어떤 의미를 나타내는 단어의 말소리가 언어마다 다르다는 점, 같은 말소리이지만 그 의미가 다를 수 있다는 점, 한 단어와 비슷한 의미를 지닌 유의어가 있다는 점 등을 들어 자의성을 파악할 수 있다. ②는 이미 알고 있는 단어를 이용해서 새로운 문장을 무한하게 만들 수 있다는 것이므로 언어의 창조성에 대한 예이다.

> 오답 풀이 ❶ 말소리와 말의 의미가 필연적인 관련이 있다면 [문]이라는 말소리는 하나의 의미를 가질 것이다. [문]은 우리말로는 '드나들거나 물건을 넣었다 꺼냈다 하기 위하여 틔워 놓은 곳', 영어로는 '달(moon)'을 의미한다.
> ❸ 말소리와 그 의미가 결합하는 이유가 필연적이라면 비슷한 의미를 지닌 유의어가 존재하지 않을 것이다.
> ❹ 같은 의미를 지닌 단어를 나타내는 말소리가 언어마다 제각각 다

르다는 것은 말소리와 단어의 의미가 필연적으로 연결되지 않는다는 것을 의미한다.
❺ '차다'라는 말소리가 하나의 의미로만 필연적으로 연결되었다면 동음이의어는 존재하지 않을 것이다.

3 민지는 '은하수'라는 단어를 임의로 '사랑강'으로 바꾸어 말하였다. '은하수'는 한국어를 사용하는 사람들 사이에서 "은하'를 강(江)에 비유하여 일상적으로 이르는 말'을 의미하는 단어로 약속한 것인데 민지는 이러한 사회적 약속을 지키지 않고 있다.

4 언어는 언어를 사용하는 사람들 사이의 사회적 약속이므로 개인이 자유롭게 언어를 만들어 사용할 수 없으며, 개인이 자신의 마음대로 언어를 만들어 오랫동안 사용하였다고 해도 언어가 변화하는 양상에 해당하지 않는다.

5 '나무'를 각 나라마다 다르게 부르는 것은 언어의 말소리와 의미 사이에 필연적 관련이 없다는 것을 보여 주는 자의성의 예이다.
오답 풀이 ❶ 오늘날에 '꽃'이라고 부르는 대상을 과거에는 '곶'이라고 불렀는데, 이는 시간의 흐름에 따라 말소리가 변한 것으로 언어의 역사성(소리의 변화)을 보여 주는 예이다.
❸ '이메일'과 '컴퓨터'는 기존에 없던 대상이 생기면서 새로운 말이 생긴 것으로, 언어의 역사성(언어의 생성)을 보여 주는 예이다.
❹ '즈믄'은 '천(千)', '가람'은 '강(江)'과 같은 의미로 사용되다가 사라진 말로 언어의 역사성(언어의 소멸)을 보여 주는 예이다.
❺ '어리다'는 과거에는 '어리석다.'라는 뜻으로 사용되었으나, 오늘날에는 '나이가 적다.'라는 의미로 사용되는 말로 언어의 역사성(의미의 변화)을 보여 주는 예이다.

6 〈보기〉는 시간의 흐름에 따라 언어의 의미가 확대되어 사용된 예이다. '세수(洗手)'는 과거에는 '손을 씻다.'의 의미로 사용했으나 현재에는 '손이나 얼굴을 씻다.'로 의미가 확대되었다.
오답 풀이 ❶ '온'은 숫자 '백(百)'을 의미하는 옛말로 과거에는 사용되다가 현대에는 쓰이지 않는 말이다.
❸, ❺ '누리꾼', '인공위성'은 새로 만들어진 대상이나 개념을 이르기 위해 새롭게 생긴 말이다.
❹ '수박'은 예전에는 '슈박'이라고 불렸으며, 이는 말소리가 달라진 예이다.

7 사람은 한정된 단어와 문장으로 새로운 말이나 문장을 무한대로 만들어 사용할 수 있다. 이러한 특성을 언어의 창조성이라 한다.

8 '그레인저 선생님'은 '피나'가 '펜'이라는 말로 바뀐 이유를 설명하며, 언어가 시간의 흐름에 따라 변하는 것은 맞지만 아무런 까닭 없이 바뀌는 것이 아님을 설명하고 있다. 여기에서 사회적 약속으로 굳어져 사용되는 말 역시 시간의 흐름에 따라 변한다는 언어의 역사성을 알 수 있다.
오답 풀이 ❶ 언어의 자의성에 대한 설명이다.
❸ 언어의 창조성에 대한 설명이다.
❹ 언어는 반드시 정해진 규칙에 따라 사용해야 한다는 언어의 규칙성에 대한 설명이다.
❺ 언어의 사회성에 대한 설명이다.

9 '닉'은 '피나'도 단어의 의미와 필연적인 관계없이 붙인 이름이라는 점(언어의 자의성)을 들어 자신이 '펜'에 '프린들'이라는 이름을 붙인(언어의 창조성) 이유를 설명하고 있다. '펜'에서 '프린들'로 명칭이 바뀌게 된 것은 시간의 흐름에 따른 변화가 아니라 개인의 의도적 개입에 따라 변한 것이므로 역사성과는 관련이 없다.

10 제시된 내용은 사람들이 실제 생활에서 많이 쓰는 '짜장면'을 표준어로 인정한다는 사회적 약속을 맺었다는 점에서 언어의 사회성과 관련이 있다. 그리고 기존에 표준어가 아니었던 말이 시간이 흐름에 따라 표준어로 인정받았다는 점에서 시간이 지남에 따라 언어가 변화한다는 언어의 역사성과도 관련이 있다.
오답 풀이 ❶ '짜장면'이 표준어로 인정된 이유는 '자장면'을 대신할 말로 만들었기 때문이 아니라 사회 구성원들이 실제 언어생활에서 '짜장면'이라고 사용하기 때문이다. 또한 '자장면' 역시 계속해서 표준어로 인정되고 있다.
❷ 언어는 언어를 사용하는 사람들 사이의 사회적 약속이다. 표준어로는 '자장면'이라는 표기만 인정되었으나 실제 언어생활에서는 '자장면'이 사용되지 않고 '짜장면'이라고 사용되는 것은 언어의 사회성과 관련이 있다.
❸ 이 글은 '짜장면'이 표준어로 인정되는 과정을 설명하는 글로, '짜장면'이라는 말소리가 만들어지는 과정에 대한 설명은 드러나지 않는다.

11 (1)은 언어의 의미와 말소리 사이에 필연적 관계가 없다는 것을 보여 주는 예이므로 자의성과 관련이 있다. (2)는 언어를 개인이 함부로 바꾸어 부르면 의사소통에 문제가 생긴다는 예이므로 사회성과 관련이 있다. (3)은 몇 개의 단어를 사용하여 새로운 문장을 무한히 만드는 예이므로 창조성과 관련이 있다. (4)는 단어의 의미가 시간의 흐름에 따라 변하여 그 의미가 축소된 예이므로 역사성과 관련이 있다.

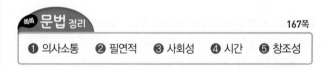

쏙쏙 문법 정리   167쪽

❶ 의사소통   ❷ 필연적   ❸ 사회성   ❹ 시간   ❺ 창조성

2 품사의 종류와 특성

차근차근 개념 이해   168~171쪽

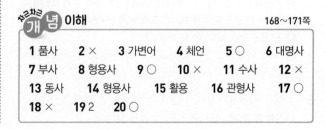

1 품사	2 ×	3 가변어	4 체언	5 ○	6 대명사
7 부사	8 형용사	9 ○	10 ×	11 수사	12 ×
13 동사	14 형용사	15 활용	16 관형사		17 ○
18 ×	19 2	20 ○			

학습 활동 문제

1 (1) • 형태가 변하는 낱말: 기쁘다, 달리다, 흔든다, 예쁘다 / • 형태가 변하지 않는 낱말: 매우, 설악산, 구름, 꽃 (2) • '풍경'과 같은 기능을 하는 낱말: 설악산, 구름, 꽃 / • '정말'과 같은 기능을 하는 낱말: 매우 (3) • 움직임을 나타내는 낱말: 달리다, 흔든다 / • 상태나 성질을 나타내는 낱말: 기쁘다, 예쁘다 / • 사람이나 사물의 이름을 나타내는 낱말: 설악산, 구름, 꽃 **2** • 구체적인 대상의 이름을 나타내는 낱말: 윤서, 영화, 민호 / • 추상적인 대상의 이름을 나타내는 낱말: 주말, 약속, 공포 / • 사람이나 사물, 장소 등의 이름을 대신 나타내는 낱말: 너, 우리, 거기 / • 수량을 나타내는 낱말: 둘, 셋 / • 순서를 나타내는 낱말: 첫째, 둘째 **3** (1) 사람이나 사물의 움직임을 나타내는 단어: 읽는다, 일어났다, 떠든다 / (2) 사람이나 사물의 상태나 성질을 나타내는 단어: 어둡다, 조용한데 **4** (1) 바짝 (2) 새 (3) 온 (4) 어떤, 가장 / 체언을 꾸며 주는 단어: 새, 온, 어떤 / 용언을 꾸며 주는 단어: 바짝, 가장 **5** (1) ㉡ (2) ㉠ (3) ㉢ **6** • 느낌이나 놀람을 나타내는 낱말: 이런 / • 부름을 나타내는 낱말: 여보세요 / • 대답을 나타내는 낱말: 네

| 시험에는 이렇게 | **1** ③ | **2** ⑤ | **3** 내려서, 하얗다 | **4** ② |
| **5** ③ | **6** ④ | | | |

1 '화분', '몹시', '앗'은 문장에서 쓰일 때 그 형태가 변하지 않는 반면, '가다', '맛있다'는 문장에서 쓰일 때 형태가 변한다.

2 ⑤의 '두'는 뒤에 나오는 명사 '명'을 꾸며 주는 관형사이다. 나머지는 모두 수사로, 수사는 체언이기 때문에 뒤에 조사가 붙을 수 있다.

3 '내려서'는 사람이나 사물의 움직임을 나타내는 동사이고, '하얗다'는 사람이나 사물의 상태나 성질을 나타내는 형용사이다.

4 ②의 '무척'은 형용사 '빠르게'를 꾸며 주는 부사이다. 나머지는 모두 명사를 꾸며 주는 관형사이다.

오답 풀이 ❶ '새'는 명사 '옷'을 꾸며 주는 관형사이다.
❸ '옛'은 명사 '추억'을 꾸며 주는 관형사이다.
❹ '모든'은 명사 '사람'을 꾸며 주는 관형사이다.
❺ '어느'는 명사 '길'을 꾸며 주는 관형사이다.

5 '가'와 '를'을 서로 바꾸면 주어와 목적어가 바뀌게 되어 문장의 의미가 달라진다.

오답 풀이 ❶ 제시된 문장에 쓰인 조사는 '가', '를', '은', '이다'로, 모두 네 개다.
❷ 서술격 조사인 '이다'는 '이어서, 이고, 이면' 등과 같이 쓰임에 따라 형태가 변한다. '이다'를 제외한 조사는 형태가 변하지 않는다.
❹ '만'은 한정을 의미하는 보조사이다.
❺ '도'는 이미 어떤 것이 포함되고 그 위에 더함을 의미하는 보조사이다.

6 ④에는 감탄사가 쓰이지 않았다. '준현아'는 명사 '준현'에 누군가를 부를 때 쓰는 조사 '아'가 붙은 말이다.

보충 자료

| 보조사 |

조사 중에서 앞말에 특별한 의미를 더해 주는 조사를 '보조사'라고 한다.

예 • 고기만 먹으면 몸에 좋지 않아. → '만'은 다른 것으로부터 제한하여 어느 것을 한정함을 나타내는 보조사임.
• 친구와 영화를 보고 밥도 먹었다. → '도'는 이미 어떤 것이 포함되고 그 위에 더함의 뜻을 나타내는 보조사임.

실력 쌓기

1 ⑤	**2** ③	**3** ②	**4** ⑤	**5** ④	**6** ①	**7** ㉠:
비, 우산, 가방, 사탕 / ㉡: 걱정, 우정				**8** ④		**9** ①, ②
10 ②	**11** ④	**12** ①	**13** ④	**14** ④	**15** ⑤
16 예쁘다, 가볍다 / 형용사		**17** ⑤	**18** ④	**19** ①
20 ②	**21** ⑤	**22** ④	**23** ③	**24** ⑤	**25** ③
26 ①	**27** ③	**28** ②	**29** ①	**30** ③	**31** ⑤
32 ④	**33** ④	**34** ①	**35** 명사: 2개, 수사: 1개, 형용사:
1개, 동사: 1개, 관형사: 1개, 조사: 2개				**36** ①	**37** ㉠~㉢
중에서 품사가 다른 낱말은 ㉠('두')이다. '두'는 의미를 기준으로					
관형사, 기능을 기준으로 수식언, 형태를 기준으로 불변어에 속한					
다. **38** ①					

1 낱말의 품사를 알면 낱말의 특성을 이해하고 기억하는 데 도움이 되지만, 낱말의 품사를 안다고 해서 그 낱말의 역사적 변화 과정을 알 수 있는 것은 아니다.

오답 풀이 ❶ 우리말은 명사, 대명사, 수사, 동사, 형용사, 관형사, 부사, 조사, 감탄사의 9품사로 나눌 수 있다.
❷ 문장에서 쓰일 때 형태 변화 여부에 따라 형태가 변하는 가변어와 형태가 변하지 않는 불변어로 나눌 수 있다.
❸ 기능에 따라 체언, 용언, 수식언, 관계언, 독립언으로 나눌 수 있다.
❹ 품사는 공통된 성질을 지닌 낱말들을 묶어 놓은 낱말의 무리를 의미한다.

2 용언(동사, 형용사)과 서술격 조사 '이다'가 가변어에 해당하며, 가변어를 제외한 모든 낱말이 불변어에 속한다. '돌아가다'는 동사이고, '작다'는 형용사이므로, 두 낱말은 가변어에 속한다.

3 의미를 기준으로 할 때, '책상'과 '희망'은 명사, '돌아가다'는 동사, '매우'는 부사, '작다'는 형용사에 속한다.

4 낱말은 기능에 따라 체언, 용언, 수식언, 관계언, 독립언으로 나눌 수 있다. ⑤의 '아름다웠다'는 문장의 주어인 '바다가'의 상태를 서술하는 기능을 한다. 용언은 주로 문장에서 주어를 서술하는 기능을 한다.

오답 풀이 ❶ '무척'은 용언인 '높다'를 수식하는 수식언이다.
❷ '앗'은 문장에서 독립적으로 쓰이는 독립언이다.

❸ '에서'는 다른 말과의 관계를 나타내는 관계언이다.
❹ '그'는 문장에서 주어, 목적어 등의 역할을 하는 체언이다.

5 '신발', '책'은 명사, '이것'은 대명사, '둘'은 수사로, 모두 체언에 속한다. ④는 대명사에만 해당하는 설명이다.

6 '셋'과 '서넛'은 수량을 나타내는 수사이고, '그녀', '그곳'은 사람, 사물, 장소를 대신 가리키는 대명사이고, '사람', '메아리', '칫솔'은 사람이나 사물의 이름을 나타내는 명사이다.

7 명사 중에서 직접 보거나 만질 수 있는 구체적인 대상을 나타내는 낱말을 구체 명사, 직접 보거나 만질 수 없는 추상적인 대상을 나타내는 낱말을 추상 명사라고 한다.

8 ④의 '이'는 말하는 이에게 가까이 있거나 말하는 이가 생각하고 있는 대상을 가리킬 때 쓰는 관형사로 뒤의 '사람'을 꾸며 준다.

9 밑줄 친 낱말은 수량이나 순서를 나타내는 수사에 해당한다. 수사는 체언이므로 관계언인 조사와 결합하여 쓰일 수 있다.

10 '씻고'와 '오세요'는 사람이나 사물의 움직임을 나타내는 동사, '붉고'와 '향기롭다'는 사람이나 사물의 상태나 성질을 나타내는 형용사로, 모두 용언에 속한다. 용언은 문장에서 주로 주어를 서술하는 역할을 하므로 보통 서술어가 오는 자리에 위치한다.

11 용언은 문장에서 주로 주어를 서술하는 역할을 하는 동사와 형용사를 말한다. 제시된 문장에서 '높은'과 '늦게'는 형용사, '새우면서', '공부하다가', '일어나서', '지각했다'는 동사이므로 용언의 개수는 6개이다.

12 '받았다'는 '다른 사람이 주거나 보내오는 물건 따위를 가졌다.'라는 의미로, 사람이나 사물의 움직임을 나타내는 동사에 해당하는 낱말이다.

13 제시된 단어들은 모두 사람이나 사물의 상태나 성질을 나타내는 형용사이다.

14 '먹는다'는 사람이나 사물의 움직임을 나타내는 동사이고, 나머지 서술어 '푸르다', '굵다', '단단하다', '맛있게', '덥고', '습하다'는 모두 사람이나 사물의 상태나 성질을 나타내는 형용사이다.

15 '날고', '잘랐다', '신으셨다', '업고'는 모두 사람이나 사물의 움직임이나 작용을 나타내는 동사이고, '크다'는 사람이나 사물의 상태나 성질을 나타내는 형용사이다.

16 동사는 현재 시제를 나타내는 '-는다/-ㄴ다', 명령을 나타내는 '-어라/-아라', 어떠한 행동 따위를 같이 할 것을 요청하는 청유를 나타내는 '-자'를 붙여 활용할 수 있지만, 형용사는 할 수 없다. 제시된 낱말 중 형용사는 '예쁘다'와 '가볍다'이고, '걷다', '마시다'는 동사이다. 형용사는 '예쁜다', '예뻐라', '예쁘자', '가볍는다', '가벼워라', '가볍자'와 같이 현재 시제, 명령형, 청유형으로 활용하는 것이 어색하다.

17 밑줄 친 낱말은 다른 낱말을 꾸며 주는 역할을 하는 수식언이

다. '옛'은 관형사로 명사인 '친구'를 꾸며 주고, '과연'과 '아주'는 부사로 각각 문장 전체와 형용사인 '궁금하다'를 꾸며 준다.
오답 풀이 ❶은 용언, ❷는 독립언, ❸은 관계언, ❹는 체언에 대한 설명이다.

18 ㄱ은 관형사이고, ㄴ은 부사이다. 관형사에 비해 부사는 문장 내 이동이 비교적 자유롭다는 특징이 있다.
오답 풀이 ❶ ㄱ은 관형사로, 관형사는 문장에서 체언을 꾸며 주는 역할을 한다.
❷ ㄴ은 부사로, 부사는 문장에서 용언이나 다른 부사, 문장 전체 등을 꾸며 주는 역할을 한다.
❸ 관형사와 부사를 통틀어 이르는 수식언은 문장에서 쓰일 때 형태가 변하지 않는 불변어에 해당한다.
❺ 관형사와 달리 부사의 뒤에는 보조사가 붙을 수도 있다.

🧐 **보충 자료**

| **보조사와 결합하여 쓰이는 부사** |
　수식언 중에서 관형사에는 보조사가 결합할 수 없지만, 부사 뒤에는 보조사가 결합하여 쓰이기도 한다.
예 나는 그 일을 벌써<u>부터</u> 알고 있었다. → '부터'는 체언이나 부사어 또는 일부 어미 뒤에 붙어 어떤 일이나 상태 따위에 관련된 범위의 시작임을 나타내는 보조사임.

19 첫 번째 빈칸에는 뒤에 오는 문장 전체를 꾸며 주는 말이, 두 번째 빈칸에는 뒤에 나오는 용언인 '크시다'를 꾸며 주는 말이 들어가는 것이 적절하다. 따라서 빈칸에 공통적으로 들어가기에 적절한 품사는 문장이나 용언 등을 꾸며 주는 역할을 하는 부사이다.

20 관형사는 문장에서 체언을 꾸며 주는 품사로, ②의 '헌'은 체언인 '구두'를 꾸미고 있으므로 관형사에 해당한다.
오답 풀이 ❶ '정말'이라는 부사가 '맑다'라는 형용사를 꾸며 주고 있다.
❸ '아직'이라는 부사가 '멀었다'라는 형용사를 꾸며 주고 있다.
❹ '솔솔'이라는 부사가 '불어온다'라는 동사를 꾸며 주고 있다.
❺ '너무'라는 부사가 '어려웠다'라는 형용사를 꾸며 주고 있다.

21 '꼭'은 동사 '들었다'를 꾸며 주는 부사에 해당한다.
오답 풀이 ❶ ㄱ에는 다른 말을 꾸며 주는 말이 쓰이지 않았으나, ㄴ에는 '솔직히', '그', '모든', '꼭' 모두 네 개의 수식언이 사용되었다.
❷ 수식언을 사용하면 사용하지 않았을 때보다 상황을 구체적이고 분명하게 전달할 수 있다.
❸, ❹ '그'는 '가게'를 꾸며 주는 관형사, '모든'은 '물건'을 꾸며 주는 관형사, '솔직히'는 문장 전체를 꾸며 주는 부사이다.

22 조사는 주로 체언 뒤에 붙어서 그 말과 다른 말과의 문법적인 관계를 나타내거나, 특별한 뜻을 더해 주는 역할을 한다. 문장 안에서 다른 낱말을 꾸며 주는 역할을 하는 것은 관형사와 부사이다.

23 제시된 문장에서 조사는 '는', '와', '에'로 모두 3개이다. 조사는 주로 체언 뒤에 붙어 그 말과 다른 말과의 문법적인 관계를 나타낸다.

24 ㄱ의 '를'은 앞말이 일정한 자격을 갖도록 하는 조사인 격 조사이고, ㄴ의 '만'은 특별한 뜻을 더해 주는 보조사이다.

오답 풀이 ❶ 조사 '는'은 앞말이 주어임을 나타내고, 조사 '를'은 앞말이 목적어임을 나타낸다. 따라서 '나'는 문장의 주체가 되고, '소희'는 서술어인 '좋아해(좋아한다)'의 대상이 된다.
❷ '는'과 '를'의 위치가 바뀌면 주어와 목적어가 바뀌어 '소희'가 '나'를 좋아한다는 뜻이 된다.
❸ ㄴ의 '만'은 한정의 뜻을 나타내는 보조사로, '를' 대신 '만'이 쓰이면 여러 사람 중 오직 '소희'를 좋아한다는 뜻이 된다.
❹ '를'과 '만'은 모두 조사로, 관계언에 속한다.

25 관형사는 체언을 수식하고, 부사는 용언이나 다른 부사, 문장 전체를 수식한다. 그러나 감탄사는 문장에서 다른 낱말들과 관계없이 독립적으로 쓰이는 말이므로, 관형사나 부사의 수식을 받지 않는다.

26 〈보기〉에서 설명하는 품사는 감탄사이다. ①의 '아'는 칭찬할 때 가볍게 내는 소리를 뜻하는 감탄사로, 말하는 사람의 느낌을 나타낼 때 사용된다.

오답 풀이 ❷ '천천히'는 '움직이네'라는 동사를 꾸며 주는 부사이다.
❸ '처럼'은 '너'라는 체언 뒤에 붙어 모양이 서로 비슷하거나 같음을 나타내는 조사이다.
❹ 제시된 문장에서 '아차'는 흔히 '아차 잘못하여'의 형태로 쓰여, 본의 아니게 어떤 일이 어긋나는 모양을 뜻하는 부사이다. '아차'는 뒤에 나오는 '잘못하여'라는 동사를 꾸며 준다.
❺ '집'은 대상의 이름을 나타내는 명사이다.

27 '어머나'와 '아이코'는 감정을 나타내는 감탄사이고, '아니요'는 대답을 나타내는 감탄사이며, '여보세요'는 부름을 나타내는 감탄사이다. ③의 '너'는 '철수'라는 사람을 대신 나타내는 대명사이다.

28 '깜찍한'은 용언(형용사), '아이'는 체언(명사), '가'는 관계언(조사), '환하게'는 용언(형용사), '웃었다'는 용언(동사)이다.

오답 풀이 ❶ '그', '딸기'는 체언, '는', '를'은 관계언, '좋아한다'는 용언이다. '몹시'는 '좋아한다'를 꾸며 주는 수식언이다.
❸ '제', '명수'는 체언, '가', '에게'는 관계언, '말하겠습니다'는 용언이다. '네'는 대답을 나타내는 감탄사로 독립언이다.
❹ '오전', '사람', '분'은 체언, '에', '이', '입니다'는 관계언, '찾아왔던'은 용언이다. '바로'는 부사, '저'는 관형사로, 둘 모두 수식언이다.
❺ '승우', '겨울', '예정일'은 체언, '는', '에', '보다'는 관계언, '추운', '태어났다'는 용언이다. '빨리'는 '태어났다'를 꾸며 주는 수식언이다.

29 ㄱ에는 '어제', '운동화', '학교' 3개의 체언이 있지만, ㄴ에는 '오늘', '날씨' 2개의 체언만 있다.

오답 풀이 ❷ ㄱ의 '새'는 체언 '운동화'를 꾸며 주고, ㄴ의 '참'은 용언 '좋구나'를 꾸며 준다. 따라서 ㄱ과 ㄴ에는 각각 1개씩의 수식언이 사용되었다.
❸ ㄴ의 '아'는 말하는 이의 느낌을 나타내는 독립언이다.
❹ ㄱ에는 '신고'와 '갔다'가, ㄴ에는 '좋구나'가 사용되었다.
❺ ㄱ에는 '는', '를', '에가', ㄴ에는 '은', '가'가 사용되었다.

30 '잠들었다'는 사람이나 사물의 움직임을 나타내는 동사이다.

오답 풀이 ❶ '흐르는'은 대상의 움직임을 나타내는 동사이다.

❷ '이'와 '에'는 체언 뒤에 붙어 그 말과 다른 말과의 문법적인 관계를 나타내는 조사이다.
❹ '졸졸'과 '깜박'은 각각 '흐르다'라는 동사와 '잠들었다'라는 동사를 꾸며 주고 있으므로, 부사에 해당한다.
❺ '시냇물'과 '소리'는 대상의 이름을 나타내는 명사이다.

31 '나'는 사람을 대신 나타내는 대명사이다.

오답 풀이 ❶ '펑펑'은 동사인 '내린다'를 꾸며 주는 부사이다.
❷ '헤엄친다'는 대상의 동작을 나타내는 동사이다.
❸ '시험'은 대상의 이름을 나타내는 명사이다.
❹ '성큼'은 '다가왔다'라는 동사를 꾸며 주는 부사이다.

32 '놀이공원', '롤러코스터', '볼거리'는 명사이고, '우리'는 대명사이다. '에는', '가', '와'는 조사, '좋아하는'은 동사, '많다'는 형용사, '엄청'은 부사이다. 따라서 제시된 문장에는 관형사가 쓰이지 않았다.

33 ㉢, ㉣, ㉥은 사람, 사물, 장소 등의 이름을 대신 나타내는 대명사이다. ㉠은 수사, ㉡은 동사, ㉤은 명사, ㉦은 형용사, ㉧은 조사이다.

34 '같이'는 동사 '갈래'를 꾸며 주는 부사이고, 나머지는 모두 체언을 수식하는 관형사이다.

35 '이'는 관형사, '책장', '소설책'은 명사, '에서', '를'은 조사, '낡은'은 형용사, '하나'는 수사, '꺼냈다'는 동사이다.

36 '참'은 잊고 있었던 것이 문득 생각날 때 사용하는 감탄사이다.

오답 풀이 ❷ '무엇'은 모르는 사실이나 사물을 가리키는 지시 대명사이다.
❸ 제시된 문장에는 '는', '로', '을' 3개의 조사가 사용되었다.
❹ 제시된 문장에는 '너(대명사)', '윤하(명사)', '생일(명사)', '선물(명사)', '무엇(대명사)' 총 5개의 체언이 사용되었다.
❺ 제시된 문장에 사용된 낱말을 의미를 기준으로 분류하면, 명사, 대명사, 조사, 동사, 감탄사 5개의 품사로 나눌 수 있다.

37 ㉡, ㉢, ㉣, ㉤은 모두 사물의 수량이나 순서를 나타내는 수사이다. 반면 ㉠(두)은 '사람'이라는 체언을 꾸며 주는 관형사이다.

38 사물의 수량이나 순서를 나타내는 낱말은 수사이고, 사람이나 사물의 성질이나 상태를 나타내는 낱말은 형용사이다. 제시된 속담 중 ①에는 '하나'라는 수사, '미운'이라는 형용사가 포함되어 있다.

✏️ 문법 정리   179쪽
❶ 형태　　❷ 체언　　❸ 이름　　❹ 관형사　　❺ 용언
❻ 감탄사　　❼ 움직임

개념 이해 180~181쪽

1 ○	2 고유어	3 모양	4 ○	5 외래어	6 ×
7 ×	8 전문어	9 세대	10 직업	11 은어	

학습 활동 문제 182~183쪽

1 •고유어: 치마, 나물, 떡, 지우개 •한자어: 색연필, 냉면, 체육복 •외래어: 볼펜, 티셔츠, 아이스크림 **2** 색채 **3** (1) 의향, 호감, 심정 (2) 한자어, 보완 **4** 햄버거, 어렵다 **5** 표준어, 지역 방언 **6** 의사소통 **7** 세대

시험에는 이렇게 **1** ③ **2** ⑤ **3** ⑤ **4** 전문어
5 ①

1 '바람', '구름', '여름'은 우리말에 본디부터 있던 말이나 우리말을 바탕으로 하여 만들어진 말인 고유어이다.

2 외래어 역시 우리말 어휘인 것은 맞지만, 주로 다른 문화에서 유입된 새로운 사물이나 현상을 표현하기 위해 사용하는 말이므로 그 안에 우리 문화가 담겨 있다고 보기는 어렵다.

3 공식적인 상황에서 의사소통의 효율성을 높이는 말은 표준어이다.

4 음악, 법률, 의학 등의 특정 분야에서 전문적인 개념을 표현하고, 의사소통의 효율성을 높이기 위해 쓰는 말은 전문어이다.

5 '자당'은 남의 어머니를 높여 이르는 말로, 젊은 세대보다는 나이 든 세대에서 주로 쓰는 사회 방언이다.

실력 쌓기 184~186쪽

1 ②	2 ④	3 ④	4 ①	5 ②	6 ①	7 ②
8 ①	9 ⑤	10 ①	11 ④	12 ⑤		13 세대에

따라 사용하는 어휘가 다르기 때문에(학생이 청소년 세대가 주로 쓰는 줄인 말을 사용했기 때문에) **14** ② **15** ② **16** ⑤
17 ⑤

1 고유어는 한 낱말이 여러 가지 뜻으로 쓰이는 경우가 많다. 구체적이고 명확한 의미를 표현해야 하는 전문 분야의 어휘로는 고유어보다 한자어가 많이 사용된다.

오답 풀이 ❶, ❺ 고유어는 본래부터 우리말에 있던 말이나 우리말을 바탕으로 하여 만들어진 말이다. '눈', '땅', '사람'은 고유어이다.
❸ '팔랑팔랑', '펄럭펄럭'처럼 바람에 나부끼는 모양을 표현하는 다양한 우리말 어휘, '발갛다', '발그스레하다', '불긋불긋하다' 등 붉은색을 표현하는 다양한 우리말 어휘를 통해 고유어에는 모양이나 소리, 색채를 표현하는 어휘가 발달하였음을 알 수 있다.
❹ 고유어는 오랜 기간 동안 우리 민족의 삶과 밀접한 관련을 맺으면서 발달해 왔으므로 그 속에 우리 민족의 정서와 문화가 잘 담겨 있다.

2 ㄴ. 고유어는 한 낱말이 여러 가지 뜻으로 쓰이는 경우가 많으며, 한자어는 고유어보다 구체적이고 분화된 뜻을 지녀 고유어를 보완한다. ㄹ. 한자어는 추상적인 개념이나 전문 분야의 개념을 나타내는 어휘가 발달하였다.

3 제시된 단어들은 모두 외래어로 다른 문화에서 들어온 새로운 문물을 표현하기 위해 사용되는 말이다. 외래어는 우리말 어휘를 풍부하게 해 주지만 무분별하게 사용하면 우리말의 정체성을 위협할 수도 있다.

오답 풀이 ❶ 우리 민족의 정서와 문화를 담은 말은 고유어이므로 고유어를 사용함으로써 자긍심을 느낄 수 있다.
❷ 우리말에 본디부터 있던 말은 고유어이다.
❸ 전문적인 지식이 없는 사람들이 의미를 이해하기 어려운 말은 전문어이다.
❺ 지역이 다른 여러 사람들이 의사소통할 때 사용하기에 적절한 말은 표준어이다.

4 '정정(訂正)하다'는 '글이나 글자의 잘못된 점을 고쳐서 바로잡다.'의 의미를 지니고 있으므로, ①의 '고쳤다'와 바꾸어 쓰기에 적절하지 않다. ①의 '고쳤다'는 '고장 나거나 허름한 데를 손보아 고쳤다.'라는 의미를 지닌 '수리(修理)했다'와 바꾸어 쓰는 것이 적절하다.

오답 풀이 ❷ 수선(修繕)하다: 낡거나 헌 물건을 고치다.
❸ 개량(改良)하다: 나쁜 점을 보완하여 더 좋게 고치다.
❹ 치료(治療)하다: 병이나 상처를 잘 다스려 낫게 하다.
❺ 수정(修訂)하다: 글이나 글자의 잘못된 점을 고치다.

5 고뿔('감기(感氣)'를 일상적으로 이르는 말) – 감기(感氣) – 인플루엔자(influenza: 유행성 감기)로, ㉠은 본래부터 우리말에 있었던 고유어이며, ㉡은 한자를 바탕으로 만들어진 한자어이다. ㉢은 외국에서 들어와 우리말처럼 쓰이는 외래어이다.

6 '아침', '소리'는 본래부터 우리말인 고유어이고, '일요일(日曜日)', '친구(親舊)'는 한자어이다. '게임(game)', '샤워(shower)'는 다른 나라에서 들어온 외래어이다.

7 '바람'은 고유어에 속하므로 같은 유형의 단어로 고유어가 와야 한다. 그러나 '하늘'을 제외한 '연세(年歲)'와 '우유(牛乳)'는 한자어에 해당한다.

8 〈보기〉에는 무분별한 외래어 사용으로 인해 우리말 오염 현상이 심각하다는 내용이 제시되어 있다. 이를 통해 외래어가 우리말을 보완하는 역할을 하지만, 우리말 오염 현상이 지속된다면 우리말의 정체성이 흔들리고 우리 문화의 자긍심이 손상될 수 있음을 짐작할 수 있다.

9 사회 방언은 세대, 직업, 성별 등의 사회적 요인에 따라 다르게 쓰는 말이다. 국적은 사회적 요인이 아니며 국적이 다르면 사용하는 언어가 달라질 수 있으므로 한 언어 내에서 어휘가 분화하는 요인으로 볼 수 없다.

10 〈보기〉는 말하는 사람의 성별에 따라 사용하는 어휘가 달라지는 사례로, 성별에 따른 사회 방언을 보여 주고 있다.

오답 풀이 ❷ 사회 방언 중에서 전문어나 은어와 같은 말의 특징에 해당한다.

❸ 우리말 어휘의 체계에 대한 설명으로 〈보기〉의 설명과는 관련성이 없다.

❹ 지역 방언의 특성에 해당한다.

❺ 표준어와 지역 방언을 사용하기에 적절한 상황에 대한 설명이다.

11 '쥘리엔(julienne)'은 채소나 고기를 길고 가느다란 성냥개비 모양으로 채 써는 것을 이르고, '콩카세(concasser)'는 가로, 세로 5mm씩 정사각형으로 아주 작게 자르거나 다지는 것을 이르는 말로 요리 분야에서 쓰이는 전문어이다. 요리사끼리는 이러한 전문어로 의사소통이 가능하지만 일반인인 수강생은 이를 이해하지 못하고 있다. 이렇게 전문어는 특정 분야에서 전문적인 개념을 표현하기 위하여 쓰는 말로 외국어에서 차용한 것이 많으며, 의미가 명확하다. 그러나 해당 분야의 전문가가 아닌 일반인들은 의미를 이해하기 어려워 의사소통에 문제가 생길 수 있다.

12 ㄱ의 '경골'은 정강이뼈, '좌창'은 여드름, '산제'는 가루약을, ㄴ의 '크루프'는 급성 폐쇄성 후두염, '트립신'은 이자에서 분비되는 소화 효소를 뜻한다. 이 단어들은 의학 분야의 전문어로, 해당 분야에 종사하는 사람끼리 사용하면 업무의 효율성을 높일 수 있다.

13 학생이 말한 '문상'은 '문화 상품권'의 줄인 말로 청소년 세대가 주로 사용하는 말이다. 어머니는 이러한 줄인 말의 의미를 이해하지 못하여 두 사람의 의사소통이 원활하게 이루어지지 않고 있다.

14 (가)는 공식적인 상황이므로 표준어를 쓰고 있고, (나)는 비공식적 상황이므로 지역 방언을 쓰고 있다. 표준어는 전 국민이 공통적으로 쓸 수 있는 말이며, 제한된 집단 안에서 특수한 경우에 쓰는 말은 전문어나 은어에 해당한다.

오답 풀이 ❶, ❹ 표준어는 공식적인 상황이나 매체에서 사용하면 여러 사람들이 의사소통을 원활히 할 수 있는 장점이 있다.

❸, ❺ 지역 방언은 해당 지역의 고유한 정서와 문화를 느낄 수 있는 말로, 같은 지역 사람들에게 친근감과 유대감을 느끼게 한다는 장점이 있다.

15 제시된 어휘는 심마니들 사이에서 사용되는 은어로, 은어는 특정 집단의 구성원들 사이에서 비밀스럽게 사용된다. 은어는 외부로 알려지는 것을 막기 위한 언어이므로 다른 사람의 흥미 유발과는 관련이 없다.

16 고객과 상담원이 의사소통에 어려움을 겪는 이유는 상담원이 일반인인 고객에게 전문어를 사용하여 말했기 때문이다. 전문어는 전문 분야에서 원활하고 효과적인 의사소통을 위해 사용하는 말이며, 비밀 유지를 위해 사용하는 말은 은어이다.

오답 풀이 ❶, ❷ 상담원의 말 중에서 '바이오스', '로그', '로더'는 컴퓨터 관련 전문어로, 전문어는 그 분야에서 사용할 경우 업무의 효율성을 높이는 장점이 있다.

❸ 전문어는 어휘의 의미가 명확하며 그에 대응하는 일반 어휘가 없는 경우가 많다.

❹ 전문어를 사용할 때 대화 상대가 일반인인 경우 전문 분야의 말을 이해하지 못해 의사소통에 어려움을 겪을 수 있다. 일반인에게 말할 때는 될 수 있는 대로 쉽게 풀이해서 설명하는 것이 적절하다.

17 (가)의 '알라 브레베(alla breve)'는 2분의 2박자를 이르는 말로 음악 분야의 전문어이고, (나)의 '생파(생일 파티)', '생선(생일 선물)'은 청소년 세대가 주로 사용하는 줄인 말이다. 이와 같은 사회 방언은 같은 집단 내에서 의사소통의 효율성을 높이며 구성원 간의 소속감을 강화하지만, 다른 집단에 소속된 사람과 대화할 때는 의사소통에 어려움을 주고 소외감을 느끼게 할 수 있다.

문법 정리   187쪽

❶ 고유어   ❷ 외래어   ❸ 사회   ❹ 전문어   ❺ 은어